公路桥梁与隧道工程

关凤林　薛　峰　黄啓富　著

吉林科学技术出版社

图书在版编目（CIP）数据

公路桥梁与隧道工程 ／ 关凤林，薛峰，黄啓富著
. — 长春：吉林科学技术出版社，2019.5
ISBN 978-7-5578-5475-1

Ⅰ．①公…Ⅱ．①关… ②薛… ③黄… Ⅲ．①公路桥
—桥梁工程—安全评价②公路隧道—隧道工程—安全评价
Ⅳ．① U448.14 ② U459.2

中国版本图书馆 CIP 数据核字（2019）第 106130 号

公路桥梁与隧道工程

著　　者	关凤林　薛　峰　黄啓富
出 版 人	李　梁
责任编辑	杨超然
封面设计	刘　华
制　　版	王　朋
开　　本	185mm×260mm
字　　数	420 千字
印　　张	18.75
版　　次	2019 年 5 月第 1 版
印　　次	2019 年 5 月第 1 次印刷
出　　版	吉林科学技术出版社
发　　行	吉林科学技术出版社
地　　址	长春市福祉大路 5788 号出版集团 A 座
邮　　编	130118

发行部电话／传真　0431—81629529　　81629530　　81629531
　　　　　　　　　81629532　　81629533　　81629534

储运部电话　0431—86059116

编辑部电话　0431—81629517

网　　址	www.jlstp.net
印　　刷	北京宝莲鸿图科技有限公司
书　　号	978-7-5578-5475-1
定　　价	75.00 元

编委会

主　编

关凤林　云南交投集团投资有限公司

薛　峰　中铁十二局集团第二工程有限公司

黄啟富　云南亚太工程造价咨询有限公司

副主编

梁艳峰　云南交投集团投资有限公司

马　力　云南交投集团公路建设有限公司

马　娅　云南交投集团投资有限公司

张　慧　中铁十二局集团第二工程有限公司

贾小飞　中铁一局集团第五工程有限公司

编　委

王云龙　云南云桥建设股份有限公司

唐忠林　云南交投集团投资有限公司

侯　凯　中铁一局集团第五工程有限公司

李泽雄　云南公投建设集团第九工程有限公司

前　言

公路桥梁和隧道工程建设过程中发生各类风险事故的情况较多，且造成的损失较大。开展公路桥梁和隧道工程设计安全风险评估，有利于决策科学化，减少工程安全事故和社会不良影响，有利于提高政府、项目法人（业主）、设计单位和施工单位的风险管理意识和风险管理能力，从而达到控制风险、减少损失的目的。

在编制过程中，编写人员总结了国公路桥梁和隧道工程建设和运营的经验和教训，学习和借鉴国际先进标准，开展了必要的理论研究、调查统计和试点研究工作，希望有助于建筑师们的开展工作。

目　录

第一章 绪 论

第一节 公路工程

公路是指连接城市之间、乡村之间、工矿基地之间的按照国家技术标准修建的，由公路主管部门验收认可的道路。但不含田间或农村自然形成的小道，主要供汽车行驶并具备一定技术标准和设施的道路称公路。

根据公路使用任务、功能和适应的交通量，将公路分为高速公路、一级公路、二级公路、三级公路、四级公路五个等级。

根据施工内容及特点，公路基本可分为公路工程、桥梁工程、隧道工程。

一、概述

公路的新建或改建任务是根据公路网规划确定的。一个国家的公路建设应该结合铁路、水路、航空等运输综合考虑它在联运中的作用和地位，按其政治、军事、经济、人民生活等需要，结合地理环境条件，制定全国按等级划分的公路网规划。从行政方面，一般分为国道、省道、县道、乡道等四个等级。此外，重大厂矿企业和林业部门内部，必要时也有各自的道路规划。每个国家公路等级的划分界限和方法及其相应标准不尽相同，中国的国道规划由国家掌握，省以下的公路规划由各级地方政府掌握。

二、规划

公路网规划的制定是一项繁重复杂的工作。由于各地情况的变化，例如政治、军事等战略的改变，矿藏资源的开发，海岸、商埠经济的发展，城乡人民生活的改善，旅游事业的兴起，其他运输方式的改变，资金的增加等，都可能使规划随之变化。因此，在制定规划时，事先应充分掌握各方面的信息，进行有充分预见性的可行性研究，避免规划的盲目性带来不良后果，然后有计划按步骤地分期付诸实现。

三、勘察设计

拟建路线的第一步，应根据线路所经控制点，进行勘察和测量，选出距离最短、工作量最小、工程举办容易、造价低廉、后遗病害最少、养护费用最低、使用效益最大的线路。如果线路有几种选线方案，则应进行比选，以便从中选定最优方案。

各项新建或改建工程的设计，应本着就地取材、因材施用、利废增益的原则，重视长远的经济损益分析来进行设计。公路等级一旦确定，则线形几何标准也随之确定，尤其是丘陵区和山岭区的纵坡度是很难改变的。又如路基路面工程往往占造价比重最大，但可以从低级过渡到高级，分期修建。这些项目的设计，都必须充分考虑前期工程能为后期利用，而不致废弃，造成浪费。此外，路面等级愈低，造价愈低，但公路养护和更新费用则愈高，行车消耗费用愈大，因此，决定路面等级不能孤立地考虑造价，而是要根据较长时间，从造价、养护更新费用，特别是行车消耗费用这三者进行经济损益分析，选择经济合理方案。

现代的勘察设计工作已利用卫星地图或航测地图，并用电子计算机分析和绘图，用地震法探测地层地质；用 γ 射线量测密度含水量；用激光测距等新技术和其他新设备，使勘察设计工作缩短了作业时间，提高了作业效率和精度，降低了成本。

四、施工

优质工程不仅要有良好的设计，而且在更大程度上取决于施工质量的好坏。在施工中，材料、机具、操作是保证产品质量的主要环节。一切施工都必须严格遵守每项施工规范，一是材料的准备，包括检查材料品种、规格、数量、堆放场所、供应和保管工作等；二是施工机具，包括品种、型号、数量的配备及修理工作；三是操作，应精心进行，每道工序完毕须经检查合格后方可进入下一道工序，全部工序完毕，经检查验收后方可交付使用。

公路工程的一些项目在使用中，会随着时间的延续产生不可避免的损耗，如路面在行车荷载下产生轻微变形、车辙、磨损，就必须及时养护、整修，才能维持正常使用效能，延长使用寿命。公路工程对各个工程项目都制定有相应的养护规范。忽视养护，损坏严重才进行补救，造成的损失往往更大。

（一）施工现场准备

施工单位接到中标通知后，与业主进行合同签订的同时，开始在施工现场准备工作，施工现场准备工作主要应做好以下几项工作：

1. 复查和了解现场

复查和了解现场的地形、地质、文化、气象、水源、电源、料源或料场、交通运输、通信联络以及城镇建设规划、农田水利设施、环境保护等有关情况。

对于扩（改）建工程，应将拟保留的原有通信、供电、供水、供暖、供油、排水沟管等地下设施复查清楚，在施工中要采取保护措施，防止损坏。

2. 确定工地范围

施工单位应根据施工图纸和施工临时需要确定工地范围，及在此范围内有多少土地，哪些是永久占地、哪些是临时占地，并与地方有关人员到现场一一核实（是荒地或是良田、果园等），绘出地界、设立标志。

3. 清除现场障碍

施工现场的障碍如建筑物、坟墓、暗穴、水井、各种管线、道路、灌溉渠道、民房等必须拆除或改建，以利施工的全面展开。

4. 办妥有关手续

上述占地、移民和障碍物的拆迁等都必须事先与有关部门协商，办妥一切手续后方可进行。

5. 作好现场规划

施工单位按照施工总平面图搭设工棚、仓库、加工厂和预制厂；安装供水管线、架设供电和通信线路；设置料场、车场、搅拌站；修筑临时道路和临时排水设施等。在有洪水威胁的地区，防洪设施应在汛期前完成。

6. 道路安全畅通

道路施工需要许多大型的车辆机械和设备，原有道路及桥涵能否承受此种重载，需要进行调查、验算，不合要求的应做加宽或加固处理，保证道路安全畅通。

（二）劳力、机具和材料准备

1. 劳力

道路施工需要大量劳动力，而且时间相对集中，因此，开工前落实劳力来源，按计划适时组织进（退）场，是顺利开展施工、按期完成任务、避免停工或窝工浪费的重要条件之一。

目前公路工程施工劳力多为民工，组织民工队伍时做好以下工作：

（1）要注重素质。民工素质直接影响工程质量，民工队伍素质审查要严把"四关"，即政治素质、道德纪律、身体条件和技术水平四个方面。政治素质：主要看参加施工的动机，要有为社会主义建设做贡献、尽义务的意识，一切朝钱看的施工队伍是难以圆满完成任务的；道德纪律：主要看民工队伍的精神面貌、组织纪律性，要求是一支能吃苦耐劳、有组织、守纪律、过得硬、有领导的队伍；身体条件：道路工程施工劳动强度很大，作业时间长，有时要发扬连续作战的精神，没有健康的体格是难以完成任务的，故要选身强力壮以中年为主的队伍；技术水平：应选择参加过公路工程施工的队伍，他们中有相对稳定的作业手、泥瓦工、木工、电工等技术工人，具有一定的独立施工能力。

（2）要注重教育。教育是先导，只有适时耐心的教育，才能使民工队伍的素质不断提高。教育内容要有针对性，包括：改革开放政策与形势教育、法制教育、作风纪律教育、文化技术教育等。特别是在开工前，对进场民工要进行集中教育。要把工程建设的意义、任务情况、质量要求、效益情况交代给大家，使大家心中有数。从而感到工程施工责任重大、任务光荣、效益不错，从而安下心来，积极热情地投入施工。

（3）签订好施工合同。在市场经济条件下，民工参加工程建设，希望获得好的经济效益是无可非议的。要使民工安心施工，把精力集中到工程质量上来，必须按经济规律办事，改过去的任务分配制为合同制。合同内容应包含人员数量、工程数量、取费标准、质量标准、奖罚标准、施工进度、安全施工等方面。

2. 机具设备

公路工程施工需要大量的机械设备和运输车辆，其中大、中型机械设备和运输车辆更是施工的主力。在以往施工时，常因某一关键机械（或设备、车辆）跟不上而严重影响施工，造成很大浪费，这种现象多为准备工作不充分或计划不落实所致。因此，施工单位根据现有装备的数量、质量情况和周密的计划，分期分批地组织进场。其中需要维修、租赁和购置的，应按计划落实，并要适当留有备份，以保证施工的需要。

3. 材料

公路工程施工需要大量材料，除水泥、木材、钢材、沥青等主要外购材料外，还有砂、石、石灰等大宗的地方材料，材料费占到工程总费用的三分之二左右，因此，其费用高低直接关系到工程造价；同时，材料的品质、数量，以及能否及时供应也是决定工程质量和工期的重要环节。材料准备工作的要点是：品质合格、数量充足、价格低廉、运输方便、不误使用。在保证材料品质的前提下，本着就地取材的原则，广泛调查料源、价格、运输道路、工具和费用等，做好技术经济比较，择优选用，同时根据使用计划组织进场，力争节省投资。

（三）技术准备

1. 熟悉图纸资料和有关文件

施工单位接受工程任务后，应全面熟悉施工图纸、资料和有关文件，参加业主工程主管部门或建设单位组织的设计交底和图纸会审并做好记录。

（1）设计图纸是施工的依据，施工单位和全体施工人员必须按图施工，未经业主和监理工程师同意，施工单位和施工人员无权修改设计图纸，更不能没有设计图纸就擅自施工。

（2）施工单位应组织有关人员对施工图纸和资料进行学习和自审，做到心中有数，如有疑问或发现差错应在设计交底和图纸会审中提出，请上级给予解答。

（3）设计交底和图纸会审中，要着重解决以下几个问题：

1）设计依据与施工现场的实际情况是否一致。

2）设计中所提出的工程材料、施工工艺的特殊要求，施工单位能否实现和解决。

　　3）设计能否满足工程质量及安全要求，是否符合国家和有关规范、标准。

　　4）施工图纸中土建及其他专业（水、电、通信、供油等）的相互之间有无矛盾，图纸及说明是否齐全。

　　5）图纸上的尺寸、高程、轴线、预留孔（洞）、预埋件和工程量的计算有无差错、遗漏和矛盾。

2. 施工组织设计

　　根据设计文件、现场条件，各单位工程的施工程序及相互关系，工期要求以及有关定额等编制施工组织设计。

　　施工总平面图是施工组织设计中的重要组成部分，实践证明：其布局合理与否，不仅直接关系到是否便于施工，而且对工程造价、工期、质量，乃至与当地关系等方面都会产生很大的影响，因此，必须做好该项工作。

　　施工总平面的布局应符合下列要求：

　　（1）应与现场的地物地貌相结合，做到布局合理、工程量少、便于施工及使用。

　　（2）各项临时工程设施应尽可能地与永久工程相结合，尽量不占或少占耕地，不应早占或占而不用，以便减少投资和节约用地。

　　（3）临时排水、防洪设施，不得损害邻近的永久性建（构）筑物的地基与基础、挖（填）方区边坡以及当地的农田、水利设施等。

3. 技术交底

　　施工单位应根据设计文件和施工组织设计，逐级做好技术交底工作。

　　技术交底是施工单位把设计要求、施工技术要求和质量标准贯彻到基层以至现场工作人员的有效方法，是技术管理工作中的一个重要环节。它通常包括施工图纸交底、施工技术措施交底以及安全技术交底等。这项交底工作分别由高一级技术负责人、单位工程负责人、施工队长、作业班组长逐级组织进行。

　　施工组织设计一般先由施工单位总工程师负责向参加施工的班组长和作业人员交底，并认真讨论贯彻落实。

4. 技术保障

　　对于施工难度大、技术要求高以及首次采用新技术、新工艺、新材料的工程、施工单位应根据工程特点，结合本单位的技术状况，制定相应的技术保障措施，做好技术培训工作，必要时应先行试点，取得经验并经监理单位批准后推广。确保工程质量的措施：

　　（1）具体质量目标

　　本标段工程质量一次验收优良率100%，不允许出现不合格工程，坚决杜绝不合格项目，不论是自检，还是业主监理的中检、抽检、终检，任何时候都达到100%的优良率，获取良好的信誉。

（2）质量控制机构和创优规划

质量管理领导小组是整个工程质量管理的最高领导机构，由项目总经理、总工程师、副经理、质检部长、实验室主任、工程管理部长组成，制定整个合同段工程质量创优规划、方针、措施。各施工队分别设质量管理现场领导组，由施工部长、质检部长、工程部长、主任工程师组成。质检部和试验室专职抓现场质量管理。施工队一级的质量管理机构在项目经理部质量管理小组领导下，制订本工段施工区段的创优措施，质量实施计划，并重在现场落实。施工队所属各施工班组根据自己的创优任务，拟定项目工程具体的分项实施计划，责任到人，严格要求，全员全过程质量控制。

（3）强化质量意识，健全规章制度

1）建立施工组织设计审批制度

①施工组织设计必须有项目经理、副经理、项目工程师、安全员、材料员、监理工程师等的签字。

②施工组织设计必须在工程实施前 15 天报监理工程师和工程部，由工程管理部主任工程师审核后报总工程师审批。

③施工组织设计必须经各级审批并最后由监理工程师审批后，并且按审批意见进行修改完善，方可进行施工。

2）技术复核、隐蔽工程验收制度

①技术复核应在施工组织设计中编制技术复核计划，明确复核内容、部位、复核人员及复核方法。

②公路工程技术复核。

③技术复核结果应填写《分部分项工程技术复核记录》，作为施工技术资料归档。

④凡分项工程的施工结果被后道施工所覆盖，均应进行隐蔽工作验收。隐蔽验收的结果必须填写《隐蔽工程验收记录》。

3）技术、质量交底制度

技术、质量的交底工作是施工过程基础管理中一项不可缺少的重要工作内容，交底必须采用书面签证确认形式，具体可分以下几方面：

①项目经理必须组织项目部全体人员对图纸进行认真学习，并同设计代表联系进行设计交底。

②施工组织设计编制完毕并送业主和总监审批确认后，由项目经理牵头，项目工程师组织全体人员认真学习施工方案，并进行技术、质量、安全书面交底，列出关键分部工程和施工要点。

③本着谁负责施工谁负责质量、安全工作的原则，各分管分项工程负责人在安排施工任务的同时，必须对施工班组进行书面技术质量、安全交底，必须做到交底不明确不上岗，不签证不上岗。

4）二级验收及分部分项质量评定制度

①分项工程施工过程中，各分管负责人必须督促班组做好自检工作，确保当天问题当天整改完毕。

②分项工程施工完毕后，各分管负责人必须及时组织班组进行分项工程质量评定工作，并填写分项工程质量评定表交施工队长确认，最终由项目经理部的质检部专职质量员检定。

③项目经理部每月组织一次施工队之间的质量互检，并进行质量讲评。

④质检部对每个项目进行不定期抽样检查，发现问题以书面形式发出限期整改指令单，项目施工队负责在指定期限内将整改情况以书面形式反馈到质检部。

5）现场材料质量管理

①严格控制外加工、采购材料的质量。

各种地方材料、外购材料到现场后必须由质检部和材料部有关人员进行抽样检查，发现问题立即与供货商联系，直到退货。

②搞好原材料二次复试取样、送样工作。

水泥必须取样进行物理试验；钢筋原材料必须取样进行物理试验，有效期超过三个月的水泥必须重新取样进行物理试验，合格后方可使用。

6）计量器具管理

①工程管理部和中心试验室负责所有计量器材的鉴定、督促及管理工作。

②现场计量管理器具必须确定专人保管、专人使用。他人不得随意动用，以免造成人为的损坏。

③损坏的计量器必须及时申报修理调换，不得带"病"工作。

④计量器具要定期进行校对、鉴定；严禁使用未经核对过的量具。

7）工程质量奖罚制度

①遵循"谁施工、谁负责"的原则，对各施工队，班组进行全面质量管理和追踪管理。

②凡各施工队、班组、包工队在施工过程中违反操作规程，不按图施工，屡教不改或发生了质量问题，项目部有权对其进行处罚，处罚形式为整改停工，罚款直至赶出本工地。

③凡各施工队、班组在施工过程中，按图施工，质量优良且达到优质，项目部对其进行奖励，奖励形式为表扬、表彰、奖金。

④项目部在实施奖罚时，以平常检查、抽查、业主大检查、监理工程师评价等形式作为依据。

（4）分部分项工程质量控制

1）路基土方施工质量控制

①路基填筑严格按照试验段试验结果并经监理工程师批准的数据和填筑工艺组织施工。路基施工中除保证达到规范要求压实度外，还要达到层层找平，即每层均有一定的平整度，每层都要有路拱，随时阻止雨水聚积，影响填方质量。对路基填料随时检测含水量，偏低时洒水，偏高时晾晒，保证碾压时达到最佳含水量。路堤基底未经监理工程师验收，

不得开始填筑，下一层填土未经工程师检验合格，上一层填土不得进行。

②斜坡上填筑路基时，原地挖成台阶，台阶宽度不小于 1 m，用小型压路机压实。

③每层填料铺设的宽度，每侧应超出路堤的设计宽度为 30 cm，以保证修整路基边坡后的路缘有足够的压实度。

④路堑开挖，无论是人工或机械作业，必须严格控制路基设计宽度，若有超挖，应用与挖方相同的土壤填补，并压实至规定要求的密实压，如不能达到规定要求，应用合适的筑路材料补填压实。

⑤桥台背后、管涵两侧与顶部、锥坡与挡土墙等构造物背后的填土均应分层压实，每层压实的松铺厚度不宜超过 20 cm。拱涵两侧的填土与压实和桥台背后与锥坡的填土与压实，均应对称地或同步进行。由于工作面限制和构造物受压影响，应尽量采用小型手扶式振动压路机，拱涵顶部 50 cm 内须采用轻型静力压路机压实，以符合规定的压实度为准。

2）路基排水工程质量控制

①边沟、截水沟、急流槽等排水设施的位置、断面、尺寸、坡度、标高及使用材料严格遵照设计图纸要求。

②边沟线形美观，直线线形顺直，曲线圆滑。

③砌体砂浆配比正确，砌筑紧密，嵌缝饱满、密实，勾缝平顺无剥落，缝宽一致。

④沟槽开挖后即时平整夯拍密实，如土质干燥须洒水湿润，遇有空洞陷穴，应堵塞夯实。水泥砂浆随拌随用，砌筑完后注意养生，砌筑过程中随时注意沟底沟壁的平整坚实，砂浆要饱满，无空隙松动。

3）护面墙和挡土墙质量控制措施

①严格挂线施工，保证护面墙坡面平整、密实、线形顺直。

②浆砌砌体紧密、错缝，严禁通缝、叠砌和浮塞。

③为排水所设置的汇水孔位置应有利于泄水流向路侧边沟或排水沟并保持其畅通。

④砌石工程材料符合《公路路基施工技术规范（JTJ033-95）》和招标文件要求。

4）桥梁基础质量控制

基坑开挖应避免超挖，已经超挖或松动部分，应将松动部分予以清除。挖至标高后不得长时间暴露、扰动或浸泡，而削弱其承载能力。挖至接近标高时。保留 10 ~ 20 cm 一层（俗称最后一锹工）在基础施工前以人工突击挖除，并迅速检验，随即进行基础施工。

5）墩台施工质量控制

①墩台的钢模板具有足够的强度、刚度和稳定性，可承受施工中可能产生的各项荷载，保证结构物各部尺寸、形状准确。桥台模板基本使用大尺寸钢模，板面平整，接缝严密不漏浆。

②浇注墩台混凝土施工中，严格控制技术标准，切实保证混凝土的配合比、水灰比和坍落度等指标要求。

6）空心板、矩型板质量控制

①浇筑预制大梁的场地，必须平整、坚实、避免低洼、积水。

②浇筑预制大梁的模板尺寸、垫块、钢筋位置和预埋件的固定，均经检查符合设计、施工要求后，方可进行浇筑，并在浇筑过程中随时复查，防止跑模。

③每块大梁的混凝土均一次浇筑完成，不得中途间断。

④采用附着式振动器和插入式振捣棒组合振捣密实。

⑤及时进行养护。

（5）保证工期的主要措施：

为使该项目能以"四个一流"的标准按期完成，尽早发挥投资效益，我们主要采取下列措施：

1）指挥机构迅速成立及时到位

为加快本合同的建设，公司将成立有力的合同段项目经理部，对内指挥施工生产，对外负责同履行及协调联络。经理部主要成员已经确定，一旦中标，即可迅速到位行使职能。

2）施工力量迅速进场

实施本合同的施工队伍已选定，目前已开始熟悉投标图纸，中标后即可迅速进场，进行施工准备。机械设备将随同施工队伍迅速抵达，确保主体工程按时（或提前）开工。

3）施工准备抓早抓紧

尽快做好施工准备工作，认真复核图纸，进一步完善施工组织设计，落实重大施工方案，积极配合业主及有关单位办理征地拆迁手续。主动疏通地方关系，取得地方政府及有关部门的支持，施工中遇到问题影响进度时，将统筹安排，及时调整，确保总体工期。

4）施工组织不断优化

以投标的施工组织进度和工期要求为据，及时完善施工组织设计，落实施工方案，报监理工程师审批。根据施工情况变化，不断进行设计、优化，使工序衔接，劳动力组织、机具设备、工期安排等有利于施工生产。

5）施工调度高效运转

6）建立从经理部到各施工处的调度指挥系统，全面、及时掌握并迅速、准确地处理影响施工进度的各种问题。对工程交底和施工干扰应加强指挥和协调，对重大关键问题超前研究，制定措施，及时调整工序和调动人、财、物、机，保证工程的连续性和均衡性。

7）强化施工管理严明劳动纪律，对劳动力实行动态管理，优化组合，使作业专业化、正规化。

8）实行内部经济承包责任制，既重包又重管，使责任和效益挂钩，个人利益和完成工作量挂钩，做到多劳多得，调动施工队、个人的积极性和创造性。

9）安排好冬、雨季的施工

根据当地气象、水文资料，有预见性地调整各项工作的施工顺序，并做好预防工作，使工程能有序和不间断地进行。

10）加强机械设备管理

切实做好加强机械设备的检修和维修工作，配齐维修人员、配足常用配件，确保机械正常运转，对主要工序要储备一定的备用机械，确保机械化施工顺利进行。

11）确保劳力充足，高效

根据工程需要，配备充足的技术人员和技术工人，并采用各项措施，提高劳动者技术素质和工作效率。

5. 冬雨季施工及农忙季节的工作安排

（1）雨季施工

雨季施工时，路基施工要做好排水工作；桥涵施工中注意钢筋的锈蚀及模板和支架的变形、下沉，做好水泥等材料的保管工作。

1）施工前的准备

雨季施工前应做好下列准备工作：

①对选择的雨季施工地段进行详细的现场调查研究，编制实施性的雨季施工组织计划；

②修建好施工便道保证晴雨畅通；

③住地、仓库、车辆机具停放场地、生产设施都应设在最高洪水位以上地点，并应与泥石流沟槽冲积堆保持一定的安全距离；

④修建临时排水设施，保证雨季作业的场地不被洪水淹没并能及时排除地面水；

⑤贮备足够的工程材料和生活物资。

2）施工

①路堤填筑

场地处理。在填筑路堤前，应在填方坡脚以外挖掘排水沟，保持场地不积水。如果原地面松软，还应采取换填等措施进行处理。

填料选择：在路堤填筑时，应选用透水性好的碎石土、卵石土、沙砾、石方碎渣和砂类土作为填料。利用挖方土作填方时，应随挖随填及时压实。含水量过大无法晾干的土不得用作雨季施工填料。

填筑方法：路堤应分层填筑。每一层的表面，应做成 2%~4% 的排水横坡，当天填筑的土层应当天压实，防止表面积水和渗水，将路基浸软。如需借土填筑时，取土坑距离填方坡脚不宜小于 3 m，平原区顺路基纵向取土时，取土坑深度不宜大于 1 m。

路床排水：路堤填筑完成后，为防止路床积水，应在路肩处每隔 5~10 m 挖一道横向排水沟，将雨水排出路床。

②路堑开挖

场地处理。路堑开挖前在路堑过坡顶 2 m 以外修筑截水沟，并做好防漏处理。截水沟应接通出水口。

土方开挖方法：雨季开挖路堑宜分层开挖，每挖一层均应设置排水纵横坡。挖方边坡不宜一次挖到设计位置，应沿坡面留 30 cm 厚，待雨季过后再整修到设计坡度。以挖作填的挖方应随挖、随运、随填，开挖路堑至路床设计标高以上 30~50 cm 时应停止开挖，并在两侧挖排水沟，待雨季过后再挖到路床设计标高后压实。如果土的强度低于规定要求，应超挖 50 cm，用粒料分层回填并按路床要求压实。

石方开挖方法：雨季开挖石路堑，炮眼应尽量水平设置，以免炸药受潮发生瞎炮。边坡应按设计坡度自上而下层层刷坡，并应随时核对其坡度是否合乎设计要求，使边坡在雨水冲刷时，能保持稳定。应尽量利用挖出的石渣，石渣必须废弃时，弃土堆应符合规定要求。

弃土堆；雨季施工开挖路堑的弃土要远离路堑边坡坡顶堆放。弃土堆高度一般不应大于 3m，弃土堆坡脚到路堑边坡顶的距离一般不应小于 3m，深路堑或松软地带应保持 5m 以上。弃土堆应摊开整平，严禁把弃土堆放在路堑边坡顶上。

③注意事项

雨季期间安排计划，应根据施工现场情况，对因雨易翻浆地段优先安排施工。对地下水丰富及地形低洼处等不良地段，优先施工的同时，还应集中人力、机具，采取分段突击的方法，完成一段再开一段，切忌在全线大挖大填。

施工坚持"两及时"，即遇雨要及时检查，发现路基积水尽快排除；雨后及时检查，发现翻浆要彻底处理，挖出全部软泥，大片翻浆地段尽量利用推土机等机械铲除，小片翻浆相距较近时，应一次挖能处理，填筑透水性好的砂石材料并压实。

（2）农忙季节的工作安排

合理安排各施工项目的劳动力，将需要劳力少的项目和工序安排在农忙季节，尽量雇用不受农忙干扰的长期劳力工和临时工，同时考虑提前留有足够的机动劳力，补充受影响工序等。

（3）冬季施工安排

根据本标段的气候、地理情况，冬季较长，为节省工期，合理安排工程进度，冬季也安排部分项目的施工作业。主要有以下几方面：

1）利用冬季水位较低的条件，安排构造物基础开挖和防护工程基础开挖，以及在河滩地段备沙砾料等。

2）开挖路堑或使用开炸的石方作填石路基。

3）清理施工场地，并做好已完工程的防冻工作。

6. 文明施工和环保的措施

为合同段工程建成一条环境优美的公路。在施工中尽量最大限度维护原来的地貌地形，保持原来的生态环境，在施工中，从以下几个方面加强施工管理：

（1）现场布置

根据场地实际情况合理地进行布置，设施设备按现场布置图规定设置存放，并随施工基础、下部、上部等不同阶段进行场地布置和调整，最大限度地减少耕地占用。

（2）道路和场地

工区内道路通畅、平坦、整洁，不乱堆乱放，无散落物；场地平整不积水，排水成系统，并畅通不堵；施工废料集中堆放，及时处理。

（3）材料堆放

砂石分类堆放成方，砌体料归类成垛，堆放整齐。

（4）周转设备存放

施工钢模、机具、器材等集中堆放整齐。专用钢模成套放置，专用钢模及零配件、脚手扣件分类分规格，集中存放。

（5）水泥库

袋装、散装不混放，分清标号、堆放整齐、目能成数。有制度、有规定，专人管理，限额发放，分类插标挂牌，记载齐全而正确，牌物账相符，库容整洁。

（6）构、配件及特殊材料

砼构件分类、分型、分规格堆放整齐；空心板存放要注意地基承载处理和支垫点正确稳定；钢材、钢绞线分类集中堆放整齐；锚具、支座、垫板、预埋件等分门别类妥善保管。

（7）消除施工污染

场地废料、土石弃方处理，应按设计要求，按监理工程师指定地点处理，防止水土流失，尽量减少对周围绿化的影响和破坏。施工废水、生活污水不得污染水源、耕地、农田、灌溉渠道，采用渗井或其他措施处理，工地垃圾及时运到指定地点。清洗集料，机具或含有油污的操作用水，采用过滤的方法或沉淀池处理，使生态环境受损降到最低。

（二）质量保证体系

质量是生命——是单位生存、发展之本，更是公司全体员工各自工作岗位上，始终坚守的信念，并在实施全过程中落实，确保该合同的顺利实施，确保高速公路的高质量管理体系的实施。

1. 具体质量目标——争创国优，誓夺"优良工程"

本标段质量一次验收优良率100%，不允许出现评价不合格工程，坚决杜绝不合格项目，不论是自检，还是业主、监理工程师的中检、抽检、终检，任何时间都要达到100%的优良率，必须都要达到部优标准，争创国优，誓夺"优良工程"。

2. 总则

（1）认真落实《公路工程施工企业质量自检体系管理暂行规定》，严格贯彻执行《高速公路建设工程优质优价实施办法》。

（2）整个工程及分项、分部工程按施工规定施工，按《施工监理程序和实施细则》进行检查。

1）质量领导组定期抽查。

2）质检部配合驻地监理人员对分项、分部工程的检验和自检，起到一定作用。

（3）质量工程依据设计文件要求，交通部颁发的施工技术规程、规范、质量检查、验收标准，做到严格认真、准确及时，真实可靠、系统达标。

（4）质量指标以数据考评来起到把关，指导作用，并实行奖罚制度。

3. 质量控制机构和创优规划

工程质量的优劣是关系到工程运营生产的百年大计的问题，也是关系到施工承包企业生死存亡、能否在市场竞争中取得胜利的根本问题，作为工程施工的承包商和项目经理，应该从领导和决策方面，以战略的眼光看待这一问题，为此公司特建立质量保证体系附后，实施项目经理负责制。

质量管理领导小组是整个工程质量管理的最高领导机构，由项目总经理、总工程师、副经理、质检部长、实验室主任、工程管理部长组成，制定整个合同段工程质量创优规划、方针、措施。

各施工队分别设质量管理现场领导组，由施工队长、质检科长、工程科长、主任工程师组成，质检科和试验室专职抓现场质量管理。施工队一级的质量管理机构在项目经理部质量管理小组领导下，制订本工段施工区段的创优措施，质量实施计划，并重在现场落实。施工队所属各施工班组根据自己的创优任务，拟定项目工程具体的分项实施计划，责任到人、严格要求，全员全过程质量控制。对各段的施工难点、关键工序进行分析，选定有关课题，成立 QC 小组科学指导施工，积极推广新技术、新工艺、新材料，为质量全优的目标共同努力。

建立一系列责任制度，包括项目经理质量责任制、总工程质量责任制、质检工程师责任制、试验人员责任制、测量人员责任制、生产班长责任制、操作人员责任制，施行每个管理员、操作人员都同工程质量紧密联系，到全员质量控制。针对施工过程、内容、程度制定不同的制度，严格执行施工组织设计审批制度，技术质量交底制度，工序交接制度，技术复核、隐蔽工程验收制度，二级验收及分部分项质量评定制度，现场材料质量管理制度，并对作业人员坚持定期质量教育和考核。施工前组织人员，对照工地实际情况，细致复核图纸，发现问题与工程师取得联系，要在工程师的指导下，即实行开工报告审批制、工地实验检测制、分阶段技术交底制、定期与日常质量教育检查制，并严格招待工程质量奖罚制度。

项目经理部建立严格的质量检查组织机构（机构图附后）全力支持和充分发挥质检机构人员的作用。主动接受监理工程师的监督和帮助，积极为监理工程师的生活提供和创造便利的条件。

4. 项目质量管理

保证质量，重点是在操作、控制上下功夫，必须严格履行下列程序：

（1）奠定良好的质量管理基础，狠抓工程技术工作。

工程技术工作以招标文件和合同规范和图纸为依据，参照工程量清单，制订相应的技术管理制度，做好施工组织设计，采用先进合理的施工工艺和技术，以保证质量目标的实现。

1）熟悉合同条件中有关技术和质量要求和条款，有关这方面的合同条款，要做到了如指掌，严格遵照执行。

2）熟悉设计图纸并建立审核把关制度，领会设计意图，对图示各结构以及轴位尺寸标高必须一一验证，并与实地核对，做到准确无误，以免出现缺陷返工浪费。

3）熟悉并掌握施工技术规范和质量验收标准，施工承包合同中的技术规范和质量标准是提高工程技术管理的重要依据，该技术规范包括了工程项目规范和范围、施工工艺和方法、材料及设备的性能与指标，对施工过程起着重要的制约作用。

4）做好施工组织与技术设计工作，指导施工进度；同时选择有技术性专业的精兵强将，采用高、先进技术和现代化的电脑管理手段，使人员和技术水平相协调，发挥出各自的积极作用。

5）建立必要的技术规章制度，注意完善技术档案工作。严格执行工地现场的信息报告联络制度，工地会议制度，即时将有关合同文件、规范、图纸、变更令、会议纪要、信息、财务专账分门别类归档保管。

6）技术交底必须及时全面彻底，手续一律以书写形式出现，做到责任明确，由工程技术主管负责执行。根据工程特点设立测量组承担线型纵横轴线测量放线工作，放线时工程队的责任技术员参加，将定位桩由施工技术人员负责保护。

7）施工过程质量控制要做到工序层层把关，实验室负责实验配比及剂量配合及现场过磅，质检科除履行全面质检评定之外，还要配合驻地监理做好施工与监理程序和资料工作，工程分项、分部的开工，施工中前后设计变更，工程质量现场把关、控制、逐项签认以及质量合格与否和质量隐患、事故等，均按《公路工程监理工作实施细则》执行。

树立一切为用户服务的观点，强调工程质量的全面管理，要围绕用户展开，建立行之有效的自质量监督检查体系。

①确立"防检结合、以防为主、重在提高"的观点，不仅要对工程质量的结构进行管理，更重要的是对原因的管理，对施工工艺方法及各施工环节进行检查，检验采购材料是否符合质量标准，检查预防施工工序和方法是否符合标准，对关键工种操作的技术工人要事先培训并进行技术考核，合格后才能上岗操作。

②树立"一切用数据说话"的观点。工程施工的全面质量有定性的变化趋势的预测、分析的判断，有要求。

③严格执行标号砼操作细则，施行责任并设专门技术人员和质检人员负责技术指导量监督。

④认真做到检查凭证的签证工作。

施工过程中的系统检查、签证工作，是工程质量的保证，签证前要认真进行检查，合格后填写检查凭证并请监理工程师会同检查签证。

（三）技术保证措施

1.工程开工前，必须按分部、分项编写完善的施工组织和施工要点。常规分部、分项编写标准施工组织设计和要点，特殊分部、分项要特殊编写施工组织设计和施工工艺及要点。施工组织设计和施工要点必须经主任工程师和监理工程师审核后方可执行。

施工工艺设计的主要内容包括：工程概况、主要工序施工方法和操作规程、施工大样图、结构计算、质量要求级标准、试验测量的要求及方法、施工人员、材料和设备使用计划等。

2.加入施工技术管理，以施工组织设计为纲领；以施工工艺设计和施工要点为指导；以三级技术交底、操作规程和工序交接检查为保证，严格各施工工序的控制与管理。对易产生问题或出现质量问题的部位要加大技术投入和管理力度，严格遵守操作规程用施工工艺流程。

3.为防止路基不均匀沉降、桥头跳车和桥面砼脱落，对路基土方工程实行压实度、弯沉值双控制；桥头填土采取特殊技术处理措施，按独立分项进行质量检测和评定；桥面水泥砼表面须经凿毛、涂刷粘层油后，方右摊铺沥青砼面层。

4.水泥砼工程须集中拌和，小型砼工程和高标号砂浆须机械拌和，零星砼及砂浆一律严格计量（严禁使用体积法）；T型主梁、工型梁、25m以上空心板梁及箱梁的预制或现浇工程、所有表露砼构件一律使用钢模板；严格控制预应力反拱度；确保工型梁桥面板的设计厚度。

5.按要求配置施工机械和试验检测设计，提高施工机械化水平、质量监测水平和各种设备的应用效率。

四、养护

早期的施工、养护工作，一般是用简单的工具和人力或畜力操作。随着机械工业的发展，蒸汽机和内燃机等动力机械广泛应用于施工中，并出现各种单用机械和联合操作机械。在筑路机械中，繁重、量大的工程所使用的机械，例如土石方的挖掘、运输、压实等使用的机械，正向着多用途、大功率的方向发展；路面铺装机械向着自动就地加工，提高废旧料利用率，简化工序，一次完成的大功率大型机械的方向发展。养路机械则向着一机多用和小型化的方向发展。桥梁工程用的机械趋向适用于轻型、装配化和预制构件所需机械发展；吊装设备则向大型机械发展。各种施工机械的发展，使以往难以进行的工序得到解决。施工机械的进步反过来又促进材料和结构物的革新。这种互相促进作用有益于提高工程质量、降低生产成本。

五、管理

公路工程管理系统和公路运输管理系统是两个不相统属的系统，但又是彼此有密切关系的系统。比如，汽车运输要开辟或加强改善某些路线的客货运输，必须预先调查研究沿线的客货来源、种类、运量、地点、季节等等，为此向工程部门提出工程的要求和指标。工程部门则研究满足这些要求的方法和措施，为运输服务。那么，究竟是先有公路然后考虑组织运输，还是先考虑运输需要来修建公路呢？一般讲，按后者安排为好。但有时也应根据具体情况，全面分析，决定对策。这个问题在国际公路论坛中是经常遇到的，有些国家已把运输工程和工程经济列为专业课程，在大学讲授。这是关系到公路发展的宏观经济、影响全局的问题，在公路管理中值得重视。

公路工程方案在实施过程中，工程管理部门应根据需要完成项目的先后顺序，编制分项工程进度表，然后根据各项进度排出总的进度表，并注意各分项工程之间不得互相干扰。如遇情况变化，应及时做相应修改。进度表是执行计划的指导纲领，某一环节不按计划进行就有可能打乱局部，甚至是全局的安排。执行计划包括内容繁多，主要方面有：施工前需补充的测量放样、材料供应和试验、机具配备和维修、运输工具的配备和维修、劳动力组织和调配、技工培训和考核、水电供应、工地安全设施、工地应急设施、医疗卫生、职工生活、工程定额和进度的统计分析、财务管理等等。工地既要有分项管理人员，又要有全面管理的人员。

六、其他相关

（一）管理办法

为规范公路工程施工分包活动，引导公路工程施工分包市场健康、有序地发展，交通运输部日前发布了《公路工程施工分包管理办法》（以下简称《办法》）。

《办法》出台的背景

加强市场监管，规范分包活动，是工程建设领域专项治理的重点工作。《办法》的出台是市场经济体制下行业健康发展的需要，是规范公路建设市场分包行为的需要，是完善公路建设市场法律法规体系的需要。

工程分包的产生是计划经济向市场经济过渡的产物，是社会分工专业化的必然结果，在国外工程管理中也普遍存在。规范引导施工单位进行合理、合法的分包，既有利于施工企业的发展壮大和结构调整，也有利于规范建设市场，提高工程质量，降低建设成本。国家《招标投标法》《建设工程质量管理条例》《公路建设市场管理办法》《公路建设监督管理办法》等法律、法规和部门规章相继对工程分包进行了相应规定，但由于种种原因，公路工程中的违法分包现象仍然屡禁不止。

（二）沉降预防

工后沉降就是指从施工完毕直到沉降稳定这段时间内的沉降量。利用高频液压振动锤施工筒桩、振动取土灌注桩，作为公路路基的承载桩，使路基在筒桩的施工过程中产生预沉降，汽车在以后的运行过程中地基不会产生沉降。利用这种新工法可以有效预防公路工程日后沉降。

（三）计划实施

工程计划的实施要根据设计方案编制工程预算，经主管部门批准后作为投资依据，拨款举办。承办工程有部门自办制、招标发包制或部分自办、部分发包制等几种。自办制由主管部门委派负责人成立机构，负责完成计划内全部工程任务。如遇原设计不符实际情况时，有变更设计权，但须向主管部门说明变更原因，经批准后执行。如因特殊原因，必须立即执行时，可以事后报告备案。工程负责人在预算范围内，根据法定财务制度有支付全部工程费用的权力。发包制由主办机构公开招标。凡领取开业执照的企业单位或承包商经审查合格者均可取得投标资格，一般由最低价格者得标，但仍须审查所投价格是否合理，经主办机构认可后方可取得承包权。对于工程所需材料供应、机具设备、劳动力的雇用，一般均由承包者自理。但在某种情况下，也可通过协商共同解决。

（四）公路工程建设程序

公路基本建设的程序是：根据国民经济长远规划及布局所确定的公路网规划，提出项目建议书；通过调查，进行可行性研究，编制可行性研究报告；经批准后进行初步测量及编制初步设计文件；经批准后，列入国家年度基本建设计划，并进行定线测量编制施工图设计文件；经批准后组织施工；完工后，进行竣工验收，最后交付使用。

1. 项目建议书

2. 可行性研究

在 1988 年 6 月交通部颁发的《公路可行性研究报告编制办法》中规定，大中型工程、高等级公路及重点工程建设项目（含国防、边防），均应进行可行性研究，小型项目可适当简化。

3. 工程设计

根据基本建设项目的性质和设计内容不同，工程设计一般可分为"一阶段设计""两阶段设计"和"三阶段设计"三种类型。

公路工程基本建设一般采用两阶段设计，即初步设计和施工图设计。对于技术简单、方案明确的小型建设项目，可采用一阶段设计，即一阶段施工图设计；技术复杂而又缺乏经验的建设项目或建设中个别路段、特殊大桥、互通式立体交叉、隧道等，必要时采用三阶段设计，即初步设计、技术设计和施工图设计。

4. 列入年度基本建设计划

当建设项目的初步设计和概算经上报批准后，才能列入国家基本建设年度计划。建设单位根据国家计委颁发的年度基本建设计划控制数字，按照批准的可行性研究报告和设计文件，编制本单位的年度基本建设计划，报经批准后，再编制物资、劳动、财务计划。这些计划分别经过主管机关审查平衡后，作为国家安排生产、宏观调控物资和财政拨款（或）贷款的依据，并通过招标或其他方式落实施工单位和监理单位。招投标流程：

（1）招标人确定招标方式，采取公开招标的，应发布招标公告，发售投标资格预审文件；采取邀请招标的，招标人可直接发出投标邀请，发售招标文件。

（2）招标人编制投标资格预审文件和招标文件，招标文件应当报交通主管部门审批；

（3）发布招标公告发售投标资格预审文件；

（4）对投标人进行资格审查并将审查结果报交通主管部门审批；

（5）向资格预审合格的投标人发售招标文件；

（6）组织竞标人考察工程现场，召开标前会；

（7）接受投标人的投标文件，公开开标；

（8）组建评标委员会评标，推荐中标候选人；

（9）招标人确定中标人，并将评标报告和评标结果报交通主管部门核备；

（10）招标人发出中标通知书；

（11）招标人与中标人订立公路工程施工合同。

5. 施工准备

为了保证施工的顺利进行，在施工准备阶段，建设单位、勘测设计单位、施工单位、监理单位和建设银行均应在自己的职责范围内，针对施工的要求充分做好各项准备工作。

建设主管部门应根据计划要求的建设进度，组建基本建设项目的专门管理机构，办理登记及拆迁，做好施工沿线有关单位和部门的协调工作，抓紧配套工程项目的落实，提供技术资料，落实材料、设备的供应。

勘测设计单位应按照技术资料供应协议，按时提供各种图纸资料，做好施工图纸的会审及移交工作。

施工招投标中中标并已签订工程承包合同的施工单位应组织机具、人员进场，进行施工测量，修筑便道及生产、生活等临时设施，建立实验室，组织材料、物资采购、加工、运输、供应、储备，做好施工图纸的接收工作，熟悉图纸的要求，编制实施性施工组织设计和施工预算，提出开工报告。

监理招投标中中标并已签订监理合同的监理单位应组织监理机构，建立监理组织体系；熟悉施工设计文件和合同文件；组织监理人员和设备进场，建立中心实验室；根据工程监理规划规定的程序和合同条款，对施工单位的各项准备工作进行检查、验收、审批，合格后，签发开工令。

建设银行应会同建设、设计、施工单位做好图纸的会审，严格按计划要求进行财政拨款或贷款，做好建设资金的调拨计划。

6. 工程施工

在上报开工报告批准后，施工单位即可正式施工。施工过程中，施工单位应遵照合理的施工程序，按照设计要求、施工规范及进度要求，确保工程质量，安全施工。坚持施工过程组织原则，加强施工管理，大力推广应用新技术、新工艺、新方法、新设备和新材料，努力缩短工期，降低造价，做好施工记录，建立技术档案。

7. 交工验收及缺陷责任期

公路工程交工验收工作一般按合同段进行，并应具备以下条件：

（1）合同约定的各项内容已全部完成，各方就合同变更的内容达成书面一致意见。

（2）施工单位按《公路工程质量检验评定标准》及相关规定对工程质量自检合格。

（3）监理单位对工程质量评定合格。

（4）质量监督机构按《公路工程质量鉴定办法》对工程质量进行检测，并出具检测意见。检测意见中需整改的问题已经处理完毕。

（5）竣工文件按公路工程档案管理的有关要求，完成"公路工程项目文件归档范围"第三、四、五部分（不含缺陷责任期资料）内容的收集、整理及归档工作。

（6）施工单位、监理单位完成本合同段的工作总结报告。

交工验收合格并签发交工验收证书后，将有关材料及报告上报有关交通主管部门，申请开放交通试运行，批准后组织通车典礼，正式进入缺陷责任期，一般缺陷责任期为 24 个月。

8. 竣工验收、交付使用

建设项目的竣工验收是基本建设全过程的最后一个程序。

公路工程竣工验收应具备以下条件：

（1）通车试运营 2 年以上。

（2）交工验收提出的工程质量缺陷等遗留问题已全部处理完毕，并经项目法人验收合格。

（3）工程决算编制完成，竣工决算已经审计，并经交通运输主管部门或其授权单位认定。

（4）竣工文件已完成"公路工程项目文件归档范围"的全部内容。

（5）档案、环保等单项验收合格，土地使用手续已办理。

（6）各参建单位完成工作总结报告。

（7）质量监督机构对工程质量检测鉴定合格，并形成工程质量鉴定报告。

当全部基本建设工程经过验收合格，完全符合设计要求后，应立即移交给相关运营部门正式使用。在验收时，对遗留问题、存在问题要明确责任，确定处理措施和期限。

第二节　桥梁工程

桥梁工程指桥梁勘测、设计、施工、养护和检定等的工作过程，以及研究这一过程的科学和工程技术，它是土木工程的一个分支。桥梁工程学的发展主要取决于交通运输对它的需要。

一、技术方面

桥梁工程学主要研究桥渡设计，决定桥梁孔径，考虑通航和线路要求以确定桥面高度；考虑基底不受冲刷或冻胀以确定基础埋置深度，设计导流建筑物等；桥式方案设计；桥梁结构设计；桥梁施工；桥梁检定；桥梁试验；桥梁养护等方面。

古代桥梁以通行人、畜为主，载重不大，桥面纵坡可以较陡，甚至可以铺设台阶。自从有了铁路以后，桥梁所承受的载重逐倍增加，线路的坡度和曲线标准要求又高，且需要建成铁路网以增大经济效益，因此，为要跨越更大更深的江河、峡谷，桥梁向大跨度发展。

二、材料方面

在建桥材料方面，以高强、轻质、低成本为选择的主要依据，仍以发展传统的钢材和混凝土为主，提高其强度和耐久性。

石材、木材、铸铁、锻铁等桥梁材料，显然不合要求，而钢材的大量生产正好满足了这一要求。

三、施工方面

在桥梁施工方面，对施工组织将充分利用电子计算机进行经济有效的管理。在施工技术中，将不断引用新技术和高效率、高功能的机具设备，借以提高质量、缩短工期、降低造价。

1. 桥梁下部结构施工

桥梁墩台施工：整体式墩台施工，有石砌墩台、混凝土墩台；装配式墩台施工；砌块式墩台施工；柱式墩台施工。

墩台基础施工：明挖扩大基础施工；桩与管柱基础施工；沉井基础施工。

2. 桥梁上部结构施工

桥梁承载结构施工：支架现浇法；预制安装法；悬臂施工法；转体施工法；顶推施工法；移动模架主孔施工法；横移法；提升与浮运法。

3. 梁式桥施工

简支梁桥，等截面连续梁桥，预应力混凝土变截面连续梁桥，预应力混凝土连续钢构桥，钢梁桥。

四、维修方面

在桥梁维修检查中，引用新型精密的测量仪表，如用声测法对结构材料的缺陷以及弹性模量进行测定；用手携式金相摄影仪检查钢材的晶体结构功能，及早进行加固，防患于未然，以便延长桥梁的使用寿命。

桥梁工程始终是在生产发展与各类科学技术进步的综合影响下，遵循适用、安全、经济与美观的原则，不断地向前发展。

第三节 隧道工程

隧道是修建在地下或水下或者在山体中，铺设铁路或修筑公路供机动车辆通行的建筑物。

一、简介

道路隧道的建设过程主要为隧道规划、勘测、设计、贯通控制测量和施工等工作。为缩短距离和避免大坡道而从山岭或丘陵下穿越的称为山岭隧道；为穿越河流或海峡而从河下或海底通过的称为水下隧道；为适应铁路通过大城市的需要而在城市地下穿越的称为城市隧道。这三类隧道中修建最多的是山岭隧道。

二、历史沿革

自英国于 1826 年起在蒸汽机车牵引的铁路上开始修建长 770 米的泰勒山单线隧道和长 2474 米的维多利亚双线隧道以来，英、美、法等国相继修建了大量铁路隧道。19 世纪共建成长度超过 5 公里的铁路隧道 11 座，有 3 座超过 10 公里，其中最长的为瑞士的圣哥达铁路隧道，长 14998 米。1892 年通车的秘鲁加莱拉铁路隧道，海拔 4782 米，是现今世界最高的标准轨距铁路隧道，目前国内青藏铁路风火山隧道为世界海拔最高的单线铁路隧道。在 19 世纪 60 年代以前，修建的隧道都用人工凿孔和黑火药爆破方法施工。1861 年修建穿越阿尔卑斯山脉的仙尼斯峰铁路隧道时，首次应用风动凿岩机代替人工凿孔。1867年修建美国胡萨克铁路隧道时，开始采用硝化甘油炸药代替黑火药，使隧道施工技术及速度得到进一步发展。

在 20 世纪初期，欧洲和北美洲一些国家铁路形成铁路网，建成的 5 公里以上的长隧道有 20 座，其中最长的瑞士和意大利间的辛普朗铁路隧道长 19.8 公里。美国长约 12.5 公里的新喀斯喀特铁路隧道和加拿大长约 8.1 公里的康诺特铁路隧道都采用中央导坑法施工，其施工平均年进度分别为 4.1 和 4.5 公里，是当时最高的施工进度。至 1950 年，世界铁路隧道最多的国家有意大利、日本、法国和美国。日本至 20 世纪 70 年代末共建成铁路隧道约 3800 座，总延长约 1850 公里，其中 5 公里以上的长隧道达 60 座，为世界上铁路长隧道最多的国家。1974 年建成的新关门双线隧道长 18675 米，为当时世界最长的海底铁路隧道。1981 年建成的大清水双线隧道长 22228 米，为世界最长的山岭铁路隧道。连接本州和北海道的青函海底隧道长达 53850 米，为当今世界最长的海底铁路隧道。

20 世纪 60 年代以来，隧道机械化施工水平有很大提高。全断面液压凿岩台车和其他大型施工机具相继用于隧道施工。喷锚技术的发展和新奥法的应用为隧道工程开辟了新的途径。掘进机的采用彻底改变了隧道开挖的钻爆方式。盾构构造不断完善，已成为松软、含水地层修建隧道最有效的工具。

中国于 1887—1889 年在台湾省台北至基隆窄轨铁路上修建的狮球岭隧道，是中国的第一座铁路隧道，长 261 米。此后，又在京汉、中东、正太等铁路修建了一些隧道。京张铁路关沟段修建的 4 座隧道，是用中国自己技术力量修建的第一批铁路隧道，其中最长的八达岭铁路隧道长为 1091 米，于 1908 年建成。中国在 1950 年以前，仅建成标准轨距铁路隧道 238 座，总延长 89 公里。自 20 世纪 50 年代以来，隧道修建数量大幅度增加，1950—1984 年间共建成标准轨距铁路隧道 4247 座，总延长 2014.5 公里，成为世界上铁路隧道最多的国家之一。此外，中国还建有窄轨距铁路隧道 191 座，总延长 23 公里。截至 1984 年，中国共建成 5 公里以上长隧道 10 座，最长者为京原铁路的驿马岭铁路隧道，长 7032 米。现正在施工的京广铁路衡韶段大瑶山双线隧道，长 14.3 公里。中国最高的铁路隧道是青藏铁路关角铁路隧道，长 4010 米，海拔 3690 米。中国铁路隧道约有半数分布在川、陕、云、贵 4 省。成昆、襄渝两条铁路干线隧道总延长分别为 342 及 282 公里，占线路总长的比率分别为 31.6% 和 34.3%。

三、隧道勘测

为确定隧道位置、施工方法和支护、衬砌类型等技术方案，对隧道地处范围内的地形、地质状况，以及对地下水的分布和水量等水文情况要进行勘测。

在隧道勘测和开挖过程中，须了解围岩的类别。围岩是隧道开挖后对隧道稳定性有影响的周边岩体，围岩分类是依次表明周围岩石的综合强度。中国在 1975 年制定的铁路隧道工程技术规范中将围岩分为 6 类。关于岩石分类 70 年代以前常用泰沙基及普氏等岩石分类方法。70 年代以后在国际上应用较广并为国际岩石力学学会推荐的为巴顿等各种分级系统。此外，还有日本以弹性波速为主的分类法。围岩类别的确定，为隧道工程设计合理和施工顺利提供了依据。

四、隧道设计

隧道设计包括隧道选线、纵断面设计、横断面设计、辅助坑道设计等。

1. 选线

根据线路标准、地形、地质等条件选定隧道位置和长度，选线应作多种方案的比较。长隧道要考虑辅助坑道和运营通风的设置，洞口位置的选择要依据地质情况，考虑边坡和仰坡的稳定，避免塌方。

2. 纵断面设计

沿隧道中线的纵向坡度要服从线路设计的限制坡度，因隧道内湿度大，轮轨间黏着系数减小，列车空气阻力增大，因此在较长隧道内纵向坡度应加以折减。纵坡形状以单坡和人字坡居多，单坡有利于争取高程，人字坡便于施工排水和出碴，为利于排水，最小纵坡一般为2‰~3‰。

3. 横断面设计

隧道横断面即衬砌内轮廓，是根据不侵入隧道建筑限界而制定的。中国隧道建筑限界分为蒸汽及内燃机车牵引区段、电力机车牵引区段两种，这两种又各分为单线断面和双线断面。衬砌内轮廓一般由单心圆或三心圆形成的拱部和直边墙或曲边墙组成。在地质松软地带另加仰拱。单线隧道轨面以上内轮廓面积为27~32平方米，双线为58~67平方米。在曲线地段由于外轨超高车辆倾斜等因素，断面须适当加大。电气化铁路隧道因悬挂接触网等应提高内轮廓高度。中、美、苏三国所用轮廓尺寸为：单线隧道高度为6.6~7.0米、宽度为4.9~5.6米；双线隧道高度为7.2~8.0米，宽度为8.8~10.6米。在双线铁路修建两座单线隧道时，其中线间距离须考虑地层压力分布的影响，石质隧道为20~25米，土质隧道应适当加宽。

4. 辅助坑道设计

辅助坑道有斜井、竖井、平行导坑及横洞四种。斜井是在中线附近的山上有利地点开凿的斜向正洞的坑道，斜井倾角一般在18°~27°之间，采用卷扬机提升。斜井断面一般为长方形，面积为8~14平方米。竖井是由山顶中线附近垂直开挖的坑道，通向正洞，其平面位置可在铁路中线上或在中线的一侧（距中线约20米）。竖井断面多为圆形，内径为4.5~6.0米。平行导坑是距隧道中线17~25米开挖的平行小坑道，以斜向通道与隧道连接，亦可作将来扩建为第二线的导洞。中国自1957年修建川黔铁路凉风垭铁路隧道采用平行导坑以来，在58座长3公里以上的隧道中约有80%修建了平行导坑。横洞是在傍山隧道靠河谷一侧地形有利之处开辟的小断面坑道。

此外，隧道设计还包括洞门设计、开挖方法和衬砌类型的选择等。

五、控制测量

隧道测量是为了保证测量的中线和高程在隧道贯通面处的偏差不超出规定的限值。

中线平面控制

长隧道以往多用三角网，短隧道多用导线法，借以控制中线的偏差。自20世纪50年代以来，中国在1公里以上长度的隧道测量中采用导线法也能控制隧道的贯通误差。光电测距仪的出现和发展，解决了量距的困难。山岭隧道洞外及洞内都采用主副闭合导线法，即在主导线上测角并用光电测距仪量距，在副导线上只测角不量距。由主副导线所组成的多边形，只平差其角度，不平差其长度。这样主副导线法比三角网法简单实用，比单一导线法可靠。中国大瑶山双线隧道即采用主副闭合导线法作为中线平面控制。

在隧道进行中线测量以前，就要考虑将来隧道打通后的偏差数值。根据隧道的长度和平面形状，在地形图上先行布置测点的位置和预计的贯通点，并在平面图上量出必要的尺寸，再根据规范规定的极限误差试算出测角和量距的必要精度，然后进行测量。这个过程叫作测量设计或叫作隧道贯通误差的预计4公里以下的隧道中线贯通极限误差为 ±100毫米；4～8公里的隧道中线贯通极限误差为 ±150毫米。

高程控制短隧道应用普通水平仪，长隧道应用精密水平仪即能保证需要达到的精度。高程贯通极限误差为 ±50毫米。

六、隧道开挖

开挖方法分为明挖法和暗挖法。明挖法多用于浅埋隧道或城市铁路隧道，而山岭铁路隧道多用暗挖法。按开挖断面大小、位置分，有分部开挖法和全断面开挖法。在石质岩层中采用钻爆法最为广泛，采用掘进机直接开挖的方法也逐渐推广，在松软地质中采用盾构法开挖较多。

1. 钻爆法

在隧道岩面上钻眼，并装填炸药爆破，用全断面开挖或分部开挖等将隧道开挖成型的施工方法。

钻爆法开挖作业程序包括测量、钻孔、装药、爆破、通风、出碴、锚杆、立架、挂网、喷锚等工序。

①钻孔：要先设计炮孔方案，然后按设计的炮孔位置、方向和深度严格钻孔。单线隧道全断面开挖，采用钻孔台车配备中型凿岩机，钻孔深度为2.5～4.0米。双线隧道全断面开挖采用大型凿岩台车配备重型凿岩机，钻孔深度可达5.0米。炮孔直径为4～5厘米。炮孔分为掏槽孔（开辟临空面）、掘进孔（保证进度）和周边孔（控制轮廓）。

②装药：在掘进孔、掏槽孔和周边孔内装填炸药。一般装填硝胺炸药，有时也用胶质炸药。装填炸药率为炮眼长度的60%～80%，周边孔的装药量要少些。为缩短装药时间，

可把硝胺炸药制成长的管状药卷，以便填入炮眼；也可利用特制的装药机械把细粒状药粉射入炮孔中。

③爆破：19世纪上半期以前用明火起爆。1867年美国胡萨克铁路隧道开始采用电力起爆，此后，电力起爆逐渐推广。在全断面掘进中，为了减低爆破对围岩的震动和破坏，并保证爆破的效果，多采用分时间阶段爆破的电雷管或毫秒雷管起爆。一般拱部采用光面爆破，边墙采用预裂爆破。近期发展的非电引爆的导爆索应用日益广泛。

④施工通风：排出或稀释爆破后产生的有害气体和由内燃机产生的氮氧化物及一氧化碳，同时排除烟尘，供给新鲜空气，借以保证隧道施工人员的安全和改善工作环境。通风可分主要系统和局部系统，主要系统可利用管道（直径一般为 1 ~ 1.5 米，也有更大的）或巷道（平行导坑等），配以大型或中型通风机；局部系统多用小型管道及小型通风机。巷道通风多采用吸出式，将污浊空气吸出洞外，新鲜空气由正洞流入。新鲜空气不易达到的工作面，须采用局部通风机补充压入。

⑤施工支护：隧道开挖必须及时支护，以减少围岩松动，防止塌方。施工支护分为构件支撑和喷锚支护，构件支撑一般有木料、金属、钢木混合构件等，现在使用钢支撑者逐渐加多；喷锚支护是20世纪50年代发展起来的一种支护方法，其特点是支护及时、稳固可靠，具有一定柔性，与围岩密贴，能给施工场地提供较大活动空间。中国在一些老黄土隧道中应用喷锚支护也获得成功，喷射混凝土工艺分为干喷和湿喷。现多采用干喷法，即将干拌混凝土内掺入一定数量的速凝剂，用压缩空气将混凝土由管内喷出。在喷口加水射到岩石面上，一次可喷 3 ~ 5 厘米厚度。在喷射混凝土中掺入一些钢纤维，或在岩面挂钢丝网可提高喷锚支护的强度。钢锚杆安设在岩层面上的钻孔内，其长度和间距视围岩性质而定，一般长度为 2 ~ 5 米，通常用树胶和水泥浆沿杆体全长锚固。在岩层较好地段仅喷混凝土即可得到足够的支护强度。在围岩坚硬稳定的地段也可不加支护；在软弱围岩地段喷锚可以联合使用，锚杆应加长，以加强支护力。

⑥装碴与运输：在开挖作业中，装碴机可采用多种类型，如后翻式、装载式、扒斗式、蟹爪式和大铲斗内燃装载机等。运输机车有内燃牵引车、电瓶车等，运输车辆有大斗车、槽式列车、梭式矿车及大型自卸汽车等。运输线分有轨和无轨两种。

由钻孔直到出碴完毕称为一个开挖循环。根据中国的经验，在单线全断面开挖中24小时能做两个循环，每个循环能进3.5米深度，每日单口进度可达 7 米。然而在开挖中难免遇到断层或松软石质以及涌水等，不易保持每日的预计循环，所以每月单口实际进度多低于 200 米。中国成昆线蜜蜂箐单线隧道单口最高月进度曾达到 200 米。日本大清水双线隧道单口最高月进度曾达到 160 米。开挖循环作业的特点是一个工序接一个工序必须逐项按时完成，否则前一工序推迟就会影响下一工序，因而拖长全部时间，其中最主要的工序为钻孔及出碴，所用时间占全部作业时间比例较大。

钻爆法开挖采用的方法有全断面开挖法和分部开挖法。

①全断面开挖法：一次开挖成型的方法。一般采用带有凿岩机的台车钻孔，用毫秒爆

破，喷锚支护；还要有大型装碴运输机械和通风设备。全断面开挖法又演变为半断面法，半断面法是弧形上半部领先，下半部隔一段距离施工。

②分部开挖法：先用小断面超前开挖导坑，然后，将导坑扩大到半断面或全断面的开挖方法。这种方法主要优点是可采用轻型机械施工，多开工作面，各工序间拉开一定的安全距离；缺点是工序多，有干扰，用人多。根据导坑在隧道断面的位置分为：上导坑法、中央导坑法、下导坑法以及由上下导坑互相配合的各种方法，另有把全断面纵向分为台阶进行开挖，而各层台阶距离较短的台阶法。

上导坑法适用于软弱岩层，衬砌顺序是先拱后墙，曾于1872—1881年为圣哥达隧道采用。中国短隧道一般用这种方法，中央导坑法是导坑开挖后向四周打辐射炮眼爆破出全断面或先扩大上半部。20世纪初美洲曾用这种方法，20年代美国新喀斯喀特隧道也用这种方法，下导坑法即下导坑领先的方法，其中包括：a. 上下导坑法，利用领先的下导坑向上预打漏斗孔，便于开展上导坑等多工序平行作业。衬砌顺序多用先拱后墙，遇围岩较好时亦可改为先墙后拱。b. 漏斗棚架法，适用于坚硬地层，以下导坑掘进领先，由下而上分层开挖，设棚架，先衬砌边墙后砌拱。1961—1966年在中国成昆线关村坝铁路隧道应用，1964年复工后取得平均单口月成洞152米的进度。c. 蘑菇形法，同漏斗棚架法类似，也设棚架，但先衬砌拱部后砌边墙。1971—1973年在枝柳线彭莫山单线隧道应用，取得平均单口月成洞132米的进度。d. 侧壁导坑法，两个下导坑领先，环形开挖，最后挖掉中心土体，衬砌顺序为先墙后拱，多用于围岩很差的双线隧道。也有采用上导坑领先及两个下导坑成品字形的。全断面开挖法和分部开挖法是钻爆法开挖常用的方法，但隧道施工很复杂，时常遇到各种困难，如大断层、流沙、膨胀地层、溶洞、大量涌水等，尚需采取相应措施。

2. 盾构法

采用盾构作为施工机具的隧道施工方法。1825年在伦敦泰晤士河水下隧道首先试用盾构，并获得成功。此后，松软地质多采用盾构法开挖，盾构是一种圆形钢结构开挖机械，其前端为切口环，中间为支撑环，后端为盾尾。开挖时，切口环首先切入地层并能掩护工人安全地工作；支撑环是承受荷载的主要部分，其中安设多台推进盾构的千斤顶及其他机械；盾尾随着上述两部分前进，保护工人安装铸铁管片或钢筋混凝土管片。盾构法适用于松软地层，施工安全，对地层扰动少，控制围岩周边准确，极少超挖。日本丹那铁路隧道曾采用盾构法施工。

3. 掘进机法

在整个隧道断面上，用连续掘进的联动机施工的方法。早在19世纪50年代初，美国胡萨克隧道就试用过掘进机，但未成功，直到20世纪50年代以后才逐渐发展起来。掘进机是一种用强力切割地层的圆形钢结构机械，有多种类型。普通型掘进机的前端是一个金属圆盘，以强大的旋转和推进力驱动旋转，圆盘上装有数十把特制刀具，切割地层，圆盘周边装有若干铲斗将切割的碎石倾入皮带运输机，自后部运出。机身中部有数对可伸缩的支撑机构，当刀具切割地层时，它先外伸撑紧在周围岩壁上，以平衡强大的扭矩和推力。掘进机法的优点是对围岩扰动少，控制断面准确，无超挖，速度快，操作人员少。

4. 隧道衬砌

隧道开挖后，为使围岩稳定，确保运营安全，需按一定轮廓尺寸建造一层具有足够强度的支护结构，这种隧道支护结构称为隧道衬砌。常用的衬砌种类有就地灌注混凝土类、预制块拼装、喷锚或单喷混凝土、复合式衬砌。复合式衬砌是在喷锚或单喷支护之后，再就地灌注一层混凝土，形成喷锚支护同混凝土衬砌结合的复合式衬砌结构。如遇有水地段可在两层支护间加挂一层塑料板或做其他防水层。

七、发展趋势

在隧道工程中，喷锚支护有可能取代构件支撑。喷锚支护的主要优点是支护及时，安全可靠，并能大量节约木材和钢材。欧洲一些国家在较弱地层的大断面爆破后，采用长锚杆结合喷混凝土做支护，已获得成功。中国亦曾在老黄土隧道开挖中使用喷锚支护，自喷锚支护发展后，对较弱岩层也可进行全断面开挖，以全断面开挖取代分部开挖。

在岩石地层中采用全断面开挖及喷混凝土衬砌，其质量好坏首先取决于光面爆破。运用新奥法原理，考虑围岩自身承载能力，可在坑道爆破后尽早采用单喷或喷锚作初期支护，随即连续量测位移，判定围岩基本稳定时间，再进行二次支护，这样可以建成较经济的衬砌结构。

现代高度竞争的地下采矿与隧道工程要求成本集约，安全开凿与岩石加固等程序步骤。采矿的机器设备必须安全可靠，并紧密跟随工业持续提高的生产力与飞速发展的经济步伐；掘进机开挖法正在不断研究改进，并生产出各种新机械，其应用有广阔前景；液压凿岩机不断更新完善，使隧道开挖进度大大提高。光电测量仪器和激光导向设备的使用，使长隧道施工精确程度有所提高。目前，航空勘测、遥感技术、物探技术、岩层中应力应变的量测技术、电子计算机技术等的广泛应用，使隧道勘测设计技术水平也有很大提高。精确爆破技术、水平钻探技术和预灌浆技术的不断提高，有可能提高隧道开挖过程的安全性，并能保证隧道工程的质量。

第二章　公路工程

第一节　公路的分级与组成

一、道路的组成

按所在位置、交通性质及其使用特点，道路可分为：公路、城市道路、厂矿道路、林区道路及乡村道路等。

1. 公路的组成

（1）线形组成。公路线形是指公路中线的空间几何形状和尺寸。

（2）结构组成。公路的结构是承受荷载和自然因素影响的结构物，包括路基、路面、桥涵、隧道、排水系统、防护工程、特殊构造物及交通服务设施等。

2. 城市道路的组成

道路工程的主体是路线、路基（包括排水系统及防护工程等）和路面三大部分。

二、道路的等级划分

1. 公路的等级划分

根据使用任务、功能和适应的交通量分为高速公路、一、二、三、四级5个等级。

（1）高速公路。高速公路是具有4个或4个以上车道，设有中央分隔带，全部立体交叉，全部控制出入，专供汽车分向、分车道高速行驶的公路。

（2）一级公路。一级公路与高速公路设施基本相同。一级公路只是部分控制出入。

（3）二级公路。二级公路是中等以上城市的干线公路。

（4）三级公路。三级公路是沟通县、城镇之间的集散公路。

（5）四级公路。四级公路是沟通乡、村等地的地方公路。

2. 城市道路的等级划分

按城市道路系统的地位、交通功能和对沿线建筑物的服务功能分为四类。

（1）快速路。快速路主要为城市长距离交通服务。

（2）主干路。主干路是城市道路网的骨架。

（3）次干路。次干路配合主干路组成城市道路网，是城市交通干路。

（4）支路。支路是一个地区（如居住区）内的道路，以服务功能为主。

三、路基

路基是按照路线位置和一定技术要求修筑的作为路面基础的带状构造物。

1. 路基基本构造

是指路基填挖高度、路基宽度、路肩宽度、路基边坡等。

2. 路基的作用

是路面的基础，是路面的支撑结构物。高于原地面的填方路基称为路堤，低于原地面的挖方路基称为路堑。路面底面以下80cm范围内的路基部分称为路床。

3. 路基的基本要求

（1）路基结构物的整体必须具有足够的稳定性。

（2）路基必须具有足够的强度、刚度和水温稳定性。

水温稳定性是指强度和刚度在自然因素的影响下的变化幅度。

4. 路基形式

（1）填方路基

1）填土路基。填方路基宜选用级配较好的粗粒土作为填料。用不同填料填筑路基时，应分层填筑，每一水平层均应采用同类填料。

2）填石路基。填石路基是指用不易风化的开山石料填筑的路堤。

3）砌石路基。砌石路基是指用不易风化的开山石料外砌、内填而成的路堤。砌石路基应每隔15~20m设伸缩缝一道，当基础地质条件变化时，应分段砌筑，并设沉降缝。

4）护肩路基。坚硬岩石地段陡山坡上的半填半挖路基，当填方不大，但边坡伸出较远不易修筑时，可修筑护肩。护肩高度一般不超过2m。

5）护脚路基。当山坡上的填方路基有沿斜坡下滑的倾向，或为加固，收回填方坡脚时，可采用护脚路基，其高度不宜超过5m。

（2）挖方路基。土质挖方路基，石质挖方路基。

（3）半填半挖路基。在地面自然横坡度大于1∶5的斜坡上修筑路堤时，路堤基底应挖台阶，台阶宽度不得小于1m，高速公路、一级公路台阶宽度一般为2m。

四、路面

（一）路面结构组成

一般由面层、基层、垫层组成。

1. 面层

是直接承受行车荷载作用、大气降水和温度变化影响的路面结构层次。应具有足够的结构强度、良好的温度稳定性，耐磨、抗滑、平整和不透水。沥青路面面层可由一层或数层组成，表面层应根据使用要求设置抗滑耐磨、密实稳定的沥青层；中间层、下面层应根据公路等级、沥青层厚度、气候条件等选择适当的沥青结构层。

2. 基层

设置在面层之下，并与面层一起将车轮荷载的反复作用传递到底基层、垫层、土基等起主要承重作用的层次。基层材料必须具有足够的强度、水稳性、扩散荷载的性能。在沥青路面基层下铺筑的次要承重层称为底基层，基层、底基层视公路等级或交通量的需要可设置一层或两层。当基层、底基层较厚需分两层施工时，可分别称为上基层、下基层，或上底基层、下底基层。

3. 垫层

路基土质较差、水温状况不好时，宜在基层（或底基层）之下设置垫层，起排水、隔水、防冻、防污或扩散荷载应力等作用。

面层、基层和垫层是路面结构的基本层次。为了保证车轮荷载的向下扩散和传递，较下一层应比其上一层的每边宽出 0.25m。

（二）坡度与路面排水

路拱指路面的横向断面具有一定坡度的拱起形状，其作用是利于排水。路拱的基本形式有抛物线、屋顶线、折线或直线。为便于机械施工，一般采用直线形。

高速公路、一级公路的路面排水，一般由路肩排水与中央分隔带排水组成；二级及二级以下公路的路面排水，一般由路拱坡度、路肩横坡和边沟排水组成。

（三）路面的等级与分类

1. 路面等级

按面层材料的组成、结构强度、路面所能承担的交通任务和使用的品质划分为高级路面、次高级路面、中级路面和低级路面等四个等级。

2. 路面类型

（1）路面基层的类型。按照现行规范，基层（包括底基层）可分为无机结合料稳定类和粒料类。无机结合料稳定类有：水泥稳定土、石灰稳定土、石灰工业废渣稳定土及综合稳定土；粒料类分级配型和嵌锁型，前者有级配碎（砾）石，后者有填隙碎石等。

1）水泥稳定土基层。在粉碎的或原来扩散的土中，掺入足量的水泥和水，经拌和得到的混合料在压实养生后，当其抗压强度符合规定要求时，称为水泥稳定土。可适用于各种交通类别的基层和底基层，但水泥土不应用作高级沥青路面的基层，只能作底基层。在高速公路和一级公路的水泥混凝土面板下，水泥土也不应用作基层。

2）石灰稳定土基层。在粉碎或原来松散的土中掺入足量的石灰和水，经拌和、压实及养生得到混合料，当其抗压强度符合规定要求时，称为石灰稳定土。适用于各级公路路面的底基层，可作二级和二级以下的公路的基层，但不应用作高级路面的基层。

3）石灰工业废渣稳定土基层。一定数量的石灰和粉煤灰或石灰和煤渣与其他集料相配合，加入适量的水，经拌和、压实及养生后得到的混合料，当其抗压强度符合规定的要求时，称为石灰工业废渣稳定土，简称石灰工业废渣。适用于各级公路的基层与底基层，但其中的二灰土不应用作高级沥青路面及高速公路和一级公路上水泥混凝土路面的基层。

4）级配碎（砾）石基层。由各种大小不同粒径碎（砾）石组成的混合料，当其颗粒组成符合技术规范的密实级配的要求时，称其为级配碎（砾）石。级配碎石可用于各级公路的基层和底基层，也可用作较薄沥青面层与半刚性基层之间的中间层。级配砾石可用于二级及以下公路的基层及各级公路的底基层。

5）填隙碎石基层。用单一尺寸的粗碎石做主骨料，形成嵌锁作用，用石屑填满碎石间的空隙，增加密实度和稳定性，这种结构称为填隙碎石。可用于各级公路的底基层和二级以下公路的基层。

（2）路面面层类型。根据路面的力学特性，分为沥青、水泥混凝土和其他路面。

1）沥青路面。是指在柔性、半刚性基层上，铺筑一定厚度的沥青混合料面层的路面。沥青面层分为沥青混合料、乳化沥青碎石、沥青贯入式、沥青表面处治。

沥青混合料可分为沥青混凝土混合料和沥青碎石混合料。

热拌热铺沥青混合料路面是指沥青与矿料在热态下拌和、热态下铺筑施工成型的沥青路面。热拌热铺沥青混合料适用于各种等级公路的沥青面层。

高速公路、一级公路沥青面层均应采用沥青混凝土混合料铺筑，沥青碎石混合料仅适用于过渡层及整平层。其他等级公路的沥青面层的上面层，宜采用沥青混凝土混合料铺筑。

当沥青碎石混合料采用乳化沥青作结合料时，即为乳化沥青碎石混合料。适用于三级及三级以下公路的沥青面层、二级公路的罩面层施工以及各级公路沥青路面的联结层或整平层。乳化沥青碎石混合料路面的沥青面层宜采用双层式。

沥青贯入式路面是在初步压实的碎石（或轧制砾石）上，分层浇洒沥青、撒布嵌缝料，经压实而成的路面结构,厚度通常为 4~8cm;沥青贯入式路面适用于二级及二级以下公路,也可作为沥青混凝土路面的联结层。

沥青表面处治是用沥青和集料按层铺法或拌和方法裹覆矿料,铺筑成厚度一般不大于 3cm 的一种薄层路面面层。适用于三级及三级以下公路、城市道路支路、县镇道路、各级公路施工便道以及在旧沥青面层上加铺罩面层或磨耗层。

2)水泥混凝土路面。以水泥混凝土面板和基(垫)层组成的路面,亦称刚性路面。

3)其他类型路面。主要是指在柔性基层上用有一定塑性的细粒土稳定各种集料的中低级路面。

路面还可以按其面层材料分类,如水泥混凝土路面、黑色路面(指沥青与粒料构成的各种路面)、砂石路面、稳定土与工业废渣路面以及新材料路面。这种分类用于路面施工和养护工作以及定额管理等方面。

五、道路主要公用设施

(一)停车场

宜设在其主要服务对象的同侧,停车场的出入口,有条件时应分开设置,单向出入,出入口宽通常不得小于 7.0m,尽可能避免出场车辆左转弯。

为了保证车辆不发生自重分力引起滑溜,停放场的最大纵坡与通道平行方向为 1%,与通道垂直方向为 3%。出入通道的最大纵坡为 7%,一般以小于等于 2% 为宜。停放场及通道的最小纵坡以满足雨雪水及时排除及施工可能高程误差水平为原则,一般为 0.4% ~0.5%。

(二)公共交通站点

城市公共交通站点分为终点站、枢纽站和中间停靠站。

(三)道路照明

1. 照明标准。通常用水平照度和不均匀度来表示。

2. 道路照明灯具。

(四)人行天桥和人行地道

修建人行立交桥是人车分离、保护过街行人和车流畅通的最安全措施。在下列情况下,可考虑修建人行地道:①重要建筑物及风景区附近,修人行天桥会破坏风景或城市美观;②横跨的行人特别多的站前道路等;③修建人行地道比修人行天桥在工程费用和施工方法上有利;④有障碍物影响,修建人行天桥需显著提高桥下净空时。总之,要充分考虑设置地点的交通、道路状况及费用等。

（五）道路交通管理设施

道路交通管理设施通常包括交通标志、标线和交通信号灯等，广义概念还包括护栏、统一交通规则的其他显示设施。

1. 交通标志。分为主标志和辅助标志两大类。主标志按其功能可分为警告、禁令、批示及指路标志等四种；辅助标志系附设在主标志下面，对主标志起补充说明的标志，它不得单独使用。

2. 交通标线。主要是路面标线，还有少数立面标记。

3. 交通信号灯。

（六）道路绿化

分公路绿化和城市道路绿化。按其目的、内容和任务不同，又分为：营造行道树、营造防护林带、营造绿化防护工程、营造风景林。

第二节　公路建设的重点技术

一、施工特点和路面基层

（一）公路技术施工特点

1. 从工艺角度来看，进行混凝土的拌和操作时，既可以选择在施工现场的路面上进行直接的拌和，也可以在固定的搅拌站中进行，同时也可以通过路拌机在进行道路施工的同时进行拌和操作，无论哪种方式都能够保证施工的质量。

2. 实现了抗拉能力的提升。作为路面的基层填料，水泥稳定层中抗拉强度影响最大的是集料颗粒之间的黏结力以及摩擦力，并且其抗拉能力与其他的填料相比提高了很多。同时，还可以针对不同路面的需求进行配比方式的调整，进而调节抗拉能力的强弱。

3. 水泥稳定碎石基层的强度与刚度是由其龄期所决定的。通过对数据进行分析，随着龄期的增长，水泥稳定碎石基层的强度以及刚度会变大，增长期可能会超过两年。

4 水泥稳定碎石的材料受到温度的影响。进行道路的施工时，环境因素有很多，而施工的温度是对施工影响最大的。水泥在高温下会发生化学反应，会直接影响其强度。通常情况下，温度越高，水泥的强度就会越大，当温度低于某一个值时，水泥甚至无法发挥其效用。

5. 在道路的施工过程中，需要遵守一定的道路施工规范。例如，石灰粉以及石灰土等工程材料不能作为道路的基层而使用，但是却可以应用在底基层中。这些规定主要是根据材料的物理特性来制定的，所以在施工中要严格地遵守施工规范。

（二）公路路面基层施工的要求

1. 技术方面的要求

（1）刚度以及强度要求。道路的基层要满足足够的强度以及刚度要求，在道路预定的作用下，基层不会受到车轮荷载的影响而变形，也不会产生道路的残余等问题。

（2）稳定性要求。当道路由于某些原因进入较多的水时，不会对道路的基层强度产生太大的影响，保证道路基层是稳定的。

（3）抗冲刷能力。当有行车作用在道路上时，会对道路各个结构中的自由水产生一定的压力，这种压力会造成材料中细料等被反复地冲刷，长时间的作用下可能会产生浆液，使得路面形成一定的裂缝，影响道路的功能。

2. 材料方面的要求

级配沙砾是基层路面的主要材料，但是在进行材料的选择时，需要根据质量的要求从众多的种类中选择合适的一种，否则就会影响路面的质量。因此，需要对工程的实际情况进行分析，根据路面的施工要求与标准进行材料的选择，进而保证工程的质量与施工要求。

3. 施工人员的要求

通常进行施工的人员数量很多，为了保证施工的进度，这些人员之间必须能够进行完美的配合，并且为了保证施工的质量，对人员的能力也有一定的要求。对于一些对质量等有特殊要求的岗位还需要进行人员的特殊安排，挑选专门的施工人员来完成。

4. 设备方面的要求

机械设备是保证现代化施工的重要组成部分，在公路的基层施工中同样需要使用多种设备。而在进行设备的选择与应用时，要在施工要求的指引下，充分地考虑到经济性。进行设备的选择时，首先要对施工的要求进行分析，当选择某一设备之后，在实际的开工前还需要进行设备的检验，保证项目开工之后能够顺利地进行。

（三）公路路面基层的种类

目前，我国的公路已经形成一定的体系结构，对路面基层的种类已经进行了合理的划分与管理。为了能够对实现各类公路的要求，需要针对公路的类型进行施工。

与国外相比，我国的公路发展较晚，但是我国在开始进行公路的建设之后，其速度是非常惊人的，并且也取得了突破性的进展。但是，目前我国在施工规定的建设方面还略有不足。近年来，随着经济的快速发展，公路的建设进程也在不断地加快，目前，我国对路面基层的材料等已经进行严格的规定与划分，主要包括以下几种类别：

（1）由级配材料以及沥青碎石等组成的柔性碎石材料。

（2）包括混凝土以及水泥等多种材料在内的半刚性的材料。

（3）由水泥混凝土以及碾压混凝土等组成的刚性材料。

（4）在公路的建设中，根据建设的需求可以在不同的基层部分采用不同的建设材料，这就形成了复合型的基层材料。

二、路面基层施工工艺和质量控制

（一）施工工艺

在施工过程中，进行工艺的控制可以从以下三个方面进行：首先，对施工的原材料进行严格的把关。当选择好原材料之后，对所采购的材料质量进行认真的检查，之后要对施工过程中所需要的设备等准备完毕。其次，进行材料的配比计算以及准备工作，将材料进行充分的拌和。再次，将准备好的混合之后的材料运输到现场，进行路面的施工，铺好材料之后，将下一步工作的压路机准备就绪。最后，对路面进行压实操作，并且对施工的结果以及效果进行验收，并请相关的责任人进行项目的验收签字。

1. 级配碎石拌和

级配碎石是道路施工过程中的一项重要的材料，但是由于该材料的特殊性，需要对材料的含水率进行深入的考虑。在不同的天气情况下，该材料需要添加不同的水量，以中和天气因素对材料含水量的影响；同时，还需要对材料的运输以及施工设备等进行综合的考虑，在不同的情况下对水量进行一定的调整，从而保证工程的质量。

2. 级配碎石运输

由于级配碎石的特殊性，其在运输过程中会减少一部分的含水量，所以需要注意运输过程中的各种因素。例如，运输时车内的材料要尽可能地平铺，并且为了减少水分的流失，可以在材料的上方进行一定的覆盖或者是遮挡。

3. 级配碎石摊铺

当材料运输到施工地之后，需要将材料摊铺到马路上，摊铺的工具主要有两种，一种是推土机，一种是摊铺机。每一种工具都有其各自的优点，对于摊铺机来说，可以使得材料被摊铺得更加平整，而推土机则可以摊铺得更加迅速，所以在实际的工作中，可以同时使用两种工具。

4. 级配碎石碾压

首先，对摊铺好的材料进行振实操作，之后采用压路机对道路进行进一步的碾压，在不同的天气以及季节时，对碾压具有不同的要求，为了保证含水量在一个规定的范围之内，有时候还需要运用洒水车。

5. 级配碎石接缝处理

之后要对道路中碎石层的接缝进行进一步的处理。在进行材料的摊铺时，如果摊铺的道路过宽，一台机器无法摊平，则需要两台机器进行共同的作业。如果施工过程中无法保证两台摊铺机进行共同的工作，则为了避免缝隙的产生，一台摊铺机在进行工作时，需要对两幅操作之间的边部进行预留，之后再进行压实操作，从而保证道路的接缝处得到完美的处理。

（二）施工流程

1. 沥青混合料的运输与搅拌

进行物料的搅拌是路面基层施工工作的第一步，物料是否进行充分的搅拌会直接影响后面工序的顺利进行。所以，在进行物料的搅拌时，必须对其过程进行充分的监督，并且对物料的比例进行严格的控制。通常情况下，在进行大量的物料搅拌之前，会取部分样品进行试拌，进而保证物料的搅拌是正确的。在物料的搅拌过程中，也需要不断地观察是否搅拌得均匀，并且及时地进行搅拌操作的调整，保证物料搅拌得充分均匀。

在物料搅拌完成之后，要对物料的温度进行检测，为了减少物料的水分流失，需要选择专门的运输车进行物料的运输，同时要保证物料运输过程中水分不会由于操作上的失误而产生变化。

2. 沥青混合料的摊铺

当混合料运输到工地之后，需要在一定的速度要求之下均匀地进行摊铺工作。摊铺的速度不能过快，也不能过慢，否则会造成水分的流失。因此，摊铺的速度要结合材料的数量以及摊铺的要求等进行综合的考虑。同时，摊铺过程中还要保证材料的厚度以及宽度，这些都需要根据施工的要求来执行。

3. 路面夯压

完成了物料的摊铺之后，需要采用机械设备对混合料进行压实操作，进行压实操作时，要遵守一定的操作流程。首先要保证压路机的速度，并且要匀速地进行；其次，为了避免一条道路进行了重复的压实，需要在每一次操作之后进行标记；再次，不要将任何设备停放在刚刚压实的道路上，避免道路出现不平整的情况；最后，当操作完成之后，需要专门的检查人员对道路进行测量与检查。

4. 施工接缝处理

在施工的过程中，如果由于某些原因导致了施工过程的中断，则在进行再次施工时需要采用横缝操作。如果没有在超过两个小时未施工的道路上设置横缝，则需要铲除附近的全面混合料，并且重新进行压实的操作，之后还需要进行断面的设置。以上所做的操作都是为了避免道路中出现不必要的断缝隙，影响道路的质量与功能。

5. 检验

当施工完成之后，需要对施工的道路质量进行全面的检查，质量检查工作通常是由施工单位来进行的。在对施工的道路进行检查时，需要参考一定的检查标准，并且依据道路的建设要求，对施工的质量进行全面的检查。这时，施工单位可以聘请专门的质量检查单位来对施工的质量进行检测，从而保证检测结果的可信度。如果在对质量进行检查的过程中发现了问题，则需要及时地将问题反馈给施工单位进行进一步的处理。处理之后还需要进行重新检查，直到检查通过质量要求之后为止。

（三）质量控制

1. 运输过程的质量控制

物料的拌和是道路是道路施工的第一道工序，物料的质量会直接影响道路的质量，而物料在进行运输的过程中可能会由于外界的原因而对物料的水分产生影响，因此，需要对物料的运输进行严格的质量控制。物料运输的控制手段主要有：减少施工现场与物料搅拌地之间的距离，同时保证同批物料能够同时装车与同时运输，在进行运输的过程中，为了防止水分的流失，可以对物料进行一定的遮挡。最后要对运输车的速度等进行有效的控制，防止物料的磨损等情况发生。

2. 搅拌过程中的质量控制

在拌和中要掌握好质量，就要做好下面的工作：一是按时检测集料级配，调整配比。二是检测拌和好的混合料是不是可以达到施工标准。三是在规定的时间检测混合料的含水量，根据条件的变化改变含水量。四是拌和站与试验室加强交流沟通，使试验数据能够得以快速的应用。

3. 摊铺过程中的质量控制

在摊铺的过程中，摊铺机要做到匀速前进，才能使摊铺的厚度一致，夯锤开度是不能随意进行改变的，只有技术人员调整相应摊铺速度才可以调整夯锤开度，使铺面达到标准的要求，在施工的过程当中，要时常检查钢丝的高度和铺面的厚度与均匀度。

4. 路面夯压质量的控制

在进行路面夯压的时候，也不能忽视施工的质量，具体方法有：所用机械要准备齐全，具备强大的压实能力，为了达到混合料的压实效果，在施工现场中要准备各种型号、吨位、数量的压路机，以达到压实的标准。在进行碾压操作时，要按照规定的流程来严格执行，以便在终凝前顺利完成，在进行碾压时要检查基层的含水量，含水量过低就要进行洒水来增加含水量，操作完成后要重点检测衔接位置，发现错误第一时间纠正。

5. 养生质量控制

当路面基层工作完成之后，要经过一定的时间来休整，才能使基层保持平稳的状态。在这一段时间内，要保持基层的含水量要运用下面的方法：依据外界条件使用薄膜、土工布盖在上面，要有专门的人员按时检查，根据含水量的变化采取必要的措施，每完成一个路段及时地进行保温处理，在基层休整时要禁止大型车辆经过。

三、混合料配合比

（一）上面层混合料拌和与配合

1. 控制室要使用打印机打印出所使用的各种料的用量与拌和温度，在规定时间对使用的仪器进行校核。

2. 试拌决定拌和时间。每盘料的拌和时间大于 45s，才能使所有用料拌和均匀。

3. 在操作当中要及时注意混合料是否达到标准，对出现的不正常及时解决。如果是质量方面的原因，要及时改正。

4. 定时对拌和机混合料进行试做来进行验证，并同时检测各个指标数据，使其达到标准要求，增加对相对密度的试验，并和理论数据对比。

（1）油石比误差范围 -0.1%~+0.2%。

（2）矿料级配关键筛孔与生产配合比设计标准级配的允许差值为：a. 0.075mm ± 1%；b. ≤ 2.36mm ± 3%；c. ≥ 4.75mm ± 5%。

5. 控制沥青和集料的加热温度和沥青混合料的出厂温度。集料温度比沥青温度高 10 ~ 15℃，热混合料成品经过储存后，其温度下降应该小于 10℃，贮料仓的储料时间要小于 72 小时。

6. 工作完成后，进行各料的总结。抽查矿料级配，得出平均施工级配与油石比，并和标准要求对比，用产量来算出平均厚度，并和标准厚度比较。

7. 每一个星期都要对检测的成果进行分析，根据各个指标的数据，来看生产是不是在正常范围内。

（二）下面层混合料配合比

1. 级配及原料配比

按照要求，高速的底基层、基层综合稳定土的颗粒配比，应该使用施工规范 P10 表级配在理论上运用较为合理，通过试验得出，级配合理的材料具有更好的强度。根据所做的试验，级配不合理的材料如果要达到标准，水泥的量大于 6%，而级配合理的，水泥的量只要 4%，因此级配是很重要的。

2. 混合料的拌和

对于下面层的施工，使用加隆 5000 型拌和站。

（1）控制室逐盘打印各料用量和拌和温度，定时检测计量与测温。

（2）拌和时间为45s，这个时间经过试验拌和最均匀。

（3）目测混合料，对不正常的进行分析，出现问题要及时改正。

（4）在规定的时间对拌和机的混合料进行检验，检测油石比、矿料级配。

3.对沥青和集料的加热温度及沥青混合料的出厂温度进行控制。应将集料温度控制在沥青温度之上10至15℃，热混合料成品的储存温度的下降幅度应控制在10℃以内。

4.每日都要进行总量控制。根据各部门具体情况对其进行检查；对平均施工级配和油石比对相关工作进行修正；统计平均厚度并根据设计厚度进行校准。

5.以一周为周期对检测结果进行统计分析，得出标准差和变异系数等相关指数，以此对生产情况进行评测。

四、工程方案

（一）工程施工方案

1.级配碎石底基层、水泥稳定碎石基层方案

由于底基层是级配碎石底基层，为了消除路基等部分发软的隐患，在底基层工作开始实施后需要迅速铺设水泥来稳定。若遇到下雨等特殊天气，应及时采取防雨、限制交通等措施，另外还应保持中分带排水畅通。

技术准备。参照相关法律法规对原材料进行检测，设计和申报。

测量放样。路线中每隔十米确定一桩，取摊铺宽度两侧0.3米设为导线桩，敷设导线；同时对其检查和修正。

混合料的生产。采用WBS700或WBS800稳定土拌和设备集中拌和，由装载机上料，摊铺前要对拌和设备进行修正，得出各材料所需要使用的量。

混合料生产中对拌和站分配5名普通工人，5名工人中一名带班组长负责管理，两名工人负责清理碎石下料和杂物，一名工人负责对车辆的装料，一名工人负责清除下料皮带杂物。

对混合料的含水率严格把控，要将拌和含水率控制在最佳含水率之上，以完成规定的压实度为目标，以既定方法进行严格操作。为保障水泥质量应对水泥的生产过程进行严格把关和检测。

混合料的运输。按既定的操作方法，利用大吨位的自卸车对混合料进行装车、运送。为了保证质量，混合料的运送速度应在合理的范围内适当地提升，为减少混合料中水分的蒸发，在运输过程中应进行覆盖操作。对于摊铺机的设置，应根据实际的情况进行配备。

摊铺。利用1台具备自动调平功能的摊铺机按双导线控制标高的方式、按规定的松铺厚度半路幅一次性摊铺。为保证摊铺质量，对摊铺速度进行合理地调整。松铺系数由试验路的情况确定。

摊铺工作设置两名负责指挥工作和监测工作的技术员和 15 名负责相关具体工作的普通工人。

碾压。摊铺工作完成后应及时碾压，碾压时采用先轻度碾压再重度碾压，先碾压两侧再碾压中间，碾压速度由快到慢的方法，具体操作根据设计结果和实际情况而确定。

对于直线道路都是由两边逐渐向中间滚动的方式，弯曲的道路则是由内部逐渐向外部滚动的方式。滚动过程中会覆盖二分之一的轮宽，后轮要超出两段的连接地，后轮把整个路面滚动完就是一遍。在一定的时间里完成所有操作，并且还要做到规定的标准不能遗留后轮印记。车轮在滚动路面有时会出现起皮和松散的情况，针对这种情况使用相应的办法进行解决和处理，达到规定的质量标准。禁止在施工的道路上掉头和紧急刹车，确保施工的路面没有损坏。进行施工时，路面要一直呈现湿润的状态，如果没有达到湿度标准就要采取应对措施，比如洒水。施工完毕后要进一步进行相关检测，如果没有达到规定的要求，进行再次施工。

接缝处理。（1）要遵循相关的规定《公路路面基层施工技术规范》进行接缝。（2）完成每天机械工作后，出现横缝需要用手工进行操作。全部工作完成后对路面进行检测，包含路面平整和高度，删除没有达到标准的地方。次日，摊铺机工作过程中，需要在机器下方垫一块薄木板，木板厚度要结合实际压实量确定。按照一定的方向和速度进行路面碾压，然后根据规定的密实度和平整度进行纵向碾压。（3）碾压过程中受到某种因素影响造成间断 2 个小时以上，就要采取横向施工缝。

裂缝处理。处在底层的水泥碎石裂缝之间的距离要超多 5m，在 50m 范围内裂缝数不能超过 6 条，沥青进行乳化倒入缝隙，铺设玻璃纤维格栅进行巩固。

水泥稳定碎石基层养生。（1）相关部门验收完毕后，对路面进行一定时间的养护，在养护过程中每天对路面进行洒水保持一定湿度，严禁各种车辆行驶，如有特殊情况，禁止重型车辆行驶，其他车速应该控制在 30km/h 以内。

（2）沥青经过车辆的碾压基本成型后，没有达到硬化标准就要再次喷洒沥青。第一次喷洒的沥青标准含量为 35%，慢慢渗透到路面基层。第二次喷洒的含量比第一次高，沥青乳业进行分裂然后撒入 5 ~ 10mm 碎石形成下封层，施工车辆就可以在路面行驶。

开放交通。道路养护完成后，开放交通，限制车辆行驶速度。

交工验收。完成施工后，对路面压实度，平整度和宽度进行严格的检查并把检查数据记录存档。

（二）沥青路面施工方案

技术准备。严格遵循相关技术规定和图纸要求，提供高质量原材料，每个操作流程相互配合。

1. 拌和设备

①按照规定的标准，使用 5000 型间隙式拌和机，达到了 300T/h 以上的生产力。配备了布袋式除尘器，烟尘排放浓度 ≤ 50mg/m³，严禁利用回收粉尘替代矿粉。

②拌和设备在工作时，一定要对沥青和其他材料的用量和温度做好详细记录。

③拌和设备根据矿料种类选择振动筛筛孔，对矿料具有的可筛分性、振动能力进行试验来确定安装角度。

④拌和设备生产力和摊铺机进度相结合，按照要求进行调试，直到满足要求。

⑤进行试验前，使用的计量工具要得到相关部门的检验和相关证书。

2. 运输设备

①运输车辆必须具备覆盖设备，可以确保一定的温度和防尘，在其他合适地方插入温度计进行测量。

②根据实际情况，确保施工现场的车辆数为 2 到 3 辆。

3. 摊铺及压实设备

①利用具有红外线激光的找平仪，满足生产操作要求。

②摊铺混合料过程中，摊铺机要按照规定的行驶速度，和供料速度相互配合。

③按规定和相关参数对压实设备进行配备，工作过程按既定规范进行。

4. 混合料的拌和

①根据设计方案和实际情况进行调试，考核和验收。

②一般需要有 2 名测试工、2 名操作手、8 名普工协助配合生产，测试工随时随地观测沥青混合料、沥青温度、出厂温度的生产。

③当没有施工配合通知单时是不允许施工的，没有负责人的批准不允许开盘，因天气恶劣等原因时不允许开盘工作。

④对沥青混合料的施工温度进行严格的调控。

⑤间歇式拌和机每盘的生产周期不应该少于 45S，应该对于改性沥青拌和适度增加拌和时间。

⑥对于过度加热，也就是说当沥青混合料出厂温度超过 190℃时该料应该被废弃；拌和的沥青混合料应该均匀相同，没有结块的出现或者是细粗料分离的现象，达不到标准的不应该被使用，应该做出及时调整。

⑦对燃油、沥青、矿料等做好储量调查，当每天使用时，观察是否适合该工程的标准指标。

⑧对拌和机零件、油路、仪表等仪器进行检查维护，并且对操作室进行清洁，在每天工作结束之前完整地做好设备的运转记录。

5. 对于混合料的运输情况

①在工程实施前对拌和机零件、油路、仪表等仪器进行设备检查维护，并对操作室进行清洁，按时完整地做好设备的运转记录等。

②对运货车辆要清理干净，并且要在车箱底部以及侧面涂隔离油，涂液不能积聚在车箱底部。在装料的时候要将汽车前后移动，降低混合料的损失。

③在运输沥青混合料时，车身务必进行覆盖，进行防尘、防雨、防污染等措施。

④运输车辆在摊铺机前 30cm 处停放，不能撞击摊铺机，并且要有专门人员进行指挥。下料途中运输汽车挂空挡，靠摊铺机缓慢前进。

6. 混合料的摊铺

①下承层准备：在摊铺前对下承层面进行适当的清洁，使表面其他的杂物、浮尘清理出去。重复检查施工图纸，确保摊铺宽度满足要求，中线位置不能有偏。观察下承层整齐度、高程，不符合要求的地方要及时处理。在摊铺上面层时，把下面层污染的其他物质清除干净，都需要洒上粘层油，之后才能施工。

②使用福格勒摊铺机半路幅整幅摊铺，沥青在石头上基层使用双导线控制标高、平整性。其他沥青在下面层、上面层摊铺均通过调整非接触式红外线激光使厚度和平整度符合标准。

③适当调整拌和设备的拌和能力和运输车的运料能力，确保摊铺机摊铺速度适当。摊铺流程中不能随便变换速度。如果因为故障而使得停机造成混合料不符合碾压温度标准时就要弄成平接缝。

④摊铺机履带前的道路一定要有专门人员负责清洁，确保摊铺机安全前进。

⑤摊铺机的使用不可以使混合料顺着料斗的两边堆积，任何导致冷却不能达到标准温度以下的混合料都应该被舍弃。

⑥摊铺机的操作员工应该要注意 3 点，分别是螺旋输料器尾端供料状况、整体转向状况和倾向指示变动状况。这 3 个点中只要有一点出现不好状况，就一定要赶紧解决，此外要有专门人员管理螺旋输料器尾端混合料的分离情况。

⑦摊铺机料斗要让刮板不要出现，如果有 10cm 厚的热料时开始拢料，并且做到在料斗两翼将要恢复原位时让下一辆运输车开始卸料，不允许送料刮板外露的情况出现。

7. 混合料的压实及成型

①要派专门人员负责碾压，并且要对压路机操作者进行技术指导。

②沥青混合料的碾压方法是：刚开始的压路要用钢轮压路机静压 2 遍左右，复压：要使用胶轮压路机软压，速度为 3.0 ～ 4.0km/h 或者钢轮压路机振动硬压，速度为 4.5 ～ 5.5km/h。第二次压也可以使用以上机械复合碾压，碾压不少于 5 ～ 6 遍。在第二次碾压过程中要准时用四米直尺检测碾压的平整性，出现有平整度不符合标准的，要马上处置。最后碾

压要使用钢轮压路机静压 2 ~ 3 遍，速度为 2.5 ~ 3.5km/h。除了上述方法以外，还需要配备 2 ~ 3 名工人，进行人工手扶小型振动压路机和人工用热夯等方式进行辅助，以此来处理边边角角。

详细的碾压仪器组合和碾压方法以试验路确定的方案为标准。

8. 横接缝的处理

横接缝应使用下列方法进行：

①在每天摊铺结束后或者由于超过标准时间需要做横向接缝时，对已经压实完成的沥青混合料，用 3 ~ 5 米工程标尺进行检验，要是有厚度不足或者不平整的部分要全部清除，一直找到合适的平接茬为止，完成一个和摊铺方向一直成直角的横向接缝。确保接缝密切、连接平稳，不准产生明显的接缝分离，接茬可使用毛茬。

②摊铺机启动前，要在凉茬上预热至 100℃ 左右以上。

③开始摊铺的首车料，使用刚运到工地的最后一车，这个车就是温度最高的一车。

④摊铺机启动时速度要慢，并且要及时检查它的厚度改变情况。

⑤碾压接缝时，用一台钢轮压路机进行横向碾压，首先从凉茬开始，每次向热茬方向移动 30cm 左右，直至压路机完全在新铺层后再改成纵向碾压。振压过程中，用 2 ~ 6 米直尺调整平整度，有不合格部分（超 1mm 的部位）要使用重型压路机使其平整。

开放交通：

压实结束后，等待沥青混凝土完全冷却，混合料表面温度低于 50℃ 后，就可以通车了。要是提前开放交通时，可以洒水冷却降低混合料温度，这样就可以通车了。

铺筑好的沥青层应该实时控制好交通，保持干净，不能造成其污染破坏，不允许在沥青层堆放施工杂物，不允许在已经铺沥青层上制作水泥砂浆等其他东西。

（三）施工现场管理质量控制

1. 设立专业的管理机构和完善的质量保证体系

依据工程需要，寻找有经验的技术人员在驻施工现场监工，合理配置工程仪器，提高对作业区、作业人员的管理，保证管理机构稳定运营。

2. 实行分级管理的质量责任制

按照工程质量责任人终身追究的原则，确立项目经理、项目副经理、总工程师、现场负责人、工程技术负责人、工程生产部门、材料部、设备部的质量责任制，设立各工程质量责任到人卡。

3. 人员素养培训制度

使用不同方式，如专题培训、技术交底会、演示等，提升施工人员的专业素养，掌握高级公路施工的新技术、新观念。

4. 明确"三工检查"和"三自管理"制度

在施工中要自纠、自检和自控，通过提升自工作质量来确保工程质量，通过自查、自纠质量将安全隐患消灭在初始状态。规定好纠错预防措施，把"三工检查"实施好。

5. 实施项目风险准备金制度，并且把工程质量状况与工资、奖金进行连接

经理部门以上实施风险准备金制度，以下实施工程质量奖罚责任制，把质量管理目标详细化，责任到人，按项目和工程顺序落实到位，与每个人的工资相连接。

6. 实行工程质量一票否决制

当工程进度和质量发生冲突时，要务必先工程质量后工程进度。当发生工程质量问题时，扣负责人当月奖金并赔偿损失。

（四）施工困难和现有的问题

这个项目是路面项目，主体工程包含级配碎石底基层、沥青层及附属工程，因此施工的困难则是要考虑该怎么样解决混合料分离的问题、路面平整性的控制、构造物与路面衔接和沥青面层压实度控制问题等。

目前现有的问题主要为路基标桥梁施工缓慢，迫使减少路面施工工期以及影响不间断施工。

1. 水稳基层施工离析

为了达到当前重载交通的需要，这次项目将级配碎石底基层设计为骨架密实型混合料。

这种结构粗集料占 60% 左右，抗嵌挤能力较强，因此作业中容易发生分离。分离容易产生基层表面不充实或者松散，也会影响平整性标准，降低了结构层的整体指标。

分离产生的原因分析：

（1）集料不符合标准

因为集料生产过程中受到了原材料质量、堆放方法、加工商经营理念等的制约，生产出的集料不符合想要的标准。

（2）级配调整不完善

依据理论来讲，试验路段成功完结，表明生产配合比的最终确认，然而为了克服集料多样性和拌和机的缺点导致的分离，仅仅只能依据现场的状况，依据骨架密实的原则，随时做出改变。

（3）含水量的控制不完善

含水量较少，不仅仅影响压实度，以前表现在施工分离，缺少含水量，降低了细集料与粗集料之间的黏合性，与此同时也减少了碾压流程中粗细集料之间的黏合性，在碾压时，压实机械的振动力损坏了粗细集料之间的黏合力，细集料从粗集料表面脱离，保留在基层表面的仅仅是粗集料，所以在施工过程中也要依据现场情况用水车补水。

（4）拌和不规范

装载机上料时不符合规范，或者上料上错料仓；拌和机的操作员工态度不认真、不端正，不能及时发现料仓缺料等情况，拌和时用水控制过多或过少。以上这些情况都可能直接造成级配混乱。

（5）混合料装车不规范

运输车辆的单载荷容易造成料堆周边大料散落，导致离析。

（6）摊铺不规范

运料车碰撞摊铺机，摊铺机速度不稳定、中途停顿，摊铺过程中出现料斗经常性收斗，或者用完料斗里的混合料等情况，导致人为离析。

2. 路面平整度差

较差的平整度容易导致局部跳车等现象，不利于行车安全。本项目将平整度作为关键的控制指标。

平整度差的表现和原因剖析：

（1）下部结构层平整度差导致上层平整度差；

（2）摊铺的方式和方法不规范，导致各结构层的虚实不一，进一步影响上部结构层的平整度；

（3）摊铺之前，不能够对下承层进行彻底清理，导致高突不平等现象；

（4）施工接缝明显，且不平整。

控制办法：

（1）严格按照设计和规范要求施工，同时提高有关控制标准；

（2）严格控制混合料级配，减少各个环节中的混合料离析现象；

（3）控制好摊铺、碾压等环节；

（4）摊铺前下承层的清理；

（5）处理好施工接缝。

3. 桥头的顺接及压实

由于路基的沉降和涵洞结构高度的差异，因此将各结构层与桥头顺接至关重要。它不仅保证了桥头的线型，而且为控制桥头沥青层平整性提供了条件。

（1）构造物的调查

①外观线型调查

路基党员单位浇筑搭板时操作不达标，容易导致搭板表面平整度较差，纵坡、横坡不统一，搭板与桥面错台等现象。

②标高调查

施工时不能严格控制构造物上层标高，导致相对高差大。

（2）解决措施

在确保桥面结构层厚度的基础上，借助三十到一百米渐变段基尼进行拉坡，从而控制桥头路槽标高、底基层以及基层的厚度，从而弥补施工高度的缺陷。在对中面层进行施工时，在必要的情况下，可以对整座桥梁全桥进行拉坡处理。

4. 水稳基层产生早期裂缝

该工程运用水泥稳定砾石地基，属半刚性地基。在施工初期，由于施工工艺不符合规范或者材料使用不达标等，造成非荷载型裂缝，主要体现为横向裂缝和纵向裂缝。

（1）横向裂缝

这种类型的裂缝基本上垂直于道路中心线，宽度不一，一些长缝贯穿整个道路，一些开裂。

原因：

①施工过程中接缝不紧密，导致结合不良；

②半刚性地基由于水泥的用量、施工的质量等导致的路面收缩裂缝，可以表现为横向裂缝。

控制措施：

①根据规范对横向接缝进行碾压，确保新的基层与原铺基层间结合紧密，必要时强化两层之间的水泥泥浆；

②水泥用量应符合设计和施工要求。水泥用量不宜过高，混合均匀。

③严格控制粉料含量和塑性指数，小于 0.075mm 颗粒含量不得超标。

④基层施工，要使混合料在接近最佳含水量下压实，碾压完成要强化养护，并应尽快安排下一结构层的施工，以避免基层长期暴露。

裂缝发生时，要第一时间处理，以避免水等有害物质的侵入；针对细裂缝，可用乳化沥青来处理；针对大于 5 毫米的粗裂缝，可采用改性沥青处理。

（2）纵向裂缝

这种裂缝与路径基本平行，其长度和宽度也不同。

原因：

①路基填筑材料不达标、路基吸水膨胀等原因；

②路基纵向加宽段没有按照有关规范施工，或压实过程不达标；

③路基地基处理不规范，或者路基边缘压实不到位导致滑坡。

处理措施：

严格控制操作规范。一旦纵向裂缝发生，应观测这段路面的沉降，沉降稳定之后，可以通过开挖回填、路面注浆等方式处理。

五、路面基层施工对策和建议

（一）完善安全责任制

1. 项目部每季度开展 1 次安全大检查，并对检查出的问题采取纠正措施。按照上级机关的规定，对重大节假日进行专项安全检查；

2. 每月至少组织召开 1 次安全生产会议，认真学习贯彻有关规章制度，并开展好施工人员的安全教育和培训；

3. 项目部专职安全员要经常性地开展巡查，一旦发现隐患，立即发放整改通知书，要求各作业点限期整改到位；

4. 安全检查主要做到对思想、管理、隐患、整改及事故处理等全方位的检查；重大事故隐患排除且经监理单位审查同意后，方可进行施工。

（二）加强劳务队伍建设

1. 劳务队伍管理

（1）严格按照有关标准和要求，择优引进合格合法劳动力。

（2）强化队伍管理，强化劳务分包项目进度、质量、安全等方面的监督监管。

（3）确定聘用劳务队伍时，必须签订劳动合同，规定劳动范围、劳动计划和劳动价值评估方法。

（4）严格履行有关合同。

2. 农民工工资管理

（1）所有劳务必须登记造册并详细备案。

（2）严格履行合同，按时按规定足额将工资发放到农民工手中。

（4）设置权益公示栏，公开农民工权益、维权途径、工资管理制度等。

（5）积极配合有关单位针对劳务队伍管理的有关检查。

3. 强化施工各方的协调与配合

（1）强化与业主的沟通交流，促进业主满意度提升。

（2）强化与设计单位的沟通联系，获取设计方最大限度的支持。

（3）强化与监理工程师的协作，保障监理工程师认真履行职责。

（4）强化与地方政府及有关部门之间的沟通合作。

4. 季节施工与文明施工同步

降雨对施工质量和工程进度有一定的影响，根据本地区降雨较多的特点，采取如下措施：

（1）强化与气象部门的沟通联系，争取提前掌握旬、月气象变化，第一时间对施工计划进行调整，避免因天气原因导致的工程质量隐患；尽量做到在雨前碾压密实，如果混合料被雨水打湿，一律全部铲除。

（2）摊铺底基层、基层、沥青混凝土面层时，集中力量分段施工，强化现场与拌和站的协调沟通，严格控制好混合料产量，规避混合料浪费等现象。在基层的施工现场合理配备防雨彩条，避免降雨带来的不便。

（3）在沥青拌和站的堆料场搭设防雨棚，避免碎石材料被雨打湿后，吸入大量水分导致含水率增加，对拌和产生不利影响，在混合料的运输过程中，一律用防雨篷布进行遮挡；

（4）为保证下一道工序施工前，路床面、底基层或基层能够保持合格状态，必须在施工结束后严格限制车辆通行，如有破坏必须整修处理；

（5）严禁雨中进行透层、粘层、底基层、基层以及沥青混凝土路面等施工作业。

（6）完善拌和站、碎石堆放场排水设施，确保排水畅通。

5. 防汛措施

（1）强化职工雨季施工的安全教育，提高思想认识；强化组织领导，建立健全防汛组织机构，形成上有专人抓、下有专人管的良好氛围。强化暴雨天气的值班备勤，要求各场站必须安排2名值班人员，对可能发生的问题第一时间采取必要措施进行处理，同时保证人身、机具以及材料安全。

（2）对及时排除施工区内的积水，完善生产、生活设施，对施工现场周围要提前挖好排水沟。

（3）危险品库及沥青拌和站要设置避雷针，严防雷电。

（4）提前采购足够的塑料布或大苫布，以备急用。

（5）严禁车辆带病作业，强化车辆保养，针对发现的问题必须第一时间进行检修，确保车辆行车安全，以备不时之需。

6. 冬季施工

（1）时刻关注天气预警，严防寒流等带来的不利影响，并做好应急预案。

（2）在天气温度允许的情况下，积极开展面层施工，在必要的情况下，采取覆盖保温措施。

7. 高温季节施工

（1）及时做好防暑药品及其他保护用品的发放工作，切实做好防暑降温工作。

（2）对有关作业可轮流作业。

8. 夜间施工

（1）要在施工现场设置符合操作的照明设施，照明范围要保证施工安全；

（2）要在现场施工区域设置好警示牌。

整个施工过程，要强化业主和监理工程师的统一领导，坚持文明施工，以建立安全标准化工地为目标，加强与有关单位的沟通协调，精心组织，统筹安排，保质保量、按期安全完工，进一步维护在当地人民心中的良好企业形象和社会信誉，为公路事业做出更大贡献。

第三节 公路建设背景与现状

一、中国公路历史背景

中国公路的历史源远流长。从秦驰道的壮美，到汉丝绸之路的辽远，从唐宋御道的辉煌，到明清官道的璀璨，中国曾以其高度发达的交通网络，傲然屹立在世界东方。早在远古，道路的发展就被放在了极为重要的位置，"辟四门，明四目，达四聪"，是祖先的高瞻远瞩。夏禹"随山刊木，奠高山大川"，至商汤"服牛乘马"，远距离经商，人类交通运输的新时代开始了。

夏商之后，周人在都城镐京、东都洛阳之间修建了一条宽阔平坦的高速路，号称"周道"。它以洛阳为中心，向四面八方修筑起等级不同、呈放射状的道路。"周道"历经千年而不朽，直到今天，仍然是陇海铁路、连霍高速公路的基本方向。

随着时间的流逝，到战国晚期，中华民族的道路已相当完备。秦王嬴政统一六国之后，下令"夷去险阻"，实行"车同轨"，宣示的是与始皇大一统精神相一致的大交通的新思维。始皇二十七年，秦人又以都城为中心，修筑驰道，辐射全国，其"道广五十步，三丈而树，厚筑其外，掩以金椎，树以青松"，可谓气势磅礴，前古无匹。

中国的道路网，随中国封建帝国的诞生而诞生。唐有驿站1639所，以30里一驿来估算，唐当时干线至少有五万里。而宋代对道路实行军事化、半军事化管理，道路交通与国家安全紧密联系在一起，也因此更加发达。元朝是中国历史上疆域最为辽阔的帝国。道路从元大都（今北京）一直修筑到蒙古，并直通欧洲。到了清朝，驿路被分为三等——官马大道、大路和小路。官马大道类似于现在的国道，是全国交通的枢纽，从北京向各方辐射。

然而，随着瓦特蒸汽机的发明，世界进入工业化时代，人类文明开始加速发展，火车、汽车等新交通工具相继问世。闭关锁国的中国这时却还沉睡在自给自足的温床上，曾经引以为豪的官马大道在西方日益发达的铁路、公路面前成了落后的象征。

20世纪上半叶，整个中华民族浸泡在西方列强的残酷压制与剥削中，公路发展举步维艰。从1906年建成的镇南关至龙州的第一条公路，到1949年43年间，偌大一个中国能勉强通车的只有7.5万公里。

二、新中国公路建设的巨大变化

随着毛主席在天安门城楼上发出"中国人民从此站起来了"的庄严宣告，华夏儿女在一穷二白的废墟上开始了大规模的社会主义建设，公路开始在中华大地上迅速延伸。1950—1952年，新中国新建公路3846公里，改建公路18931公里，加上恢复通车的公路，全国公路通车总里程近13万公里。1953年，第一个五年计划开始实施，举世闻名的川藏、青藏公路于1954年底建成通车，这是中国人民不畏艰苦、百折不挠的意志的缩影。第二个五年计划受到"大跃进"的干扰，公路建设遇到了极大的阻力，很多新建公路质量很差，而且由于缺乏统一规划，一些公路建成后根本无车行驶，后又改路为田。在纠正了"大跃进"的错误后，中国公路建设在"调整、巩固、充实、提高"八字方针指引下进入了第三个五年计划建设时期，成鹰、宝成、川黔、渝厦、福温、沈丹、滩石等国家干线公路在这个时期相继建成。尽管十年"文革"给我们民族带来了巨大的伤害，可是关系到国防建设和国家安全的公路建设却仍在动乱中进步。曲曲折折的中国公路建设发展到1978年，总里程达到89万余公里，尽管等级低、质量差，但它的确通到了全国90%以上的乡（镇），初步形成了遍布全国各地的公路网。

三、中国公路的新面貌

1978年十一届三中全会在北京召开，党的工作重心转移到经济建设上来。公路交通变得窘迫、局促起来，日益成为制约突飞猛进的经济、社会发展的"瓶颈"。打破瓶颈、发展交通的深切呼唤，从改革开放的最前沿传来。1985年，中国公路总里程历史性地突破百万公里，然而，公路交通部门调查显示，这百万公里的公路交通存在三大突出问题：运输工具种类繁多，机动车、非机动车、行人混行，车辆纵向干扰大；公路沿线城镇密集，穿越城镇横向干扰大；公路交叉口多，通过能力低。这三个问题严重影响着公路交通功能的发挥，"高速公路"进入了国人的视野。作为长江三角洲的龙头，上海率先一步，总投资1.5亿元的"沪嘉高速"建设工程于1984年底正式拉开帷幕。至1988年10月，中国大陆第一条高速公路横空出世。1990年底，中国公路总里程达到102.83万公里，其中高速公路522公里，一级公路2617公里，二级公路42177公里，紧接着，高速公路的建设浪潮如燎原之火，在神州大地熊熊燃烧起来。1995年，我国高速公路达到2141公里；1998年末达到8733公里，居世界第六位；1999年10月，突破了1万公里，跃居世界第四位；2000年末，达到1.6万公里，跃居世界第三位；2001年末，达到1.9万公里，跃居世界第二位；2004年8月底突破了3万公里，比世界第三位的加拿大多出近一倍。近3年多来中国高速公路建设继续突飞猛进地发展，2007年新修通高速公路8300公里，截至2009年6月底，一共建成高速公路48896公里。

四、中国公路目前存在的问题

改革开放以来，我们国家的公路建设确实取得了非常大的成就，但是不可否认，也出现了一些不容忽视的问题。从绝对数量来看，我国高速公路总量仅相当于美国 20 世纪 60 年代的水平，占公路网的比重远远低于多数发达国家，高速公路总量同国人口、经济、资源的客观需求相比，存在较大的差距，高速公路滞后于国民经济的发展。特别在经济发达的沿海省份、中西部地区的部分干线公路上，交通拥挤情况十分严重，阻碍了国民经济的快速发展。

而从地区分布情况来看，东、中、西部各地区公路总量存在较明显的差异，高等级公路数量更是相差悬殊。东部地区共有高速公路 10000 余公里，占全国高速公路总里程的 50% 以上，中部有 5000 多公里，占 25% 左右，而西部只有 3500 余公里，仅占 20% 不到。此外，在全国高速公路超过 1000 公里的 7 个省中，东部地区有 5 个，其中山东超过 2000 公里，河北、广东分别超过和达到 1500 公里，而中西部地区高速公路超过 1000 公里的省各有一个，分别是河南和四川。

他国的公路货运业也面临着许多自身难以解决的矛盾和问题，面对日益发展的商品经济、日益增多的时效性强、附加值高的产品，社会公众越来越强的时间价值观念和日益尖锐的国际贸易商战，对于公路货运业来说可谓机遇和挑战并存。美国每人每年要消耗的货物运输是 28 吨，我国是 8 吨多一点，不到它的三分之一，其问题突出表现在车辆结构不合理，技术状况较差；公路货运站场设施简陋、功能单一；区域分割，体制封闭，运输效率低下；企业粗放经营，运输组织化程度低；缺乏主导公路运输市场的大型运输企业，难以组织规模化和网络化的运输。因此，迅速改变传统的公路运输生产方式，以满足商品经济发展需要为出发点，建立全新概念的公路快速货运系统已迫在眉睫，近两年来，在全国一些经济发达和交通运输条件较好的地区，已经开展了不同形式的公路快速货物运输业务，并已初步取得了良好的经营效果。

在技术上，虽然一些大的技术已经接近发达国家，但在一些具体的细节处理上，我们还与他们存在较大差距。比如说护栏，一些发达国家的护栏在设计上就和我们的不一样，有些甚至是用木头做的，车撞上去以后，可以把护栏撞断，但汽车的损伤很小；而我国的护栏基本上都是钢的，对车的损害比较大。

五、中国公路的发展

（一）中国公路的发展方向

目前，我国公路交通事业仍处在大建设、大发展阶段，高速公路正处于形成网络的关键时期。国家高速公路网有 48% 的路段在建或尚未开工建设；国省干线公路中还有 3 万多公里的公路为砂石路面；国道中 13% 的路段仍处于拥挤状态。特别是当前国家为应对国际金融危机,近期出台了一系列政策来拉动内需,确保经济平稳较快发展,加快公路基础设施建设、完善国家高速公路网络是其中的重点之一。今后我国公路发展总体方向是:加快建成国家高速公路网,提高国省道干线公路等级,改善农村公路行车条件,逐步形成质量、速度、结构、效益相协调,建、养、管并重的公路交通网络。重点是逐步构建以高速公路为主体的收费公路网络和以普通公路为主体提供政府普遍服务的非收费公路网络。同时,要加快推进高速公路联网收费和不停车收费进程,进一步提高收费公路的通行效率和通行能力。

(二)中国公路交通科技发展战略

为了建设适应交通现代化要求和符合交通科技自身发展规律的创新体系,形成强大的自主创新能力。中国公路交通科技发展的战略目标是:建立布局合理、资源共享、配置优化的交通科研基地和信息共享平台,形成一支高水平的交通科技队伍,突破一批关键技术,达到国际先进水平,全面提升公路交通的科技含量,为实现全面小康社会公路水路交通发展目标提供科技支撑,为交通全面协调可持续发展提供有力保障。

(三)公路交通科技发展的战略重点

据公路交通科技发展的战略目标,按照交通科技的需求和"综合集成、重点突破"的方针,今后交通科技发展具有牵动性、前瞻性、关键性的战略重点主要为以下六个方面:

1. 智能化数字公路交通管理技术

推进公路交通的信息化进程,改善运营管理,优化资源配置,提高公路交通信息化水平,实现智能化的交通运输、数字化的行业管理、人性化的社会服务;最大限度地发挥综合交通的运输服务功能,实现便捷和快速运输。

2. 特殊自然环境下建养技术

攻克特殊自然环境下的建养关键技术,支撑公路交通基础设施建设,改善交通网络的状况与性能,实现加快发展、扩充能力的目标,提高公路交通设施的使用品质和使用寿命。

3. 一体化公路运输技术

构筑公路运输网络一体化、运输载体一体化、运输装卸一体化、运输场站一体化和运输辅助设施一体化、管理一体化的新型联合运输系统。通过应用一体化运输技术,改善公路交通服务水平,提高系统运行效率,实现不同运输方式之间货物的无缝衔接和旅客的零换乘。

4. 交通科学决策支持技术

面向交通改革与发展的重大决策问题,开展交通决策支持技术的研究,实现公路水路交通决策的科学化和民主化。在交通发展战略、政策法规、管理体制、运营组织等领域实现决策的数字化、可视化和协调化，为科学决策和民主决策提供技术支持，提高决策的科学性、质量和效率。

5. 公路交通安全保障技术

研究开发公路交通安全保障技术，提高公路交通的事故预防、应急反应和救助处理能力，降低交通伤亡数量及事故率，建立一个更安全更可靠的公路交通系统，使我国公路交通达到社会公认的安全水准。

6. 绿色交通技术

开展以环保和节能为重点的绿色交通技术的研究，缓解我国环境污染和资源短缺的压力，建立一个与自然和社会环境友善和谐、污染程度少、土地使用合理、能源消耗适度的绿色公路交通体系，促进 21 世纪公路交通可持续发展目标的实现。

第四节　公路项目管理

随着我国改革开放和市场经济的逐步确立，我国在公路建设中试行并推广了项目法人责任制、招投标制、工程监理制和合同管理制。高速公路在我国建设已有十余年时间，在学习市场经济这套先进管理经验的过程中，有成功的经验，也有不少教训。目前和今后一个较长阶段，我国要进行大规模的公路建设，总结我国公路建设项目管理经验，探索适合目前的项目管理模式，具有很重要的意义。

公路具有自身的技术特点和经济特性，包括投资大、建设周期长、线长面广、受环境因素影响复杂以及具有准公共物品特性、社会公益性、自然垄断性等。这些特点使公路建设项目管理模式与一般的建设项目管理模式相比，既有共性也有个性。建设项目管理制度通常和一个国家的社会制度紧密地联系在一起。我国过去在公路建设项目管理改革过程中，忽视对公路建设项目管理模式的理论研究，习惯于简单照搬国外建设项目管理制度和国内其他行业的建设项目管理模式，以致各种公路建设项目管理制度相互矛盾和交叉重叠，至今难以很好地规范；同时，在我国公路建设项目管理过程中，政府、项目法人、中介机构等在项目管理中的地位和作用问题，即项目管理模式是涉及公路建设项目管理质量和效率、公路建设管理市场化改革等内容的重要课题，历来为全社会所关注。我国改革开放以来所推行的建设工程监理制度、项目法人制度、招标投标制度、承包合同制度以及最新提出的项目代建制度，实际上都是围绕建设项目管理模式这一课题而展开的，至于它的实用性有待进一步研究。

一、公路项目管理现状

我国公路建设实行项目法人责任制，即由项目法人对建设项目的筹划、筹资、设计、建设实施到生产经营、偿贷付息以及国有资产的保值增值全过程负责，因此项目法人在项目的各个阶段均处于主导地位。从系统学的观点来看，某一项目的设计、施工及监理等单位属于系统的内部要素，而建设单位（项目法人）一方面能够利用系统外部环境，给项目提供物质和信息，如足够的资金，强烈的质量意识等，另一方面可利用招投标手段，依据《监理合同》《施工合同》等调整系统内部结构，使系统功能较佳，因此这个系统的功能（项目的设计及建设水平）如何，很大程度上取决于建设单位（项目法人）。从狭义讲，项目管理有质量、工期和投资控制三大目标。从广义讲，项目管理除上述三项目标外，还可包括环境保障、安全生产、廉政建设和文明工地等目标。从多年来项目管理实际运行的效果看，监理的主要职责在于质量控制，若把监理看作冲在前线的"战士"，建设单位（项目法人）大概要算作"督战队"；在工期、投资、安全生产和文明工地等方面，监理也可起到一定管理作用，但建设单位（项目法人）也往往需要投入较多精力弥补这方面的管理不足；征地拆迁和环境保障主要由建设单位（项目法人）联系政府的行政管理系统来保障。在传统的计划经济时期，政府利用行政手段管理项目。在社会主义市场经济初级阶段，从理论上讲，建设单位（项目法人）与施工、监理单位为合同关系，但由于市场经济的不完善等，建设单位（项目法人）在项目管理中实际上扮演着"准政府"的角色——以"合同管理"为基础，以"行政管理"为重要手段。由于建设单位（项目法人）所处的特性地位及所起的作用，建设单位（项目法人）派出的项目管理机构对项目管理的成败起着至关重要的作用，可以这么说，项目管理机构的风格，往往就是一个项目的风格；项目管理机构的水平，往往就是一个项目的水平。因此在现阶段，要保障项目管理的成功，建设单位（项目法人）除了必须组建"精干、高效"的项目管理机构外，还必须不断加大对项目的控制力度。

二、建设单位管理项目的方式及方法

从项目管理的角度来说，建设单位和监理都是项目的管理者，一般而言，建设单位担任宏观管理角色，施工监理担任微观管理角色，这就是我们常说的建设单位（项目法人）的"组织、协调、监督、服务"职能。荀子曰"君子性非异也，善假于物也"，高明的管理者，应能充分利用被管理者的自主性或者说是事物发展的自组织功能。建设单位（项目法人）在总体把握大局的前提下，应根据施工企业履行合同的程度、监理职能的到位程度确定自己介入项目管理的程度，对具体管理活动，要尽可能做到"少干预、多协调、做好服务"，以充分发挥两个积极性。

反思以往建设单位（项目法人）项目管理的情况，笔者认为在以下两方面有待提高，一是规范化管理，二是量化管理。目前，参加项目建设的设计、施工及监理等单位都积极进行ISO900质量体系认证，笔者认为，建设单位（项目法人）的项目管理机构通过这个体系认证，能促使项目管理向规范化、制度化和程序化迈进，很有益处。目前，信息技术广泛地向各行各业渗透，建设单位（项目法人）在项目管理中加大计算机等信息技术的应用，使项目管理的质量、工期和投资控制由原来的定性管理达到定量管理，亦可较大地提升项目管理水平。

此外，我们在项目管理中常用的"重奖重罚""优质优价""样板示范""劳动竞赛"和"质量责任制"等方法，也是一些比较有效的办法。

三、监理在项目管理中的职能和作用

监理制度是社会化分工不断细化的产物，由于我国经济发展水平及市场经济不完善，监理还不能独立承担全方位、全过程管理项目的职能，在现阶段，它的主要职责或者说中心职责是质量控制，根据各个监理单位的不同情况，在项目管理的其他方面如计量支付、合同管理等方面，也能起到一定作用。虽然如此，但作为国际惯例和发展方向，还是应该高度重视监理在项目管理中综合作用的发挥，放心、放手、放权让监理单位相对独立地行使职责，建设单位应当好"后台老板"，加强考核奖惩。可以预见，随着监理市场的规范及相关法规体系的完善落实，监理将会在项目管理中起到越来越重要的作用。

施工企业是以效益为中心的管理，在满足合同基本要求的情况下，尽可能降低成本，他可能达到的目标就是合格工程。而监理是以质量为中心的管理，他要求质量达到优良，甚至精品，这是一对矛盾，也像是拔河，监理用的劲大，工程质量就优良、精品方向靠拢多；监理用的劲小，工程质量就可能向一般，甚至不合格方向靠拢。笔者认为，工程质量能否达到合格，主要依靠施工企业的自检体系，但要上一个台阶，得主要依靠监理加强管理。

四、项目管理中的监理管理

目前由于我国的经济社会发展现状，监理在项目管理中也像一把"双刃剑"，好的监理，对项目建设起到促进作用；不好的监理，对项目建设弊大于利。有人说，国内个别项目，不是施工单位"干"坏的，而是被管理者"管"垮的。在一个公路项目，特别是较大项目中，监理费用往往比建设单位管理费多得多，监理人员比建设单位（项目法人）管理人员多得多，大量具体的项目管理任务需要他们承担。"管事必先管人"，依据实践情况和这一管理思想的要求，建设单位（项目法人）必须对监理进行严格有效的管理，使其"严格监理，热情服务，秉公办事，一丝不苟"。在监理的管理中，要下大力气提高监理的综合素质，增强质量意识和责任意识，要综合运用行政、合同、经济等手段，要求监理建立严格的组织体系，强化纪律，加强职业道德教育；积极推行监理试用期制度；注意把监理的业绩和监理费用有效挂钩，这样才能较好地发挥监理的作用。

五、管理模式的类型

公路建设项目组织管理模式是指业主（项目投资者）在公路建设项目建设管理过程中

所采用的组织管理模式。按业主在公路建设项目管理中的作用不同，可分为自行管理模式、委托管理模式以及总承包管理模式。自行管理模式是业主自身对公路建设项目的质量、进度和造价进行控制，设计与施工单位进行组织、协调的一种项目组织管理模式，其项目管理工作有业主和承包商（包括设计和施工单位）参加，但主体是业主。业主有根据工作需要聘请咨询公司作为顾问或协助承担部分项目管理工作。公路建设项目自行管理模式按项目业主（投资主体）不同又可分为政府管理模式和项目法人管理模式。委托管理模式是指具有项目管理经验和能力的咨询单位（本文又称为项目管理公司），接受项目业主（政府或项目法人）的委托，对项目建设（设计、招标、施工）进行组织、协调，对项目的投资、质量和进度进行控制的一种项目管理模式。总承包项目管理模式又称为设计—建造交钥匙合同模式，该管理模式中，总承包商承担建设项目的全部设计、施工与管理，按总承包合同的质量、造价和进度要求对项目进行组织、协调与控制。

六、FIDIC 项目管理模式

FIDIC 项目管理模式是由国际咨询工程师联合提出，应用于施工项目管理的一种委代建型项目管理模式。该模式中，项目的监督与管理由作三方的监理单位来承担。它以独立、公正的施工监理为核心（即以监理工程师项目管理为核心），项目管理中，业主、承包商、监理三家既互相合作、相互联系，又互相监督、互相制约。目前，我国的公路建设项目管理已建成与 FIDIC 项目管理模式基本适应的公路施工监理制度，并且，进一步完善了招标投标制度和承包合同制度，公路建设市场管理的法律法规体系正在逐步形成。总结 FIDIC 在公路建设中的优越性，主要表现在以下几点：① FIDIC 项目管理模式有利于促进资源使用效率的提高；② FIDIC 项目管理模式为承包合同履行的公平、公正性提供了有效的保障机制；③ FIDIC 项目管理模式实现了项目管理工作的专业化、社会化和市场化；④ FIDIC 项目管理模式具有与市场经济体制相适应的良好特性；⑤ FDIC 项目管理模式能更好地适应公路建设项目的技术经济特征与要求；⑥公路建设项目中采用 FIDIC 项目管理模式能更好地促进公路建设项目管理模式的统一和规范。

七、管理方法

（一）项目管理办公室组织机构图

项目管理办公室主任：安全环保部、技术质量工程部、计量合约部。

（二）项目管理办公室职能

项目管理办公室在业主领导下，对本工程项目的施工质量、施工进度、计量支付、安全文明施工等进行全面管理。使工程达到质量优良、进度适当、费用合理、无施工安全事故的目标。

1. 安全环保部：主要负责施工安全管理、施工环保管理、文明施工管理及交通导改配合等。

2. 技术质量工程部：工程质量管理、工程进度管理、试验检测等管理工作。

3. 计量合约部：合同管理、计量管理、信息资料管理等。

（三）管理办人员岗位职责

1. 管理办公室负责人岗位职责

（1）负责本工程项目管理的全面工作。对质量管理、工程进度管理、计量支付管理、安全文明施工管理、合同管理等负全面责任，对监理和施工单位进行管理协调。

（2）抓质量管理工作，通过抓监理、施工单位的质保体系的良好运转，抓《监理规划》《施工组织设计》的贯彻实施，严格管理、严格按图施工、按程序办事、按标准验收，保证工程质量目标。

（3）抓施工进度管理

以合同工期为目标，强化进度管理。通过对总体进度计划，阶段工期计划、目标计划的控制，保证工期目标的实现，如发现进度滞后采取措施保证工期。

（4）抓工程计量与支付管理

从清单核算入手，抓现场工程数量的确认及验收，强化计量管理，保证费用合理支出。

（5）抓安全文明施工管理

贯彻"安全第一，预防为主"的方针，依据国家有关安全法规，全面抓好本工程安全文明施工及施工环保，保证工程顺利进行。

（6）协调好在管理办每个成员的作用，各尽职责，全力抓好本工程的管理工作。

2. 项目工程师岗位职责

（1）负责工程技术管理及协助项目管理负责人作为全面工程管理工作。

（2）对现场施工负责技术管理工作，严格按图施工、按标准验收，经常检查施工现场。

（3）参加结构首件验收和工程抽查验收工作。

（4）组织试验段的实施和验收工作。

（5）参与设计交底与图纸会审。

（6）负责上报的施工方案的审查把关，如有不合格应返回总监办重做。

（7）遵循"人人管生产、人人管安全"的原则，施工管理与安全管理一把抓，同时有保证安全的责任。

（8）检查监理、施工单位施工资料和竣工资料为交工验收作为基础工作，参与竣工验收。

（9）完成上级领导交派的其他工作。

3. 计量支付岗位职责

（1）负责工程计量支付过程的管理工作，为合理计量支付把关。

（2）对工程量清单复核负责把关，参与变更项目的现场确认。

（3）督促监理单位按规定时间完成计量上报工作。

4. 安全环保岗位职责

（1）贯彻"安全第一、预防为主"的方针，作为安全管理工作。

（2）经常检查施工单位的施工现场安全工作情况；检查施工安全制度、规程执行情况；检查施工单位内、外业的资料完整情况，使安全环保工作正常开展。

（3）严格执行国务院 393 号令和安全管理的有关规定，做好安全环保工作。

5. 信息资料管理岗位职责

（1）负责信息传递工作，完成往来文件传递和及时报送各种报表工作。

（2）负责资料管理与检查工作。

（四）设计审查配合工作

（1）设计单位应按合同约定完整、及时、准确地向建设单位提供全部设计文件和图纸。项目管理办要加强对设计文件的管理，建立设计文件的收发制度。未经建设单位同意，设计单位不得将图纸及电子文件提供给任何单位和个人。

（2）项目管理办应及时组织设计交底测量交桩工作，做到交底透彻、交桩明确。

（3）项目管理办认真组织相关单位进行图纸的会审工作，对审查出的各种问题反馈设计及时解决，并以书面形式下发给总监办和施工单位。

（4）设计单位积极参加工程中重大施工方案的讨论和质量问题的处理，并提出合理化建议。

（5）设计单位应派 1 ~ 2 名设计代表驻场，及时解决工程中出现的设计问题。凡涉及设计变更问题，均由业主书面通知设计单位，设计人不得以任何理由直接受理施工单位和监理人员的变更设计要求，设计人主动提出的设计变更应事先征得业主的同意，设计变更做到及时、准确，技术可行、经济合理。

（6）对变更后的图纸审查，由项目管理办负责，重点审查变更前后的衔接，避免出现前后矛盾的问题。

（7）对于设计图纸中涉及的"新技术、新材料、新工艺、新设备"，设计单位应提供必要的技术支持。

（8）设计人员要按照工程建设管理的要求积极参加施工过程中的检查和验收工作。在交（竣）工验收阶段，设计单位应对工程质量使用功能是否满足设计要求提出评价意见。

（五）施工准备阶段的管理

第一条 施工单位在签订合同 7 天内，由总监办组织向业主提交相关报监资料。签订合同 14 天内提出施工总体进度计划。

第二条 签订合同 14 天内完成导线点、水准点复测和原地面测量工作。

第三条 在合同规定时间内人员设备、材料进场，完成驻地建设。开工 10 日内完成工地试验建设工作，标养室达到使用要求。

第四条 合同签订后 14 天内完成部分分项的开工申请、施工方案报批、原材料使用申请，把关试验的报批工作。重要的分项工程（试验段、路面基层、沥青路面。桥涵的桥面、吊梁、涵洞）的施工方案，总监办批准后，开工 3 天前，报项目办审查备案后方可施工。

第五条 总监办核查开工条件召开第一次工地会议，在合同签订 7 日内签发总体开工令，开工令下达 7 日内施工单位应及时开工。

第六条 建立工地例会制度，业主将定期召开工地例会，对承包商上期工程进度、质量、合同执行情况进行检查评述，提出存在问题，落实下期工程进度。

不定期召开施工质量、进度、安全、交底等专题会议。

（六）工程质量管理

第一条 工程质量目标要求

分项工程合格率100%，分部单位工程及建设项目为合格，工程质量综合评定不低于90 分。

第二条 工程管理目标是"强化质量管理，争创优质工程"。

第三条 工程项目实行"政府监督、法人管理、社会监理、企业自检"的质量保证体系，施工、监理单位要按要求建立健全质量保证体系，并使其良好运转，以强化对工程的管理与控制。

第四条 开工管理控制。各分项工程开工应先报开工申请与施工方案，监理工程师批准后方可实施，重要工程（试验段、路面基层、沥青面层、桥梁的桥面、涵洞）的施工方案，总监办批准后，开工 3 天前报项目管理办批准后实施。

第五条 原材料管理控制，用于本工程的二灰稳定材料、沥青混合料、商品混凝土、预制构件的厂家，应具有监督站备案资质，并由业主、监理工程师、施工单位现场考察。不能满足招标文件要求的不予采用，不合格材料不得使用。

第六条 试验检测控制监理对施工项目应按规定频率进行检测，上道工序不合格，不准进行下道工序施工。二灰稳定材料、沥青混合料、混凝土施工、砌筑砂浆等项目应按规定取样做把关试验，不合格者应返工处理。业主将按监理抽检的一定频率随机抽检，不合格者做返工处理。

第七条 有见证取样送检控制有见证取样送检的项目，送检程序、见证人管理等应符合分局招标文件要求；有见证取样频率不得低于试验总数的 3%，试验总数在 7 次以下，送样不得少于 2 次，重要工程应由监理工程师确定增加见证取样次数。未经有见证取样证明合格的项目，工程质量应由监理工程师委托法定监理单位检测，发生项目承包人自负。

第八条　测量检测控制监理工程师对施工前的施工放线、轴线偏位、平面位置进行复核测量，分项工程验收进行成品测量，以保证施工精度。工程验收做验收测量控制，保证产品合格。

第九条　巡视检查控制项目办应经常巡视现场，进行工程质量、进度、安全文明施工检查，发现问题及时处理，处理问题不过夜。

第十条　工程竣工验收控制工程竣工验收前要求监理工程师组织预验收，对分项工程有严重缺陷或评定分数小于 75 分者为不合格，必须做返工处理。如果评定不合格的分项工程经加固补强、调测满足设计要求后，可以重新评定其等级，但计算分部工程时，评分值时按其复评分值的 90% 计算。

第十一条　施工安全质量控制

监理工程师对本工程施工质量通病和易发生病害的施工项目应确定为控制要点加以重点控制，如：高填方路基沉降和路基处理超强沉降；沥青路面平整度和沥青路面早期破损；公路桥头及伸缩缝处跳车；小构件与防护工程表面粗糙。对这些项目要求施工监理单位制定措施加以预防，以保证工程质量目标的实现。

第十二条　工程质量控制与验收管理

（七）工程进度管理

第一条　工程进度计划严格按照"强化阶段工期目标，明确进度控制主线，加强整体协调配合"的原则实施管理。工程进度控制采取"业主管理阶段工期，监理控制工程进度，施工单位落实进度计划"的三级管理体制。

第二条　工程进度计划的管理进度计划过程控制采取总体安排、阶段控制、按月实施、按周检查的方法进行。

第三条　工程总体进度计划管理。承包商应在签订《合同协议书》14 天或监理工程师认为合理的期限内，根据业主的整体进度计划制定本合同段的工程总体进度计划。总体进度计划应包括：工程项目的总工期即合同工期或指令工期；完成各单位工程或分项工程工期计划；各阶段要完成的工程量及资金流动估算表；单位工程和控制性工程的施工方案；材料、设备和劳动力供应计划；施工组织机构及保证体系。工程进度计划图表可采用横道图。工程总体进度计划由承包商项目经理组织编写，经驻地监理工程师初审（3 天内完成）报总监理工程师审核批准（7 天内完成），控制性工程或工程难点的施工方案应经过业主、监理有关部门的会审方可批准，于工程正式开工前报项目管理办备案。

第四条　阶段工期计划管理。承包商应在接到业主下达的阶段目标计划 3 天内，根据阶段工期目标和工程实际进展情况，编制本合同段的阶段工期进度计划。阶段工期进度计划应包括本阶段整体进度计划和分解到月、周的计划，周计划时间为本周二至下周一。要求施工单位将分项工程划分施工段落，确定相应配置（如人力、机械、物资）明确责任人。各合同段的阶段工程进度计划经驻地监理工程师审批（3天内完成）报总监理工程师批准确认，项目管理办备案。

第五条　月进度计划管理。每月25日前，承包商根据阶段工期进度计划和上月工程完成情况，编制本月工程进度计划。月进度计划以横道图形式编制，并附编制说明，编制说明应包括本月计划完成主要工程量、本月计划完成工作量、施工过程中的重点和难点及采取的相应措施、有利因素和不利因素分析、工作中需要解决的问题等内容。月进度计划经驻地监理工程师审批后（3天完成）上报总监办，项目管理办备案。

第六条　周进度计划管理。承包商应编制周计划，周计划分解月进度计划至每天，责任到人。周计划由监理工程师审批，报项目管理办备案。

第七条　计划的实施与检查。承包商应根据计划及时调整资源配置，保证计划的完成。项目管理办通过定期或不定期检查，监督、核实承包商计划的执行情况，通过例会协调解决工程实施过程中的问题，确保工期目标的实现。

第八条　进度统计管理。进度统计包括工程量统计和工作量统计两部分。承包商应明确进度统计主管部门，并派专人负责，建立健全统计工作体系，使进度统计工作制度化、规范化。

第九条　周统计报表。承包商每周应对形象进度和工程量完成情况进行统计，周统计报表包括工程周报表、周计划完成情况一览表。报表统计时间为本周例会当天至下周例会前一天，施工周报表及周计划完成情况一览表均应经监理工程师确认后于每周二上午报至总监办，总监办应于周二下午报到项目管理办，一式两份周计划应对未完成计划部分的原因做出分析说明。

第十条　月统计报表。承包商每月应对工作量完成情况进行统计。月统计报表包括工作量月报表、桥涵工程月报表、形象进度月报表，报表统计时间为上月26日至本月25日。月报表经监理工程师确认报总监办审核后，于每月24日16：00以前报项目管理办。

第十一条　阶段统计报表。阶段工期目标完成后，承包商应对阶段形象进度、工程量、工作量进行汇总。阶段统计报表应于阶段目标结束后5日内，经监理工程师确认、总监办审核后上报项目管理办。

第十二条　统计方法。统计不同于计量，统计的目的是对工程进度进行控制，而计量则是支付。统计的工程数量是指工程实体完成或按规定阶段完成的工程数量，并需要经过监理签证。时间跨越较长的单项工程需要分阶段、按比例进行统计。

第十三条　统计工作要求。施工单位上报的计划、统计报表应按照本细则规定的时间及时上报，要求内容全面、数字准确。计划、统计报表应由项目经理签字确认，并加盖项目经理部公章，统计报表除报书面资料外，月报还应报送相应软（光）盘一张。

第十四条　统计资料上报。项目管理办在月底之前，对施工单位上报的报表进行汇总。阶段工期目标结束后，项目管理办进行形象进度、工程量、工作量汇总。

第十五条　发生工期滞后应采取几项措施

（1）周计划进度发现及完成施工单位分析原因，制定加快进度措施。监理单位应提出改进措施，业主协调，解决影响工程进度中存在的问题。

（2）月进度计划滞后，监理工程师应调查分析找出原因，因工力、设备不足应立即加大投入人员、工力、设备到位，如因施工组织问题，则应帮助改进，必要时下发监理通知或指令。

（3）工期进度滞后，监理整改意见仍不能使进度奏效时，则应经业主批准采取强制分包，直至取消其施工资格更换施工单位。

第十六条　进度管理

（1）进场后编制实施性施工组织设计，成立一个以项目经理为首，由项目部计划人员组成的项目进度计划管理班子，在分项工程开工前，根据施工进度横道图，针对各项工程制定详细的施工方案与计划。

（2）对关键线路工程制定周密、切实可行且最优的施工方案，配比高素质、技术全面的工程师担任关键工程的指挥。同时选用有丰富经验的技术工人和施工队伍负责关键工程的施工，以确保关键工程在施工过程中不因技术问题而延误工期。

（3）按照总工期要求，按月制定施工计划和实施方案，重要工序做好施工组织设计。根据工程特点和当地气候特点条件，合理安排各项工程的施工顺序，充分利用有利条件和时间根据工序特点，安排流水作业，缩短作业流程，从各个施工环节上加快施工进度，确保总工期。

（4）要求施工班组制定周密的施工进度计划，健全施工管理机构、合理安排各工序、组织协调好各施工作业顺序，把工期目标分解到各班组，逐个落实。

（5）班组管理人员经常深入施工现场，调查完成计划的措施、劳力、材料及机械设备的配套能否满足施工要求，并检查工程完成情况，做到心中有数。

（6）当试件工程情况与计划出现较大差异时，要分析原因，及时调整人力、物力资源与技术措施，重新制定新的施工方案，并对各班组的施工计划进行平衡调整后下达落实，不得因人为因素造成工程延误。

（7）投入一批先进的、功能良好的机械设备和仪器设备，通过狠抓工程质量、杜绝工程质量问题确保工期。

（8）加大奖罚力度，克服拖拉作风，广开工作面实施平行流水作业，实现有序、均衡生产，抓好施工全过程管理，加强预见性，使计划安排切合实际，最后应做到设备到位、材料到位、人员到位，使工地管理制度化、规范化、科学化，力求做到严格按施工计划施工，确保工期。

（9）积极配合业主做好本项目协调工作，与当地政府保持密切联系，在可能的情况下，为当地政府和群众办实事，将阻工现象降到最低点，确保施工顺利进行。

（10）对于控制工期的工程，集中力量，除按正常工作日日期施工外，在获取监理工程师批准的情况下昼夜施工，确保既定工期目标的实现。

（11）合理利用资金，确保工程用款，确保工程顺利进行。

（12)加强材料采购计划管理,根据施工进度计划要求充分备料,杜绝带料停工的现象。

（13）加强机械设备和车辆保养、维修，保障施工正常运转。搞好职工食堂，保障职工身体健康，保证正常出勤率，以确保工期。

（14）做好与当地政府和群众的协调工作，尊重当地的风俗习惯，维护人民群众的利益，求得当地政府与群众的支持，使工程施工进度顺利。

（15）定时召开专题会议，统一认识，处理施工过程中出现的问题。每周进行一次进度计划执行情况检查，开展以班组、部门为单位的劳动竞赛，每月评比一次，通过比质量、进度，表扬先进，找出差距，总结经验。加强团结协作，增加集体的凝聚力，使每个施工队（班组）结成一个战斗集体，确保施工顺利进行。

（八）计量支付管理

第一条 工程计量的原则是：依据合理、真实有效、公平合理、及时准确、规范统一。

第二条 工程计量的措施是：认真履行合同、坚持实测实量、严格审批制度、加强监督检查。

第三条 工程计量的条件是：

（1）分项工程已完成，经验收质量合格；

（2）验收手续齐全，资料合格。

第四条 工程量清单复核

施工单位在合同协议书签订后 14 天内对图纸和清单的项目、数量均进行核实，并报总监理办公室。总监理办公室要对施工单位的清单核算进行认真复核，及时审批。要求监理单位在施工单位上报清单核算后的 7 日内将计量监理工程师复核和总监理工程师审批的工程量复核清单报工程项目管理办。

第五条 工程计量方式

（1）对计量清单内工程数量变化在 ±10% 以内的工程项目采取监理工程师与施工单位计量负责人联合计量的方式。

（2）对计量清单内工程数量变化超过 ±10% 的工程项目采取监理工程师、施工单位计量负责人及业主三方联合计量的方式。

（3）对计量清单内的路基挖方、路基填方、路基换填处理、结构物拆除、浆砌挡墙及清单以外的工程洽商项目必须采取监理工程师、施工单位计量负责人及业主三方现场确认的方式。

（4）凡超出图纸所示或监理工程师指示或同意的范围都不予计量。

（5）中间计量内必须注明工程计算简图和有效的计算公式，填方或挖方的简图必须注明底顶面的高程。

（6）对于洽商的工程项目必须在现场确认单后附有代表意义的照片进行补充说明。

（7）施工单位根据中间计量单编制《工程计量月报表》，必须按规定的时间和表样上报计量监理工程师进行审核。

第六条 工程计量程序

（1）对于符合计量条件的工程项目，计量监理工程师要及时按计量方式的规定通知施工单位或业主到现场共同计量，计量后双方或三方共同签字认可。

（2）施工单位编制《工程计量月报表》报计量监理工程师审核。

（3）监理工程师将审核无误的《工程计量月报表》报总监理工程师审批。

（4）监理办将审批后的《工程计量月报表》按规定时间上报业主项目管理办签署审批意见。

第七条 工程计量的时间规定

（1）按工程项目管理与财务统一协调的原则确定为上月的 26 日至本月的 25 日为工程计量月。

（2）施工单位根据中间计量单于本月的 26 日至 28 日内编制《月度工程计量报表》，审核无误且签字、盖章齐全后上报计量监理工程师审核。

（3）计量监理工程师在 29 日至 3 日对上月的《月度工程计量报表》进行认真详细的审核，无误后由总监理工程师审批、签字并上报业主进行审批。

（4）业主审核后及时返还监理办，施工单位进行支付报表的编制，于 5 日前上报业主。

第八条 支付种类支付时间顺序为：前期支付、期中支付、分项完工支付、交工支付和最终支付。

（1）前期支付在本合同范围内特指开工预付款的支付。按专用合同条款的规定，在合同规定的期限内，承包人有权得到业主提供的一笔相当于合同价值 20% 的开工预付款，用以支付施工前期的各项费用。

（2）期中支付即指工程款在中间计量的基础上按月进行的支付，包括清单内支付和清单外支付。监理工程师在期中支付中暂预先支付已完工程款的 80%，在分项完工支付中对质量达到规定标准，相应资料齐全的工程项目，一次性支付剩余部分。

（3）最终支付按合同文件规定，在"缺陷责任期终止证书"签发 28 天内，承包人应提供最终结算单，监理工程师依据其认可的交工计量结果及承包人提交的最终结算单，向业主提交最终支付汇兑表和最终支付凭单，用以确认合同最终支付总额。

第九条 支付方法

（1）开工预付款

根据合同专用条款，开工预付款分二次支付，第一次为签订了合同协议书并在承包人提交了开工预付款担保后 14 天内，支付开工预付款金额的 50%；第二次为自监理工程师批准开工且施工单位报批的施工组织设计得以批准后，道路正式开工且工程已开始支付，支付开预付款的剩余 50%。

在工程支付达到合同金额的 30% 时，开始按月回扣开工预付款至正常工程支付达到合同金额 80% 时扣完。

（2）清单支付。

1）将经监理工程师确认的每月完成的工程数量与工程量清单中相应的单价相乘，得出的金额作为该清单项目期中支付金额。

2）对以"总额"为单位的清单项目，在工程开始前或初期，由承包人按所包含各工作内容的价值在该项目工程中的百分比拟定支付比例，报监理工程师审批，每月依据监理工程师批准的支付比例按项目进度进行工程款的支付。承包人未在规定的时间内提供拟定的支付比例，监理工程师有权对此工程项目相应的清单项目进行缓支。

3）工程变更清单。依据工程变更管理工作程序办理。工程变更令中的变更清单视为工程量清单的修改和补充，监理工程师将依据变更清单中工程项目的数量和单价，按照清单支付办法进行支付。

4）额外费用清单。依据监理工程师出具的经业主批准的索赔审批书，在期中支付按额外费用清单中的项目及单价进行计量支付。

5）保留金。除开工预付款以外的任何费用支付，扣留 5% 作为保留金。待"缺陷责任终止证书"签发后，保留金将在最终支付时按监理工程师依据有关合同条款确认的并得到业主核准的金额返还给承包人。

（3）监理扣缓支付。根据合同规定，监理工程师有权对承包人提交支付申请中不符合支付条件的项目进行扣缓支付。

第十条　关于工程变更

工程变更是指工程的形式、质量、数量和内容在原有设计和工程量清单基础上的任何变动（不含清单数量自然增减），可分成施工变更和设计变更。

第十一条　设计变更管理

（1）凡对原始设计文件的更改、变动、增减等均属设计变更范围，未经业主批准，任何单位和个人不得更改设计文件。

（2）设计变更管理程序

1）变更设计通知单。凡业主和设计人提出的设计变更直接由业主发布"变更设计通知单"至总监办，总监办应在 24 小时内发至承包人。

2）变更设计报告单。凡施工单位根据工程需要提出的合理变更设计要求，由施工单位填报"变更设计报告单"，报至驻地办。驻地办应在 1 日内转报总监办，总监办 3 日内完成初审并报项目管理办审批。项目办应在 10 日内组织有关部门完成对"设计变更报告单"的批复，并发布至总监办，总监办在 24 小时内发至承包人。

3）设计变更通知单及报告单在签发或批复时均由业主确认费用是否变更，并确定变更费用的单价。

第十二条 施工变更管理

（1）施工变更提出。无论是业主、设计单位、施工单位、监理单位均可提出变更。业主提出工程变更，总监办依据业主的相关文件直接下发施工变更通知单；设计单位、总监办提出工程变更，应提供合规的文字材料，经业主审批后总监办下发工程变更通知单、承包人提出变更应先填报工程变更报告单上报驻地办，驻地办在 1 日内签署意见转报总监办，总监办在 3 日完成审核报送业主，业主在 10 日内组织有关部门完成审批返回，总监办依此下发工程变更通知单。

（2）工程变更通知单。总监办在接到项目管理办有关工程变更的文件或批复后均在 24 小时内完成工程变更通知单的下发工作。

（3）变更费用管理。业主在发布工程变更文件或在变更文件的批复时均应确认费用是否变更，并确定变更费用的单价。

施工单位提出变更应随报告单附变更费用测算表，总监办审核后报业主批复。

第十三条 确定变更费用的原则

（1）审批权限。审核及批准的权限严格执行业主《工程变更与索赔管理办法》中四级分工授权负责制的规定。

（2）确定变更费用的原则

1）采用工程量清单中相同或同类的项目单价；

2）协商定价，工程量清单中未立项目由监理工程师定价，业主批准；

3）参考现行的概、预算定额及取费标准确定单价；

4）按有关票据计算定价。

第十四条 工程变更的执行

承包人在接到总监办签发的"工程变更通知"后应严格按照变更通知的要求组织施工；承包人在未接到书面"工程变更通知"之前，不得实施变更工程，否则，一切后果由擅自进行工程变更的责任人负责。计量工程师及驻地监理工程师应对承包人的变更工程的施工及涉及的工程数量进行严格的控制。当工程变更涉及总体施工进度计划和施工方案的修改时，总监办应及时督促承包人实施。

第十五条 紧急情况处理。当遇到工程发生紧急情况时或工程实施不能停止且需要进行工程变更时，项目管理办会同监理工程师可以联签书面现场指令，承包人据此实施。但是在现场指令发布 3 日内承包人应按变更正常程序完成变更的确认。

第十六条 工程变更令。当"工程变更通知单"中所确定的工作（如项目的变动、工程的实施与费用的审批）均已完成后，总监办应在 3 日内发布工程变更令。工程变更的相关文件作为变更令的附件。

第十七条 变更统计。为及时办理变更支付和使业主及时了解变更情况，承包人应在每月 25 日前向总监办提交月变更工程一览表，总监办应于 3 日内审查签署意见后送业主审批。

第十八条 工程变更的计量支付。变更工程计量按照工程计量支付管理办法的规定办理。

第十九条 关于索赔。费用索赔是承包人根据合同条款的有关规定，对并非自身原因造成的经济损失，通过监理工程师向业主索取的赔偿或补偿。

（1）索赔项目。承包人可以根据合同条款提出任何附加支付的索赔。

（2）索赔事件的发生。索赔事件发生后，承包人应及时通知监理工程师到现场。监理工程师应首先对事件以书面形式指示承包人采取有效的控制措施，确保损失降到最低限度。

监理工程师在接到通知后应及时同项目管理办取得联系，并将接到通知的时间定为事件发生时。

（3）承包人提交索赔意向。索赔事件发生后，应在7日内将自己的索赔意向书面递交监理工程师并报送业主。承包人未能按时提交索赔意向视其为对索赔权利的放弃。

（4）索赔申请报告

1）承包人应按照合同条款的规定，在索赔事件进行过程中向监理工程师提交索赔临时报告，说明索赔事件目前已达到的索赔款额和费用索赔的依据，承包人还应按监理工程师要求的合理间隔时间，及时提交说明累计索赔的理由、数量与资料。

2）索赔意向批准后且在索赔事件结束后3日内，承包人必须向驻地监理工程师提交正式的"索赔申请报告"，并附所有相关文件资料。否则视为承包人对索赔权利的放弃。

3）索赔申请报告的内容

①索赔申请依据的合同条款、理由；

②各项费用清单；

③索赔费用的金额；

④费用清单说明；

⑤与索赔事件有关的文件、原始证明资料；

⑥索赔申请报告表格（由监理确定合适的表格）。

（5）总监办评审。总监办组成专门的索赔评估小组对索赔项目进行考察，对索赔费用进行最终评审，7日内报送项目管理办。

（6）评审报告的批准。接到评审报告后10日内项目管理办组织有关部门在业主的主持下完成审批工作。审核及批准的权限严格执行业主的《工程变更与索赔管理办法》中四级分工授权负责制的规定。经批准的报告将作为索赔费用支付的依据。

（九）安全、环保及文明施工管理

第一条 为深入贯彻执行《中华人民共和国安全生产法》，落实"安全第一，预防为主"的方针，强化工程建设文明安全施工管理工作的制度化、规范化和程序化，确保职工的安全与健康、确保工程建设的顺利实施，依据国家规定，结合施工现场的具体情况，制定本办法。

第二条 本办法包括安保组织机构的设置，文明安全施工教育，目标责任受理，施工现场场容管理，安全生产管理，施工现场保卫消防管理，环境保护环境卫生管理，交通安全管理等。

第三条 明确各级管理人员职责范围，建立健全责任制，建立和完善各种规章制度、办法和措施，要求制度、办法、措施上墙，便于监督检查。

第四条 各施工项目经理部，要结合本单位的实际情况加强对所属职工文明安全施工教育，学习有关安全生产的方针、政策、法律、法规和规章。学习安全操作规程和规范，提高全体人员的文明施工、安全施工意识，教育到位率达到100%。

第五条 对于新进入施工现场的临时施工人员，要严格执行有关部门规定的"三证管理"，即"身份证、做工证、暂住证"，严格三级安全教育，即："入场教育、班组教育、从事本岗位工作的教育"，教育情况有登记、有教育记录，有受教育本人签字，存档备查。在进行安全教育的同时，进行遵纪守法教育，特殊作业人员必须有从事原工种工作的安全教育记录，持有效证件上岗。

第六条 施工现场驻地要有明显的标识，有安全施工、文明施工的宣传标志、标牌、警示牌。要采用多种形式开展安全生产宣传教育，推广文明安全施工的好经验、好的管理方法。

第七条 文明安全施工的控制指标。

（1）施工、机电、压力容器伤亡事故指标为"零"；

（2）交通、无重大人员伤亡事故，甲方责任指标为"零"；

（3）工伤频率指标不超 3‰；

（4）治安、保卫、发案率指标为"零"；

（5）火灾事故指标为"零"；

（6）煤气中毒、食物中毒、伤亡为"零"；

（7）环保、环卫无政府点名或新闻曝光指标为"零"；

（8）无挖损地下电缆、文物、事故、指标为"零"。

第八条 凡发生控制指标内的事故和案件的施工单位，不得参加月和阶段考核评比工作，屡次发生重大事故和某件新闻曝光等造成严重影响的单位，依据合同文件有关规定处理。

第九条 各施工项目经理部要结合单位的情况，根据控制指标内容，层层签订文明安全施工责任书，责任书签订率必须达到100%。

第十条 工程施工必须严格执行《中华人民共和国安全生产法》和《公路工程施工安全技术规程》等国家法律和行业标准，严禁违规指挥、违章作业和违反劳动纪律的"三违"现象发生。

第十一条 严格做好施工过程中的安全技术交底工作，每项必交。做到与工程技术同交底、同验收、同考核。交底资料要齐全，归档备查。

第十二条 施工现场场容管理。

（1）施工现场用地必须以管理部门批准的工程建设用地范围为准，对市容和交通安全有影响的施工现场、生活驻地要进行围挡，设有安全警示标志。

（2）施工现场大门内侧明显处应设置施工标牌，现场平面布置图和安全生产、保卫、消防、环境保护、文明施工制度板，标志牌应标明工程项目名称，建设单位，设计单位，施工单位，监理单位，项目经理和开工、竣工日期及监理电话，工程管理人员应佩戴胸牌上岗。

（3）现场及驻地搭建的临时设施应当符合安全，消防，保卫，环境保护，以及防疫和市容管理部门的规定，工程完成立即拆除，清理干净，恢复原貌。

（4）施工现场的职工、临时工的生活设施符合卫生、通风、照明等要求。冬季取暖使用炉具安装要符合规定，有专人管理，定期检查，清理灰尘，防止火灾和煤气中毒事故。

第十三条　安全生产管理。

（1）各项目经理部要加强安全生产管理，严格执行国家、市政府、业主等有关安全的规定，杜绝各类事故。施工中一旦发生事故，施工单位应采取紧急措施，进行全力抢救，把人员伤亡和事故损失降到最低，并派专人保护事故现场，及时上报项目管理办和业主有关领导。

（2）施工现场应合理布置临时用电系统，配电室必须设置围栏，配有明显的安全警示标志，施工现场用电线路、用电设施的架设、安装使用必须符合规范要求。

（3）施工现场使用的小型机电设备，电气焊等必须按规定配备有效的安全防护装置，要有安全操作规程和负责人。加强使用前检查和使用后的保管，做好防雨、防漏电工作。

（4）在有高低压线路施工的作业现场，大型机械设备和运输车辆在进入现场前要做好勘察工作，确认安全无误后方可进入，杜绝触电事故的发生。

（5）施工单位在施工时，对施工现场已探明的地上、地下各种通信设施应采取措施加以保护。施工时如发现未探明地下电缆管线、文物、古化石、爆炸物等应保护好现场，并及时向上级主管部门报告，待处理后再进行施工。

（6）施工现场所使用的各种材料和料具要加强保护和管理，使用前核实清楚，使用后有专人管理，码放整齐，场地干净，废旧材料及时清理，远离火源，做好防雨和保护工作。

（7）工作人员进入现场后必须按规定配备各种安全防护用品。防护用品不得随便移为他用，严禁违章使用。

（8）各项目经理部的主管安保工作的经理和专职人员，必须加强本项目工地的自检自查工作，做到勤检查，勤监督，发现问题及时处理，将隐患和事故苗头消灭在萌芽状态，杜绝各类事故。坚持每日填写检查记录及问题和事故隐患的处理结果。

第十四条　施工现场保卫消防管理。

（1）加强施工现场和驻地的值班巡逻，严格执行领导带班制度，遇有重大活动、节假日，领导不得擅自离开岗位，不允许请假。要建立值班记录，有值班联系人，有值班电话。值班人员要认真负责，具有及时处理突发事件的能力。

（2）要加强治安巡逻人员的管理，严格管理制度，坚守岗位，认真负责，做好防盗防抢防火等项工作。

（3）加强全员防火安全教育，提高防火意识，杜绝火灾事故。施工工地灭火器材的配备，要根据规定，配齐各种型号的灭火器材，经常检查保持灵敏有效。灭火器材的存放，要防雨防晒，有固定地点不能擅自挪为他用。

（4）施工现场和生活驻地内的用火，要执行用火证制度。用火证要有用火工作种类、用火地点、使用人、保管人。项目经理部要有用火数量统计，存档备查。

第十五条　环境保护管理

（1）施工单位要遵守有关环境保护的法律、法规、规章和规定，采取切实有效的措施控制现场的扬尘、噪声，消除固体废物、污水对环境的污染。

（2）对施工中机械设备产生的噪声要采取有效措施，坚持文明施工，做到便民、利民、不扰民。

第十六条　环境卫生管理。

（1）施工现场和生活区内的环境卫生管理工作责任要落实到人，定期进行检查及抽查，有文字记录，有整改意见，有处理结果。

（2）施工现场要整齐、干净。施工材料分类码放，废旧材料集中堆放，杂物杂草及时清理。

（3）生活区院落内要平整，办公室、会议室、宿舍要做到整齐清洁。生活垃圾集中堆放，定期运送到垃圾消纳场，严禁随意泼洒污水弃污物，做好灭蚊、灭蝇、灭鼠工作，防止疾病的传播。要建立卫生责任区制度，定期打扫清理、定期检查。

（4）食堂要严格执行卫生管理制度，炊事员必须有健康证，持证上岗。食堂用具要经常清洗，保持卫生清洁，防止食物中毒，保持身体健康。

第十七条　交通安全管理。

（1）施工单位要加强自有车辆的安全管理，加强司机的安全教育，认真遵守交通法规，减少违章，杜绝事故发生。

（2）驾驶员要有固定的学习时间，不断提高他们的安全行车意识，坚决杜绝酒后驾车和疲劳开车。要关心他们的生活，要安排好休息，解决后顾之忧，确保行车安全。

第十八条　安全文明施工资料管理。

安全文明施工的安全工作原始记录须齐全，会有记录、大会出纪要、培训学习有签到、检查有报告、事故有处理结果，安全工作必须内业资料齐全。

第十九条　安全管理与监理的安全责任。

（1）工程监理单位和监理工程师应当依据法律、法规和工程建设强制性标准实施监理，并对工程安全承担监理责任。

（2）工程监理审查施工组织设计中认真审查其中的安全技术措施或专项方案中安全措施是否到位，是否符合强制性标准。

（3）工程监理在实施监理过程中，发现安全隐患应要求施工单位整改，并向上级报告。问题严重的令停工整改，施工单位不得推迟执行。

第二十条 施工单位的安全责任

（1）施工单位主要负责人依法对本单位安全生产工作负责。

（2）施工单位应建立健全安全生产责任制度、生产教育培训制度、生产规章制度和操作规程，保证安全需资金投入，定期和不定期进行安全检查，并做好原始记录工作。

（3）施工单位应设立安全生产管理机构，配备专门安全管理人员，专门从事安全管理工作，施工管理人员应人人管理，人人负有安全责任。

（4）实行总承包的由总承包单位对施工现场安全负责。

（5）施工单位应依据国务院 393 号令和分局安全生产管理制度规定作为工作要求。

（6）监理工程师和项目管理办人员均应实行人人管生产、人人管安全机制，人人均须做好安全工作，人人负有安全责任。

（十）工程交工验收管理

第一条 为严格执行基本建设程序，保证工程质量，依据交通部颁发的《公路工程竣工验收办法》和相关规定，制定本办法。

第二条 由业主成立交工验收领导小组，负责交工验收的领导工作。

第三条 由业主及设计单位、施工单位、监理单位、监督单位、养护管理单位等部门组成交工验收组。

第四条 交工验收组应在业主验收领导小组的指导下开展工作。交工验收由业主负责组织完成。

第五条 施工单位提交交工验收申请报告

（1）施工单位应抓紧进行收尾工程，在确保基本完成合同规定的工程内容且质量符合合同规定标准，并经监理单位验收确认后，通过驻地办向总监办提出交工验收申请报告。若受客观条件限制，施工单位方无法完成合同规定的全部工程内容，但已完成合同规定的主要工程内容，且基本满足使用功能要求时，经监理工程师同意，也可以呈递交工申请报告。

（2）施工单位应填写交工验收申请单，后附交工验收申请报告。交工验收申请报告的主要内容包括：合同工程概况、施工组织情况、工程质量评价及其工程缺陷或问题、未完工程及缺陷责任期工作计划。

（3）合同工程概况：合同工程名称；起止点桩号；结构物数量；道路和桥梁的设计标准；道路结构、面积；未完工程项目名称和数量等，并填写工程交接表。

（4）施工组织情况：承建单位名称；合同工期；工程开工日期、完工日期；主要施工组织部署和施工过程描述；质量保障体系、质量控制措施、质量控制活动描述；施工过程中出现的质量问题及其处理情况；质量自检和质量评价过程描述；资料整理情况等。

（5）工程质量评价：单位分部分项工程划分及数量，单位分部分项工程质量评定等级。

分项工程合格率和优良品率；工程有无功能缺陷和质量缺陷，以及对功能缺陷和质量缺陷的解决方案等，并填写质量检验评定表和工程缺陷一览表。

（6）未完工程及缺陷责任期工作计划：详细阐明未完工程名称、部位、原因、数量以及实施计划、实施方案，并填写未完工程一览表。

第六条　监理单位组织工程初验检查

监理单位在接到施工单位提交的《交工验收申请》后，应立即进行对工程交工报告的审查和实地验收工作。对不符合合同要求的项目，下发《工程整改通知单》，要求限期整改，并结合整改结果，在《交工验收申请》上签署交工意见。

第七条　各项初验收合格后，项目管理办向质量监督部门申请核验。核验由监督部门组织进行，按《公路工程竣工验收办法》，中华人民共和国交通部第3号令关于公路工程竣（交）工验收办法执行。

第八条　项目管理办组织养护管理单位进行交工初验

项目管理办在接到监理单位提交的初验报告后，将及时约请业主和养护单位对已完工程进行全面检查，并根据检查结果发出整改通知，要求施工单位限期整改。整改达标后，项目管理办邀请设计、监理、质量监督、接管养护等单位进行初验。

第九条　业主主持召开交工验收会

在交工验收会中，交工验收小组主要工作有：

（1）听取和审议设计单位关于工程设计的情况报告。

（2）听取和审议施工单位关于工程施工情况的报告。

（3）听取和审议监理单位关于工程监理（含变更设计）情况的报告。

（4）听取质量监督部门关于工程质量检验评定情况的报告。

（5）实地察看工程实体是否符合设计要求和质量标准。

（6）检验施工单位编制的竣工文件是否齐全、合规。

（7）提出交工验收评估报告。

第十条　举行交工验收仪式，签署交工验收证书。

（十一）监理管理

1. 监理管理办法

第一条　对监理工作的管理依据是本工程的招投标文件和合同文件，交通部颁发的监理规范及国家和河北省颁布的有关法规。

第二条　对监理的基本要求是严格监理、热情服务、秉公办事、一丝不苟、诚信自律，认真执行监理守则，全方位、全过程、全天候地对工程实施监理，履行"三控、两管、一协调"的监理责任和义务。

第三条　监理单位应按施工监理招标文件的要求组建由总监办、驻地办所构成的健全的监理机构，配备足够的监理人员及设备。

第四条 依据监理合同，总监办应在接到中标通知书15日内建立健全有效的监理组织机构，并报项目管理办备案、审核。

第五条 总监办试验、检测人员能够独立进行各项试验、检测工作，并持证上岗。

第六条 监理人员进场人数及资质必须满足招标文件要求，根据工程施工重点的转移，监理部门在征得业主同意后，可在本工程内部适当调整人员工作岗位，严格履行监理合同，以保证工程始终可控。

第七条 监理单位应自业主发出中标通知书后的3天内组织首批人员进场，10日内监理人员全部进场。

第八条 自首批人员进场后的10天内制定出服务于本工程的各项规章制度及监理规划，3周内监理试验室应取得临时资质并进入正常工作状态。

第九条 监理单位自接到中标通知书后的20天内，在了解工程特点的基础上编报监理程序及监理实施细则等监理文件，经业主批准后予以实施。开工前应对监理人员进行岗位培训。随着工程进展，工作重点的转移，应分阶段对监理人员进行有针对性的培训，并作培训记录，加强职业素质和责任心教育。

第十条 总监办在接到中标通知书后10天内应组织有关人员熟悉合同文件，了解施工现场，接到设计施工图纸后5天内进行图纸会审，实施监理工作交底，认真填写图纸会审记录和监理工作交底记录，并报项目管理办备案。对图纸中的明显错误，由于未认真审核图纸而对工程造成工期、费用损失，按照造成损失折合的成本，结合监理单位承担的责任比例，承担损失额的1%—5%。

第十一条 总监办必须在工程开工前，按《公路工程质量检验评定标准》的规定指导承包人完成单位、分部、分项工程的划分工作，并于施工单位接到中标通知书后20日内把划分结果报项目管理办。

第十二条 总监办测量组在接桩后7日内负责完成所有导线点、水准点的复核工作，两周内完成原地面线测量，核准填、挖方数量。各驻地办设专业测量工程师负责检查验收道路中线、结构物的高程及平面位置等各项工作。

监理办测量组应每月对导线点、水准点定期复核，并根据现场情况适当加大复核密度，将复核结果及时通知施工单位并报项目管理办备案，由项目管理办有关人员组织抽查。对施工单位的测量工程监理未复核出错误而造成的经济损失，监理单位按责任比例承担损失额的1%—5%。

第十三条 项目管理办将采取定期、不定期检查的方式对监理所有人员履约情况进行抽查。会同监理定期检查各标承包商主要人员履约情况，并做好检查记录。

第十四条 总监办在条件初步具备时及时召开第一次工地会议，并按时下发会议纪要。

第十五条 总监办应严格、及时对承包人的施工组织设计及分项工程开工报告进行审批，重要项目施工方案需征求项目管理办意见后，再进行审批，现场监理监督按批准的方案施工。

第十六条 总监办根据项目管理办的有关要求对施工组织设计进行审批并报项目管理办备案后，在质量目标、总体施工进度计划、阶段施工进度计划、永久性工程材料、基准点复核及其他有关证明资料合规、齐备（包括设计文件正确无误）且得到批准的前提下，发布合同工程开工令。

第十七条 监理单位应根据合同文件要求，核准施工单位的总体施工进度计划、阶段计划，监督承包人按计划实施工程。

（1）在计划实施上监理单位应会同施工单位将阶段计划分解为周计划和月计划，监理批复的月计划、周计划（按工作面附有工、料、机数量配备表和形象进度图）应满足工程阶段计划的要求。

（2）监理单位应重点抓月计划的实现和周计划的落实。

（3）按时填报周、月进度统计表，通过监理日志及时反映施工单位的施工管理动态。

（4）当进度严重滞后于计划时，应分析进度滞后的原因，要及时向项目管理办反馈信息和调整月施工计划，提出保证阶段计划实施的补救措施和方案。

第十八条 不定期进行拉练检查，由总监办组织相关监理人员、各标项目经理、项目总工、项目管理办有关人员参加，对所有在施项目的进度、质量、环保、安全文明施工等各方面进行检查，应突出对重点工序、重点部位的检查。根据现场实际情况提前确定检查部位、内容。总监办做好检查记录，对提出的问题制定整改措施，并以纪要形式次日下发施工单位并报项目管理办备案。

第十九条 坚持首件验收制度，并在监理实施细则中对首件验收项目、参加人员做出详细计划。

第二十条 分项工程开工前，驻地监理工程师应加强质量预控工作，采取下发文件、会议交流、现场指导等手段，承包人制定保证措施应避免产生不合格产品及工程质量缺陷。

第二十一条 监理应按照设计图纸、质量检验评定标准、技术规范、监理程序监督承包人，通过旁站、巡视、检测、试验和整体验收等手段，全面、及时地检查和控制工程质量，在监理实施细则中应对关键工序的旁站工作做出规划。监理人员每天必须坚持工地巡视并做监理日志。监理工程师必须对日志的真实性负责。

第二十二条 监理工程师对工程的检测、检验频率应不低于规范要求的30%，重点部位要求100%工序、100%查项目和100%查频率，即全频率验收。验收后应认真填写工序质量验收记录。监理人员应建立对每一分项工程的验收台账。严格控制一次验收合格率，达到90%以上，要求监理每月对施工单位的一次验收合格率做真实统计。

第二十三条 项目管理办对监理工序验收情况、工作质量情况进行一定频率的抽检；工作质量差、抽检不合格的应对责任人进行处理；对于造成恶劣影响的提请监督部门提出通报批评。

第二十四条 监理工程师对施工过程中发现或发生的质量隐患、质量缺陷或质量问题

6 小时以内通报项目管理办，质量事故 2 小时以内通报，并及时填写质量事故报告单并按程序上报项目管理办。协助承包人分析质量事故产生的原因，提出处理方案和意见，督促承包人按批准的处理方案进行整改。

第二十五条 总监办应做好对施工单位进行阶段目标考核的基础工作。应根据考核办法和实施细则督促承包商全面落实阶段目标。加强过程控制，并通过有效手段做好相关资料的积累和整理工作。对于在工程实施过程中出现的工期滞后、质量问题等事件，总监办应及时采取相应措施，并将承包人的表现作为阶段考评的重要依据。

第二十六条 在承包人自保体系失效、质量失控、监理程序落实不利等违约情况出现时，总监办有权暂停分项工程施工并及时上报项目管理办，亦有权根据施工情况建议项目管理办暂停合同工程施工，承包人整改后总监办再签发复工令。

第二十七条 施工单位在进场一个月内，按照工程量清单规定的计算原则和计量方法，对工程量清单按分项工程进行分解和核算，及时、准确地完成清单核算成果表。

第二十八条 依据合同文件及程序要求，对承包人提交的中间计量单和月支付报审表进行认真审核，及时填写中间计量审批单、月计量汇总报审表，初签中期支付凭证，完成工程量现场确认工作后报项目管理办。

第二十九条 按程序受理工程变更及索赔事宜，经业主批准后予以实施。

第三十条 加强信息管理。按业主认可的格式、内容和期限，编制总监办的监理周报、监理月报、支付月报及其他报表，经总监理工程师审批确认后报项目管理办。

第三十一条 建立上墙图表和工作台账，并实施动态管理。如总监办在进场后 20 天内建立组织机构框图、监理机构各岗位职责、工程平面图、形象进度图、支付 S 曲线图等；驻地办建立工程平面图、关键部位平面或断面图、形象进度图、工程月进度计划实际进度统计对照表等。监理工作过程中产生的各种文件、指令、记录或资料，要认真做好收发登记和统计分析，并建立控制性台账。

第三十二条 按项目管理办资料管理实施细则，定期、不定期监督检查施工单位技术资料整理、归档工作。

第三十三条 监理工程师对承包人提出申请交工的工程以及现场清理（包括临时用地、材料场和取土场等）进行现场确认。

第三十四条 对承包人的交工申请、结算申请进行评估，组织对拟交工程的检查和初验，审核竣工结算。

第三十五条 初签交工证书报项目管理办。

第三十六条 监理设专职人员负责督促、检查、指导承包人竣工资料的整理与编制，使其达到档案部门和项目管理办的要求，符合竣工文件的标准。

第三十七条 编制监理工作方面的竣工文件。

第三十八条 监督承包人认真执行缺陷责任期工作计划，检查验收剩余工程，对已交工的工程缺陷病害应调查原因并确定其相应责任。

第三十九条 初签工程缺陷责任终止证书和初签最终支付证书，并报项目管理办。

第四十条 配合业主做好竣工验收和工程移交工作。

第四十一条 监理单位认真执行合同约定的有关强制性标准。应建立内部考核制度，加强对现场监理人员的工作考核，建立切实可行的奖惩制度，对违规的监理人员，监理行为采取措施，责令改正，对严重失职造成损失者，应予清退。

第四十二条 严禁发生由于监理单位的直接原因造成承包人出现严重背离合同的事件。

第四十三条 总监理工程师离岗两天以上、主要岗位成员离岗三天以上、其他人员离岗五天以上须在事前由总监理办公室向项目管理办书面报批。

第四十四条 项目管理办将通过日常管理、向承包商问卷方式及设立举报电话的方式，检查监理的纪律执行情况。

第四十五条 所有监理人员应对项目管理办相关管理人员的正常工作予以积极配合，如实反映情况。

第四十六条 所有进入现场监理人员应着装整齐、佩戴胸卡、安全作业、规范服务。

2. 对监理工作的履约评价

（1）监理工作履约评价原则

A.目标结合原则：履约评价以实现监理目标为原则。

B.考核结合原则：履约评价以现场考核为依据的原则。

（2）监理工作履约检查的方法

①日常巡视

项目管理办将在监理工作进行过程中，通过经常性的现场工程巡视和现场监理工作检查，掌握现场监理人员最基本的工作状况。

②现场抽查考勤

项目管理办将对总监办监理人员的到岗情况进行现场抽查，所有监理人员应在工作时间内坚守各自岗位。

③现场提问

项目管理办将就工程现场的有关问题，在工作中向监理人员随机提问，以考核监理人员对工程的了解程度和工程管理力度。

④工作抽查

项目管理办将对总监办的监理日常工作进行随机抽查和监督，以考核监理工作的规范性。

⑤工程复查

项目管理办在对总监办的日常检查、监督中，将随时对已完成的工程项目进行复查，以考核总监办对工程的验收、控制状况以及监理程序的执行情况。

⑥资料查阅

项目管理办将在总监办或施工现场随机查阅监理资料,考核监理资料的完备和及时性。

⑦报表审查

项目管理办将对总监办按要求报送的各类报表进行审查,通过此项考核,促进报表完成的及时性与准确性,从而使之更好地服务工程。

⑧跟踪检查

项目管理办对总监办的关键性工作或出现的关键性问题进行跟踪监督,借以督促总监办工作的规范性和监理工作质量控制程度。

⑨联合检查

项目管理办将在每月对总监办有关验收、计量、监理资料等方面的工作进行联合检查,以评价总监办监理工作履约情况。

（3）监理工作履约的强制性标准

1）监理工作纪律

严禁触犯国家、地方的法律、法规或条例;

严禁向承包人推荐分包商或材料供应商;

严禁收受贿赂或贵重礼品;

严禁吃拿卡要和故意刁难承包人;

严禁采用虚假计量手段,损害业主利益;

严禁工作时间擅离职守,造成严重后果;

严禁工作失职,造成严重后果;

严禁工作时间酗酒,损害监理形象;

严禁拒不执行业主指令或欺骗业主;

严禁接受承包人安排的娱乐、旅游或疗养性活动;

严禁向承包人报销各种费用;

严禁独自长期占用承包人的交通、无线通信工具等设备;

严禁泄露工程或业主的秘密,损害业主利益或名誉;

其他情节严重的违约行为。

2）施工合同管理

严禁发生由于总监办的直接或间接原因,造成承包人在质量、进度、费用、安全等方面出现严重背离合同的事件。

3）总监办履约的强制性要求

①为确保监理合同的正常实施,任何监理人员的更换必须报请业主批准。原则上,总监办的总监理工程师、主任工程师、总监助理、合约工程师在合同期间内不得更换;

②监理合同中确定的主要岗位的成员在合同期间内,经业主同意最多可调换2人次;

③监理合同中确定的其他岗位的成员,在合同期间内,经业主同意最多可调换的人次

不得超过上述岗位总人数的 20%；

④未经业主批准的人员，不得在本工程中从事监理工作；

⑤监理人员临时离岗 3 天以上，总监办必须报请业主同意，并安排资历相同的人员补充岗位。

（4）监理工作的履约考核：

（5）监理工作履约考核的实施办法：

①本考核办法以业主为考核人，总监办为被考核人。

②考核工作以月为单位进行。

③考核表中标有 * 的项目首次发生时，扣除首次规定分，二次发生则扣除整个分项的规定分。

④考核表中未标有 * 的项目，发生一次则扣除一次规定分，多次发生则重复扣分直至该分项的考核为零分。

⑤虽然分项考核的扣分不超出分项考核的规定分，但当某一分项考核不合格的情况发生多次，将影响对总监办整体考核的分数。具体反映在业主综合评价中。

⑥总监办履约考核总得分的计算方法为各分项得分的累加。

第五节　生态工程建设

生态工程是指应用生态系统中物质循环原理，结合系统工程的最优化方法，设计的分层多级利用物质的生产工艺系统，其目的是将生物群落内不同物种共生、物质与能量多级利用、环境自净和物质循环再生等原理与系统工程的优化方法相结合，达到资源多层次和循环利用的目的。如利用多层结构的森林生态系统增大吸收光能的面积、利用植物吸附和富集某些微量重金属以及利用余热繁殖水生生物等。

一、基本介绍

生态工程起源于生态学的发展与应用，有 50 年的历史。60 年代以来，全球面临的主要危机表现为人口激增、资源破坏、能源短缺、环境污染和食物供应不足，表现出不同程度的生态与环境危机。在西方的一些发达国家，表现得更加突出。现代农业一方面提高了农业生产率与产品供应量，另一方面又造成了各种各样的污染，对土壤、水体、人体健康带来了严重的危害。而在发展中国家，面临的不仅是环境资源问题，还有人口增长，资源不足并且受破坏的综合作用问题，所有这些问题都进一步孕育、催生了生态工程与技术对解决实际社会与生产中所面临的各种各样的生态危机的作用。

1962 年美国的 H.T.Odum 首先使用了生态工程（EcologicalEngineering），提出了生态

学应用的新领域：生态工程学。并把它定义为"为了控制生态系统，人类应用来自自然的能源作为辅助能对环境的控制"，管理自然就是生态工程，它是对传统工程的补充，是自然生态系统的一个侧面。80年代后，生态工程在欧洲及美国逐渐发展起来，出现了多种认识与解释，并相应提出了生态工程技术，即"在环境管理方面，根据对生态学的深入了解，花最小代价的措施对环境的损害最小的一些技术"。

中国生态工程概念的提出是由已故的生态学家、生态工程建设先驱马世骏先生在1979年首先倡导的。马世骏先生（1984）给生态工程下的定义为："生态工程是应用生态系统中物种共生与物质循环再生原理，结构与功能协调原则，结合系统分析的最优化方法，设计的促进分层多级利用物质的生产工艺系统"。

中国面临的生态危机，不单纯是环境污染，而是由于人口激增、环境与资源破坏、能源短缺、食物供应不足等共同形成的综合效应。因此中国的生态工程不但要保护环境与资源，更要以有限资源为基础生产出更多的产品，以满足人口与社会发展的需要，并力求达到生态环境效益、经济效益和社会效益的协调统一，改善与维护生态系统，促进包括废物在内的物质良性循环，最终是要获得自然—社会—经济系统的综合高效益。正因为如此，中国对生态系统的发展与生态工程的建设提出了"整体、协调、再生、良性循环"的理论。生态工程的基础形成除了以生态学原理为支柱，还吸收、渗透与综合了其他许多的应用学科，如农、林、渔、养殖、加工、经济管理、环境工程等多种学科原理、技术与经验，生态工程的目标就是在促进良性循环的前提下，充分发挥物质的生产潜力，防止环境污染，达到经济与生态效益同步发展。

二、原则

生态工程是从系统思想出发，按照生态学、经济学和工程学的原理，运用现代科学技术成果、现代管理手段和专业技术经验组装起来的，以期获得较高的经济、社会、生态效益的现代农业工程系统。建立生态工程的良好模式必须考虑如下几项原则：

（一）因地制宜

必须因地制宜，根据不同地区的实际情况来确定本地区的生态工程模式。

（二）扩大系统的物质、能量、信息的输入

由于生态系统是一个开放、非平衡的系统，在生态工程的建设中必须扩大系统的物质、能量、信息的输入，加强与外部环境的物质交换，提高生态工程的有序化，增加系统的产出与效率。

（三）密集相交叉的集约经营模式

在生态工程的建设发展中，必须实行劳动、资金、能源、技术密集相交叉的集约经营模式，达到既有高的产出，又能促进系统内各组成成分的互补、互利协调发展。生态工程

建设的目标是使人工控制的生态系统具有强大的自然再生产和社会再生产的能力。在生态效益方面要实现生态再生，使自然再生产过程中的资源更新速度大于或等于利用速度；在经济效益方面要实现经济再生，使社会经济再生产过程中的生产总收入大于或等于资产的总支出，保证系统扩大再生产的经济实力不断增强；在社会效益方面要充分满足社会的要求，使产品供应的数量和质量大于或等于社会的基本要求，通过生态工程的建设与生态工程技术的发展使得三大效益能协调增长，实现高效益持续稳定的发展。

三、基本原理

物质循环再生。理论基础：物质循环。意义：可避免环境污染及其对系统稳定性和发展的影响。

物种多样性。理论基础：生态系统的抵抗力稳定性。意义：生物多样性程度可提高系统的抵抗力稳定性，提高系统的生产力。

协调与平衡。理论基础：生物与环境的协调与平衡。意义：生物数量不超过环境承载力，可避免系统的失衡和破坏。

整体性。理论基础：社会—经济—自然复合系统。意义：统一协调各种关系，保障系统的平衡与稳定。

系统学与工程学。a.理论基础：系统的结构决定功能原理：分布式优于集中式和环式。意义：改善和优化系统的结构以改善功能。b.理论基础：系统整体性原理：整体大于部分。意义：保持系统很高的生产力。

四、构成

其结构可以分成为生态核、生态基、生态库等3个主要集合。

（1）核心圈。是人类社会，包括组织机构及管理、思想文化、科技教育和政策法令，是核心部分为生态核。

（2）内部环境圈。包括地理环境、生物环境和人工环境，是内部介质，称为生态基。常具有一定的边界和空间位置。

（3）外部环境。称为生态库，包括物质、能量和信息以及资金、人力等。

五、特点

1. 中国

中国与国外蓬勃发展的生态工程各有自己的特点，中国生态工程有独特的理论和经验，中国生态工程所研究与处理的对象，不仅是自然或人为构造的生态系统，更多的是社会—经济—自然复合生态系统，这一系统是以人的行为为主导，以自然环境为依托，以资源流动为命脉，以社会体制为经络的半人工生态系统。

2. 国外

国外的生态工程研究与处理的对象一般是按照自然生态系统来对待，如各类湖泊、草原、森林等。在自然生态系统中加入或构造原本没有的人为结构，如水利设施与土壤改良等工程。西方生态工程的研究方法的贮备与应用，特别是定量化、数学模型化及其系统组分及机制的分析方面具有自己的特色。

六、意义

模拟自然生态系统中物质能量转换原理并运用系统工程技术去分析、设计、规划和调整人工生态系统的结构要素、工艺流程、信息反馈关系及控制机构，以获得尽可能大的经济效益和生态效益。它是建立在生物工艺、物理工艺及化学工艺基础上的一门系统工艺学。

在生态系统演替过程中，有两种基本功能在起着重要作用：一是通过生物或子系统间相互协调形成的合作共存、互补互惠的共生功能；另一个是以多层营养结构为基础的物质转化、分解、富集和循环再生功能。这两种功能的强弱决定了生态系统的兴衰及其稳定性。生态系统动态过程中，通常包含复杂的物理作用、化学作用和生物作用，其中生物起着传递者、触媒乃至建造者的作用。生物在长期演化和适应过程中，不仅建立了相互依赖和制约的食物链联系，而且由于生活习性的演化形成了明确的分工，分级利用自然提供各种资源。正是由于这种原因，有限的空间内才能养育如此众多的生物种类，并可保持相对稳定状态和物质的持续利用。把自然生态系统中这种高经济效能的结构原理应用到人工生态系统中，设计和改造工农业生产工艺结构，促进系统组分间的再生和共生关系，疏通物质能量流通渠道，开拓资源利用的深度及广度，减少对外部"源"和"汇"的依赖性以及促进环境和经济持续稳定发展是生态工程的基本目标。近年来，我国城乡建设中出现了各种不同类型的生态工程雏形，如：

1. 物质能量的多层利用工程

模拟不同种类生物群落的共生关系，包含分级利用和各取所需的生物结构，如利用秸秆生产食用菌和蚯蚓生态工程设计。秸秆经过糖化过程制成家畜喜食的饲料，再用家畜排泄物及残渣来培养食用菌；生产食用菌后的残余菌床又可用以繁殖蚯蚓，或与无毒有机废物及生活污水混合以生产沼气；最后把利用后的残物返回农田，这样就可以分级地充分利用其中的能量。这种分级利用的工艺不但可生产食用菌和蚯蚓及沼气，还可以充分发挥秸秆的肥效。

2. 桑基鱼塘的水陆交互补偿工程

桑基鱼塘（或蔗基鱼塘）是中国广东农家行之有效的多目标生产措施。桑树通过光合作用生成有机物质桑叶，桑叶饲蚕，生产出蚕蛹及蚕丝（加工工艺中的物质转化），桑树的脱落物蚕沙施用到鱼塘，经过鱼塘内另一食物链过程，转化为鱼。鱼的排泄物及其未被利用的有机物沉积于塘底，经底栖生物分解后可成为桑树的肥料，返回桑基。这种交互补偿水陆物质的方式，广泛适用于低湿地区。

3. 工业城市废物再生利用工程

工厂排出的余热，燃料释放的二氧化碳、二氧化硫和氮氧化物以及某些加工工业废液中的重金属，是广泛存在的污染环境的污染物。回收和净化此类物质，是城市建设及工业建设必须重视的社会问题。利用工厂余热（包括气热及水热）作为冬季住房的热源的方法，已在许多城市实行。如能根据热系数，在工厂附近建造不同温梯度的温室，便可利用余热培植各种作物；作物的一部分制成饲料，饲养禽畜；禽畜排泄物施于农田或园林。而环境中林木还可吸收工厂燃料所产生的二氧化碳以及其他一些在空中悬浮的废物。这种兼顾生产和环境保护的工艺，当做到基本不排污时，称为无污染工艺；若干这种工艺所构成的工程体系，称为无污染工程。另外，不少陆生和水生生物可以吸附或者自身富集某些微量金属物质，因而可以用作回收某种微量元素的活性介质。

4. 区域污水多功能的自净系统

在结构复杂的自然生态系统中，往往同时在进行物质的富集与扩散、合成与分解、颉颃与加成等多种调控过程。在正常情况下，自然生态系统内部不易出现由于某种物质过度积累而造成死亡的情况，这是由于系统内具备自己解毒的机制（微生物）和解毒工艺过程（物理的、化学的作用过程）。即使由于某种物质积累破坏了系统原来的结构，也会出现适应新情况的生物更新。模拟这种复杂功能的工艺体系是今后解决和防止工业污染以及实现废水资源化的有效途径，是系统生态原理在环境保护中的应用，这种生态工程包括相互交错的食物链及三个方向的物质流与能流以及不同性质的输入与输出。

5. 多功能的农工商联合生产体系

把生态系统通过一定的网络结构和自调节功能而实现物质循环和生物生生不息的原理，应用到以农产品为原料的加工工业中，使农工业产品（包括副产品）在农工商发展中相互补偿原料，以保持该地区稳定的生产体系，减少废物，防止污染，并改善农村生态环境。农工商联合生产体结构模式应包括农、林、牧、副、渔业等一定范围的居民点设施；农、林、牧、渔、副业等的产品数量和加工工业的范围应与当地人口及计划产值保持相应的比例。此类型的农工商联合生产有机体系可作为现代化农村建设的模式之一。

七、评价

由于农业生态系统是一个复合生态系统，生态工程必须具备多个方面的功能和效益，这里就有一个如何对生态工程进行综合评价的问题。对生态工程进行综合评价对于生态工程的规划与设计有着十分重要的意义，综合评价能使规划更加合理化并有利于不同生态工程的横向比较。

1. 生态工程的评价指标

针对不同类型的生态工程有许多不同的评价指标，这些指标的形状不一，不同的指标之间很难进行直接的比较。生态工程的评价指标构成评价指标体系，指标体系一般分为三层：第一层为综合效益，第二层为经济效益、生态效益、社会效益，第三层为各种具体指标。

2. 生态工程评价的方法

生态工程评价的方法有多种，如经验评估法、单项指标评价法、综合分级评分法、多指标综合评价法，每一种方法都有各自的缺点和优点。有些方法简单易行，但主观性较大；有些方法较为严密，但计算时较为复杂。用得较为普遍的为层次分析法。

第三章　公路工程建设

第一节　公路基本建设程序和公路设计

一、公路基本建设程序

按照当前法律、法规和规章规定，一个公路建设项目一般需要工程可行性研究报告、城镇发展规划审查、水土保持方案论证、环境影响评价、用地预审、压覆重要矿产资源评估、地质灾害危险性评估、文物调查、防洪影响评价、地震安全性评价；通航安全影响论证；通航标准和技术要求审查；跨河方案审查、跨越铁路方案审查；勘察设计招标，初步设计审查，征用林地报批、征用草原报批、征用土地报批，施工图设计审查、施工和监理招标，办理质量监督手续，施工许可，重大和较大变更审批，交工验收，环保、水保、档案等专项验收（收费站、服务区等房建工程还要进行消防验收），决算审计，竣工验收，项目后评价等 27 个报批环节。个别环节在改建的小型公路工程中不涉及。

（一）工程可行性研究报告

项目工程可行性研究报告一般由交通运输主管部门根据公路发展规划和近期建设计划，委托具有工程咨询资质的单位编制。工程可行性研究报告主要论证项目建设的必要性，工程方案可行性、经济评价，通过论证后，确定工程建设标准、规模和投资估算。待报告中的路线方案初步确定后，工程咨询单位要提供路线具体走向和方案，由建设单位委托有资格的单位编制水土保持方案、环境影响评价报告、用地预审报告、压覆矿产资源评估报告、地质灾害评估报告、洪水影响评价报告、地震安全性评价报告、跨河方案、涉航方案和跨越铁路方案，开展文物调查。这些专项研究工作一般要同步开展，相互交叉，互为印证。当其中某一专项研究报告论证后需要调整工程方案时，必须及时告知其他专项研究报告的编制单位。为保证各专项研究报告与工程可行性研究报告方案一致，且衔接紧密，建议在委托工程咨询单位编制工程可行性研究报告时，可明确由可研报告编制单位负责牵头委托完成各专项研究报告的编制和论证，相关费用也一并商定。这里要强调的是：各专项研究报告的论证结论是报批工程可行研究报告的前置条件，必须引起高度重视，提前委托开展相关工作。

目前，国省道中的新建、改建、扩建工程，工程可行性研究报告一般报省交通运输厅，审查后，出具意见报省发改委审批。国家高速公路网中的项目，省发改委和交通运输部出具审查意见后，由国家发改委审批。必须提交的批复文件有：环评批复、用地预审批复、银行贷款承诺、行业审查意见、咨询机构评审意见等。

（二）城镇发展规划意见

公路路线经过城镇时，工可报告编制单位要书面征求城镇规划部门的意见，结合城镇发展规划确定路线合理走向。

（三）水土保持方案论证

2010 年 12 月新修订，2011 年 3 月 1 日实施的《水土保持法》第二十五条规定：在山区、丘陵区、风沙区以及水土保持规划确定的容易发生水土流失的其他区域开办可能造成水土流失的生产建设项目，生产建设单位应当编制水土保持方案，报县级以上人民政府水行政主管部门审批，并按照经批准的水土保持方案，采取水土流失预防和治理措施。没有能力编制水土保持方案的，应当委托具备相应技术条件的机构编制。

目前一般按项目立项的权限划分水土保持方案的审批权限，即国家立项的建设项目，由水利部审批，省发改委和省直部门批准的项目由省水利厅审批，其他项目由市、县水利局审批。

（四）环境影响评价

《环境保护法》第十三条规定：建设项目的环境影响报告书，必须对建设项目产生的污染和对环境的影响做出评价，规定防治措施，经项目主管部门预审并依照规定的程序报环境保护行政主管部门批准。环境影响报告书经批准后，计划部门方可批准建设项目设计书。

第十六条规定：国家根据建设项目对环境的影响程度，对建设项目的环境影响评价实行分类管理。建设单位应当按照下列规定组织编制环境影响报告书、环境影响报告表或者填报环境影响登记表（以下统称环境影响评价文件）：（一）可能造成重大环境影响的，应当编制环境影响报告书，对产生的环境影响进行全面评价；（二）可能造成轻度环境影响的，应当编制环境影响报告表，对产生的环境影响进行分析或者专项评价；（三）对环境影响很小、不需要进行环境影响评价的，应当填报环境影响登记表。

环保部 2008 年 10 月 1 日实施的《建设项目环境保护分类管理名录》中规定：三级以上等级公路、1000 米以上的独立隧道、桥长度 1000 米以上的独立桥梁等要编制环境影响报告书；三级以下等级公路，涉及环境敏感区的要编制环境影响报告表；其他公路工程要填写环境影响登记表。

第二十条规定：环境影响评价文件中的环境影响报告书或者环境影响报告表，应当由具有相应环境影响评价资质的机构编制。

第二十二条规定：建设项目的环境影响评价文件，由建设单位按照国务院的规定报有审批权的环境保护行政主管部门审批；建设项目有行业主管部门的，其环境影响报告书或者环境影响报告表应当经行业主管部门预审后，报有审批权的环境保护行政主管部门审批。目前一般按项目立项的权限划分环境影响评价文件的审批权限，即国家立项的建设项目，由环保部审批，省发改委和省直部门批准的项目由省环保厅审批，其他项目由市、县环保局审批。

同时，《水污染防治法》、《大气污染防治法》、《固体废物污染环境防治法》、《环境噪声污染防治法》、《海洋环境保护法》等都对环境影响评价做出了相应规定。

（五）用地预审

《建设项目用地预审管理办法》（国土资源部令2008年第42号）第四条规定了审批权限——建设项目用地实行分级预审，即由有审批、核准、备案权限的政府机关的同级国土资源管理部门预审。

对预审的实施阶段，第五条规定：需审批的建设项目在可行性研究阶段，由建设用地单位提出预审申请；需核准的建设项目在项目申请报告核准前，由建设单位提出用地预审申请；需备案的建设项目在办理备案手续后，由建设单位提出用地预审申请。

对预审的有效期，第十五条规定：建设项目用地预审文件有效期为两年，自批准之日起计算。已经预审的项目，如需对土地用途、建设项目选址等进行重大调整的，应当重新申请预审。

（六）压覆重要矿产资源评估

1997年1月1日起施行的《矿产资源法》第三十三条在建设铁路、工厂、水库、输油管道、输电线路和各种大型建筑物或者建筑群之前，建设单位必须向所在省、自治区、直辖市地质矿产主管部门了解拟建工程所在地区的矿产资源分布和开采情况。非经国务院授权的部门批准，不得压覆重要矿床。

2010年国土资源部《关于进一步做好建设项目压覆重要矿产资源审批管理工作的通知》中明确提出：重要矿产资源是指《矿产资源开采登记管理办法》附录所列34个矿种和省级国土资源行政主管部门确定的本行政区优势矿产、紧缺矿产。炼焦用煤、富铁矿、铬铁矿、富铜矿、钨、锡、锑、稀土、钼、铌钽、钾盐、金刚石矿产资源储量规模在中型以上的矿区原则上不得压覆，但国务院批准的或国务院组成部门按照国家产业政策批准的国家重大建设项目除外。

《通知》规定，建设项目压覆重要矿产资源由省级以上国土资源行政主管部门审批。压覆石油、天然气、放射性矿产，或压覆《矿产资源开采登记管理办法》附录所列矿种（石油、天然气、放射性矿产除外）累计查明资源储量数量达大型矿区规模以上的，或矿区查明资源储量规模达到大型并且压覆占1/3以上的，由国土资源部负责审批。

（七）地质灾害危险性评估

2004 年 3 月 1 日实施的国务院《地质灾害防治条例》第二十一条规定：在地质灾害易发区内进行工程建设应当在可行性研究阶段进行地质灾害危险性评估，并将评估结果作为可行性研究报告的组成部分；可行性研究报告未包含地质灾害危险性评估结果的，不得批准其可行性研究报告。（地质灾害易发区在各级政府公布的"地质灾害防治规划"中明确标注）

（八）文物调查

（九）洪水影响评价

《防洪法》第二十七条规定：建设跨河、穿河、穿堤、临河的桥梁、码头道路、渡口、管道、缆线、取水、排水等工程设施，应当符合防洪标准、岸线规划、航运要求和其他技术要求，不得危害堤防安全、影响河势稳定、妨碍行洪畅通；其可行性研究报告按照国家规定的基本建设程序报请批准前，其中的工程建设方案应当经有关水行政主管部门根据前述防洪要求审查同意。

前款工程设施需要占用河道、湖泊管理范围内土地，跨越河道、湖泊空间或者穿越河床的，建设单位应当经有关水行政主管部门对该工程设施建设的位置和界限审查批准后，方可依法办理开工手续；安排施工时，应当按照水行政主管部门审查批准的位置和界限进行。

第三十三条规定：在洪泛区、蓄滞洪区内建设非防洪建设项目，应当就洪水对建设项目可能产生的影响和建设项目对防洪可能产生的影响做出评价，编制洪水影响评价报告，提出防御措施。建设项目可行性研究报告按照国家规定的基本建设程序报请批准时，应当附具有关水行政主管部门审查批准的洪水影响评价报告。

在蓄滞洪区内建设的油田、铁路、公路、矿山、电厂、电信设施和管道，其洪水影响评价报告应当包括建设单位自行安排的防洪避洪方案。建设项目投入生产或者使用时，其防洪工程设施应当经行政主管部门验收。

（十）地震安全性评价

《防震减灾法》第十七条规定：新建、扩建、改建建设工程，必须达到抗震设防要求。

本条第三款规定以外的建设工程，必须按照国家颁布的地震烈度区划图或者地震动参数区划图规定的抗震设防要求，进行抗震设防。

重大建设工程和可能发生严重次生灾害的建设工程，必须进行地震安全性评价；并根据地震安全性评价的结果，确定抗震设防要求，进行抗震设防。

本法所称重大建设工程，是指对社会有重大价值或者有重大影响的工程。

本法所称可能发生严重次生灾害的建设工程，是指受地震破坏后可能引发水灾、火灾、爆炸、剧毒或者强腐蚀性物质大量泄漏和其他严重次生灾害的建设工程，包括水库大坝、堤防和贮油、贮气、贮存易燃易爆、剧毒或者强腐蚀性物质的设施以及其他可能发生严重次生灾害的建设工程。

（十一）通航安全影响论证

《中华人民共和国海事局水上水下活动通航安全影响论证与评估管理办法》

（十二）通航标准和技术要求审查

国务院《航道管理条例》

（十三）与铁路交叉的要进行跨越铁路方案审查

《铁路法》

（十四）勘察设计招标

一是时间安排问题。原则上应在工程可行性研究报告批复后，开展勘察设计招标工作，但目前因前期周期较短，交通运输部文件规定可在工可研上报审批部门后开展。

二是高度重视招标文件的内容审定。要注意双方责任和义务的划分，特别约定完成时限、质量要求和违约责任（即合同条款）。各项目可考虑委托勘察设计单位完成各阶段的验收和报批（包括评审时相关费用）。要注意对投标人资质要求和合同阶段划分，以及评标方法。

三是一定要依法进行。时间安排、评标专家抽取、评标地方、评标监督，择优选择，勘察设计是源头，好队伍是提高项目服务水平、降低投资的关键。勘察设计拟不招标的，一定在上报工可研报告时一并提出申请。

（十五）初步设计审批

初步设计主要是研究论证工程技术方案。原则上省发改委立项的项目由省交通运输厅审批初步设计。对技术复杂项目实行"双院制"审查，其他项目实行专家评审制。

（十六）征用林地报批

注意三方面：

一是在调查组卷时，要注意请森工林地和地方林地，森工林地由省森工总局森林资源局组织审查并报国家林业局审核同意，地方林地按征地数量分别由国家林业局、省林业厅和市县林业局审核同意。

二是部分林地的属性与国土部门认定结果有偏差，由于征地数量中的林地数量必须小于或等于林业部门核准的征用林地数量。为保证土地顺利组卷报批，在林地调查报告结束未正式上报前，一定要请土地勘测调查单位予以审核，确保两者一致。

三是公路及两侧的行道树占地一般都已纳入建设用地，在报批用地时不要再重复勘测报批。特别是行道树，只需按路树更新履行林木砍伐审批程序即可。

（十七）征用草原报批

《草原法》规定，征用草原审批在地方草原行政管理部门，也就是省畜牧兽医局和市县相应机构。

（十八）征用土地报批

一是建设项目原则上应纳入土地利用总体规划，否则国土资源部门不予受理用地申请，所以各位局长要高度重视区域路网建设规划工作。

二是尽量采用施工图设计征用土地，避免出现二次征地。

（十九）施工图设计审批

施工图设计主要是解决施工工艺和施工组织设计。

（二十）施工、监理和其他服务商招标

第二个专题要进行详细讲解，这里就不多说了。

（二十一）办理质量监督手续

按交通运输部相关规定，国省道建设项目要到省公路工程质量监督站或其委托的市级公路工程质量监督站办理。

（二十二）施工许可

部《公路建设市场管理办法》中规定了施工许可的办理程序和条件要求。原则上部批初步设计的项目，施工许可由其审批，省厅批初步设计的项目，由省厅审批施工许可。主要条件是建设资金已落实，征地拆迁已基本完成，施工图设计已批复，施工、监理招标已结束，质量监督手续已办理等。

（二十三）交工验收

《公路工程竣（交）工验收办法》（交通部令 2004 年第 3 号）和《公路工程竣（交）工验收办法实施细则》（交公路发〔2010〕65 号）规定，交工验收由建设单位组织，设计、施工、监理和接养单位参加。注意：交工验收应依据施工图设计、招标文件、投标文件逐标段进行，特别是路基、路面分开招标的项目，路基完工后，路面施工单位也应参加对应标段路基的交工验收工作。

交工验收的前提条件是施工单位已完成全部合同约定内容，工程质量自检合格，临时用地已恢复并经当地国土资源部门验收合格，标段施工总结已完成，内业资料和档案已按规定整理完毕。目前看，为减轻施工企业资金压力，交工验收合格后，签发交工验收证书，按合同约定退还该标段履约保函，也可考虑退还 50% 的质量保证金。

各标段均通过交工验收后，建设单位应报请质量监督机构进行工程质量检验，并出具检验意见。同时，针对各标段的交工验收情况，编写项目交工验收报告，连同质量检验意见一并报交通主管部门核备，申请通车试运营。

项目通车试运营前，必须明确接收管养单位，做好项目和固定资产移交，避免公路无人管养。

（二十四）环保、水保、档案等专项验收（收费站、服务区等房建工程还要进行消防专项验收）

《建设项目竣工环境保护验收管理办法》

《水保法》第二十七条规定：依法应当编制水土保持方案的生产建设项目中的水土保持设施，应当与主体工程同时设计、同时施工、同时投产使用；生产建设项目竣工验收，应当验收水土保持设施；水土保持设施未经验收或者验收不合格的，生产建设项目不得投产使用。

（二十五）决算审计

国家和省发改委批准立项的，一般由省审计厅或其委托地方审计部门、审计事务所审计，审计结论需由审计厅认定。

（二十六）竣工验收

缺陷责任期满后，建设单位应申请质量监督部门进行质量鉴定，鉴定合格和优良的工程，可向初步设计审批部门申请竣工验收。具体要求和条件，《公路工程竣（交）工验收办法》（交通部令 2004 年第 3 号）和《公路工程竣（交）工验收办法实施细则》中都做出了明确规定。

竣工验收是大多数建设项目最后的一道程序。通过竣工验收的项目可以正式交付使用。

（二十七）项目后评价

项目建成投产多年以后，由交通运输主管部门委托咨询单位针对工程可行性研究报告的结论，开展项目后评价工作。

二、公路设计

（一）路线设计

1. 平曲线半径的取用。平曲线半径的取用，最重要的是考虑曲线附近的运行速度及其前后衔接的线性指标的均衡性及连续性，并非越大越好。

2. 同向圆曲线间直线段长度的问题。在老路改造工程中，过分强调 6v 的最小直线长度将浪费大段老路，造成新的拆迁量，使工程量和工程造价大幅提高。

3. 市政道路的纵断面设计不能仅考虑造价。暴雨考验着城市的排水系统，近期全国出现的强降雨使很多城市的道路积水严重，有些城市的排水系统不能起到应有的作用，而且有些城市的道路在水位较高的季节会出现雨水倒灌现象，原因之一是道路纵断面设计偏低。

4. 老路改造中的平纵组合。条件受限时，尤其是在老路改造中对工程造价影响很大时，不应片面强调"平包纵"。道路平面线性应与地形、地质、水文等条件结合，并符合各级道路的技术标准。应处理好直线与平曲线的衔接，尽量采用大的曲线半径，用圆曲线代替缓和曲线的设置，尽量不设置超高、加宽。道路纵断面设计标高主要根据现有道路标高、两侧建成区地坪标高、现状自然地面及地下水位标高、城市防洪标高、桥梁控制标高、相交道路及铁路标高、立交等控制性标高来确定。横断面设计以规划为依据，经过该市规划建设局主要职能科室的论证，并结合道路实际确定了横断面设计方案。道路规划红线宽40m。横断面机动车道横坡为 2.0%，非机动车道、人行道横坡为 1.5%。

5. 路线设计改进建议。平曲线半径超过 8km，则与长直线类似，容易使驾驶员产生单调感和疲劳感，一般平曲线长度宜控制在 1～3km。同向圆曲线间直线段长度取值建议：①可以将大于不设超高的缓和曲线长度归入直线段考虑。②降低 6v 要求，最小可至 3v（实践检验可取）。市政道路由于其特殊性应更多地考虑当地的实际情况，特别是防洪、排水问题，不应为减少造价而降低纵断面设计的标准。车辆在城市中行驶时，往往达不到道路的设计速度。因此，当道路条件受到限制必须设置超高时，横向力系数 μ 的取值不超过 0.15 即可。老路改造应尽量以拟合老路为原则，条件受限时可以不"平包纵"。

（二）路基路面的设计

1. 路基拼接。目前为保证新老路面拼接质量的技术措施主要有挖台阶、提高新填土压实度标准、铺设土工格栅等。但是在河塘路段，特别是在软土地基路段不均匀沉降设计处理不到位的地方，经常出现纵向裂缝。

2. 水泥稳定碎石层设计。水泥稳定碎石作为路面基层，较容易出现的问题就是水泥稳定碎石基层的开裂。水泥稳定碎石基层的开裂经常会反射到沥青路面，若这些裂缝不能及时处理就很容易导致路面被破坏。

3. 桥头跳车。桥头跳车是普遍存在的问题，其形成原因很复杂，影响因素也很多，但桥头跳车的直接原因是桥台与路堤的沉降差异。处理桥头跳车常用的方法主要有：加强地基（软基）处理、提高压实度、设置大尺寸搭板、设置过渡路面结构等。本文同时建议设计时可以加强搭板处路面结构和路基顶层的处理。

4. 路基路面设计。当存在路基拼宽情况时，建议从以下方面考虑：①根据理论计算和近几年道路实际使用情况分析，要控制道路拼接问题的出现需要控制新老路两侧的差异沉降，建议原有路基与拓宽路基的路拱横坡度的工后沉降增加值不应该大于 0.5%。②采用间接拼接方式，新老路基平面不分离，纵断面分离的路基拓宽设计，将拼宽路基沉降标准放宽，按照新建路基处理。既降低了填土高度，减少新征用地，又降低了软土地基处理费用。③土工格栅在路基拼接中应用时，为了保护铺设在路基顶面以下 20cm 处铺设的格栅，设计时应该提出合理的施工注意事项，在压实路基时不能使用路拌机进行现场拌和，只能另找场地拌和后再运来摊铺压实。

（三）基于视力障碍人群的道路设计

1. 盲道存在的问题

在实际中，由于盲道设计不规范、管理不到位等原因导致盲道不能达到预期的效果，主要存在以下问题：

（1）行进盲道与圆点形提示盲道均不能明确地提示方向，导致盲人不能辨别方向而出现走错道路的现象。

（2）圆点提示盲道虽然表明此处道路发生变化，但不能提示盲道环境所发生的变化，而且不能辨明医院、银行、购物点等与生活密切的场所方位。

（3）提示盲道路砖缺乏针对性。提示盲道缺乏对盲道的起点、终点和转变处，以及地铁入口、人行横道入口和汽车站等提示作用的设计内容。

（4）市政道路两端、大型建筑物、居民点等出入口，或在市政道路平面交叉处，由于开口的宽度很大，且盲道中断，使盲人无法判别和进入下一段盲道。

（5）盲人无法清晰判断与行进方向垂直的人行横道，从而不能安全地通过交叉口。设计时，应本着实用、安全和人性化的设计原则着重优化盲道系统，使盲道点、线连成一个盲道网络，做到盲道的区域内贯通和区域外连续。

（6）人行道的无障碍步道体系建设缺乏全局观念，不系统、不健全，盲道上存在电线杆、井盖等障碍物，且面临建筑物和到达街坊社区出入口等处，突然出现中断的现象。

（7）很多盲道的人行道未设置缘石坡道或缘石坡道设计不合理，过陡过急或提示不清楚现象时有发生。

2. 盲道设计方案

（1）盲道北向砖。盲道北向砖可以设计在较长的行进盲道中的某一位置，用以指示地理方向。盲道北向砖由设置在外侧的轮廓砖和设置在内侧的圆形砖组成。盲道北向砖与现有盲道路砖应呈现明显的触感特征上的区别。当盲人经过盲道踏上盲道指北砖时，应能明确地通过足感辨明方向，从而可避免走错道路。

（2）方位定位砖。在方形路砖面设计上，采用徐高的方式，制出一端低另一端高的搓板样棱条，用箭头棱条指明方位。方位定位砖采用与行进盲道相垂直的横向棱条，用不同的棱条数目对应不同的商场、公交车站、医院、公共厕所等的方位。盲人可通过踩着方位定位砖辨明其指向，轻松到达上述与生活密切相关的场所。

（3）导盲路牌。在盲道两侧、交叉口处等合适的位置，设计分别用汉字和盲文指示的导盲路牌。导盲路牌的设计高度应以距地面约 1.3m、方便盲人触摸为宜；导盲路牌设计距离应采用与盲道两端相距 0.6～1.0m 的方式，设计时注意盲文信息清晰、简洁并具备较强的凹凸感。

（4）盲道砖的组合。将盲道北向砖、方位定位砖、导盲路牌等进行科学合理和更加人性化的组合，用以告知盲人全部的环境信息，是市政道路无障碍设计追求的方向。

（四）基于肢体障碍人群的道路设计

1. 坡道存在的问题

（1）过街天桥、地下通道未设置坡道或坡道的坡度过大。

（2）未考虑残疾人过街的特殊要求，对交通信号设置混乱，缺乏为盲人服务的语音提示设置等。

2. 坡道的优化

过街天桥和地下通道应采用平缓坡道和梯道相结合的设计形式，既可使乘坐轮椅的老年人或残疾人等安全方便地通过，又可在另一侧设置快速通行梯道，方便急于上班、上学、办事的人们。坡道包括行进坡道和缘石坡道：行进坡道指有一定坡度的人行道，设计时应满足行进坡道宽度与人行道等宽、坡度与道路坡度相当的，方便乘轮椅者在内的不同的人群需求；应根据缘石坡道位置、高差变化进行缘石坡道设计，并尽可能与人行道等宽。

第二节　高速公路建设

一、前期工作

1. 可行性研究报告审批。项目业主负责项目的前期工作。工可编制由其委托具有甲级工程咨询资质的单位完成，并负责上报审批。"678网"内属于国家高速公路"7918网"内的项目（以下简称"国高项目"），由省区发改委、交通运输厅分别报交通运输部、国家发改委审查，由国家发改委审批。"678网"内的其他高速公路项目（以下简称"地高项目"），按照《省人民政府办公厅关于进一步加强固定资产投资项目前期工作的通知》规定，由项目业主依据批准的规划，分别向城乡规划、国土资源和环境保护等部门申请办理规划选址、用地预审和环评审批等手续。完成相关手续后，报省区发改委批复项目可行性研究报告，省交通运输厅负责项目的行业审查。

2. 可行性研究报告审批前，项目业主还应组织完成下列工作：

（1）项目涉及通航河流（含规划中的通航河流）的临河、跨河、拦河等建筑，应及时与航道管理部门联系，进行相关论证，并取得许可。

（2）项目涉及风景名胜区、水源保护区、自然保护区、森林公园、地质公园等环境敏感目标的，需向相应的行业主管部门办理许可手续。

（3）项目建设资金需落实，资本金由项目业主承诺，银行贷款要取得商业银行的贷款承诺文件。

3. 从项目工可审查开始，应听取管养单位的意见，确保管养设施、收费设施等的合理设置，避免建设过程中的变更，甚至投入运营后再来改造。

4. 项目的其他前期工作，如水保评估、地质灾害评估、压矿调查、林地手续、文物调查等，应同步开展工作。

二、项目法人组建

1. 项目法人的组建要严格按照交通运输部《公路建设项目法人资格标准（试行）》（交公路发〔2001〕583号）执行。作为高速公路的项目业主，必须达到该标准的甲级公路建设项目法人资格标准。

2. 项目法人组建后，应按该资格标准的要求履行相关机构成立的审批程序，并配备相应的管理机构和人员，落实建设资金，在初步设计批准前报省交通厅审查。申报资料应包括以下材料：

①《公路建设项目法人资格申报表》（格式见附件1）；

②法人单位成立的批文，法定代表人的任职文件；

③工程可行性研究报告的批文；

④企业法人营业执照或事业单位法人证书；

⑤建设资金来源情况说明；

⑥项目负责人及技术、财务、安全负责人的职称证书；

⑦项目负责人及技术负责人以往的工程项目管理工作业绩及证明材料。

以上②～⑦项材料作为申报表的附件装订成册，证照、批文、业绩材料等可采用复印件，证照应提供完整信息（有正、副本的以副本为准）。项目法人在工可批复前组建的，第③项申报材料不作要求。

申报材料一式三份，审查后厅留存一份，返回申报单位一份，省高项目抄送省发改委一份，国高项目上报交通运输部一份。

3. 需要采取代建方式进行项目管理的，按照厅《贵州省公路建设项目代建管理指导意见》执行，代建单位应通过招标方式选择。

4. 项目法人组建后，应按照交通运输部要求填写《工程质量责任登记表》，其他从业单位在签订工程合同前填写。具体操作按厅《关于贯彻落实交通运输部〈关于严格落实公路工程质量责任制的若干意见〉的通知》执行。

三、勘察设计招标

1. 公路建设项目工程可行性研究报告批复后可进行勘察设计招标。按照交通运输部的规定，在加快公路建设的形势下，确定需要在工程可行性研究报告上报待批阶段开展前期工作的，亦可进行勘察设计的招标。

2. 招标可由项目法人自行组织，按照国家发改委（原国家计委，以下不再区分）《工程建设项目自行招标试行办法》(委令 2000 年第 5 号)要求进行核准; 若项目法人尚未组建,应委托甲级资质的招标代理机构组织招标。

3. 招标方式原则上应采取公开招标, 招标公告要按照国家发改委《招标公告发布暂行办法》(委令 2000 年第 4 号)及《国家计委关于指定发布依法必须招标项目招标公告的媒介的通知》(计政策〔2000〕868 号)有关规定执行, 不能仅在省内媒体上发布。因项目特殊, 符合交通运输部《公路工程勘察设计招标投标管理办法》(部令 2001 年第 6 号)第十二条规定的, 可以采取邀请招标, 但省高项目须事先报省政府批准, 国高项目须报国家发改委批准。

4. 招标文件出售前(含招标公告)应报厅审批, 实行资格预审的, 资格预审结果亦应报厅审批, 国高项目由厅进一步报交通运输部核备。未经审批的招标文件不得出售。评标专家由业主单位在厅有关部门监督下从交通运输部专家库中抽取, 按厅《关于转发交通运输部〈关于进一步加强公路工程施工招标评标管理工作的通知〉的通知》规定执行, 招投标过程由省监察厅驻交通厅监察室和交通厅基本建设管理处进行监督指导, 并派员进行现场监督。评标结果在厅网站公示, 并由项目法人向厅党委汇报招标情况。省高项目评标报告报厅核备, 国高项目评标报告由厅转报交通运输部核备。地质地形条件好、技术难度不高的项目亦可采取邀请专家的方式进行审查。

5. 为提高招标效率, 勘察监理、咨询审查单位可与设计单位一同招标。但对于省高项目, 初步设计由厅审批, 咨询单位原则上同时作为代厅审查单位, 由厅在咨询单位备选库中根据项目的特点研究推荐, 报厅党委审查确定。

四、初步设计

1. 勘察设计过程中的阶段性审查、验收工作由项目法人组织。重大审查、验收应邀请厅相关部门(基本建设管理处、综合计划处)或省交通建设工程质量监督站、省交通建设工程造价管理站(以下分别简称“省质监站”和“省造价站”)参加。

2. 设计文件应按照交通运输部《公路工程基本建设项目设计文件编制办法》(交公路发〔2007〕358 号)、《公路工程基本建设项目概算预算编制办法》(JTGB06-2007)及省造价站《关于执行〈贵州省公路工程基本建设项目概、预算编制补充规定〉的通知》编制。

3. 设计文件编制完成后由项目法人报厅。文件上报时, 上报公文和设计文件的总册递交至厅。上报文中应对项目的基本情况(项目性质、勘察设计招标、路线控制点、技术标准、工程规模、主要工程数量、概算等)进行简明的说明。厅进行形式审查和政策性审查后, 若符合要求, 对于省高项目, 即委托代厅审查单位和省造价站进行审查, 完整的设计文件及有关材料由项目法人单位直接报代厅审查单位和省造价站; 对于国高项目, 由厅组织相关单位进行预审查。若形式审查和政策性审查不符合要求, 则及时反馈补正要求。

4. 厅审查完成后, 对于省高项目, 由厅进行批复; 对于国高项目, 形成预审查意见后由厅行文上报交通运输部审批, 完整的设计文件及有关材料由项目法人单位直接报代部审查单位。

五、工程施工、监理等招标

1.工程施工、监理（含总监理工程师办公室）、试验检测机构、大宗材料供应等从业单位均应通过公开招标选择。招标工作在初步设计上报后即可开展资格预审等招标前期工作，但招标文件原则上应在初步设计批复后才能出售。

2.除招标文件和资格预审结果的审批方式变为核备外，其余要求原则上与勘察设计招标相同。原则上，对总监理工程师办公室、路基工程和特大桥隧的施工和驻地监理招标，厅监察室和基本建设管理处应派员对评标进行监督。对监理招标，招标人还可进一步邀请省质监站进行评标现场的监督。厅党委将听取项目法人单位上述项目招标情况的汇报。

3.招标工作中，要充分利用省的交通建设从业单位信用评价结果，在评标办法中制订相关的奖惩条款，选择信用好的单位。

4.因招标失败而重新招标的项目要认真分析招标失败的原因，有针对性地修改招标文件，尽力避免重新招标再次失败的情况。重新招标时，若招标文件未作修改可不再报备；若两次招标失败，按规定可不再招标，可采用竞争性谈判方式邀请若干从业单位进行谈判。项目法人对此必须要有相关的议事规则，坚持公开透明，防止暗箱操作，要形成有关的会议记录（纪要），杜绝个人或少数人说了算。竞争性谈判实施前，项目法人应将招标失败的情况及原因分析、竞争性谈判的方案、拟邀请的谈判单位等以文字报告的方式报厅核备，国高项目由厅进一步报交通运输部核备。

六、施工图设计

1.施工图设计审查、验收等工作由项目法人组织，重大审查、验收应邀请厅相关部门（基本建设管理处、综合计划处）或省质监站、省造价站及管养单位参加。

2.施工图设计审查完成后，对于国高项目，由项目法人报厅审批，并由厅报交通运输部核备；对于省高项目，由项目法人报厅（设计文件直接报代厅审查单位及省造价站），厅委托咨询单位及省造价站进行审查后审批。

七、施工许可

1.项目施工前，项目法人要完成施工图设计的审查报批手续，按规定到省质监站办理公路工程质量监督手续，取得国土资源部门对用地的批复，基本完成征地拆迁工作，落实建设资金，并经交通主管部门审计。同时，要按照《省人民政府办公厅转发省劳动保障厅省建设厅关于建立和实行贵州省建筑业企业务工人员工资支付保障金制度意见的通知》要求，督促中标企业预交务工人员工资支付保障金。

2.完成上述工作后，项目法人应按照交通运输部《关于实施公路建设项目施工许可工作的通知》及省交通厅要求，填写《施工许可申请书》连同申请材料一起报厅，省高项目由厅审批，国高项目由厅审查后转报交通运输部审批。申请书一式三份，申请材料作为附件另行装订成册（国高项目一式二份，省高项目一份）。申请材料至少包括以下内容：

①施工图设计文件批复；

②交通主管部门对建设资金落实情况的审计意见；

③国土资源部门关于征地的批复或者控制性用地的批复；

④各合同段的施工单位和监理单位名单、合同价情况；

⑤应当报备的资格预审报告、招标文件和评标报告（实施过程中已报备过的仅需报送上报公文即可）；

⑥已办理的质量监督手续材料；

⑦保证工程质量和安全措施的材料；

⑧预交务工人员工资支付保障金证明材料。

3.涉及水上、水下施工的作业，应及时与海事部门联系，办理必要的施工作业许可手续。

八、设计变更

1.经过审批的设计文件原则上不得变更，因特殊原因或抢险需要确需变更的，需履行审批手续。

2.设计变更按变更规模或金额分为一般变更、较大变更和重大变更，具体标准按交通运输部《公路工程设计变更管理办法》（部令 2005 年第 5 号）执行。一般变更由项目法人审批，较大变更由厅审批（国高项目进一步报交通运输部备案），重大变更由厅审批（省高项目）或由厅转报交通运输部审批。

3.设计变更提出后应先由项目法人进行审查核实，必要时可组织专家论证，确需变更的可提出申请，一般变更向项目法人申请，较大变更和重大变更应由项目法人向厅申请。申请程序按厅《关于规范公路工程设计变更申请程序的通知》执行。对于一般变更，若变更工程规模接近较大变更，或存在向较大变更转变的趋势，应按较大变更进行申请。严禁以肢解工程缩小变更规模的方式规避审批。

4.变更申请得到批准后才能开展后续设计工作。设计完成后由项目法人组织审查，按管理权限审批后实施。抢险性质的变更可边实施边申请边报批。

九、交工验收

1.公路工程各合同段按合同约定的工程内容完成后，由项目法人组织进行交工验收。交工验收前，对工程质量，施工单位的自检和监理单位的评定都必须达到合格，质量监督机构或具有相应检测资质的检测机构应出具检测意见。

2.交工验收按照交通运输部《公路工程竣（交）工验收办法》（部令 2004 年第 3 号）的要求执行。由项目法人组织监理单位按《公路工程质量检验评定标准》的要求对各合同段的工程质量进行评定。验收完成后由项目法人按交通运输部《关于贯彻执行公路工程竣

（交）工验收办法有关事宜的通知》（交公路发〔2004〕446号）规定的格式完成项目交工验收报告报厅核备，经厅审查无异议后可开放交通进入试运营期。

3.在开放交通收取车辆通行费前，项目业主单位必须向省人民政府办理收费站设置、收费年限、收费标准等有关审批手续。

十、竣工验收

1.项目经2～3年的试运营，经项目法人申请，由厅组织进行竣工验收，但超过100公里的国高项目由交通运输部组织进行竣工验收。

2.竣工验收前，应完成以下工作：

①交工验收提出的工程质量缺陷等遗留问题已处理完毕，并经项目法人验收合格；

②工程决算已编制完成，竣工决算已经审计，并经厅或厅授权单位的认定；

③竣工文件已按交通部规定的内容完成；

④对需进行档案、消防、环保等单项验收的项目，已经有关部门验收合格；

⑤质量监督机构已对工程质量检测鉴定合格，并形成工程质量鉴定报告。

3.竣工验收后，由厅印发《公路工程竣工验收鉴定书》（超过100公里的国高项目由交通运输部印发）。

第三节　中小城市公路网建设

城市道路网即城市范围内由不同功能、等级、区位的道路，以一定的密度和适当的形式组成的网络结构。

城市道路网特点：功能多样，组成复杂。行人、非机动车交通量大、道路交叉口多、沿路两侧建筑物密集、景观艺术要求高、政策性强、影响因素多。

功能：道路网作为城市中不可缺少的组成部分，它的功能不止只有交通一项，还有以下几个功能：

（1）交通运输的功能；（2）空间的功能；（3）结构的功能；（4）防灾的功能。

一、分类

按照道路在城市道路网中地位、交通功能以及对沿线建筑物的服务功能，城市道路分为四类：

（1）快速路设计年限20年

（2）主干路设计年限20年

（3）次干路设计年限15年

（4）支路设计年限 10-15 年

二、等级结构

城市道路网必须有合理的等级结构，以保证城市道路交通流从低一级道路向高一级道路有序汇集，并由高一级道路向低一级道路的疏散。

为了使道路网各等级发挥各自的功能，道路网结构等级应该遵循远近分离、通达分离、快慢分离、容量调控、道路功能划分的五项基本原则。

通达分离原则—穿越与到达交通的需求

快速分离原则—不同交通方式的需求

容量控制原则—减少低效运行的需求

道路功能划分原则—减少公共空间功能与交通功能冲突

道路网等级结构在道路网规划建设中应给与高度的重视，逐步改变目前城市中存在的普遍的不合理道路网等级结构。一般大城市快速干道、主干道、次干道、支路的里程比例可采用 1：2：4：8，中等城市主干道、次干道、支路的里程比例可采用 1：2：4，小城市干道和支路里程比例可采用 1：2。

三、空间布局形式及影响因素

城市道路网的布局模式，是指道路网系统的平面几何图形，它是随着城市大发展，为满足城市的交通、土地利用及其建筑风格等要求而形成的。国内外常用的道路网结构可归纳为方格式、环形放射式、自由式和混合式四种基本方式。城市道路网是城市的骨架，路网结构决定了城市的布局。

（一）常用的道路网布局形式

（1）方格网式呈方格棋盘形状，是最常见的一种形式，即每隔一定的距离设置接近平行的干道，在干道之间再布置次要道路，将用地分为大小合适的街坊。其优点是街坊形状最简单，便于建筑布置，所有交叉口都是由两条道路相交而成，不会造成市中心交通压力过重。但对角线方向交通不便，为了便利方格网对角线方向交通，可加设对角线方向的干道，道路网形成了不规则的棋盘式道路，如洛阳、福州等城市。

（2）环形放射式一般由旧城中心区逐渐向外发展，由旧城中心向四周引出放射干道的放射式道路网演变而来。由于放射式道路网有利于市中心对外联系，加上了环道便克服了各分区之间联系不便的缺点，形成环形放射式道路网。一般认为这种形式对于大城市和特大城市在组织交通上比较适宜。例如国成都市即由 8 条放射路和 2 条环道所组成。国外的大城市如巴黎、莫斯科、伦敦、柏林、东京的道路网都采用此种形式。

（3）自由式以结合地形为主，路线弯曲无一定几何图形。国内许多山丘城市，地形起伏大，道路选线时为减小纵坡，常沿山麓或河岸布线，形成自由式道路网，如重庆、青岛、南宁、九江等城市，优点是能充分结合自然地形，节省道路工程造价；缺点是非直线系数大，不规则街坊多，建筑用地较分散。

（4）混合式为上述三种形式的组合，若规划合理，能发扬上述各式的优点，又避免了它们的缺点，是一种扬长避短较合理的形式。目前国内大多数大城市，如北京、上海、南京、西安等，均保留原旧城的方格网式，减少市中心的交通压力又加设了环路及放射路，形成方格网，环形和放射形相结合的混合式道路网系统。

（二）影响城市道路网布局的因素

仅仅从每种道路网的布局的特点出发是难以决定其优劣与取舍的，规划中应尊重已经形成的道路网格局，考虑原有道路网的改造和发展，从城市自然地理条件、城市规模、城市布局形态、对外交通设施等方面确定城市道路网的布局，不应简单固定模式。道路网空间布局形式的确定是一个定性分析与定量分析相结合的过程。

四、主要内容

（1）疏解城市中心区人口；

（2）利用城市近郊区发展多中心城市结构；

（3）沿城市主要发展轴和城市交通轴建设卫星新城；

（4）建设发展区域性交通运输系统；

（5）合理利用资源保护自然环境。

五、规划原则、步骤和要求

1. 道路网规划原则：

（1）满足组织城市用地的布局；

（2）满足城市交通运输；

（3）满足城市的环境要求；

（4）满足各种工程管线的布置。

2. 道路网规划具体步骤

（1）确定控制点；

（2）客货运量的分配；

（3）确定交通系统的方案；

（4）确定道路功能分类；

（5）制定路网规划的指标；

（6）重点道路的技术问题；

（7）绘制道路网规划的总平面图。

3. 道路网规划要求：

（1）道路具有生长性；

（2）实现快慢交通分流，提高路网通达性；

（3）防止干路网上出现集束交通的"蜂腰"；

（4）交叉口通行能力要与路段通行能力相匹配；

（5）重视对原有城市道路和公路的协调和改造；

（6）土地开发强度与道路网容量相适应；

（7）客货运交通分流；

（8）符合城镇抗震救灾的要求。

4. 城市道路网规划指标的确定道路网密度、道路面积宽度、人均道路总面积、非直线系数。

道路网密度＝道路中心线总长度／城市用地总面积

道路面积密度＝城市道路总面积／城市用地总面积

人均道路总面积＝道路用地总面积／城市总人口

非直线系数＝道路起终点实际长度／道路起终点空间长度

城市道路网规划的指标体系兼顾了道路网的质与量，具有代表意义，对规划具有指导作用。同时，指标定量化计算所需要的基础数据在规划阶段便于获取，具有可操作性。

第四节　农村公路建设与资金筹集

农村公路是公路路网重要组成部分，是路网的基础。同国省干线公路相比，农村公路同群众利益更加贴近。管好农村公路，特别是管好农村公路工程建设，不仅是一项建设任务，更是体现党的群众路线、改善党群关系的政治任务。

农村公路建设是指县道，乡道和村道公路的新建和改建工程，由于受地形、地质等自然条件和农村经济条件的限制，其技术标准无法达到等级公路的技术标准。因此，交通部、省交通厅及市交通局根据实际情况专门对农村公路建设技术标准进行了调查，即对技术要求进行了降低。

一、农村公路建设

（一）路基工程

（1）路基宽度：单车道路基宽度不小于 4.5m（村道），双车道路基宽度不小于 6.5m（乡道），村道工程特别艰巨地段报交通局同意后路基宽度可采用 3.5m。

（2）错车道：村道建设中单车道路基必须设置错车道，错车道长度不小于 10m，错车道处路基宽度不小于 6.5m，可结合地形（哪个设得起就在那儿设），交通大小（交通量大的错车道设密一些，小的设稀一些），通视条件的（双方来车能否及时反应）综合考虑设置。

（3）水沟：水沟按"五五八"（即沟底 50cm 宽，沟高 50cm，沟顶高 80cm）土水沟。

（4）涵洞：分两类：一类分为排水涵洞，根据地形和路基排水状态设置；一类为灌溉涵洞，充分考虑农田灌溉需要设置。因为水泥砼施工完成后无法再增设，涵洞要在规划设计时充分考虑并设置齐全。

（5）防护工程：针对路基不稳，路基宽度不够等地段，可考虑采用挡土墙（即堡坎）、护坡等防护措施，防护工程顶宽应不小于 60cm，背坡按 1/4 放坡。

（二）路面工程

（1）总体要求：路面结构必须有基层和面层，并具有良好的稳定性和足够的强度。

（2）村道通达工程修建泥结碎石路面，同时必须设置基层，基层可采用片拳石基层，基层厚度不得低于 15cm，泥结碎石面层厚度不得低于 8cm；通乡公路和村道通畅工程可选择修建水泥砼路面或沥青表处路面，同时必须设底基层和基层，底基层可采用片拳石结构，厚度不得低于 15cm，基层可采用二灰碎石结构，厚度不得低于 10cm，水泥砼面层厚度不得低于 20cm，沥青表处面层厚度不得低于 2cm。有重载车辆通行的乡村道路建设结构层必须报交通局审定同意。

（3）路面横坡：路面横坡统一采用 2%，路肩横坡统一采用 4% 的横坡。

（三）路线

最小曲线半径不小于 10 米，最大纵坡不大于 11%。

（四）农村公路建设质量管理关键环节

质量是农村公路的生命，容不得半点马虎。虽然公路施工现场的工序繁多，质量管理难于面面俱到，但只要能够认真控制好关键部位的施工，对容易出现质量缺陷和质量事故的环节进行重点管理和控制，严把几个关口，就能最大限度避免质量问题的出现。

1. 严把原材料关。材料质量是工程质量的基础，原材料质量好，工程质量才会有保证。因此，要对外购的水泥、砂石等原材料严格把关，水泥必须有出厂证明和产品质量检测报告，片碎石尽量采用石灰石，如自然条件限制必须采用砂岩的一定要经实验检测其强度合格方可使用。不合格的材料不准进入工地，已经进场的要坚决清除出去，彻底消除原材料的质量隐患。

2. 严把配合比关。配合比就是施工时间单位体积的集料中各种材料所占的比重（一般采用重量比），例如拌和一罐混凝土需要多少水泥、多少碎石、多少砂的重量之比。

严格按照配合比施工是保证路面质量的关键，因此：（1）在铺筑基层和水泥混凝土面层前，必须把配合比明确公布在拌和机旁，让所有的施工人员都清楚；（2）必须按规定的配合比进行配料。以水泥砼施工为例，砼搅拌前采用磅秤准确称量各组成材料，并在斗车上做好标记，每次装料按照标记装料并将表面铲平。（3）监督人员必须到位，每个施工时段必须严格称重，并随时监督上料情况。

3. 严把工序关。好的工程质量是通过一道道过硬的工序逐渐形成的。严把工序关，就是要求我们的工程监督管理人员加强对每道工序的控制和验收，及时发现问题并予以排除，对不合格的工序，施工单位必须及时进行缺陷修补或返工。比如路基压实不够、涵洞未设置好的不允许进行路面底层、基层施工，路面底层、基层不合格的不允许施工面层等。

4. 严把工艺关。工艺，就是直接加工和改造劳动对象的技术和方法。工艺控制好了，就可以从根本上减少废品和次品，提高质量的稳定性。有些项目的水泥砼路面强度之所以出现不合格现象，就是这些施工单位不懂或不重视施工工艺而造成的。针对农村公路建设中最重要也最容易出质量问题的路面施工工艺，本次将作专门讲述。

5. 注意把好以下几个关键点

（1）路基工程。重点是突出一个"实"字。新路基填方必须全幅分层填，分层碾压密实，确保路基压实度和压实均匀。路基补强必须将原路基浮土、淤泥挖彻底，并全部清除出路基外，然后用片石或其他合格的材料填筑，并碾压密实。

（2）路面工程。重点是突出一个"严"字。严格把好进场材料质量关，严格按照施工配合比进行配料，严格按照施工工艺进行施工，严格按照养生的要求进行养生。基层、底基层施工时必须保证计量准确（坚持每个施工时段用磅秤称好，并在斗车上划好刻度）、拌和均匀（拌和料颜色一致无花白），保证厚度（松铺系数 1.3，即设计是 10cm，在铺筑时铺 13cm，压实后才能保证设计厚度），并使其达到最大密实度；基层完工后应及时养生（7 天），控制交通。路面面层施工关键是把住砼配合比，砼搅拌与浇注、养生（28 天）、模板架立、切缝时间等。

（3）桥涵等构造物工程。重点是突出一个"美"字，要做到内实外美。结构尺寸正确，浆砌块（由混凝土、粉煤灰等制作的实心或空心块体，按尺寸分为小型砌块、中型砌块和大型砌块）合格，内部砂浆饱满，表面简单加工。从最近几年的农村公路建设实例来看，许多砌体工程表面不加工，致使造型极为难看，严重影响建设效果。其实在砌体浆砌时只要做到两点即可大大改观：一是砌体（由砖、石块或砌块等块体与砂浆或其他胶结料砌筑而成的结构材料）表面按"一丁一顺"或"一丁两顺"选配好石料；二是对砌体表面进行简单的"钉包"处理。

（五）泥结碎石面层施工工艺

泥结碎石面层为村道通达工程的路面面层，要求厚度 8cm。施工工艺常用灌浆（利用灌浆压力或浆液自重，经过钻孔将浆液压到岩石，沙砾石层，混凝土或土体裂隙，接缝或空洞内，以改善地基水文地质和工程地质条件提高建筑物整体性的工程措施）法，其一般工序为：

①准备工作；②摊铺碎石；⑧预碾碎石；④灌浆；⑤带浆碾压；⑥最终碾压。

1. 准备工作。包括：1）基层坚固牢实，并已通过验收；2）排水设施已全部安装施工到位并已通过验收；3）做好边线中线的放线；4）按照碎石用量布置好料堆；5）拌泥浆，泥浆取土要求尽量少杂质，泥浆（钻进中用于固壁、按一定比例的黏土和水配制的混合物）一般按水与土为 0.8：1～1：1 的体积比配制，具体在施工时根据土质的干湿进行调整，避免过稠、过稀或不均匀。

2. 碎石摊铺和初碾压，使碎石初步嵌挤稳定为止。过多碾压将堵塞碎石缝隙，妨碍泥浆灌入。摊铺碎石时采用松铺系数 1.20~1.30。摊铺力求表面平整，并具有规定的路拱。初压，用压路机碾压 3~4 遍，使碎石稳定就位即可。碾压时由两侧路肩向路中线碾压，每次重叠 1/3 轮宽。碾压完第一遍就应再次找平。初压完时，表面应平整，并具有规定的路拱和纵坡。

3. 灌浆及带浆碾压。若碎石过干，可先洒水润湿，以利泥浆一次灌透。泥浆浇灌到一定面积后，即可撒 5~15mm 嵌缝料（约 1～1.5 立方米/100 平方米），然后用压路机进行带浆碾压，使泥浆能充分灌满碎石缝隙。

4. 最终碾压，待表面已干内泥浆半湿状态时，就进行最终碾压，一般碾压 1～2 遍后撒铺一薄层 3～5 毫米石屑并扫匀，然后进行碾压，使碎石缝隙内泥浆能翻到表面上与所撒石屑黏结成整体。

（六）水泥砼面层施工工艺

水泥砼面层为乡道和村道通畅工程常用路面面层，其施工厚度要求不低于 20cm。农村公路水泥砼常用施工方法---小型机具摊铺和振实法。

1. 总体施工工序

（1）备料和混合料配合比；（2）测量放样；（3）基层检验和整修；（4）支立模板。模板分为：钢模板，竹胶板，木模版，塑胶板。

（1）拌和设备投入混凝土生产前，应按经批准的混凝土施工配合比进行最佳投料顺序和拌和时间的试验。

（2）混凝土拌和必须按照试验部门签发并经审核的混凝土配料单进行配料，严禁擅自更改。

（3）混凝土组成材料的配料量均以重量计。称量的允许误差不应超过规定。

（4）每台机器开始拌和前，应检查拌和机叶片的磨损情况。在混凝土拌和过程中，应定时检测骨料含水量，必要时应加密测量。

（5）混凝土掺合料在现场宜用干掺法，且应保证拌和均匀。

（6）外加剂溶液中的水量，应在拌和用水量中扣除。

（7）拌和后进行二次筛分后的粗骨料，其超、逊径应控制在要求范围内。

（8）混凝土表面整修、拉纹。

（9）接缝施工。

（10）养生。

（11）拆模。

（12）填封接缝。

（七）施工准备阶段

1. 材料准备和性能检验：

（1）根据施工进度安排，在施工前分批做好所需材料（水泥、砂、碎石料（可应用于工程建筑的岩石）等）；应该在接近拌和机进料处分堆堆放砂和石料。成批进货的水泥应贮藏在附近的仓库内，每天使用的可就近放置在拌和机附近的平台上，但必须有防雨防潮设施。

（2）对进场的砂和石料应抽查含泥量、级配（以不均匀系数ＣＵ和曲率系数ＣＣ来评价构成土的颗粒粒径分布曲线形态的一种概念）、有害物质含量、坚固性（砂在气候、环境变化或其他物理因素作用下抵抗破裂的能力）。含泥量超标的，应在使用前一、二天冲洗或过筛至合格，其他指标不符要求的，应另选料或采取补救措施。

（3）水泥：应该具有出厂质量报告；受潮结块的禁止使用。

2. 安设模板：

（1）基层验收合格后才能安设模板；在安设模板和钢筋前，先放好路中心线和边缘线。

（2）安设模板：建议采用钢模，长度一半在3米，接头处应有牢固拼装配件。模板高度应与混凝土板厚相同，模板两侧用铁钎打入基层固定；模板顶面与混凝土板顶面齐平，底面与基层顶面紧贴，局部低洼处应事先用水泥砂浆铺平并充分夯实；模板安装好后在内侧面均匀涂刷一层沥青或油，以便脱模和保护模板。

（八）混凝土拌和、运输、摊铺、振捣

1. 拌和：要求采用强制式拌和机进行拌和，其搅拌时间短，效率高，操纵系统灵活，卸料干净。搅拌前应采用磅秤准确称量各组成材料，并在斗车上做好标记，每次装料按照标记装料并将表面铲平。

2. 运输：运输过程中要防止污染和离析。由拌和到开始浇筑的时间应尽可能短，否则应使用缓凝剂。

3. 摊铺：

（1）检查模板位置、高度等是否符合要求；检查钢筋安设是否准确和牢固。

（2）混凝土混合料由运输车直接卸在基层上，卸料时，混合料尽可能卸成几个小堆，发现有离析现象，应用铁锹翻拌均匀。

（3）摊铺时应用"扣锹"方法，严禁使用"挂耙"施工，严禁抛掷，防止离析，在

模板附近摊铺时，应用铁锹插捣几下，使灰浆捣出，以免产生蜂窝。

4. 振捣：

（1）摊铺好的混凝土混合料应迅速使用平板振捣器和插入式振捣器均匀的振捣。平板振捣器宜采用 2.2kW 的平板振捣器；插入式振捣器选用频率 6000 次/分钟以上的。

（2）振捣时应先用插入式振捣器在模板边缘角隅处或者全面顺序振捣一次；同一位置不得少于 20 秒；移动间距不宜大于其作用半径的 1.5 倍；至模板的距离不应大于其作用半径的 0.5 倍，并应避免碰撞模板和钢筋。

（3）然后使用平板振捣器全面振捣。振捣时应重叠 10—20cm；同一位置振捣时，振捣时间不宜少于 15 秒，以不再冒气泡并泛出水泥浆为准。

（4）全面振捣后，使用振动梁进一步拖拉振实并初步整平。振动梁往返拖拉 2—3 遍，使表面泛浆，并赶出气泡。振动梁移动的速度应缓慢而均匀，前进速度以每分钟 1.2—1.5 米为宜。对不平之处，应及时以人工挖填补平，补填应用较细的混合料，但严禁使用纯砂浆填补。振捣梁行进时，不得中途停留。牵引绳不可过短，以减少振动梁底部的倾斜，底面要保持平直，当弯曲超过 2mm 时应调直或更换，下班或不用时，应清洗干净放在平整处，不要暴晒或雨淋。

（5）最后用平直的滚杠进一步滚揉表面，使表面进一步提浆并调匀。如发现混凝土表面与模板仍有较大的高差，应重新挖填或找平，重新振滚平整。

（6）挂线检查平整度。

（九）表面修正、拉纹和养生

1. 表面整修：采用大木抹多次抹面至表面无泌水为止。

2. 拉纹：表面整修完毕后即可进行拉纹，拉纹必须使用拉纹器，严禁使用扫帚扫。拉纹时须靠侧木顺拉以保证纹路顺直，临近两次拉纹间距 5cm。

3. 养生：混凝土表面修整、拉纹完毕后应立即进行养生，使混凝土板在开放交通前具备足够的硬度和强度。养生期间，须防止混凝土的水分蒸发和风干，以免产生收缩裂缝；须采取措施减小温度变化，以免混凝土板产生过大的温度应力；须管制交通，以防止人畜和车辆等损害表面。一般在表面泌水现象消失后，用稻草、湿草袋等覆盖在板表面，每天洒水至少 2-3 次，养生时间不低于 28 天。模板在浇筑混凝土 60 小时后可以拆除，如果没有交通车辆直接在上行驶，则当气温高于 10 摄氏度时，可缩短到 20 小时后拆除；温度低于 10 摄氏度时，可缩短到 36 小时后拆除。

二、资金筹集方式

（一）政府投资

国家和地方政府投资是农村公路建设资金筹集的重要来源。一方面，应争取国家专项资金，另一方面，可将公路建设同农村经济发展、国道及省道改造、防洪抗旱、扶贫解困等国家关心的重大议题联系起来，通过各级党委政府的努力，最大限度地争取国家财政补助。此外，作为农村公路建设的责任主体，县级政府应坚持统筹规划，将农村公路建设划入财政预算，加大县政资金投入力度，以保障建设工程的顺利实施。而对于公路沿线的土地增值以及服务业收入也应按比例划拨出来一部分用在农村公路建设中。

（二）民间融资

民间融资的范围较广，主要包括以下几个方面：

其一，民营企业及个人的投资。农村公路建设具有点多、线长、面广等特点，资金缺口较大。为使公路建设顺利进行，需要引入民间资本以充实资金库。在市场经济环境下，要将资金筹集与预期效益相关联，并建立补偿机制以吸引民间资本。比如，为保障公路建设投资者的收益，可适当给予政策优惠，进行政策扶持。地方税务部门可依据公路投资主体在经营期内的实际情况减免相应的税收，以使投资者获取一定收益。此外，政府部门还可将公路两边的土地划拨一部分出来，允许投资者开发利用，如经营加油站、餐饮店等，以作为工程投资的补偿。

其二，农民集资、以工替资，这是农民参与乡村公路建设的最主要的筹资方式，对国农村公路建设贡献极大。

其三，通过公路建设彩票的发行，筹集民间资金。农村公路建设是一项利民、惠民工程，而发行有关农村公路项目的彩票，既能募集资金，也能避免因向银行贷款而支付利息之压力，是一种良好的筹资方法。

其四，利用好农村公路沿线资源，如电线杆、指示牌、宣传栏、候车亭等设施，通过拍卖广告位获取广告资金，以用于农村公路建设。

最后，通过设立相关捐赠渠道，接受慈善机构、企事业单位及个人的捐款，从而获取一定的农村公路建设专项资金。

（三）加强农村公路建设资金管理的有效措施

1. 加强项目资金的财务管理

农村公路建设项目是按阶段进行的，每一阶段的财务管理都很重要。主要包括：（1）加强项目筹集资金的管理，以确保项目实施阶段资金到位；（2）加强项目招投标的管理，即对参与竞标的企业进行全面的财务分析及评价，以确认竞标企业的财务实力，保证项目的按时、按质完成；（3）加强工程项目的价款结算管理，确认结算凭证的合法与真实有效，以防止虚报、冒领等情况发生。

2. 完善内部控制制度

应结合工程建设的特点和实际情况，制定切实可行的内部管控制度。其一，要健全规章制度，明确责任分工。要制定全面的计划管理、资金管理、招投标管理、审计监督管理等制度，实现各岗位人员分工明确，责任到人，做到互相监督与牵制，以制度来规范项目建设，实现农村公路建设的顺利开展。其二，要完善内部的监督及检查机制，加强督查。各监察及审计部门应加强对工程项目的资金情况、施工进度、建设质量等方面的监管，防患于未然，促进工程项目的顺利进行。

3. 加强监管，确保资金专项专用

资金的有效利用是确保农村公路建设顺利进行的关键，因此，建设单位应建立资金运行机制，合理统筹安排资金的使用，加强对资金使用的管控。一方面，应做到专款专用，严格控制资金的流向，将建设资金用于已批准的农村公路建设项目，避免资金的挤占、挪用。另一方面，要落实责任制，将资金监管责任落实到人。建设单位的责任人应明确本单位各部门的分工，按职能安排责任到人，使各部门各司其职、共同监督，对专项建设资金实行全面监管。此外，还应确保农村公路建设资金按照成本效益原则进行监管，以提高资金的使用效益。

4. 提高财会人员职业素养

会计工作人员的职业素养对于农村公路建设资金的管理与使用关系重大。因此，要对会计人员加强教育，以提高其整体素质。一方面应加强对会计从业人员的职业道德教育，提高其职业道德水平，另一方面要加强对会计人员的专业培训，提升其业务能力。

第五节　山区旅游公路景观建设

一、交通量测算方式与路线标准确定

旅游公路以客车为主，交通量呈现季节性、间隙式状态分布，节假日为高峰期，平时较少。为此，年增长率要结合其贯穿景点的旅游业发展趋势和在路网中所处的地位来确定，全年不均匀系数要经过多次调查研究后确定，随后预测交通量，推荐路线选择标准和计算路面结构。而对于横断面设计，建议以预测年限内高峰期平均日通过车辆不造成堵塞为原则，因此，可选择宽路基、低等级设计指标。

二、公路线形要适应环境

1. 平面线形设计

山区旅游公路平面线形要讲究连续、顺适、安全、舒适，并与地形、地物相适应，与周围环境相协调，不必一味追求高标准、曲直比。有条件时可将平曲线半径加大，但要与两头直线比例均衡；特殊困难地段，也可以结合安全警示标志、防护措施和管理手段，随

着山势采用不小于 20 米的平曲线半径自然展线，但应避免连续急弯线形或突变线形，保证行车和会车视线良好。一般道路提坡展线要因地制宜，有条件时，尽可能利用阳坡，避免冬季路面积雪积冰；也可以采取在景点集中的对面山坡上设置停车点、观景点或者回旋展线提坡和多次设置回头曲线等措施，诱导乘客的视线。

2. 纵断面设计

山区旅游公路最大纵坡和坡长限制可根据所通过的主要车型分段进行技术经济论证；山前平坦地段可按交通量需求取上限进行设计；山中路段设计在进行技术经济论证和环境安全评价后，可采用竖曲线极限半径（长度），也可采用极限坡长。纵坡应具有相当的平顺性，在满足竖曲线指标要求的前提下起伏不宜过于频繁，避免乘客频繁出现超重、失重以及偏心现象，以保证舒适感和安全感。因此，在笔者多年的地方旅游公路设计中，最大纵坡宜控制在 8% 以内，坡长宜控制在 100 米以上，回头弯处纵坡严格按照部颁标准执行。

3. 横断面设计

山区旅游公路横断面设计建议以预测年限内高峰期平均日交通量不出现堵塞为原则。开阔地道路设计一般以整体断面形式出现；地形受到限制时，可采用上下行分开或悬臂半边桥等设计方式，以减少山坡开挖量，避免破坏山体自然生态环境和减少因此而引起的地质灾害。道路在狭谷中通过时，整个断面可采用半填半挖的形式通过，尽量保证原始生态。因此，根据景点的知名度、沿线地质和地形、路线在整个交通网络中的功能定位等因素，横断面设计中路基宽度可采用 6.5 米、7.5 米和 8.5 米。

三、建筑物、构造物的设计要与现有景观相协调

1. 桥梁与涵洞设计

桥梁与涵洞特别是大型桥梁，弯道上、对面道路上等乘客可视的桥涵建筑物设计是道路景观的重要内容。包括以下几点。

（1）结构的选型设计要具有多样化和多变性，充分与自然地形条件相匹配，但不能矫揉造作。

（2）桥梁布置、结构总体布局和细部的处理以及桥梁主体的色彩要与周围环境相协调。

（3）桥梁上、下部结构、人行天桥、跨线桥以及过水渡槽的设计要充分考虑美学效果：下部结构要给人以力量感，但不笨重；上部结构的轮廓线条要明快，能融入地方民族特色的应尽量考虑，桥型简捷大方，结构轻巧不烦闷，不压抑，并与周围景观成比例。

2. 隧道洞门设计

以往隧道洞门一般都设计为高大的建筑作为醒目标志，但随着近年来环保意识的增强，鉴于保护洞口周围坡面植物和减少洞口开挖量，又提出了洞口无洞门墙的自然进入式设计。

本人认为，这两种方式各有利弊：有醒目洞门墙建筑时，可以提高驾驶员和乘客的注意力，消除疲劳，达到思维转换的目的，但洞口开挖量增大，对原地貌破坏严重，山体地质灾害隐患加大，用于洞口建设的费用也相应增加；无洞门墙时，车辆进入隧道前不易引起驾驶员和乘客的注意，但有利于环保，洞口坡面滑坡、坍塌等病害可能减少，洞口建设、防护费用也相应降低。因此，建议在实际操作时，一定要根据实际情况认真进行技术经济论证和环境评价后再确定取舍。

3. 防护与排水设计

公路边坡、挡土墙、边沟、截水沟等人工构造物随乘客的视线而不断移动，在山区，它们往往贯穿于整条公路的始末，为此，对其进行艺术化处理，会给沿途旅行者带来快感。故应注意以下几点：

（1）在乘客视线内的挡土墙、护面墙等表面积较大的构造物，应因地制宜、就地取材，利用山区沿线丰富的地方材料进行砌筑，砌筑表面要讲究艺术性，明暗结合，采用分段选择多样式，如大卵石斜砌、人字花砌、片石花砌、荏砌、块石平砌等措施；在勾缝时采取平、凸、凹等样式，并运用白水泥勾凸缝和凹缝墨线描绘等做法，来诱导乘客视线，增加新鲜感，放松心情。

（2）截水沟设计时，顶面应略低于地面线，宽度开挖以不破坏生态环境为宜。

（3）边沟设计随路基高度和两侧地面线而定，一般内侧顶与路面边缘同高，外侧与原地面相接，保证进水畅通，且不破坏自然地形。当边沟与路堑边坡相接时，可将边沟外侧修筑成高出路面顶50cm的矮墙，设置碎落平台植草，这样在驾驶员和乘客的视觉上会产生层次感，也保证了车辆行驶的安全。矮墙也不必要砌筑成一个模式，应按不同段落做成半拱形、坏状和菱形等形状，以增强节奏和韵律感，并便于排水。

4. 诱导标志的设计

山区旅游公路的显著特点是弯多、坡陡、路窄、景色变化频繁。所以，设计时要充分利用好前方标志标牌的诱导和指示作用。为了体现旅游特色，根据地形特点，不妨可采用增设景点指示介绍牌，站点、观景点处设置景区平面图，在弯道加装反光镜，坡陡、路窄地段前方一定距离处设置停车站点等措施，一方面可增强对景区的认识；另一方面也确保了旅途的安全。

四、路域的绿化、美化和香化

1. 采石场、弃渣场的治理

山区公路路基施工广泛存在着就近采石场所多，弃渣数量大的特点，这也是造成人为直接水土流失的主要原因。故在采石场设计时必须严格按照沿线分段计划取石的数量进行开采，并尽可能设置在将来要修建观景台或停车站点管理房屋的位置上，否则开采时要合理规划平面、下切坡面和台阶层高，以保证将来容易及时覆土和恢复植被。山区旅游公路应尽量利用弃渣填筑路基，若受地形限制确实需要弃渣时，弃渣场所规划应远离河道。

2. 路肩亮化、艺术化

路肩不但有支撑、保护路面结构的功能，而且还具有衬托道路景观的效果。根据以往经验，山区旅游公路路肩可以采用河卵石进行表面硬化铺筑，沿路线方向分段按不同颜色组成各种各样的图案，再与路面、路缘石形成颜色相间，轮廓分明的条幅，从而可以增强旅游公路的流动艺术性。

3. 地界和边坡内绿化、美化和香化

山区旅游公路路基两侧的绿化、美化和香化建设是确保其沿线水土保持，与周围环境相协调，以及增加旅游品味和特色的具体体现。沿路两旁的绿化布局应掌握点、线、面相结合，乔、灌、草、花相结合，绿化、美化、香化与标准化相结合的"三结合"原则。绿化种类选择一要多样化，一般每隔一定的距离可互换主栽树种；二要形态美观，抗旱、抗污染、耐修剪、抗病虫害；三要注意落叶、阔叶、速生和慢生错落分布，高矮相间，草本植物扎根深大等特性。

第四章 公路工程施工养护技术

第一节 公路养护工作发展与现状

公路养护管理是公路运营管理的重要组成部分，也是保证公路优良服务水平的主要手段之一。

及时发现公路不同程度的损坏并进行修复，有利于保持公路良好的使用状态并提高服务水平，有利于向使用者提供安全、快捷、舒适、经济、优美的行车环境，有利于树立公路的对外形象，最终提高公路的经济效益和社会效益。

了解并正确评价养护对象状况及服务水平，及时安排日常养护、专项养护及大修，保证公路良好行车环境。

通过养护调查可以建立相应的技术状况数据库，为公路的运营管理提供完整、科学的技术数据，并将数据分析处理后为决策更好地服务。应当指出的是，在公路通车初期，许多技术数据及养护资料往往容易被管理者忽视，而这些资料对于今后公路养护管理具有无法替代的作用。

发现并及时弥补由于设计或其他原因造成的道路及其设施的先天不足和使用缺陷。

一般来说，在公路投入使用后，由于建设期的种种原因，在实际使用中往往会出现诸如道路排水、边坡防护、通道设置、标牌处置、建筑物使用功能等方面的问题，这些问题只能通过后期的养护维修加以弥补，并逐步形成公路较完善的使用及服务功能。

提前预防道路及设施病害的发生，及时治理随时出现的损坏，尽可能延长道路及设施的使用寿命，延缓大修周期，降低运营管理成本。

由于公路具有车速快、重交通、大流量的特点，因而通过早期养护可以防止微小病害的进一步扩大，使公路经常保持原有技术状态和标准。减少或杜绝由于道路及设施维护不当给用户及使用者带来的意外损害，避免为此引发的不必要的法律纠纷。

由于中国公路的建设发展异常迅猛，传统的长期计划经济体制下的经验型养护管理模式已不能适应其发展要求，目前暴露出的问题集中反映在以下几个方面。

1. 养路与养人未能从根本上得到解决

计划经济下的公路管养体制，在一定的历史时期对公路事业的发展起到了积极的推动作用，但是随着时代的进步、社会的发展和市场经济体制的形成，已经越来越不适应公路发展的需要，其固有的局限性和弊端逐渐暴露出来。

人满为患，人头费大量挤占养路费，导致养护经费捉襟见肘，严重超支。

2. 养护投资体制不顺，弊端凸现

目前，中国公路的养护管理与县乡公路的养护管理一样，大多仍采用事业型的管理体制，不能反映公路社会化大生产的商品属性要求；养护经费来源仍采用拨款方式，不能适应公路管理企业经营性要求。这些方面已严重影响了养护技术水平的提高与管理机制的创新。

养护经费投资不合理。不是根据线路养护的实际需要划拨经费，而是按定员和核定里程平均安排进行划拨。不管养护难易程度、质量好坏钱都是那么多，难以调动职工的积极性，导致养护质量难以提高，有的甚至越养越差，全面养护更是沾不上边。

3. 养护运行机制落后，"重建轻养"思想严重

对养护管理强制性要求缺乏足够的认识及有效的法律约束；养护资金投入不足，对科技进步重视不够，尚未建立起完善的现代企业制度。

4. 缺少养护定额与规范

针对公路养护管理特点的全国性或地方性统一的养护定额与技术规范尚未出台，养护工程费支出缺乏严格的考量标准，随意性较大；养护质量的考核仍沿用一般公路养护的"好路率"指标，但不能满足公路全方位养护的客观要求。

5. 养护机械配套率不足，养护科技含量低

虽然一些地方的部分公路配备了从国外引进的大功率综合性养护机械，但对机械适应能力差，对机械性能的开发严重不足，使用频率低、设备闲置浪费现象比较严重；大多养护作业仍采用传统的手工作坊式生产组织，对国外已有的新技术、新工艺、新材料只处在试验阶段，还没有大规模推广使用。

6. 养护管理人员总体素质普遍偏低

养护管理人员群体选择时经常被认为搞养护不是什么技术性的业务，谁来都可以干，惰性攀比思想和等靠要的思想问题非常严重。铁饭碗、平均主义现象普遍存在，出勤不出工、出工不出力，干多干少、干好干坏一个样，没有一点竞争。

还有这几年又遇公路的新改建设时期，大量的相关技术人员和管理人员都投入到公路的建设中，从而导致养护管理人员中严重缺乏高素质的专业技术人员和管理人员。

第二节　路基养护技术

路基养护工作应符合下列基本要求：

1. 路基各部分保持完整，各部尺寸保持规定的标准要求，无损坏变形，经常处于完好状态。

2. 路肩无车辙、坑洼、隆起、沉陷、缺口，横坡适度，边缘顺适；表面平整坚实、整洁，与路面接茬平顺。

3. 边坡稳定、坚固，平顺无冲沟、松散、坍塌，横坡能符合规定要求。

4. 边沟、排水沟、截水沟、跌水井、泄水槽等排水设施无淤塞、无杂草，纵坡符合要求，排水畅通，进出口维护完好，消能防护措施要好，保证路基、路面及边沟内不出现积水。

5. 挡土墙、护坡及防雪、防沙等设施保持完好无损，不能出现砂灰脱落现象，泄水孔无堵塞。

6. 做好翻浆、塌方、山体滑坡、泥石流等情况的预防、治理和抢修，尽力缩短阻车时间。

一、一般路基养护

1. 路肩的养护

路肩位于行车道外缘的地带，由外侧路缘带、硬路肩和保护性土路肩组成。路肩的功能：一是保护路面；二是停置临时发生故障、事故的车辆；三是提供侧向余宽、显示行车道外侧边缘、引导视线、增加行车的安全舒适性；四是增加挖方弯道地段的视距；五是为设置交通安全设施（标志、防护栅等）或埋设地下管线及养护作业提供场地。

（1）路肩清扫

路肩清扫包括机械清扫和人工清扫。进行路面清扫、保洁时，必须将硬路肩同时进行清扫和人工保洁。雨后路肩如有积水，应及时排除。

（2）护栏、路肩边缘的杂草修剪、清理

应经常进行护栏、路肩边缘的杂草修剪、清理工作，主要清理路面与硬路肩接缝、硬路肩与土路肩接缝、硬路肩与桥台搭板接缝之间的杂草。杂草清理后应及时用 M7.5 砂浆或沥青灌缝料予以填筑、灌注，防止雨水渗入。

（3）路肩与路面边缘产生裂缝

清理裂缝，保持裂缝干净无杂物，用 M7.5 砂浆或沥青灌缝料灌注裂缝，防止雨水渗入。

（4）硬路肩病害的维修

硬路肩如出现沉陷、缺口、车辙、坑槽、横坡不够等病害，应尽快组织维修。高速公路路肩应根据设计要求铺沥青混凝土或水泥混凝土面层，并铺砌路肩边缘带，此时路肩的养护工作将转变成同类型路面的养护工作。

（5）路肩水的处理

路肩松软是因水的作用，所以路肩养护与维修工作的重点就是减少或消除水对路肩的危害。路面范围的地表水通过路肩排出，因此必须经常保持路肩的横坡平整顺适。高速公路路肩与路面横坡相同。路肩过高妨碍路面排水时，应铣刨整平，达到规定要求。对于因路肩湿软而经常发生啃边病害的路段，可在路肩内缘铺设排水盲沟，及时排出由路肩下渗的积水。盲沟的构造可采用无纺布包裹双壁波纹塑管的形式，这种盲沟施工便捷、造价低廉。

2. 边坡的养护

（1）边坡清理、修整

①边坡清理工作包括边坡的可视垃圾、路堑边坡上的高大树木等内容。

②边坡垃圾的清理工作应经常进行，清理的垃圾应集中收集并运往指定的地点，禁止焚烧。

③路堑边坡上的高大树木因雨水冲刷、台风等原因会倾倒在路面上，影响行车安全，应根据实际情况及时砍伐，砍伐时可只砍伐树干，保留树根。如因倾倒或砍伐在边坡形成空洞，应及时培土夯实并植草。

④高出路堑边坡的土体采用人工铲平，并与周围的边坡坡度协调，铲平后喷洒草籽或铺草皮进行绿化。

（2）边坡裂缝的修补

①路基上边坡、碎落台大坡顶、坡脚等出现裂缝，裂缝宽度小于0.5cm时，应及时用土进行填塞，填塞时应采用钢钎等细长工具分次进行。

②路基上边坡、碎落台、坡顶、坡脚等出现的裂缝超过0.5m时，应及时进行处理，以防雨水渗入。处理时先沿裂缝挖宽、挖深，宽度以人工、机械方便操作为限，深度以挖到看不见裂缝为止。如裂缝较深，则至少挖深1.0m，开挖的沟槽两侧须坚实、平整。回填时须采用黏土，分层夯实，每层的松铺厚度不超过25cm，并在顶部做成鱼背形。

3. 排水设施的养护

（1）地表排水设施清理、疏通养护

①地表排水设施每年安排在雨季前全面清理一次，雨季后对堵塞、淤塞的地表排水设施进行一次清理。清理的淤泥、杂草应运至指定的地点堆放，如在水沟边缘堆放，应距离水沟边缘1.0m以外，且不能影响排水及景观功能，并保证四周码放整齐、表面平整，每隔1-2m留50-100cm的间隙。清理的垃圾物品应集中后运往指定的地点堆放，严禁抛撒或现场焚烧垃圾物品，以免造成环境污染、影响安全行车或造成火灾。

②地面排水设施清理时，应对松动的石块进行固定，并安排处理。

（2）地下排水设施的清理、疏通养护

①地下排水设施的清理、疏通，每年安排全面清理一次。

②清理、疏通地下排水设施时，应对沟口的杂草进行清除，对沟口堵塞的用水进行冲洗或剔除较小颗粒的砂石，补充大颗粒碎（砾）石，以保持空隙，便利排水。

（3）中央分隔带排水设施的清理、疏通

①应经常进行检查，雨季前应进行清理；雨季应加强巡查，如发现损坏，应及时进行修补。

②如排水不及时、位置设置不当，应根据情况进行改善或另行修建。

（4）排水设施悬空处理

①排水设施由于冲刷、基础沉降等原因造成排水设施出现悬空，如不及时处理，会造成排水设施的损坏。

②处理时应先将冲刷面清理成规则断面，以便于机械或人工施工；如果悬空深度较高，应分段进行清理和回填，必要时采取临时支撑。

③清理完成后，用黏土分层回填夯实，沟底不能垂直夯实的部分，从侧面分层夯实，夯实时避免振动过大或直接对排水设施造成冲击。回填完成后，应使流水坡面与水沟连接平顺、排水顺畅，并及时补种、绿化以防止水土流失。

（5）拦水带的日常养护

①拦水带的出水口应经常保持平顺，出水口的泥沙、杂草应及时清理。拦水带的裂缝、变形、损坏应及时进行维修。拦水带出水口与急流槽相接处如出现裂缝，应及时用水泥砂浆封堵。

②如出水口附近坡度不顺，雨后经常积水，应对出水口进行维修。如因路肩原因造成积水或出水口设置不当，应对路肩进行维修。如重新布置出水口，应同时设置急流槽。

二、特殊路基养护

1. 冻土地区路基养护针对其病害的不同情况，可以采取以下措施

（1）防雪设施应维持原状态，对被毁残损的设施，应修理加固或补充，使其发挥防雪作用。

（2）多年冻土地区，地面水无法下渗，容易形成地表潮湿或积水，应将积水引向路基以外排出，避免危害路基。

（3）疏浚边沟、排水沟，要防止破坏冻层。若导致冻土融化，将产生边坡坍塌。养路用土或砂石材料，不宜在路堤坡脚或路堑坡顶20m以内采掘，防止破坏冰土，影响路基稳定。采集时，应分点采集。

（4）可用下列方法治理冰冻路基

将路基上侧的泉水、夹层、透水层的渗水从保温暗沟导流出路外。若含水层尚有不冻结的下层含水层，可将上层水导入下层含水层中排出。

提高溪旁路基的高度，使其高于延流冰面50cm以上。延流冰是指在寒冷气候条件下，地下水或地面水漫溢到地面或路面上，自下而上逐层冻结，形成延流冰。因受地形或纵坡限制，不能提高路基时，可在临水一侧路外缘点，或在路侧溪流初结冰后，从中凿开一道沟，用树枝杂草覆盖加铺土或雪保温，使水流沿水沟流动，避免溢流上路；也可将溪流改至远离公路的地方通过。

在多年冻土区，可在公路上侧远处开挖与路线相平行的深沟，以截断活动层泉流。在冬季使延流冰聚集在公路较远处，保障公路不受延流冰的影响。

根据延流冰的数量，在公路外侧修筑储水池，使延流冰不上公路。

多年冻土地区的路基养护，应采取"保护冻土"的原则。做到宜填不宜挖，除满足不同地区、气候、水文、土壤等路基填筑的最小高度外，应另加50cm保护层。路基填方高度不宜小于1m。

2. 盐渍土地区路基病害的防治主要采取完善排水、结构加固、去除盐分等方法

（1）保持排水良好

盐渍土受到雨水冲淋和冰雪融化的影响，含水量急增，可能会出现湿化坍塌、溶陷、路基发软、强度降低等现象，以致其失去承载力。因此，保持排水良好显得尤为重要。

排水沟要保持0.5%-1%的纵坡；在低矮平坦、排水困难的地段，应加宽加深边沟或在边沟外增设横向排水沟，其间距不宜大于500m，沟底应有向外倾斜2%-3%的横坡。

对加深加宽边沟的弃土，可堆筑在边沟外缘，形成护堤，以保护路基不被水淹。

还可采用水分隔断措施，隔断毛细水的上升，防止水分和盐分进入路基上部，从而避免路基或路面遭受破坏。具体措施包括提高路基及设置隔离层。

①提高路基

有些盐渍土地基地下水位较高，路堤除了有再盐渍化的问题外，还有冻融和翻浆的危害。为了使路基不受冻害和再盐化的影响，应控制路堤高度至不再盐化的最小高度，该高度可以根据试验决定，一般为丰水期地下水位高加0.5m。

②设土工织物隔离层

采用土工布割断毛细水和地下渗水也是行之有效的方法。土工布可以为单层，也可以为双层。选择土工布时应根据使用位置和目的，对渗透系数、顶破系数、耐冻性和耐老性等提出具体要求。用于盐渍土地区的土工布还应具有长期对硫酸盐、氯盐等盐类的抗腐蚀性，根据割断毛细水的上升土工布，一般设置在路基和垫层之间，双层时设置在路基和垫层之间以及路基和路面结构面层之间。此外在路基和垫层之间设置一定厚度的滤水层也是行之有效的方法。

（2）结构加固

结构加固的方法有许多种，如强夯法、浸水预溶加强夯法、半刚性基层、挤密桩加固地基等。对有些地区的公路，除了对地基进行加固外，还应对路肩和边坡进行加固。

①路肩加固

在过盐渍土（含盐量大于8）的地区，要对高速公路的路肩进行加固，加固方法有三种：用粗粒渗水材料在当地土内封闭路肩表层；用沥青材料封闭路肩；就地取材，用15cm厚的盐壳加固。

②边坡加固

边坡经受雨水或化雪冲融后出现的沟槽、溶洞、松散等，可采用盐壳平铺或黏土掺沙砾铺上拍紧，防止疏松。防止边坡水土流失，应结合当地的植物生长情况，种植一些耐盐性的树木或草本植物（如红杨、甘草、白茨之类）以增强边坡稳定。针对硫酸盐渍土路基，根据需要宜采用卵石、砾石、黏土、废砖头或盐壳平铺在路堤边坡上，以防边坡疏松、风蚀和人畜踩踏而被破坏。

（3）去除盐分

盐分是导致盐渍土具有盐胀、湿陷、腐蚀和加重翻浆等特性的根源，因而，如果能去除盐分，或者把有害的盐分转化为无害或者危害较小的盐分，则同样可以达到治理盐渍土道路路基病害的目的。去除盐分包括换填法、浸水预溶法、化学处治、垫层与浅层处治等。

第三节　沥青路面养护技术

一、裂缝的维修

沥青路面裂缝修补方法很多，一般可根据裂缝的宽度和深度确定具体的修补工艺。

1. 在高温季节不能愈合的轻微裂缝，可采用下列方法之一进行处治：

（1）将有裂缝的路段用盘式铣刀进行扩缝，清扫干净后沿裂缝涂刷少量稠度较低的沥青（缝内潮湿时应采用乳化沥青），然后均匀地撒上一层直径2-5mm干净的石屑或粗砂，最后用轻型压路机将其压入路面。

（2）利用红外线就地加热装置，顺着裂缝对沥青路面加热，视裂缝程度确定沥青路面加热时间的长短（一般室外温度在15-20℃时，加热1-2min左有即可），使沥青路面表面温度达到180C，然后用小型压路机或振动夯进行碾压或夯实，直到裂缝消失为止。

（3）利用灌缝机或普通铁壶将热沥青顺着裂缝浇灌，然后用红外线加热器把灌缝的沥青加热到180℃时，沥青将渗入到裂缝中去，与原沥青路面很好的热接合，然后均匀地撒上一层直径2-5mm干净的石屑成粗砂，冷却几分钟后即可放行通车。

2. 由于路面基层温缩、干缩而造成的纵向裂缝、横向裂缝、块状裂缝以及放射裂缝，应按裂缝的宽度分别予以处治。

（1）缝宽在 6mm 以内

清除缝中杂物及尘土，用液化气或喷灯将裂缝壁加热至黏性状态，采用稠度较低的热沥青（缝内潮湿时应采用乳化沥青）灌入缝内，灌入深度约为缝深 2/3，再填入干净石屑或粗砂并捣实，最后将溢出缝外的沥青及石屑、砂清除。

（2）缝宽在 6mm 以上，可采用下列方法之一进行处治

①灌缝法。除去已松动的裂缝边缘，或沿裂缝开槽后用压缩空气吹净，采用砂粒式或细粒式热拌沥青混合料填充、捣实，并用烙铁封口，随即撒砂、扫匀。缝内潮湿时应用乳化沥青混合料。

②标准槽贴封法。这是沥青路面裂缝修补新技术。

③压缝法。此法适用于大于 20mm 的裂缝，具体施工过程为：用普通材料填满特大裂缝大约至缝隙宽 1.5 倍的高度，即填充料至缝面的距离大约是缝宽的 1.5 倍。把大缝封缝料熔化后浇在缝里，并加入适量干净的矿石料。如此反复直到缝满，这个过程要进行适当捣实，亦可用大缝封缝料熔化后混合石砂直接填入缝中。对于一般大缝的处理，用大缝封缝料混合适当的细石砂后百接灌入缝中，抹平即可。

3. 因沥青性能不好、路面龄期较长或油层老化等原因出现的大面积裂缝（包括网裂），如基层强度尚好时，通过技术经济比较，可选用下列维修方法之一。

（1）乳化沥青稀浆封层，封层厚度宜为 3.6mm。

（2）加铺沥青混合料上封层，或先铺设土工合成材料后，再在其上加铺沥青混合料上封层。

（3）改性沥青薄层罩面。

（4）微表处厚度宜为 1-1.5mm。

4. 由于土基、基层强度不足或路基翻浆等引起的严重龟裂，应先处治好基层后再重作面层。

二、拥包的维修

根据拥包产生的不同情况，可采用下列维修方法：

1. 属于施工时操作不慎将沥青漏洒在路面上形成的拥包，将拥包除去即可。

2. 已趋于稳定的轻微拥包，将拥包采用机械刨削或人工挖除。如果除去油包后，路表不够平整，可刷少量沥青，再撒上适当粒径的矿料后扫匀、整平。

3. 因面层沥青用量过多或细料集中而产生较严重拥包，应用机械或人工将拥包全部除去，并低于路面约 10mm。扫尽碎屑、杂物及粉尘后用热沥青混合料填平并压实。

4. 如果路面连续多处出现拥包且面积较大，但路面基层仍属稳定，则应将有拥包的路面面层全部挖除，然后重作面层。

5. 因基层局部含水量过大，便面层与基层层间结合不良而被推移变形造成的拥包，应把拥包连同面层挖除，将水分晾晒干，或用水稳定性较好的材料更换已变形的基层，再重

作面层。

6.因基层局部强度不足或水稳性不好，使基层松软而导致的拥包，应将面层和基层完全挖除。如土基中含有淤泥，还应将淤泥彻底挖除，换填新科并夯实。在地下水位较高的潮湿路段，应采取措施引出地下水并在基层下面加铺一层稳定性好的材料，最后重做面层。

三、沉陷的维修

1.因路基不均匀沉降而引起的局部路面沉陷，若土基和基层已经密实稳定，不再继续下沉，可只修补面层。此时应根据路面的破损状况，分别采取不同的处置措施：

（1）路面略有下沉，无破损或仅有少量轻微裂缝，可在沉陷处喷洒或涂刷黏层沥青，再用沥青混合料将沉陷部分填补到与原路面齐平并压实。

（2）因路基沉陷导致路面破损严重，矿料已松动、脱落形成坑槽的，应按照坑槽的维修方法予以处治。

2.因土基或基层结构遭到破坏而引起路面沉陷，应参照上述有关要求处治好基层后再重做面层。

四、车辙的维修

1.对于连续长度不超过50m、辙槽深度小于10mm、行车有小摆动感觉的，可先将车辙内及其周围的尘土杂物清除，洒水润湿，然后通过对路面烘烤、耙松，添加适当的与原路面相同的新科拌和填补并碾压密实即可。此种车辙病害的处理很适宜用热再生技术与设备修复。

2.车辙的连续长度超过50m、辙槽深度在10-30mm之间，有行车摆动且跳动感明显的或严重颠簸的，若基层完整，各面层结合良好，应采取铣刨拉毛工艺，即将隆起部分铣刨清除后，再洒布沥青再生剂或用乳化沥青稀浆封层处理；若是因基层施工质量差引起的车辙，在重新摊铺面层前应先行处理好损坏基层。

3.车辙的面积较大、深度较深（大于30mm）时，应采用铣刨加铺工艺，即铣刨路面上面层或中上面层甚至全部面层，用与原路面相同的适当新科重新摊铺面层的方法。对于因基层施工质量差引起的车辙，在重新摊铺面层前应先行处理好损坏基层。

4.路面车辙的面积较大，深度不统一，可采用改性乳化沥青稀浆封层处理车辙。具体的方法为：先用铣刨机将路面高出的部分铣除，再用小型稀浆封层摊铺槽对车辙进行填补。为了保证质量，摊铺后用轮胎式压路机进行稳压。

五、波浪与搓板的维修

1.属于面层原因形成的波浪或搓板可按下述方法进行维修。

（1）路面仅有轻微波浪或搓板，可采用以下方法之一予以处治

①在高温季节路面发软时，利用重型压路机沿与路中心线成45°角的方向反复进行

碾压以适当改善路面的平整度。

②在波谷部分喷洒沥青，并匀撒适当粒径的矿料，找平后压实。

③将凸起部分铣刨削平。

（2）波浪（搓板）的波峰与波谷高差起伏较大时，应顺行车方向将凸出部分铣刨削平，并低于路面约10mm。削除部分喷洒热沥青，再匀撒一层粒径不大于10mm的矿料，扫匀，找平，并压实。

（3）严重的大面积波浪或搓板，应将面层全部挖除，然后重铺面层。

2.如果基层平整度太差，应将基层处治后再重铺面层。

3.若面层与基层之间存在不稳定的夹层，面层在行车荷载的作用下推移变形而形成波浪（搓板），应挖除面层、清除不稳定的夹层后，喷洒黏结沥青，重铺面层。

4.属于基层局部强度不足，或稳定性差等原因造成的波浪（搓板），应先对基层进行处治，再重做面层，其处置方法可参照上述有关做法。

六、冻胀和翻浆的维修

1.因路基冻胀使路面局部或大面积隆起影响行车时，应将冻胀的沥青路面刨平，待春融后按翻浆处理方法予以处治。

2.因冬季基层中的水结冰引起冻胀，春融季节化冻而引起的翻浆，应根据情况采用以下方法之一予以处治。

（1）在有翻浆迹象的地方，用人工或机械将2-5cm直径的钢钎打入（铀入）路面以下，穿透冻层（一般1.3m以上），然后灌入砂粒，使化冻的水迅速渗入冻层以下。

（2）局部发生翻浆的路段，可采用打石灰梅花桩或水泥沙砾桩的办法予以改善。桩的排列密度及深度，应视翻浆程度而定。

（3）加深边沟，并在翻浆路段两侧路肩上交错开挖宽30-40cm的横沟，其间距为3-5m，沟底纵坡不小于3%，沟深应根据解冻情况，逐渐加深，直至路面基层以下。横沟的外口应高于边沟的沟底。如路面翻浆严重，除挖横沟外，还应顺路面边缘设置纵向小盲沟。交通量较大的路段也可挖成明沟。但翻浆停止后，应将明沟填平恢复原状。

3.因基层水稳定性不良或含水量过大造成的翻浆，应挖去面层及基层全部松软部分。将基层材料晾晒干，并适当增加新的硬粒料（有条件时应换填透水性良好的沙砾或工业废渣等），分层（每层不超过15cm）填补并压实，最后恢复面层。

4.低温季节施工的石灰稳定类基层，在板体强度末形成时雨水渗入，其上层发生翻浆的，应将翻浆部分挖除，换用新材料予以填补、然后重做面层。

5.在条件许可时，应对翻浆的路段封闭交通或限制重车通过。

第四节　水泥混凝土路面养护技术

水泥混凝土路面的养护，应根据现有路面使用质量状况、公路性质等因素，结合当地技术经济水平、气候条件，适时地提出改善和大、中、小修及日常养护。

一、日常养护对策

当路面破损状况评定等级为优时，只需进行路面日常养护保养。

1. 接缝的保养

（1）接缝养护的好坏直接影响水泥混凝土路面的使用周期和功能，接缝的失养可能造成水泥混凝土路面板块积泥、脱空、胀裂、错台等危害，因此应对接缝进行适时的保养。

（2）防止硬质杂物落入接缝缝隙内妨碍混凝土板块伸长，从而造成接缝损坏。

（3）保持接缝填料完好，防止雨水浸入接缝缝隙内软化路基，进而导致混凝土板损坏。

（4）保持填缝料饱满、密实、黏结牢固，从而保证接缝完好、表面平整、不渗水。当气温上升、水泥混凝土板伸长、填缝料挤出并高出路面（高速公路、一级公路3mm，其他等级公路5mm）时，应将高出部分用小铲或其他工具铲出，以保证路面平整；当气温下降、水泥混凝土板收缩、接缝扩大有空隙时，应选择当地气温较低时灌注同样的填缝料，以防止泥、砂挤进接缝和雨水渗入接缝。

2. 填缝料的更换

（1）填缝料的更换是一项经常性的养护工作，填缝料的日常性更换是指对填缝料局部脱落、缺失损坏的填补更换。

（2）填缝料更换的周期主要取决于填缝料自身的寿命与施工质量以及路面条件，从我国目前的使用状况来看，填缝料的使用周期一般不超过三年。

（3）在填缝工作完成后，应将作业范围内撒落的灌缝料及滑石粉、砂或泥浆等材料清除干净。

（4）填缝料应与水泥混凝土板具有较好的黏结力。当混凝土板伸缩时，填缝料应能与混凝土板黏结牢固，而不会从混凝土缝壁上脱落；填缝料应具有良好的回弹性、较高的拉伸率、耐热性和较好的低温塑性，且耐久性好。

（5）更换或补充路面接缝的填缝料时，应根据修补、更换的接缝长度，提前准备好填缝料。

3. 排水设施的养护

水泥混凝土路面、路肩、中央分隔带、边沟、边坡、截水沟、排水沟等组成地面排水系统。水泥混凝土路面若排水不畅，水渗入路面基层及路基后，会软化路面基层及路基，使混凝土板块下形成积泥，产生脱空，从而导致混凝土板块破坏。此外，水泥混凝土路面积水形成水膜影响行车安全，故必须对其进行妥善的日常养护，保证排水系统的排水功能。排水系统养护的要求如下：

（1）对路面排水设施应进行经常性的巡查和重点检查，发现损坏及时修复，发现堵塞立即疏通，发现路段积水及时排出。

（2）应坚持雨前、雨中、雨后上路检查制度。雨天重点检查有超高路段的中央分隔带纵向排水沟、横向排水管、雨水井、集水井等设施的排水状况。

（3）保持路面横坡及路面平整度。当快车道是水泥混凝土路面，慢车道或非机动车道是沥青路面时，应保持沥青路面横坡大于水泥混凝土路面横坡。

（4）保持路肩横坡大于路面横坡，并且保持横坡顺适。土路肩应定期铲，及时修复路肩缺口。

（5）清除路肩杂草、污物，疏通路肩排水设施和中央分隔带排水设施，同时定期清除雨水井、集水井的沉积物。

（6）保持排水构造物的完好，发现损坏应及时安排修复，修复宜采用与原构造物相同的材料。

（7）对路面板裂缝应进行封闭，对路面接缝、路肩接缝以及路缘石与路面接缝出现接缝变宽渗水时应进行填缝处理。

（8）地下水常以毛细水、结合水、气态水和游离水形式存在于土和粒料路面材料内，存在于路面基层、垫层和土基内的游离水会使材料的强度降低，产生唧泥和造成路面冻胀破坏。为排出路面下的游离水，常沿水泥混凝土路而外侧边缘稳定基层上设置边部排水设施（一般采用多孔塑料管外包渗滤层），把可能唧泥或喷射出的板与基层间的截留水排出。由于排水系统的不均匀沉降及重沉积物可能造成管内沉积物的聚积，应使用大量清水冲洗聚水管，或采用管道清理工具疏通，要注意清除出水口的植物、淤积物和堵塞物。

二、小修保养

当路面破损状况评定等级为良时，在做好路面日常养护的同时，还应对一些轻微的损坏进行小修保养。

三、中修

当路面破损状况评定等级为中时，在做好路面日常养护和对一些轻微破损进行小修的同时，还应对一些较严重的或较普遍的路面病害进行中修，包括对路段中个别破碎板进行换板、对唧泥脱空路段进行板下封堵、对错台路段进行整段处治。对于高速公路和一级公路，若路面病害发展速度较快，且路面平整度评定等级为差时，则应安排路面大修加铺。

四、大修

对于高速公路和一级公路，当路面破损状况评定等级为次或次以下时，应安排路面大修加铺。对于二级及二级以下公路，当路面破损状况评定等级为次时，在做好路面日常养护、小修和中修的同时，应安排较大数量的路面换板；当路面破损状况评定等级为差时，应安排路面大修加铺。

五、抗滑处理

当高速公路和一级公路的路面抗滑性能评定等级为中和中以下时，或二级及二级以下公路的路面抗滑性能评定等级为次和次以下时，应进行刻槽、罩面或加铺，以改善路面的抗滑性能。

六、平整度处理

对于高速公路和一级公路的路面行驶质量评定等级为中或中以下时，或二级及二级以下公路的路面行驶质量评定等级为次和次以下时，应进行刻槽、罩面或加铺，以改善路面的平整度。

七、专项养护

因自然灾害致使路面遭受严重的损坏，可申请专款对路面进行修复。

第五节　公路沿线设施养护技术

公路沿线设施是公路交通安全、管理、服务、设施的总称，它包括交通安全设施、交通管理设施、附属设施和绿化带。由于公路的技术等级和具体情况不同，对沿线设施的要求也不同。公路沿线设施是公路的组成部分，它对提高公路服务性能、保障行车安全和交通畅通具有重要的意义。

沿线设施除进行日常巡回时检查、保养外，还应定期保养、及时修理和更换损坏部分。设施不全或没有设施的公路，应根据公路性质、技术等级和使用要求，有计划、有步骤的增设相关设施。

一、交通安全设施

1. 防护设备

为了保证行车安全，避免车辆碰撞和伤及行人，或因失误而驶出路外的事故，在高速公路的中央分隔带及高速、一级公路的路基边缘及其他各级公路的急弯、陡坡、狭路、视线不足、桥头引道、高路堤、交叉口地形险峻等地段，应根据具体情况设置护栏、护柱、护墙等安全设施，以增强司机在危险地段行车的安全感。

防护设备除在日常巡回时检查有无异常情况外，还应每隔2~3个月进行定期检查。检查各类防护设备的损坏或变形情况、护栏的立柱与水平构件的紧固状况、污秽程度及油漆损坏状况、拉索的松弛程度、护栏及反光膜的缺损情况等，并加强养护与修理。要经常清除护栏周围的杂草、杂物、护栏表面油漆损坏，应及时修补反光膜脱落，随时补贴；由于公路标高调整，原护栏高度不符合规定时，应对护栏的高度予以调整；由于交通事故或自然灾害造成护栏缺损或变形应及时修复或更换，锈蚀严重的护栏应给予更换。护栏表面油漆损坏除应及时用速干油漆修补外观，还应定期重新油漆。重新油漆的周期可根据当地气候的特点、护栏污染褪色程度、油漆质量而定，一般每隔1~2个月重新油漆一次。在交通量大及容易受到有害气体、盐腐蚀的路段护栏的油漆的周期应相应缩短。

2. 照明设备

为使夜间交通畅通和保证行车安全，在运输特别繁忙和重要的路段内。可按一定间距设置路灯，使整个路段得以照明；在有条件的交叉路口、立交桥、隧道和大桥等处可采用局部照明。照明设施的检查包括：高灯情况、灯具、线路、电线杆等设施的安装及损坏情况；配电盘的衬垫、开关、电磁接触器等是否良好。并定出保养检修计划，设法使照明设备经常处于完好状态。对不亮的灯泡，应尽快更换。由于交通事故导致照明设备遭受损坏时，应及时处理。

3. 平曲线反光镜

视距不足的急弯和路线平面交叉口，可根据需要设置能使驾驶员从镜中看到对方来车的平曲线反光镜。反光镜的检查应包括：反光镜的设置位置，方向和角度是否正确；支柱有无倾斜和损坏、镜面有无污秽和损坏，如有损坏，应立即修好。

4. 分隔带

高速公路和一级公路设置的中央分隔带，和在城镇附近混合交通量大的路段沿公路纵向设置的分隔行车道的分隔带，应经常保持完好。若发现排水通道阻塞应及时疏通，还应经常清除中央分隔带或分隔带内的杂物，并修复变形的路缘石，更换损坏的路缘石。

二、交通管理设施

1. 交通标志

交通标志是对驾驶员、行人等起禁止、限制、警告、指示等作用的交通管理设施。公路交通标志形状、颜色、尺寸、图案种类和设置地点均须按规定设定。

交通标志的检查应包括：标志牌、支柱的变形、损坏、污秽及腐蚀情况；油漆及反光材料的褪色、剥落情况；标志牌设置的角度及安全情况；照明装置情况；反光标志的反射性能等。当交通标志有污秽时，应进行清洗并定期刷新；若标志牌或支柱松动，应及时紧固，若变形、弯曲、倾斜应尽快修复；由于锈蚀、破损而造成辨认性能下降或夜间反光标志反射能力降低的标志，应予以更换。

2. 交通标线

交通标线是由各种路面标线、箭头、文字、立面标记及突起路标和路边线轮廓标等构成的交通安全设施，它的作用是管理和引导交通。

当路面标线有污秽、磨损严重或脱落影响辨认性能时，应及时进行冲刷或重新喷刷。对凸起路标的主要养护内容是保持其反射及反射角度。发现松动应予以固定，及时修理或更换。

3. 附属设施及绿化

为了方便旅客，保障行车安全和公路养护、营运等的需要，各级公路应在适当的地点设置必要的附属设施。附属设施包括为过往车辆、旅客提供人员食宿、休息和车辆养护、加油、修理等服务的服务区设施及长途客车停靠站、停车场等服务设施，以及基层公路管理部门进行公路养护和管理建立的生产和生活用房。

附属设施的养护与维修应做到经常清扫场地及房屋，清理疏通排水设施，保持服务区内及房屋周围环境的整洁卫生，同时还配备消防设备。

公路绿化，既能稳固路基、荫蔽路面、保持水土、美化路容、增进乘客的舒适与安全，又能积累木材增加收益。因此，公路沿线不仅要植树，还要加强对树木的管理。

第五章　桥梁工程

第一节　桥梁的构成与分类

一、桥梁的构成

（一）桥梁的五"大部件"与五"小部件"

1.五"大部件"包括：桥跨结构；支座系统；桥墩；桥台；墩台基础

2.五"小部件"包括：桥面铺装（或称行车道铺装）；排水防水系统；栏杆（或防撞栏杆）；伸缩缝；灯光照明。

（二）相关尺寸术语名称

1.净跨径：梁式桥是设计洪水位上相邻两个桥墩（或桥台）之间的净距，用10表示。对于拱式桥，净跨径是每孔拱跨两个拱脚截面最低点之间的水平距离。

2.总跨径：是多孔桥梁中各孔净跨径的总和，也称桥梁孔径，它反映了桥下宣泄洪水的能力。

3.计算跨径：对于具有支座的桥梁，是指桥跨结构相邻两个支座中心之间的距离，用1表示。拱圈（或拱肋）各截面形心点的连线称为拱轴线，用来计算跨径为拱轴线两端点之间的水平距离。

4.桥梁全长（简称桥长）：是桥梁两端两个桥台的侧墙或八字墙后端点之间的距离，用 L 表示。对于无桥台的桥梁为桥面系行车道的全长。

5.桥梁高度（简称桥高）：是指桥面与低水位之间的高差，或为桥面与桥下线路面之间的距离。桥高在某种程度上反映了桥梁施工的难易性。

6.桥下净空高度：是设计洪水位或计算通航水位至桥跨结构最下缘之间的距离，以 H 表示。它应保证能安全排洪，并不得小于对该河流通航所规定的净空高度。

7.建筑高度：是桥上行车路面（或轨顶）标高至桥跨结构最下缘之间的距离，它不仅与桥梁结构的体系和跨径的大小有关，而且还随行车部分在桥上布置的高度位置而变动。

公路（或铁路）定线中所确定的桥面（或轨顶）标高，与通航净空顶部标高之差，又称为容许建筑高度。桥梁的建筑高度不得大于其容许建筑高度，否则就不能保证桥下的通航要求。

8. 净矢高：是从拱顶截面下缘至相邻两拱脚截面下线最低点之间连线的垂直距离，用 f0 表示。计算矢高：是从拱顶截面形心至相邻两拱脚截面形心之间连线的垂直距离，用 f 表示。

9. 矢跨比：也称拱矢度，是拱桥中拱圈（或拱肋）的计算矢高 f 与计算跨径 l 之比（f/l），它是反映拱桥受力特性的一个重要指标。

二、桥梁的分类

（一）桥梁的基本体系

按结构体系划分，有梁式桥、拱桥、刚架桥、悬索桥四种基本体系，其他还有由几种基本体系组合而成的组合体系等。

1. 梁式体系

梁式体系是古老的结构体系。梁作为承重结构是以它的抗弯能力来承受荷载的。梁分简支梁、悬臂梁、固端梁和连续梁等。悬臂梁、固端梁和连续梁都是利用支座上的卸载弯矩去减少跨中弯矩，使梁跨内的内力分配更合理，以同等抗弯能力的构件断面就可建成更大跨径的桥梁。

2. 拱式体系

拱式体系的主要承重结构是拱肋（或拱箱），以承压为主，可采用抗压能力强的圬工材料（石、混凝土与钢筋混凝土）来修建。拱分单铰拱、双铰拱、三铰拱和无铰拱。拱是有水平推力的结构，对地基要求较高，一般常建于地基良好的地区。

3. 刚架桥

刚架桥是介于梁与拱之间的一种结构体系，它是由受弯的上部梁（或板）与承压的下部柱（或墩）整体结合在一起的结构。由于梁与柱的刚性连接，梁因柱的抗弯刚度而得到卸载作用，整个体系是压弯结构，也是有推力的结构。刚架分直腿刚架与斜腿刚架。刚架桥施工较复杂，一般用于跨径不大的城市桥或公路高架桥和立交桥。

4. 悬索桥

指以悬索为主要承重结构的桥。其主要构造是：缆、塔、锚、吊索及桥面，一般还有加劲梁。其受力特征是：荷载由吊索传至缆，再传至锚墩，传力途径简捷、明确。悬索桥的特点是：构造简单，受力明确；在同等条件下，跨径愈大，单位跨度的材料耗费愈少，造价愈低。悬索桥是大跨桥梁的主要形式。

5. 组合体系

（1）连续钢构：连续钢构是由梁和钢架相结合的体系，它是顶应力混凝土结构采用悬臂施工法而发展起来的一种新体系。

（2）梁、拱组合体系：这类体系中有系杆拱、桁架拱、多跨拱梁结构等。它们利用梁的受弯与拱的承压特点组成联合结构。

（3）斜拉桥：它是由承压的塔、受拉的索与承弯的梁体组合起来的一种结构体系。

（二）桥梁的其他分类

1. 按用途划分，有公路桥、铁路桥、公路铁路两用桥、农桥、人行桥、运水桥（渡槽）及其他专用桥梁（如通过管路、电缆等）。

2. 按桥梁全长和跨径的不同，分为特大桥、大桥、中桥和小桥。

3. 按主要承重结构所用的材料划分，有圬工桥（包括砖、石、混凝土桥）、钢筋混凝土桥、预应力混凝土桥、钢桥和木桥等。

4. 按跨越障碍的性质，可分为跨河桥、跨线桥（立体交叉）、高架桥和栈桥。

5. 按上部结构的行车道位置，分为上承式桥、下承式桥和中承式桥。

第二节　桥梁承重体系结构

根据结构体系及其受力特点，桥梁可划分为梁式桥、拱式桥、刚架桥、悬索桥、斜拉桥、组合体系桥六种形式的结构体系。不同的结构体系对应于不同的力学形式，表现出不同的受力特点。

一、梁式桥

梁式桥是古老的结构体系之一。梁作为承重结构，主要是以其抗弯能力来承受荷载。在竖向荷载作用下，其支承反力也是竖直的，一般梁体结构只受弯、受剪，不承受轴向力。

常见的简支梁的跨越能力有限（一般在 50m 以下），因此，悬臂梁和连续梁。它们通过改变或增强中间支承来减少跨中弯矩，更合理地分配内力，加大跨越能力。悬臂梁采用铰接或简支跨（称为挂孔）来连接其两端，其为静定结构，受力明确，计算简便，但因结构变形，在连接处不连续而对行车和桥面养护产生不利影响，近年来已很少采用。连续梁因桥跨结构连续，克服了悬臂梁的不足，是目前采用较多的梁式桥型。

梁式体系分实腹式和空腹式。前者梁的截面形式多为 T 形、工字形和箱形等，后者指主要由拉杆、压杆、拉压杆以及连接件组成的桁架式桥跨结构。梁的高度和截面尺寸可在桥长方向保持一致或随之变化。对中小跨径的实腹式梁，常采用等高度 T 形梁，跨径较大时，可采用变高度箱形截面预应力混凝土连续梁桥。

二、拱式桥

拱式桥的主要承重结构是具有曲线外形的拱（其拱圈的截面形式可以是实体矩形、肋形、箱形、桁架等）。在竖向荷载作用下，拱主要承受轴向压力，同时也承受弯矩、剪力。支承反力不仅有竖向反力，也承受较大的水平推力。

根据拱的受力特点，多采用抗压能力较强且经济合算的圬工材料和钢筋混凝土来修建拱桥，拱对墩台有较大的水平推力，对地基的要求较高，故一般宜建于地基良好之处。

按照力学分析，拱又分成单铰拱、双铰拱、三铰拱和无铰拱。因铰的构造较为复杂，一般常采用无铰拱体系。值得一提的是，由国发明创造的桥型结构——双曲拱，其特点是使上部结构轻型化、装配化，南京长江大桥的南引桥即是双曲拱桥。

三、刚架桥

刚架桥（也称为刚构桥）是指梁与立柱（墩柱）或竖墙整体刚性连接的桥梁。其主要特点是：立柱具有相当大的抗弯刚度，故可分担梁部跨中正弯矩，达到降低梁高、增大桥下净空的目的：在竖向荷载作用下，主梁与立柱（或竖墙）的连接处会产生负弯矩；主梁、立柱承受弯矩，也承受轴力和剪力；柱底约束处既有竖直反力，也有水平反力。刚架桥的形式大多是立柱直立的单跨或多跨的门形框架，柱底约束可以是铰接或固接。钢筋混凝土和预应力混凝土刚架桥适用于中小跨径、建筑高度要求较严的城市或公路跨线桥。

随着预应力技术和对称悬臂施工方法的发展，具有刚架形式和特点的桥梁可用于跨径更大的情况，如T形刚构桥。预应力混凝土T形刚构桥是因悬臂施工方法的发展而衍生出来的一种桥型。它的桥墩刚度较大，与梁部固结，仍采用跨中设铰或简支挂孔来连接两T构。它融合了悬臂梁桥和刚架桥的部分特点——因是静定结构，能减少次内力、简化主梁配筋；T构有利于对称悬臂施工，但粗大的桥墩因承受弯矩较大而费料；桥面线形不连续而影响行车。目前，已很少采用这种桥式。

斜腿刚构桥的墩柱斜置并与梁部刚性连接，其受力特点介于梁和拱之间。在竖向荷载作用下，斜腿以承压为主，两斜腿之间的梁部也受到较大的轴向力。斜腿底部可采用铰接或固结形式，并受到较大的水平推力。对跨越深沟峡谷、两侧地形不宜建造直立式桥墩的情况，斜腿刚构桥表现出其独特之处。另外，墩柱在立面上呈V形并与梁部固结的桥梁，称为V形刚构桥，其在受力上具有连续梁和斜腿刚构的特点。V形支撑既可加大跨径，也可适当减小梁高，外形也较美观。

连续刚构桥就是把刚度较小的桥墩（柱）与梁体固结起来。其特点是桥墩（称为薄壁墩）较为轻巧。这种桥式除保持了连续梁的受力优点外，还节省了大型支座的费用，减少了墩及基础的工程量，改善了结构在水平荷载下的受力性能，有利于简化施工程序，适用于需要布置大跨、高墩的桥位。近年来，连续刚构体系在桥梁工程中的应用越来越普遍，跨径已接近 300m。

四、悬索桥

悬索桥（也称为吊桥）主要由索（又称缆索）、塔、锚碇、加劲梁等组成。对跨径较小（如小于 300m）、活载较大且加劲梁较刚劲的悬索桥，可以视其为缆与梁的组合体系。但大跨径（1000m 左右）悬索桥的主要承重结构为缆索，组合体系的效应可以忽略。在竖向荷载作用下，其缆索受拉，锚碇处会产生较大的竖向（向上）和水平反力。缆索通常用高强度钢丝制成圆形大缆，加劲梁多采用钢桁架或扁平箱梁，桥塔可采用钢筋混凝土或钢结构。因缆索的抗拉性能得以充分发挥且大缆尺寸基本上不受限制，故悬索桥的跨越能力一直在各种桥型中名列前茅。不过，由于结构的刚度不足，悬索桥较难满足当代铁路桥梁的要求。

五、斜拉桥

斜拉桥是由梁、塔和斜索（拉索）组成，结构形式多样，造型优美壮观。在竖向荷载作用下，梁以受弯为主，塔以受压为主，斜索则承受拉力。梁体被斜索多点扣拉，表现出弹性支承连续梁的特点。因此，梁体荷载弯矩减小，梁体高度可以降低，从而减轻了结构自重并节省了材料。另外，塔和斜索的材料性能也能得到较充分地发挥。因此，斜拉桥的跨越能力仅次于悬索桥，是近几十年来发展很快的一种桥型。但由于刚度问题，斜拉桥在铁路桥梁上的应用极为有限。

六、组合体系桥

将上述几种结构形式进行合理的组合应用，即形成组合体系桥梁。常见的组合方式是梁、拱结构的组合。梁、拱、吊组合体系同时具备梁的受弯和拱的承压特点，可以是刚性拱及柔性拉杆，也可以是柔性拱及刚性梁。这类结构的主要优点是：利用梁部受拉，来承受和抵消拱在竖直荷载下产生的水平推力。这样，桥跨结构既具有拱的外形和承压特点，又不存在很大的水平推力，可在一般地基条件下修建。相对而言，这种组合体系的施工较为复杂。此外，为获得更大跨越能力，可以由悬索和斜拉组合形成组合体系桥梁。

第三节 桥梁下部结构和支座构造

一、分类

可分为重力式桥墩、重力式桥台、轻型桥墩、轻型桥台。

（一）重力式墩、台

重力式桥墩与重力式桥台的主要特点是靠自身重量来平衡外力而保持其稳定，因此，墩、台身比较厚实，可以不用钢筋，而用天然石材或片石混凝土砌筑。它适用于地基良好的大、中型桥梁，或流冰、漂浮物较多的河流中。在砂石料方便的地区，小桥也往往采用。主要缺点是圬工体积较大，因而其自重和阻水面积也较大。

拱桥重力式桥墩分为普通墩与制动墩，制动墩要能承受单向较大的水平推力，防止出现一侧的拱桥坍塌，因而尺寸较厚实，与梁桥重力式桥墩相比较，具有拱座等构造设施。

梁桥和拱桥上常用的重力式桥台为 u 型桥台，它适用于填土高度在 8 ～ 10m 或跨度稍大的桥梁。缺点是桥台体积和自重较大，也增加了对地基的要求。此外，桥台的两个侧墙之间填土容易积水，结冰后冻胀，使侧墙产生裂缝，所以宜用渗水性较好的土夯填，并做好台后排水措施。

（二）轻型墩、台

1. 梁桥轻型桥墩、台

（1）梁桥轻型桥墩

钢筋混凝土薄壁桥墩：施工简便，外形美观，过水性良好，适用于低级土软弱的地区，但需耗费用于立模的木料和一定数量的钢筋。

柱式桥墩：外形美观，圬工体积少，而且重量较轻。

钻孔桩柱式桥墩：适合于多种场合和各种地质条件。通过增大桩径、桩长或用多排桩加建承台等措施，也能适用于更复杂的软弱地质条件以及较大的跨径和较高的桥墩。

柔性排架桩墩：优点是用料省、修建简便、施工速度快；主要缺点是用钢量大，使用高度和承载能力受到一定限制。因此它只适合于在低浅宽滩河流、通航要求低和流速不大的水网地区河流上修建小跨径桥梁时采用。

（2）梁桥轻型桥台

设有支撑梁的轻型桥台：适用于单跨桥梁，桥孔跨径 6 ～ 10m，台高不超过 6m。

埋置式桥台：桥台所受的土压力小，桥台的体积相应的减少，但是由于台前护坡是用片石做表面防护的一种永久性设施，存在有被洪水冲毁而使台身裸露的可能，故设计时必须慎重地进行强度和稳定的验算。分为后倾式、肋形埋置式、双柱式、框架式等类型，其中桩柱式桥台对于各种土壤地基都适宜，其适用范围是：桥孔跨径 8 ～ 20m，填土高度 3 ～ 5m。当填土高度大于 5m 时宜采用框架式埋置式桥台。

钢筋混凝土薄壁桥台：适用于软弱地基的条件，但其构造和施工比较复杂，并且钢筋用量也较多。

加筋土桥台：在台后路基填土不被冲刷的中、小跨径桥梁，台高 3 ～ 5m 时，可采用加筋土桥台。

2. 拱桥轻型桥墩、台

（1）拱桥轻型桥墩

带三角杆件的单向推力墩：只在桥不太高的旱地上采用。

悬臂式单向推力墩：适用于两铰双曲拱桥。

（2）拱桥轻型桥台

适用于 13m 以内的小跨径拱桥和桥台水平位移量很小的情况。其工作原理是当桥台受到拱的推力后，便发生绕基底形心轴而向路堤方向的转动，此时台后的土便产生抗力来平衡拱的推力，从而使桥台的尺寸较小。

八字形桥台：适合于桥下需要通车或过水的情况；

u 字形桥台：适合于较小跨径的桥梁；

背撑式桥台：适用于较大跨径的高桥和宽桥；

靠背式框架桥台：适合于在非岩石地基上修建拱桥桥台；

组合式桥台：适用于各种地质条件；

空腹式桥台：一般是在软土地基、河床无冲刷或冲刷轻微、水位变化小的河道上采用；

齿槛式桥台：适用于软土地基和路堤较低的中小跨径拱桥。

二、构造特点与受力特点

（一）桥梁下部结构的构造特点

1. 重力式桥墩：梁桥重力式桥墩由墩帽、墩身、基础等组成，墩帽要满足支座布置和局部承压的需要。与梁桥重力式桥墩相比较，拱桥重力式桥墩具有拱座等构造设施，且制动墩要比普通墩尺寸更厚实，能承受单向较大的水平推力，防止坍塌。

2. 重力式桥台（u 型桥台）：由台帽、背墙、台身（前墙、侧墙）、基础、锥坡等几部分组成，背墙、前墙与侧墙结合成　体，兼有挡土墙和支撑墙的作用。

3. 梁桥轻型桥墩

（1）钢筋混凝土薄壁桥墩：圬工体积小、结构轻巧，比重力式桥墩节约圬工量70％左右。

（2）柱式桥墩：由分离的 2 根或多根立柱（或桩柱）组成，是公路桥梁中采用较多的桥墩形式之一。

（3）柔性排架桩墩：由单排或双排的钢筋混凝土桩与钢筋混凝土盖梁连接而成。

4. 梁桥轻型桥台

（1）设有支撑梁的轻型桥台

（2）埋置式桥台

（3）钢筋混凝土薄壁桥台

（4）加筋土桥台

5. 拱桥轻型桥墩

（1）带三角杆件的单向推力墩

（2）悬臂式单向推力墩

6. 拱桥轻型桥台

（1）八字形桥台

（2）u 字形桥台

（3）背撑式桥台

（4）靠背式框架桥台

（二）桥梁下部结构的受力特点

桥墩为多跨桥梁中的中间支承结构物，除承受上部结构产生竖向力、水平力和弯矩外，还承受风力、流水压力及可能发生的地震力、冰压力、船只和漂流物的撞击力。

桥台设置在桥梁两端，除了支承桥跨结构外，又要衔接两岸接线路堤；它既要能挡土护岸，又能承受台背填土及填土上车辆荷载所产生的附加土侧压力。

桥梁墩台受力计算时的荷载及其组合应根据可能出现的各种荷载情况进行最不利的荷载组合。

三、了解桥梁计算荷载

（一）桥梁设计作用的分类

公路桥涵设计采用的作用分为永久作用、可变作用和偶然作用三类。

（二）桥梁工程作用取值方法

1. 公路桥涵设计时，对不同作用应采用不同的代表值

（1）永久作用应采用标准值作为代表值。

（2）可变作用应根据不同的极限状态分别采用标准值、频遇值或准永久值作为其代表值。承载能力极限状态设计及按弹性阶段计算结构强度时应采用标准值作为可变作用的代表值。正常使用极限状态按短期效应（频遇）组合设计时，应采用频遇值作为可变作用的代表值；按长期效应（准永久）组合设计时，应采用准永久值作为可变作用的代表值。

（3）偶然作用取其标准值作为代表值。

2. 作用的代表值按下列规定取用

（1）永久作用的标准值，对结构自重（包括结构附加重力）可按结构构件的设计尺寸与材料的重力密度计算确定。

（2）可变作用的标准值应符合下列规定：

汽车荷载分为公路—i 级和公路—ii 级，汽车荷载由车道荷载和车辆荷载组成，车道

荷载由均布荷载和集中荷载组成。桥梁结构的整体计算采用车道荷载；桥梁结构的局部加载、涵洞、桥台和挡土墙土压力等的计算采用车辆荷载，车辆荷载与车道荷载的作用不重叠。

公路 -i 级车道荷载的均布荷载标准值为 $q_k=10.5kn/m$。集中荷载标准值按以下规定选取：桥梁计算跨径小于或等于 5m 时 .$p_k=180kn$；桥梁计算跨径等于或大于 50m 时，$p_k=360kn$；桥梁计算跨径在 5 ~ 50m 之间时，p_k 值采用直线内插求得。计算剪力效应时，上述集中荷载标准值 p_k 应乘以 1.2 的系数。

公路 - ⅱ 级车道荷载的均布荷载标准值 q_k 和集中荷载标准值 p_k 按公路 -i 级车道荷载的 0.75 倍采用。

车道荷载的均布荷载标准值应满布于使结构产生最不利效应的同号影响线上，集中荷载标准值只作用于相应影响中一个最大影响线峰值处。

（三）人群荷载标准值按下列规定采用

当桥梁计算跨径小于或等于 50m 时，人群荷载标准值为 $3.0kn/m^2$；当桥梁计算跨径等于或大于 150m 时，人群荷载标准值为 $2.5kn/m^2$；当桥梁计算跨径在 50 ~ 150m 之间时，可由线性内插得人群荷载标准值。对跨径不等的连续结构，以最大计算跨径为准。

城镇郊区行人密集地区的公路桥梁，人群荷载标准值取上述规定值的 1.15 倍。专用人行桥梁，人群荷载标准值为 $3.5kn/m^2$。

可变作用频遇值为可变作用标准值乘以频遇值系数 $\phi 1$。可变作用准永久值为可变作用标准值乘以准永久值系数 $\phi 2$。

（3）偶然作用应根据调查、试验资料结合工程经验确定其标准值。

3. 作用的设计值规定为作用的标准值乘以相应的作用分项系数。

（四）作用组合效应

l. 公路桥涵结构设计应考虑结构上可能同时出现的作用，按承载能力极限状态和正常使用极限状态进行作用效应组合，取最不利组合进行设计：

（1）在结构上可能同时出现的作用，才进行其效应的组合。当结构或结构构件需作不同受力方向的验算时，则应以不同方向的最不利的作用效应进行组合。

（2）可变作用的出现对结构或结构构件产生有利影响时，该作用不应参与组合。实际不可能同时出现的作用或同时参与组合概率很小的作用，不考虑其作用效应的组合。

（3）施工阶段作用效应的组合，应按计算需要及结构所处条件而定，结构上的施工人员和施工机具设备均应作为临时荷载加以考虑。组合式桥梁，当把底梁作为施工支撑时，作用效应宜分两个阶段组合：底梁受荷为第一个阶段，组合梁受荷为第二个阶段。

（4）几个偶然作用不同时参与组合。

2. 公路桥涵结构按承载能力极限状态设计时，应采用以下两种作用效应组合：

（1）基本组合。永久作用的设计值效应与可变作用设计值效应相结合。

（2）偶然组合。永久作用标准值效应与可变作用某种代表值效应、一种偶然作用标准值效应相组合。偶然作用的效应分项系数取1.0，与偶然作用同时出现的可变作用，可根据观测资料和工程经验取用适当的代表值。地震作用标准值及其表达式按现行《公路工程抗震设计规范》规定采用。

3.公路桥涵结构按正常使用极限状态设计时，应根据不同的设计要求，采用以下两效应组合：

（1）作用短期效应组合。永久作用标准值效应与可变作用频遇值效应相组合。

（2）作用长期效应组合。永久作用标准值效应与可变作用准永久值效应相组合。

四、支座

支座的类型很多，可根据桥梁跨径、支点反力和对支座建筑高度的要求等选用常用的支座。常用的支座有以下几种：

（一）垫层支座

由油毡、石棉泥或水泥砂浆垫层做成的简单的支座，10m以下的跨径简支板、梁桥，可不设专门的支座，而将板或梁直接放在上述垫层上。变形性能较差，固定支座除了设垫层外，还应用锚栓将上下部结构相连。

（二）铸钢支座

1. 弧形钢板支座

又称切线式支座或线支座。上支座为平板，下支座为弧形钢板，二者彼此相切而成线接触的支座。钢板采用约40~50mm的铸钢板或热扎钢板，缺点是移动时要克服较大的摩阻力，用钢量大、加工麻烦，一般用于中小桥梁中。

2. 铸钢支座

采用碳素钢或优质钢，经过制模、翻砂、铸造、机械加工和热处理等工艺制成的支座。有尺寸大、耗钢量大、容易锈蚀和养护费用高等缺点。

（三）新型钢支座

1.不锈钢或合金钢支座

2.滑板钢支座

3.球面支座

又称点支座，为适应桥梁多方面转动的要求，将支座上、下两部分的接触面分别做成曲率半径相同的凸、凹的球面支座。

（四）钢筋混凝土支座

1. 摆柱式支座

活动部分由钢筋混凝土摆柱构成的活动支座。外形和活动机理与割边的单辊轴钢支座相同，但在构造上则用矩形截面的钢筋混凝土短柱来代替辊轴的中间部分，辊轴的顶部和底部为弧形钢板，常用于跨径大于 20m 的钢筋混凝土或预应力混凝土梁桥。

2. 混凝土铰

通过缩小混凝土截面来降低截面刚度、因此能产生少量转动后能承受足够的轴力的一种简化支座。

（五）板式橡胶支座

由几层橡胶片和嵌在其间的各类加劲物构成或仅由一块橡胶板构成的支座。外形有长方形、梯形、圆形等。

（六）盆式橡胶支座

橡胶块紧密地放置在钢盆里的大吨位橡胶支座。由于橡胶块受到三向压力作用，因此使支座的极限承载能力有所加强。

（七）拉力支座

又称负反力支座，是可以同时承受正负反力的支座。分为拉力铰支座和拉力连杆支座两类，前者又分为固定式和活动式：固定式铰支的上摇座锚于梁端，下摇座锚于墩顶或桥台，之间用钢销连接而成；活动式的下摇座锚于墩顶或台顶的防拔块间，并在座下加辊轴，使其即能受拉，又能沿纵向移动。

（八）减震支座

附设有减震器而具有减震和抗震功能的支座。减震器分为油压减振器和橡胶减振器。减震器的机理主要是利用液体介质的黏滞性或橡胶的弹性所产生的阻尼力来减小地震力的影响。

五、支座构造

（一）垫层支座

由油毡、石棉泥或水泥砂浆垫层做成的简单的支座，10m 以下的跨径简支板、梁桥，可不设专门的支座，而将板或梁直接放在上述垫层上。变形性能较差，固定支座除了设垫层外，还应用锚栓将上下部结构相连。

（二）铸钢支座

1. 弧形钢板支座：又称切线式支座或线支座。上支座为平板，下支座为弧形钢板，二者彼此相切而成线接触的支座。钢板采用约 40~50mm 的铸钢板或热扎钢板，缺点是移动时要克服较大的摩阻力，用钢量大、加工麻烦，一般用于中小桥梁中。

2. 铸钢支座：采用碳素钢或优质钢，经过制模、翻砂、铸造、机械加工和热处理等工艺制成的支座。有尺寸大、耗钢量大、容易锈蚀和养护费用高等缺点。

（三）新型钢支座

1. 不锈钢或合金钢支座

2. 滑板钢支座

3. 球面支座：又称点支座。为适应桥梁多方面转动的要求，将支座上、下两部分的接触面分别做成曲率半径相同的凸、凹的球面支座。

（四）钢筋混凝土支座

1. 摆柱式支座：活动部分由钢筋混凝土摆柱构成的活动支座。外形和活动机理与割边的单辊轴钢支座相同，但在构造上则用矩形截面的钢筋混凝土短柱来代替辊轴的中间部分；辊轴的顶部和底部为弧形钢板，常用于跨径大于 20m 的钢筋混凝土或预应力混凝土梁桥。

2. 混凝土铰：通过缩小混凝土截面来降低截面刚度、产生少量转动而能承受足够轴力的一种简化支座。

（五）板式橡胶支座

由几层橡胶片和嵌在其间的各类加劲物构成或仅由一块橡胶板构成的支座。外形有长方形、梯形、圆形等。

（六）盆式橡胶支座

橡胶块紧密地放置在钢盆里的大吨位橡胶支座。由于橡胶块受到三向压力作用，因此使支座的极限承载能力有所加强。

（七）拉力支座

又称负反力支座，是可以同时承受正负反力的支座。分为拉力铰支座和拉力连杆支座两类，前者又分为固定式和活动式：固定式铰支的上摇座锚于梁端，下摇座锚于墩顶或桥台，之间用钢销连接而成；活动式的下摇座锚于墩顶或台顶的防拔块间，并在座下加辊轴，使其即能受拉，又能沿纵向移动。

（八）减震支座

附设有减震器而具有减震和抗震功能的支座。减震器分为油压减振器和橡胶减振器。减震器的机理主要是利用液体介质的黏滞性或橡胶的弹性所产生的阻尼力来减小地震力的影响。

第四节 桥面系构造

桥面系指的是桥梁附属设施中，直接承受车辆、人群等荷载并将其传递至主要承重构件的桥面构造系统，包括桥面铺装、桥面板、纵梁、横梁、遮板、人行道等。桥面板、加筋肋、纵梁、横梁等构件组成的直接承受车辆荷载作用的桥面构造系统。桥面系包括纵梁、横梁和纵梁间的连接系。

一、桥面系施工

1. 横隔板、中横梁

（1）横隔板、中横梁端头混凝土表面要进行清理，表面要凿毛、露出石子，同时注意不要破坏混凝土外露部分。

（2）钢筋绑扎时，调直预埋钢筋，然后绑扎和焊接钢筋。

（3）钢筋安装、绑扎和焊接应严格执行《公路桥涵施工技术规范》JTG/TF50-2011及设计文件的有关规定。

（4）支立侧模时两侧模之间用套管拉筋拉紧，侧模和混凝土及底模与混凝土之间用海绵胶条夹紧防止漏浆。底模用拉筋固定在横梁上，拉筋外套 PVC 管，以便模板拆除。横梁落在梁顶面上，用木楔顶进。拆模后将拉筋抽出。

（5）混凝土浇筑时要采用小型插入式振捣器振捣，保证密实。

2. 湿接缝

（1）模板用拉筋固定在横梁上，拉筋外套 PVC 管，以便模板拆除。横梁落在梁顶面上，用木楔顶进，使模板和翼缘板密贴，防止漏浆。

（2）调直梁翼缘板预留筋，再绑扎和焊接现浇钢筋，焊接及绑扎搭接长度符合规范要求。

（3）混凝土浇筑时，表面抹平后再进行拉毛处理，控制混凝土表面标高。

（4）用土工布覆盖，洒水养生。

3. 负弯矩张拉及体系转换

（1）人工凿除梁头混凝土表面的浮浆，露出石子清除混凝土碎屑，并用水冲洗干净。

（2）连接连续接头段钢筋，设置接头板束波纹管并穿束。

（3）负弯矩孔道采用波纹管成型，按其坐标连接固定好，然后进行钢筋焊接、绑扎，支立模板。

（4）在日温最低时，浇筑连续接头，从桥梁每联的两端孔向中孔依次浇注连续接头混凝土。

（5）强度达到设计强度 85% 时且砼龄期不小于 7d 后，方可进行负弯矩预应力张拉，张拉时应对称张拉。

（6）张拉锚固后检查钢绞线的滑断丝情况，并不得超过有关规定。张拉锚固后，检查锚板有无裂纹，并且其开裂程度不得超过有关规定。

（7）张拉油顶使用完毕后，各液压缸必须回程到底，保持进出口油路的清洁，并妥善保管。张拉过程中，构件两端严禁站人，油泵不允许超负荷工作，安全阀必须按额定油压或实际使用油压调整。

（8）孔道压浆及封锚，压浆前应用压力水冲洗孔道，压力水从一端压入，从另一端排出。一般每一孔道宜于两端先后各压一次。两次间隔时间以达到先压注的水泥浆既未充分泌水又未初凝为度，一般宜为 30-45 分钟。当构件两端的排气孔排出 - 水 - 稀浆及浓浆时，用木塞塞住，并加大压力，持荷稳压 3-5min，再从压浆孔拔处喷嘴，立即用木塞塞住。当气温高于 35 度时，压浆在夜间进行。压浆后先将周围冲洗干净、凿毛，然后封锚，封锚砼为 C50。

（9）拆除临时支座（砂筒），拆除一联临时支座应严格安装负弯矩张拉次序（先两端跨后中间跨）依次解除，使连续梁结构落在支座上，完成体系转换。

4. 防撞护栏

（1）首先要求测量放样要准确，特别加强平、纵曲线位置控制。放样时要分段进行，每 5.0m 设一个控制点；曲线半径较小时每 2.0m 设一个控制点。

（2）钢筋安装、绑扎和焊接应严格执行《公路桥涵施工技术规范》JTG/TF50-2011 的有关规定，预埋铺装网片伸入护栏内侧部分不小于 30cm。

（3）要准确预埋钢板、护栏螺栓、防坠网螺栓等预埋件。要确保护栏钢管顶面、侧面平顺，与线形保持一致。

（4）模板采用特制钢模板，刚度大、表面光洁、接缝平整光滑、不漏浆。

（5）在模板与桥面的连接处，用砂浆进行封堵，以确保模板底边与桥面连接处牢固、不漏浆。

（6）防撞护栏混凝土浇筑时，在底部变截面处易产生气泡，不易排出。施工时，混凝土按一定厚度、顺序、纵向分层浇筑，充分振捣，防止过振。为克服温度应力变化影响产生裂缝，护栏每 5m 设置一道宽 20mm 的断缝（沥青麻絮填充），在每墩顶位置处设置施工缝。

（7）振捣时,应避免振捣棒碰撞模板及钢筋,使混凝土得以充分振捣,保证混凝土质量。

（8）防撞护栏混凝土顶面进行收浆、抹面、压光处理，并在混凝土浇筑完成后及时覆盖土工布进行洒水养生。

（9）为保证桥梁整体美观，防撞护栏混凝土所使用的水泥、砂石料等材料都要使用同一品牌、同一产地材料。

（10）护栏安装必须全桥对直、校平（弯桥、坡桥要求平顺），保证线形顺适、外形美观。

5. 桥面铺装

（1）桥面铺装采用整幅施工，同一幅桥面尽量不设纵向施工缝，以增强桥面的整体性。要严格控制桥面铺装层的厚度、平整度，采用机械化施工。

（2）桥面铺装施工时注意预埋防撞墙、人行道、伸缩缝装置、泄水管等构件。

（3）浇筑桥面铺装混凝土前，必须将梁顶面浮浆油污清洗干净并凿毛露出新鲜混凝土面，以保证新老混凝土接合牢固，然后用高压水枪清洗桥面。

（4）桥面铺装的钢筋网，纵向钢筋在上面，横向钢筋在下面，在钢筋网下面垫预制混凝土垫块或钢筋头支撑，保证保护层厚度。

（5）混凝土浇筑时，先用人工粗平，后用混凝土振动梁整平、振实、提浆。待混凝土表面无泌水时用金属抹刀抹平，经修整后混凝土表面不应留有浮浆。

（6）抹平的混凝土表面应在初凝前做拉毛处理，拉毛工具使用压滚。混凝土铺装浇筑完成并在其收浆、拉毛后，及时用土工布覆盖洒水养护。

（7）养护期间要封闭交通，在混凝土达到设计强度后方可通行。

6. 伸缩缝

大中桥梁采用 ZEY80、ZEY160 型伸缩装置，13m 跨径中小桥根据桥长采用 ZEY40 型伸缩缝，单孔可一端采用背墙连续。伸缩装置的材料及其成品的技术要求应符合交通行业标准《公路桥梁橡胶伸缩装置》（JT/T327-2004）的有关规定，并注意在桥台背墙、预制梁梁端处预埋钢筋、预留槽口。防撞护栏施工时，同样需要根据图纸要求提前预埋预留孔。本桥伸缩缝槽内混凝土采用 C50 钢纤维混凝土浇筑，伸缩缝预留槽内用 C50 钢纤维混凝土填充捣实。

二、质量标准及要求

1. 钢筋加工及安装质量要求及标准

（1）钢筋、焊条等的品种、规格和技术性能应符合国家现行标准规定和设计要求。

（2）冷拉钢筋的机械性能必须符合规范要求，钢筋平直，表面不应有裂皮和油污。

（3）受力钢筋同一截面的接头数量、搭接长度、焊接和机械接头质量应符合施工技术规范要求。

（4）钢筋安装时，必须保证设计要求的钢筋根数。

（5）受力钢筋应平直，表面不得有裂纹及其他损伤。

（6）钢筋加工及安装质量标准

项次	检查项目			规定植或允许偏差	检查方法和频率
1	受力钢筋间距（mm）		两排以上排距	±5	尺量；每构件检查2个断面
		同排	梁、板、拱肋	±10	
			基础、锚碇、墩台、柱	±20	
			灌注桩	±20	
2	箍筋、横向水平筋、螺旋筋间距（mm）			±10	尺量；每构件检查5-10个间距
3	钢筋骨架尺寸（mm）		长	±10	尺量；骨架总数30%抽查
			宽、高或直径	±5	
4	弯起钢筋位置（mm）			±20	尺量；每骨架抽查30%
5	保护层厚度		柱、梁、拱肋	±5	尺量；每构件沿模板周边检查8处
			基础、锚碇、墩台	±10	
			板	±3	

2. 预应力筋的加工和张拉质量要求及标准

（1）预应力筋的各项技术性能必须符合国家现行标准规定和设计要求。

（2）预应力束中钢绞线应梳理顺直，不得有缠绞、扭麻花现象，表面不应有损伤。

（3）单根钢绞线不允许断丝。

（4）预应力筋张拉或放张时混凝土强度和龄期必须符合设计要求，严格按照设计规定的张拉顺序进行操作。

（5）制孔管道应安装牢固，接头密合，弯曲圆顺。锚垫板平面应与孔道轴线垂直。

（6）千斤顶、油表、钢尺等器具应经检验校正。

（7）锚具、夹具应符合设计要求，按施工技术规范的要求经检验合格后方可使用。

（8）压浆工作在5℃以下进行时，应采取防冻或保温措施。

（9）孔道压浆的水泥浆性能和强度应符合施工技术规范要求，压浆时排气、排水孔应有水泥浓浆溢出后方可封闭。

（10）后张法质量标准

项次	检查项目		规定值或允许偏差	检查方法和频率
1	管道坐标（mm）	梁长方向	±30	尺量：抽查30，每根查10个点
		梁高方向	±10	
2	管道间距（mm）	同排	10	尺量：抽查30%，每根查5个点
		上下层	10	
3	张拉应力值		符合设计要求	查油压表读数：全部
4	张拉伸长率		符合设计规定，无设计规定时±6%	尺量：全部
5	断丝滑丝数	钢束	每束1根，且每断面不超过钢丝总数的1%	目测：每根（束）
		钢筋	不允许	

3. 防撞护栏质量要求及标准

（1）所用的水泥、砂、石、水和外掺剂的质量和规格必须符合有关规范的要求，按规定的配合比施工。

（2）不得出现露筋和空洞现象。

（3）防撞护栏上的钢构件应焊接牢固，焊缝应满足设计和有关规范的要求，并按设计要求进行防护。

（4）混凝土防撞栏质量标准

项次	检查项目	规定值或允许偏差	检查方法和频率
1	混凝土强度（MPa）	在合格标准内	按评定标准附录 D 检查
2	平面偏位（mm）	4	经纬仪、钢尺拉线检查：每100m 检查 3 处
3	断面尺寸（mm）	±5	尺量，每100m 每侧检查 3 处
4	竖直度（mm）	4	吊垂线；每100m 每侧检查 3 处
5	预埋件位置（mm）	5	尺量：每件

4. 伸缩缝质量要求及标准

（1）伸缩缝必须满足设计和有关技术规范的要求，须有合格证，并经验收合格后方可安装。

（2）伸缩缝必须锚固牢靠，伸缩性能必须有效。

（3）伸缩缝两侧混凝土的类型和强度，必须符合设计要求。

（4）伸缩缝处不得积水。

（5）伸缩缝安装质量标准

项次	检查项目	规定值或允许偏差		检查方法和频率
1	长度（mm）	符合设计要求		尺量：每道
2	缝宽（mm）	符合设计要求		尺量：每道2 处
3	与桥面高差（mm）	2		尺量：每侧 3~7 处
4	纵坡（%）	一般	±0.5	水准仪：测量纵向锚固混凝土端部3 处
		大型	±0.2	水准仪：沿纵向测伸缩缝两侧3 处
5	横向平整度（mm）	3		3m 直尺：每道

5. 桥面铺装质量要求及标准

（1）水泥混凝土桥面的基本要求与水泥混凝土路面的要求相同，沥青混凝土桥面的基本要求同沥青混凝土路面相同。

（2）桥面泄水孔进水口的布置应有利于桥面和渗入水的排出，其数量不得少于设计要求，出水口不得使水直接冲刷桥体。

（3）桥面铺装质量标准

项次	检查项目			规定值或允许偏差		检查方法和频率
1	强度或压实度			在合格标准内		按附录 B 或 D 检查
2	厚度（mm）			+10, -5		对比桥面浇筑前后标高检查：每 100m 测 5 处
3	平整度	高速、一级公路	IRI（m/km）	沥青混凝土 2.5	水泥混凝土 3.0	平整度仪：全桥每车道连续检测，每 100m 计算 IRI 或 α
			α（mm）	1.5	1.8	
		其他公路	IRI（m/km）	4.2		
			α（mm）	2.5		
			最大间隙 h（mm）	5		3m 直尺：每 100m 测 3 处 ×3 尺
4	横坡（%）	水泥混凝土		± 0.15		水准仪：每 100m 检查 3 个断面
		沥青面层		± 0.3		
5	抗滑构造深度			符合设计要求		砂铺法：每 200m 查 3 处

三、安全保障体系

为保证桥面系工程施工的顺利进展，认真贯彻"安全第一、预防为主、综合治理"的安全生产方针；坚持"管生产必须管安全"的原则，接合桥面系工程施工现场实际情况，制定如下安全生产保证措施；

（一）确定安全生产目标、建立健全安全生产保证体系并有效运行

1. 安全生产目标

安全目标：伤亡事故为零、无机械、火灾、交通事故发生。

2. 成立安全生产领导组织机构

项目部成立以项目经理为首的安全生产领导小组，成员为"京新高速公路临白三标一分部安全生产领导小组全体成员"，安保部配备安全工程师、专职安全员；施工队对应成立安全生产领导小组，队长为组长，技术负责人、安全员、技术员、施工员及施工班班长为成员，形成自上而下的安全生产管理体系，并保证安全保证体系的有效运行。

3. 加强安全生产管理，全面落实安全生产责任制

从项目部各职能部门到施工队、各作业班组必须全面落实安全生产责任制，层层明确安全生产责任人，签订安全生产经济责任书。

4. 加强安全生产宣传，完善安全管理标志

在施工现场及危险源，应设置公示牌及醒目的安全标语，安全警示标志、安全操作规程等。

5. 加强特殊工种人员资质管理

电工与电焊机国家规定的其他特殊作业的人员，应取得相应的专业资质，持证上岗。

6. 加强安全技术培训与交底

对参加管理与生产作业的所有人员（含民工），均要进行安全技术培训或教育并对重要方面进行测验考试；各项工程开工前，均要进行安全技术交底。

7. 加强保险与劳动保护工作

按规定为所有人员购买保险、特殊工种、高危工种，项目部为操作人员配备相关的劳动保护用品。

8. 坚持安全生产检查制度

对于施工的高空作业、机械操作、用电安全、地质灾害等方面，进行反复的检查治理。通过安全检查以发整改通知书、罚款、扣分等手段，随时发现、纠正、处理安全隐患和违规行为。

9. 加强安全信息管理、建立安全生产档案

所有安全生产的信息、活动进入安全档案，建立安全管理台账，以便分析、总结提高安全生产管理水平。

（二）特殊季节安全技术保障措施

项目所在地阿拉善盟额济纳旗，常见多风天气，尤其以春季为甚，年均 ≥8 级以上大风天气 44 天，且大风常伴随沙尘暴，年均沙尘暴次数 14 次，需做好风沙保证措施。

由于风季气候变化恶劣、风沙较多、较大且频繁，在进入风季施工时，一定要加强现场的风期施工管理，注意风期施工安全，注意观察和记录木工程所在地的气候变化，采取切实可行的风季施工措施，确保风季施工安全。

1. 在高空处作业时操作人员必须正确使用安全带，即高挂低用且必须戴好安全帽，挂好安全网。遇有五级以上强风、沙尘暴等恶劣的气候，不得从事露天高空作业。

2. 对所有架空用电线路进行风期检查，防止线路弛度过大，随风摆动大，以免造成短路和其他危害的发生。

3. 在高处用气割或电焊时，应采取措施防止火花随风落下伤人及引爆易燃物。焊接剩余的焊条头、工具等不得随意下丢。

4. 对于吊装作业，一定要设专人指挥，若风力超过五级必须停止作业；若风力微小时，也要加护绳保护，防止其他安全隐患的发生，并随时注意现场变化，以采取相应措施。

（三）跨既有线路施工安全保证措施

1. 跨既有线防坠落措施

（1）在边梁护栏位置安装防护网，防止桥面施工杂物掉进既有线内。

（2）邻近既有线施工其他安全措施

1）严格落实施工方案逐级审批制度。跨线桥施工，向监理、业主逐级上报施工方案，必须经过铁局审核批准，经批准后方可开工。

2）认真执行安全协议制度。在营业线上施工，与设备管理单位和行车组织单位分别签订施工安全协议书。安全协议明确双方的责任和义务、施工责任地段和期限、安全防范内容和措施、安全分工、发生责任行车事故的处罚办法、安全监督配合费用等。

3）施工前，对现场作业人员做好安全常识的宣传工作；在既有线两侧施工防护区段，设置显目的安全禁止、警示标志，并划定责任区。

4）安全员、防护员、联络员和带班人员和工班长经有关部门进行培训，培训合格后方可上岗。施工时，每班设班长1名、专职安全员1名，统一指挥，规范操作；施工期间，禁止非施工人员进入施工责任区，专职安全员配合铁路巡道人员和道口看守人员日夜值班。

5）所有临近既有线施工人员，穿统一着装，外穿反光背心。防护员、安全员佩戴袖标及防护工具。

6）开工前会同有关单位一起，召开施工协调会，就互相配合，协调工作明确方式及内容，及时解决行车与施工中的安全问题。

7）派驻车站联络员协调、联络随时掌握行车运营状况，提前防患。施工时，在施工区段内设巡守工、巡道工及行车安全巡视员，加强对铁路的巡守，纠正违章行为。按规定在铁路旁设置明显的施工标志，以提醒行车司机的注意。

8）各种机械设备操作人员均持上岗证，不准与证不相符的机械人员操作，不准将机械设备交给无本机操作证的人员操作，对机械操作人员建立档案，专人管理。

9）各种机械设备的驾驶室或操作室保持整洁，严禁存放易燃、易爆物品，严禁酒后操作机械，严禁机械带病运转或超负荷运转。

10）指挥机械作业的人员，均站在能通视的安全地点，并明确规定指挥联络信号。

11）使用钢丝绳的机械，在运转中严禁用手套或其他物件接触钢丝绳，用钢丝绳拖、拉机械或重物时，人员远离钢丝绳。

四、文明施工及环境保护措施

1. 文明施工管理措施

（1）制定严格的文明施工管理制度，明确现场文明施工管理责任。对全体员工做好现场文明施工宣传工作和教育，使员工牢固树立文明意识，自觉遵守规章制度、文明生产。

（2）施工现场与周边道路实行隔离管理，周边设置稳固安全围挡。在施工现场悬挂以质量、安全、进度、文明施工为主的彩旗、标语，字体要整洁美观。营造出文明施工、科学管理的气氛。

（3）施工现场各类机械设备、建筑材料和废弃物分类堆放。材料应分类定点存放，摆放要整齐，并有防雨、防潮措施，并做到每天清场一次。机械设备专人使用，危险品仓库 24 小时派人看守。

（4）施工现场道路做到畅通平整。设置排水系统，保证施工现场道路畅通、场地平整，无大面积的积水。污水未经处理，绝对不允许排入排水系统。

（5）施工现场防火、用电安全，严格执行国家或地方有关规定，禁止违章行为。在施工区、生活区内显眼处张挂防火、安全警示牌。

（6）搞好施工现场及周围的环境卫生。施工现场及周边道路安排洒水车不间断洒水降尘，防止施工区域、施工道路内扬尘的产生，施工现场内临时堆放的土料必须做好覆盖。

（7）施工区域内的围挡、交通警示牌，要保持干净、清晰，尽力做到随脏随洗，道路路面保持干净、无淤泥、无积水。

（8）文明施工做到组织落实、责任落实、形成网络，工程处每月进行一次文明施工检查，将文明施工管理列入生产活动议事日程当中，做到常抓不懈。

（9）施工现场采用硬制围挡，将施工区域与周围环境分割开，并设专人进行维护。工地各主要出入口设置交通指示标志和警示灯，确保车辆和行人安全。

（10）施工完毕，队伍撤离，要人离场清，文明撤离。

2. 环境保护管理措施

（1）建立环境保护责任制度，加强环保教育，使参建人员牢固树立环保意识，自觉地遵守环保规定。

（2）加强环保教育和激励措施，把环保作为全体施工人员的上岗教育内容之一，提高环保意识，对违反环保的班组和个人进行处罚。

（3）环境保护具体措施

1）在生活区、施工现场应经常清理环境卫生，排除积水，并及时整治运输道路和停车场地，经常洒水，清理污物，防止施工车辆产生扬尘，做到文明施工。

2）废弃的水泥混凝土、所有机械设备的修理残渣和油污等废弃物和生活垃圾应分类集中堆放或掩埋，防止污染水源和环境。

3）原材料和施工现场临时堆放的材料均应分类、有序堆放。施工现场的钢筋、工具、机械设备等应摆放整齐。

4）对于施工中废弃的零碎配件、水泥袋、包装箱等及时收集清理并搞好现场卫生以保护施工环境。

5）现场各种材料按规格、品牌及批次和规范要求进行存放，并按照物资管理程序进行明确标识，使之井然有序。

（4）防止大气污染措施

1）清理施工垃圾时使用容器吊运，严禁随意凌空抛撒造成扬尘。施工垃圾及时清运，清运时，适量洒水减少扬尘。

2）配备洒水车，施工场地和周边道路随时清扫洒水，减少道路扬尘。作业场地及运输车辆及时清扫、冲洗，保证场地及车辆的清洁。

3）易飞扬的细颗粒散体材料尽量库内存放，如露天存放时采用严密苫盖。运输和卸运时防止遗洒飞扬。

4）在施工区严禁燃烧各种垃圾及废弃物。

第六章 桥梁施工设计

第一节 桥梁设计概述

桥梁的规划设计需考虑的因素很多，涉及工程地区的政治、经济、文化以及人文环境，特别是对于工程比较复杂的大、中桥梁，是一个综合性的系统工程。因此必须建立一套严格的管理体制和有序的工作程序。

一、概述

1. "预可"阶段

"预可"阶段着重研究建桥的必要性以及宏观经济上的合理性。在"预可"阶段研究形成的"预可工程可行性研究报告书"（简称"预可报告"）中，应从经济、政治、国防等方面，详细阐明建桥理由和工程建设的必要性与重要性，同时初步探讨技术上的可行性。对于区域性线路上的桥梁，应以建桥地点（渡口等）的车流量调查（计及国民经济逐年增长）为立论依据。

"预可"阶段的主要工作目标是解决建设项目的上报立项问题。因而，在"预可报告"中，应编制几个可能的桥型方案，并对工程造价、资金来源、投资回报等问题有初步估算和设想。设计方将"预可报告"交业主后，由业主据此编制"项目建议书"报主管上级审批。

2. "工可"阶段

在"项目建议书"被审批确认后，着手工程可行性研究（简称"工可"）阶段的工作。在这一阶段，着重研究选用和补充制定桥梁的技术标准，包括：设计荷载标准、桥面宽度、通航标准、设计车速、桥面纵坡、桥面平纵曲线半径等，应与河道、航运、规划等部门共同研究，以共同协商确定相关的技术标准。

在"工可"阶段，应提出多个桥型方案，并按交通部《公路基本建设工程投资估算编制办法》估算造价，对资金来源和投资回报等问题应基本落实。

3. 初步设计

初步设计应根据批复的可行性研究报告、勘测设计合同和初测、初勘或定测、详勘资料编制。初步设计的目的是确定设计方案，应通过多个桥型方案的比选，推荐最优方案，报上级审批。在编制各个桥型方案时，应提供平、纵、横面布置图，标明主要尺寸，并估算工程数量和主要材料数量，提出施工方案，编制设计概算，提供文字说明和图表资料。初步设计经批复后，即成为施工准备、编制施工图设计文件和控制建设项目投资等的依据。

4. 技术设计

对于技术上复杂的特大桥、互通式立交或新型桥梁结构，需进行技术设计。技术设计应根据初步设计批复意见、测设合同的要求，对重大、复杂的技术问题通过科学试验、专题研究、加深勘探调查及分析比较，进一步完善批复的桥型方案的总体和细部各种技术问题以及施工方案，并修正工程概算。

5. 施工图设计

施工图设计应根据初步设计（或技术设计）批复意见、勘测设计合同，进一步对所审定的修建原则、设计方案、技术措施加以具体和深化。在此阶段中，必须对桥梁各种构件进行详细的结构计算，并且确保强度、刚度、稳定性、裂缝、变形等各种技术指标满足规范要求，绘制施工详图，提出文字说明及施工组织计划，并编制施工图预算。

国内一般（常规）的桥梁采用两阶段设计，即初步设计和施工图设计。对于技术简单、方案明确的小桥，也可采用一阶段设计，即施工图设计；对于技术复杂的大型桥梁，在初步设计之后，还需增加一个技术设计阶段，在这一阶段要针对全部技术难点，进行如抗风、抗震、受力复杂部位等的试验、计算及结构设计，然后再做施工图设计。

二、基本原则

桥梁是道路交通的重要组成部分，桥梁设计、建造的规模代表了一个国家（地区）的科技和经济发展的水平，特别是大、中桥梁的建设，对当地政治、经济、国防等都具有重要意义。国公路桥梁设计的基准期为100年，科学合理、因地制宜地进行总体规划和设计，是桥梁建设的百年大计。因此，桥梁设计与规划必须遵照"安全、适用、经济、美观"的基本原则进行，同时应充分考虑建造技术的先进性以及环境保护和可持续发展。

1. 安全

（1）所设计的桥梁结构在强度、稳定和耐久性方面应有足够的安全储备。

（2）防撞栏杆应具有足够的高度和强度，人与车流之间应做好防护栏，防止车辆危及人行道或撞坏栏杆而落到桥下。

（3）对于交通繁忙的桥梁，应设计好照明设施并有明确的交通标志，两端引桥坡度不宜太陡，以避免因发生车辆碰撞等而引起的车祸。

（4）对于河床易变迁的河道，应设计好导流设施，防止桥梁基础底部被过度冲刷；对于通行大吨位船舶的河道，除按规定加大桥孔跨径外，必要时设置防撞构筑物等。

（5）对于修建在地震区的桥梁，应按抗震要求采取防震措施；对于大跨柔性桥梁，尚应考虑风振效应。

2. 适用

（1）桥面宽度能满足当前以及今后规划年限内的交通流量（包括行人通行）。

（2）桥梁结构在通过设计荷载时不出现过大的变形和过宽的裂缝。

（3）桥跨结构的下面有利于泄洪、通航（跨河桥）或车辆和行人的通行（旱桥）。

（4）桥梁的两端方便于车辆的进入和疏散，而不致产生交通堵塞现象等。

（5）考虑综合利用，方便各种管线（水、电气、通信等）的搭载。

3. 经济

（1）桥梁设计应遵循因地制宜、就地取材和方便施工的原则。

（2）经济的桥型应该是造价和养护费用综合最省的桥型。设计中应充分考虑维修的方便和维修费用少，维修时尽可能不中断交通，或中断交通的时间最短。

（3）所选择的桥位应是地质、水文条件良好，并使桥梁长度较短。

（4）桥位应考虑建在能缩短河道两岸的运距，以促进该地区的经济发展，使其产生最大的效益。对于过桥收费的桥梁应能吸引更多的车辆通过，达到尽快回收投资的目的。

4. 美观

一座桥梁应具有优美的外形，而且这种外形从任何角度看都应该是优美的。结构布置必须精炼，并在空间上有和谐的比例。桥型应与周围环境相协调。合理的结构布局和轮廓是桥梁美观的主要因素。另外，施工质量对桥梁美观也有很大影响。

5. 技术先进

在因地制宜的前提下，桥梁设计应尽可能采用成熟的新结构、新设备、新材料和新工艺。在注意认真学习国内外的先进技术，充分利用最新科学技术成就的同时，努力创新，淘汰和摒弃原来落后和不合理的设计思想。只有这样才能更好地贯彻适用、经济、安全、美观的原则，提高我国的桥梁建设水平，进而赶上和超过世界先进水平。

6. 环境保护和可持续发展

桥梁设计应考虑环境保护和可持续发展的要求。从桥位选择、桥跨布置、基础方案、墩身外形、上部结构施工方法、施工组织设计等多方面全面考虑环境要求，采取必要的工程控制措施，并建立环境监测保护体系，将不利影响减至最小。

三、桥梁布置及净空要求

1. 桥梁平面布置

桥梁设计首先要确定桥位，按照《公路工程技术标准》（JTGB01-2003）的规定，小桥和涵洞的位置与线形一般应符合路线的总走向。为满足水文、线路弯道等要求，可设计斜桥和弯桥。对于公路上的特大桥及大、中桥桥位，原则上应服从路线走向，桥、路应综合考虑，尽量选择在河道顺直、水流稳定、地质条件良好的河段上。

桥梁的平曲线半径、平曲线超高和加宽、缓和曲线、变速车道设置等，均应满足相应等级线路的规定。

2. 桥跨和孔径

桥梁纵断面设计包括确定桥梁的总跨径、桥梁的分孔、桥面的标高、桥上和桥头引道的纵坡以及基础的埋置深度等。

（1）桥梁总跨径

桥梁总跨径一般根据水文计算来确定，其基本原则是：应使桥梁在整个使用年限内，保证设计洪水能顺利宣泄；河流中可能出现的流冰和船只、排筏等能顺利通过；避免因过分压缩河床引起河道和河岸的不利变迁；避免因桥前壅水而淹没农田、房屋、村镇和其他公共设施等。对于桥梁结构本身来说，不能因总跨径缩短而引起河水对河床过度冲刷，从而给浅埋基础带来不利的影响。

在某些情况下，为了降低工程造价，可以在不超过允许的桥前壅水和规范规定的允许最大冲刷系数的条件下，适当放宽冲刷限制，以缩短总跨长。例如，对于深埋基础，一般允许稍大一点的冲刷，使总跨径适当减小；对于平原区稳定的宽滩河段，河水的流速较慢，漂流物也少，主河槽较大，这时，可以对河滩的浅水流区段作较大的压缩，即缩短桥梁总跨径，但必须慎重校核，压缩后桥梁的壅水不得危及河滩路堤以及附近农田和建筑物。

（2）桥梁的分孔

对于一座较长的桥梁，应当分成若干孔。孔径划分的大小，不仅影响使用效果和施工等，而且在很大程度上影响桥梁的总造价。例如，所采用的跨径愈大，孔数就愈少，固然可以降低墩台的造价，但却使上部结构的造价大大增高；反之，上部结构的造价虽然降低了，但墩台的造价却又有所增高。因此，在满足使用和技术要求的前提下，通常采用最经济的分孔方式，即使上、下部结构的总造价趋于最低，此时的跨径为经济跨径。这些要求是：

1）对于通航河流，在分孔时首先应满足桥下的通航要求。桥梁的通航孔应布置在航行最方便的河域。对于变迁性河流，根据具体条件，应多设几个通航孔。

2）对于平原区宽阔河流上的桥梁，通常在主河槽部分按需要布置较大的通航孔，而在两侧浅滩部分按经济跨径进行分孔。

3）当在山区的深谷、水深流急的江河以及水库上修桥时，为了减少中间桥墩，应加大跨径。条件允许时，甚至可以采用特大跨径的单孔跨越。

4）对于采用连续体系的多孔桥梁，应从结构的受力特性考虑，使边孔与中孔的跨中弯矩接近相等，合理地确定相邻跨之间的比例。

5）对于河流中存在不利的地质段，例如岩石破碎带、裂隙、溶洞等，在布孔时，为了使桥基避开这些区段，可以适当加大跨径。

总之，对于大、中桥梁的分孔是一个相当复杂的问题，必须根据使用要求、桥位处的地形和环境、河床地质、水文等具体情况，通过技术、经济等方面的分析比较，才能做出比较合理的设计方案。

3. 桥下净空

合理的桥面标高必须根据设计洪水水位、桥下通航（通车）净空的需要，并结合桥型、跨径等一起考虑。

（1）流水净空要求

为了保证支座的安全和正常工作，对于设支座的桥梁，支座底面应高出计算水位（即设计洪水水位加壅水和浪高）不小于 0.25m，并高出最高流冰面不小于 0.50m.

对于无铰拱桥，拱脚允许被洪水淹没，仍淹没深度不宜超过拱圈矢高（f0）的 2 / 3，并且在任何情况下，拱顶底面应高出计算水位 1.0m，拱脚的起拱线应高出最高流冰面不小于 0.25m。

（2）通航净空要求

为了保证桥下安全通航，通航孔桥跨结构下缘的标高应高出从设计通航水位算起的净空高度。有关通航净空的尺寸规定，参鉴《通航海轮桥梁通航标准》（JTJ311-1997）及《内河通航标准》（GB50139）。

（3）跨线桥桥下的交通要求

在设计跨线路（铁道或公路）的立体交叉时，桥跨结构底缘的标高应高出规定的车辆净空高度。

综上所述，全桥位于河中各跨的桥面标高均应首先满足流水净空的要求；对于通航或桥下通车的桥孔，还应满足通航或通车净空的要求；另外，还应考虑桥的两端能够与公路或城市道路顺利衔接等。因此，全桥各跨的桥面标高是不相同的，必须综合考虑和规划，一般将桥梁的纵断面设计成具有单向或双向的坡度，既利于交通，美观效果好，又便于桥面排水（对于不太长的小桥，可以做成平坡桥）。但桥面纵坡不宜大于 4%，桥头引道纵坡不宜大于 5%。对于位于市镇混合交通繁忙处的桥梁，桥上纵坡和桥头引道纵坡均不得大于 3%，并应在纵坡变更的地方按规定设置竖曲线使坡度改变处不致出现转角。

4. 桥上净空

公路桥梁横断面的设计，主要取决于桥面的宽度和不同桥跨结构横截面的形式。桥面宽取决于行车和行人的交通需要。国交通部颁布的《公路工程技术标准》（JTGB01-2003），规定了各级公路桥面净空的限界，在建筑限界内，不得有任何的结构部件。

第二节　桥梁使用寿命规划与设计

一、桥梁使用寿命

（一）概念

长久以来，国内工程界习惯地将桥梁设计使用寿命等同于业主或使用者对桥梁及结构使用寿命的目标要求。实际上二者是不同，桥梁使用寿命的长短与生命周期总成本有直接关系。

（二）影响桥梁使用寿命因素

1. 内在因素

主要为保护层厚度、水灰比和密实度、水泥品种、标号和用量、钢筋类型、预应力筋品种、灌浆质量、结构或构件的构造等，影响桥梁结构的碳化速度、结构或构件的裂缝形式等。

2. 外在因素

主要为桥梁及其构件的表面损伤或连接损伤、疲劳作用、变形等。自然和人为的环境因素，如除冰盐、有害化学物质侵蚀等，主要对混凝土、钢筋和预应力筋腐蚀破坏。

3. 桥梁使用寿命终结准则

当桥梁结构某种技术指标进入不合格状态；或通行能力已不适用新的需要，用途发生改变；或继续维修已不如拆换更为经济及结构运营对环境影响及环境成本超过容许值的期限，造成桥梁混凝土剥落、钢筋或者预应力筋锈蚀等现象，符合不安全、不适用和不经济三种寿命终结准则之一或者其组合时，视为桥梁使用寿命终结，需废弃、拆除或重建和改建。

二、桥梁使用寿命的规划与设计

（一）桥梁使用寿命的总体要求

充分考虑业主和用户的期望需求，通过对桥梁拟建区域规划、交通运输系统和业主投资的规划，桥梁用途和使用环境及未来交通发展和使用环境变化的分析，从经济角度考虑相应的功能利益,确定桥梁设计使用寿命的目标,一般为50-100年,重要的也能使用120年。

（二）桥梁使用寿命设计参考因素

在确定桥梁的设计使用寿命时,必须考虑的影响因素有:分析桥梁用途和确定使用环境结构将受到荷载、作用和气候条件;选择满足设计要求的材料和结构类型、旧桥相关数据的引用;平衡在经济型与长寿命之间构件实际使用寿命;考虑桥梁设计寿命功能过时的风险及投资巨大、对社会、经济发展意义重要的桥梁较高的设计寿命。

（三）桥梁使用寿命设计策略

基于全寿命的桥梁设计思想,确保桥梁的安全使用和防止桥梁结构过早退化,实现桥梁在其设计使用寿命内安全、耐久。在设计桥梁使用寿命时,要根据桥梁的使用环境,综合考虑业主、用户和社会需求后,合理确定桥梁的设计使用寿命要求,选择适当的结构形式、构件和材料以及必要的防护措施,获得使用寿命内令人满意的使用。

（四）桥梁使用寿命设计方法

实现桥梁设计的使用寿命,通常实施其组合来进行桥梁设计,需要进行使用性能设计,以满足桥梁的功能和使用性能要求;进行常规力学设计,以满足结构的承载能力等安全性能的要求;进行耐久性设计,以满足结构的耐久要求,并在使用过程中通过养护、维修以及构件和部件的更换来确保设计使用寿命得以实现。

（五）桥梁使用寿命设计内容

1. 初步设计

初步设计阶段对于桥梁的设计寿命非常重要,根据业主初始投资数量、决策材料和结构的方案,以满足目标需求。

（1）桥梁构件的设计

桥梁各主要构件分为永久构件,需要一般维护构件、需要少量维修或更换构件和易损构件等,根据性能设计（包括常规力学设计和耐久性设计）方面的考虑,选择满足使用寿命要求的适当桥梁结构、材料、构件。预测结构及其构件整个生命周期内在使用环境中养护、维修和更换的需求,设计构件可以检测和维护,以满足需求的长期使用,尤其是伸缩缝和支座。

（2）桥梁养护维修设计

必须对单个桥梁构件使用寿命的耐久性分析,考虑在整个使用寿命过程中进行可以预测的养护和维修的长期安排。

（3）桥梁性能的设计

进行耐久性分析,考虑单个桥梁构件的使用寿命,从而确定桥梁构件的材料组成以及所需的防护措施。桥梁的性能设计主要为安全性能设计、使用性能设计和耐久性设计,也可以考虑其他影响其使用寿命的专项分析，例如某些构件的疲劳分析或钢构件腐蚀的研究，其中防护系统必须预先设定，或者必须采取增加厚度的方法来考虑随时间变化的腐蚀损失。

（4）分析桥梁失效模式和寿命终结准则

考虑材料特性和缺陷，减小不好的细部构件及对结构设计寿命的影响，分析确定构件预期失效模式，以及相应的寿命终结准则。建立桥梁"设计使用寿命明细表"，帮助设计人员明确把握桥梁结构及其构件的使用寿命情况及其在生命周期内所做的处理情况。

（5）桥梁使用寿命设计方案比选和优化

根据适当的性能特点和预期寿命选择材料和结构体系。在给定所有的养护、维修和部分更换的信息后，可以计算使用成本，并对选择的不同方案进行比较。在初始建设成本和养护成本间进行权衡，进行生命周期成本分析进行混凝土连续桥梁的设计优化，选择一个在桥梁整个生命周期中总成本最小的方案。

2. 桥梁使用寿命的详细设计

必须清楚桥梁将会受到的作用，使用初步设计阶段确定的信息和目标，对选定的最佳方案进行详细设计。强调细部构件对桥梁使用性能和寿命的影响。

第三节　桥梁景观设计

一、桥梁景观的特点

1. 桥梁景观的技术美学特性

桥梁不能为绝对的美学而景观。其首先是解决通行功能并在技术可能与经济之间优化，这是桥梁设计规范的基本要求。因此桥梁景观设计必须符合桥梁功能、技术、经济要求，并以此为原则对景观构成元素进行美学调整。如桥型的美学比选，桥体结构部件的比例调整，桥梁选线与城市或大地景观尺度的和谐，桥梁的防护涂装与城市整体色彩中的联系等。桥梁景观的这种以功用与技术为重的特点即为其技术美学特性，但当景观价值有明显优势而功能得以满足、技术也可行的情况下，有时经济因素还可向后靠，如风景区的桥梁或城市结构要害之桥梁等。因此桥梁景观设计的某些关联域在不同的环境条件下其位次会有不同。

2. 桥梁景观的时代性

如前所述，我国的桥梁之桥型具有强烈的时代特征。时代性有一层重要含义既是"新"，如新事物、新发展、新现象、新景观、新知识、新文化、新科技等均可表达出时代寓意。桥梁结构技术的科技特征及结构技术的不断更新是使桥梁景观产生深刻时代烙印的主导因素。由于桥梁在城市中的战略性地位，使桥梁景观成为城市中的视觉识别要点，这就使桥梁景观对时代的表述延伸至城市。因此把握好桥梁景观的这种特点并恰如其分在城市中发挥它们在桥梁景观设计中需要重视的问题。

3. 桥梁景观的地域性

桥梁的空间跨越使交通立体化，而桥梁所跨之处的地理、地貌或城市空间环境均有其特指性，桥梁与特定地点的地形、地貌配合成为桥梁景观设计需重点考虑的方面。与特指的周边空间环境的配合使桥梁景观有机地融于环境，也使为人熟知的环境空间与有发展寓意的桥梁景观间蕴生出具有地方性的景观更新意义，景观更新中的继承与发展是其地标作用的深层次原因。桥梁与城市的伴生使其复合景观成为标榜城市独特性、唯一性的象征，像延安大桥与宝塔山、布鲁克林桥与曼哈顿，这也是桥梁景观地域性的表现。

二、设计方法

1. 桥梁的环境景观

桥梁景观英文为 Bridgescape，按美国桥梁景观学家 FrederickGottemoeller 的定义为设计桥梁的艺术（Theartofdesigningbridges）。Gottemoeller 将桥梁景观分解成线型设计、造型设计、平面布局设计、色彩设计、肌理设计、装饰设计等六大部分。Gottemoeller 还对桥梁景观设计中符号学运用、历史文化表达及技术美学特性等方面的设计创作进行了阐述，力图使桥梁功能、美学、文化与技术达到统一。

Gottemoeller 有关桥梁景观设计及其内容的研究着重于桥梁的本体景观，这也代表了国桥梁界、建筑界对桥梁景观设计的传统认识。

二十世纪末是我国环境意识觉醒的时代。随国国民经济的持续高速发展，土地的漠化、黄河断流、水源污染、长江洪水及城市建设对历史文化环境的破坏等一系列问题使我们认识到人类在自价值实现的同时还应与环境和谐。1999年第二十届世界建筑师大会发表的《北京宪章》明确提出了对环境的和谐与尊重应该成为一切建设行为的基本原则。在桥梁景观设计中强调环境景观即是对此大背景的呼应，同时也是保持景观可持续发展的一重要举措。反映到桥梁景观设计中便是桥梁景观与大地或城市景观尺度的和谐研究，桥梁景观对地形、地貌的适合，桥梁景观对文化环境的尊重与共生及桥梁建设对建设地点的自然原生景观的保护等，这些内容均为传统的桥梁景观学所不包容。

2. 桥梁的夜景观

桥梁夜景观与桥梁交通照明有本质区别，当然我们不能否认功能照明对夜景观有一定作用。可以说桥梁夜景观是照明科学与桥梁艺术的有机结合，是社会物质文明达到一定高度后，人们对城市景观多样化的必然要求，也是社会物质文明与精神文明建设的综合体现。桥梁夜景观拓展了桥梁的景观表达，全天候展示了桥梁魅力，是桥梁空间与时间的延伸。

桥梁夜景观的提出有两个大背景，其一是二十世纪九十年代中国电力资源由"贫困"向"富裕"的发展，这是其物质基础。其二是桥梁在城市格局中的战略性地位使桥梁夜景观成为城市亮化的一重要组成。桥梁所处的滨水区域，其广阔的视域是城市景观的表达重点，桥梁夜景观对于表现城市夜景观的景深与空间层次有重要作用，这是桥梁夜景观被注重的社会原因。

桥梁夜景观的设计虽然与建筑夜景观设计有相通之处，但其巨大的体量及带状的格局使夜景观有一些自身的规律。如桥梁夜景观更趋向为一亮带，而桥型艺术高潮处像桥塔、桥台、桥墩等则可形成亮点。这种点、线结合的夜景观格局更能体现桥梁个性与本质美。笔者见过不少桥梁其桥体通亮，光照均匀配置，这不仅销蚀了桥梁鲜明的空间、体积，同时还浪费了能源。

桥梁夜景观其灯光、灯色不仅有软质景观特点，其灯具还是桥面重要的硬质景观构成，灯具造型所传达的信息还可能是桥梁景观理念表达的一重要方面。如具有地域风格的灯具造型，可反映桥梁景观中对文化的追求等。现代的建筑夜景观设计提出了建筑与灯具一体化的概念，桥梁夜景观亦应如此。无论是观赏型的灯具如路灯，还是隐蔽型的如泛光灯均应在桥梁设计之始便有所考虑，并与桥梁景观成为一整体，以避免桥梁完成后灯具成为景观的负担。

3. 桥梁景观 CI

CI 是 CorporateIdentity 的缩写，意即是企业形象识别系统。该概念于 1905 年由德意志制造联盟贝伦斯率先发轫，二十世纪八十年代末传入中国。CI 有 MI（理念识别——MindIdentity）、BI（行为识别——BehaviourIdentity）、VI（视觉识别——VisualIdentity）三方面组成。狭义的 CI 即指 VI，它以各种视觉传播为媒体将企业活动的规范等抽象的语意转换为标志、标准字、标准色等视觉符号，塑造企业独特的视觉形象。在 CI 中视觉识别系统设计是最有传播和感染力的，也易为公众所接受，且具有新奇和整体等特点。CI 发展至今已形成了完备的理论与实践系统，并有许多成功的范例。

1995 年在长沙举行的"首届中国 CI 战略高级研讨会"上，"城市 CI"即城市形象工程战略的概念由经济学家孟宪忠、中国型 CI 学者贺懋华两位先生提出。其目标在于发动城市的一切积极有效资源，设定和传播完整的城市形象。我国 CI 战略倡导者钟健夫先生随后提出 CI 之 C，不只是企业 Corporate，同时应代表国家 Country，城市 City，社区 Community 等。该概念延伸到城市景观元素的组织即为"城市 CI"。城市 CI 是将 CI 的一整套方法与理论嫁接于城市规划与设计中，全称为城市形象识别系统。笔者认为桥梁景观元素也可运用城市 CI 的景观组织与设计方法，以形成完整统一的视觉形象。

桥梁景观 CI 与城市 CI 一样需有以下几个步骤。首先是慎重处理桥梁形象的定位；第二步就是依据形象定位及分析得出的概念进行图式化处理；第三对桥梁的标志性组件依据上述结果进行设计；第四确定桥梁景观的标志色；第五桥梁景观元素的 CI 设计。下面给予简述。

形象定位：包括城市精神、市民行为准则、城市发展战略目标等，从中形成桥梁景观理念。

标志物与标志图案：包括标志物与标志图案的多样化比较设计；根据桥梁尺度确定的标志物及图案的尺寸要求；标志物与标志图案的适合纹样设计等（可考虑方形适合、圆形适合甚至椭圆形等不同的类型）。桥梁标志物可以是桥塔、桥台、桥头堡或其他对桥梁有景观制高作用的构件。

标志色：可沿用城市标志色，也可根据城市的环境、文化确定标志色，选用的色彩应有一个量化标准，并要与标志物与图案纹样的色彩设计配合，同时还应与桥梁防腐涂装结合。

桥梁景观元素的CI设计：包括桥梁附属的花坛、座椅、栏杆、广告牌、电话亭、公交车站、人行天桥、垃圾桶、指示标牌及灯具等元素，也包含地面铺装、窖井盖板、建筑小品等，其设计要以标志色为统一，以标志图案为特征。城市景观元素可采用举证式的设计方法。

绿化：包括骨干树种的选取、绿化造型图案设计；

亮化：包括灯色的分区以及亮点分级。

桥梁景观CI所涉及的内容基本为桥梁学、建筑学、城市设计涵盖，只不过这些内容分散于各专业工种之中。桥梁景观CI却将分散于各处的影响形象的因素提取、整理并作统一的设计组织，这是其创新之处。因此桥梁景观CI提出的整合桥梁形象组件的思想对塑造桥梁总体形象具有方法论意义，虽然桥梁景观CI的操作与实施是桥梁建设与管理中的新课题，但桥梁景观CI的成果中包含很多可以定型化与量化的因素，这将有助于桥梁景观的管理与实施。

第四节　桥梁美学设计

一、概述

（一）桥梁美学设计的由来

自古以来，对于桥梁造型符合美学规律的组织与优化一直是那些懂得桥梁结构规律的建筑师的行为，到20世纪下半叶人们开始认识到桥梁设计不仅要"关心自己"同时还要"关心别人"如关心桥梁对城市大地的影响，关心桥梁作为一个城市的标志性建筑的意义，关心桥梁美与周围环境的和谐美，将桥梁美学上升到解决被道路切割的大地之物的生存与敷衍的高度，也就是桥梁还要"关心"生态环境。这些绝非纯粹的美学或纯粹的桥梁结构工程专业人员所能解决的，这需要既懂得桥梁结构又深谙美学的人来解决。

（二）桥梁美学设计在桥梁建设中的作用

桥梁作为一种建筑，尤其是大桥，它具有使用和观赏两项功能，桥梁设计者运用结构学原理进行设计，以满足交通使用的要求。同时，还要运用美学原理进行构思，以满足人们观赏及改变环境景观的要求。城市桥梁设计要重视其景观设计。桥梁的美是环境美的一部分，良好的桥梁景观设计能给人以美的享受。桥梁景观设计是对桥梁及引道的布线、桥型、桥塔、桥亭、桥栏、桥灯、桥梁色彩在满足功能、技术、经济的前提下进行景观尺度、景观生态、景观文化及美学方面的综合考量与组织，以最大限度地实现美学、历史文化、环保、功能、技术、经济的统一。

（三）古今桥梁美学设计的典型实例

人们对于桥梁美学的关注也比较早，人们所建设的桥梁不仅希望桥梁所能达到实用的功能，而且还要非常关注美的特性，例如北京郊区的卢沟桥。不仅栏杆上雕刻的 485 个狮子千姿百态，堪称一绝，桥头的华表，碑亭更是典雅华丽，比例恰当，精美异常，而且大桥的整体造型，对称均衡，比例恰当，和谐统一。清代乾隆年间修建的颐和园玉带桥和 17 孔桥，也以其独特和美丽的造型驰名中外，洁白的桥身与清山碧波、绿树红花、亭台楼阁融为一体，和谐美观、相映成趣，一直是许多画家和摄影爱好者入画入照的佳景。现代人们更注意桥梁美学的功能，例如我国最近几十年修建的长江上的铜陵大桥和赣江上的南昌八一大桥，江阴长江大桥等和国外的许多的桥梁，都做了专门的景观设计，使这些桥梁不仅体现了大型桥梁的造型美，而且也产生了很好的社会效益。

二、设计思考

对于造型符合美学规律的组织与优化一直是那些懂得桥梁结构规律的建筑师的行为，到 20 世纪下半叶，人们开始认识到桥梁设计在美学方面要考虑很多方面，如关心桥梁对城市大地的影响，关心桥梁作为一个城市的象征性建筑的标志意义。桥梁美学上升到既懂得桥梁又懂得美学的专业人士的需要。

（一）桥梁美学的技术特性

桥梁设计时首先要解决通行功能，并在技术与经济之间的优化，这是桥梁设计施工规范的基本要求。因此，桥梁美学设计必须符合桥梁功能，经济要求，并以此为原则对美学构成元素进行美学调整，比如桥梁的美学比选，桥体结构部件的比例调整，桥梁选线与城市或大地景观尺度的和谐，桥梁的防腐涂装与城市整体色彩中的联系等。桥梁美学的这种以功用与技术为重的特点即为技术美学特性，但当美学价值有明显优势而功能得以满足，技术可行的情况下，有时经济因素还可向后靠，如风景区的桥梁或城市桥梁结构要害之桥梁等。因此，桥梁美学设计的某些关联域在不同的环境条件下其会有不同的。

（二）桥梁美学的时代特性

目前，桥梁的选择都具有强烈的时代特性，时代性有一层重要的含义即是"新"，如新的事物，新的发展，新的现象，新的景观新知识，新文化，新科技等，均表现出了时代特性，桥梁结构技术的科学特征及桥梁结构技术的不断更新使桥梁美学产生深刻的时代烙印的主导因素。由于桥梁在城市中的战略性地位，使桥梁美学成为城市的视觉识别要点。这是桥梁美学对时代的表述延伸，因此，把握好美学的这种特点并恰如其分在城市中发挥她们在桥梁美学设计中需要重视。

三、方法总结

当前，随着桥梁建设活动急剧增加，桥梁景观设计已渐跟不上社会发展的要求。尽管一些享有盛誉的桥梁美学专著面世及在很多大型城市桥梁中开始重视建筑艺术和灯饰夜景工程，也难使桥梁美学实践呈乐观态势。为实现桥梁美学价值与实用价值、社会价值的和谐统一，桥梁美学设计的方法显得尤为重要：

（一）尽早引入建筑设计，结构设计与建筑设计有机统一

桥梁结构设计前应尽早引入建筑造型设计，在建筑设计的概念下，进行桥梁结构设计。桥梁结构设计是工程的灵魂，是造型设计的实现，在满足结构承载能力和使用功能的前提下，要充分地考虑建筑造型要求，要与周围景观设计的有机统一；要创新，主体结构要有独特的艺术造型，在统一中寻求变化和突破；同时，在桥梁线条设计时，在满足力学要求的同时，创意要富于开拓性、创造性，改变过往桥梁比较笨重的体型，使之纤细化，并充分利用内部空间，打破传统设计中的直线条，更多的凸显曲线条，使实用性与美观性得到最为完美的结合。

（二）确定与环境相适应的设计目标

通常，桥梁与环境的关系大致可以分为三种情况：一是桥梁突出于环境之上，这种情况适合地势平坦、单调的环境，桥梁起着路标和象征作用；二是桥梁与环境相互融合，桥梁成为环境不可分割的一部分；三是将桥梁隐藏于环境之中，这种情况适合周围环境非常优美，而桥梁的介入会破坏优美的自然环境的情况。这个时候，桥梁设计应充分利用自然风景，处理好与其他建筑物的协调，尽量减少和避免对周围环境的破坏。

（三）加强国内、国际桥梁的学术交流

当前我国的桥梁建设空前繁荣，展望我国桥梁建设的前景，只要坚持技术创新和可持续发展，总结正反两方面的经验教训，使我国的桥梁界同行能够以多种形式在一起交流和探讨大家共同关心的问题，以推动我国城市桥梁事业的进一步发展，促进我国桥梁建设的技术进步。

自古以来，建筑（包括桥梁建筑）与绘画、雕塑被称为三大造型艺术（又称为空间艺

术或视觉艺术）。它和其他门类艺术有共同的特征，如：鲜明的形象、强烈的艺术感染力、反映时代特征等。但是桥梁建筑艺术作为实用艺术，又有它自己独特的艺术特征。

功能价值与审美价值的统一。桥梁建筑不仅要表现出结构上的稳定连续、强劲力感和跨越能力，而且要有美的形态与内涵，只有内容和形式的高度统一，才能显示出不朽的生命力。

艺术和技术紧密相关。技术本身也是美的因素之一，计算力学、钢筋混凝土的发展，才使各式轻巧、大跨的桥梁得以出现。

第七章　桥梁施工技术

第一节　现代桥梁施工技术

　　我国在桥梁的建造技术上是有着很悠久的历史的，并且有着光辉的成就，这些都有很多相关的史料可以考证。在 3000 年前周文王的朝代，就已经有了在渭河上架设浮桥以及建造粗石桥等的文字类记载。在隋唐时期，更是我国古代桥梁发展的兴盛年代，不论在桥梁的形式和结构或其他方面都有很多的创新，很多独具匠心的桥梁在当时被建造成功。到了宋代以后，我国的建桥数量大大增加了，桥梁的跨越能力、桥梁的功能和造型方面都有了很大的提高，在其施工方面也充分表现出我国古代的工匠智慧以及艺术的水平，这些都是我国桥梁建造史上值得珍惜的历史财富。

　　到了解放初期，我国公路和城建部门在新建、改造和恢复公路和城市道路的内容上进行了新的创新。但是由于起重设备上的限制，装配式桥梁只是在简支梁的桥上使用，而其他类型的桥梁施工则仍然采用的是砌筑施工、拱架现浇、竹木支架等。随着科学不断进步，施工相关的材料、设备和机具等的发展，桥梁在施工技术上有了很大的进步和提高。

　　南京长江大桥、武汉长江大桥等，都是桥梁工程施工技术发展的一大进步体现。南京长江大桥的桥梁施工过程中，通过很多试验的研究设计制造出了很多关键性的施工设备，并且创造了一些新施工工艺，譬如高强螺栓安装、循环压浆、管桩下沉等，这些新机具设备和施工工艺保证了桥梁工程质量按要求完成。

　　90 年代以来，我国交通事业和桥梁的建设都出现了全新的时期，突出的体现在高速公路的建设及桥梁的技术、跨越能力、桥型和施工管理的水平升华上。

一、土方开挖与回填

（一）土方开挖

本工程土方工程单体构筑物土方工作量小，分布比较零散。

在进行土方开挖前，对基坑的开挖边线作详细的查对。施工时必须严格按照施工图纸及规范进行施工。在使用人工开挖时，采用分层开挖法，开挖时由中间向两侧，先深后宽。

边坡处先挖成台阶状以控制边坡，待完工时再进行削坡。

基坑坑底高程、边坡等要达到设计要求，严禁超挖。基底和边坡表面要平整，边线直顺，曲线圆滑。

使用机械开挖土方时，实际施工的边坡坡度应适当留有修坡余量，机械开挖后，再用人工修整，达到设计图纸要求的坡度和平整度。

弃土要放置合理，不能随意堆弃。

根据土质情况，最大垂直开挖深度 1.0—1.5 米；深度为 3.0—5.0 米时，应开挖为复式梯形断面，层间戗台宽度 1.0 米，各级边坡 1：1—1：0.5；地面废土堆放在基坑口线 1.0 米以外。

土方开挖计划采用人工开挖的方式进行施工，在条件许可的情况下，也可采用农村改装的小型挖掘机进行开挖。土方开挖应在无水的情况下施工。因此，对于有积水的开挖面在开挖前采用基坑集中抽排的办法进行排水。开挖土方应在测量放线的范围内开挖，建筑物基础土方开挖还要在放样时考虑开挖边坡，开挖过程中应避免边坡稳定范围内积水而造成塌陷；对于开挖或拆除的弃渣，需分别运至指定地点堆放；对于经批准可以利用的渣料则按使用要求堆放到工作面附近；对于沟槽的土方开挖，须在开挖时保留 5cm 以上的预留保护层，待砌筑时削除。建筑物基础土方开挖后，立即进行基础砌筑，避免基础面土壤受扰动和侵蚀软化。

（二）土方回填

填方材料要用能被压实到规定密度的土石填方材料，基坑回填要分层夯实，每层厚度不大于 30 厘米，干容重达到设计要求。

对于填筑在建筑物下用作土模的土料，要在建筑物达到设计强度的 70% 时，方可清除。

土方回填计划采用人工回填的方式进行施工，土方回填前须确定回填设计压实度，回填土的压实度需达到设计要求。回填所用的土料在满足回填土料质量要求的情况下，应尽量采用开挖出的土方进行回填。对于含水量不符合设计要求的土料，应进行洒水或摊开晾晒，所用土料土块限制直径 ≤5cm。土方回填的基础面应进行刨毛处理，基础面上的杂质和不合格土质予以清除并洒水保持回填基础面湿润。对于是砼或岩石的基础面还应进行刷黏土泥浆处理，涂刷工作应与回填土同层进行。

土方回填应按水平分层由低处开始逐层填筑不得顺坡铺填，每层铺土厚度采用 15-20cm。已铺土料在夯实前被晒干时，应洒水湿润。填筑过程中按规范要求进行取样，达到设计压实度后方可进行下一层。若发现局部"弹簧土"、层间光面、层间中空、松土层或剪切破坏的质量问题时，应及时进行处理。填筑层检验合格后因故未继续施工，复工前应进行夯实处理。

土方夯实时应采用连环套打法，夯迹双向套压，夯压夯 1/3，分段、分片夯实时，夯迹搭压宽度应不小于 1/3 夯径。

二、砌石工程施工

（一）施工方法及工艺流程

块石采用人工抬运，人工砌筑。砌筑砂浆从拌和场由机械拌和，自卸汽车（翻斗）运至作业区，人工挑抬至作业面。砌筑前要放样立标尺，拉线砌筑，浆砌石料保持干净，湿润，砂浆按设计要求拌制，随拌随用。采用铺浆法砌筑，自下而上、逐层进行，均匀坐浆，随铺随砌。沉降缝、伸缩缝平整、垂直。

浆砌石施工工艺流程为：建基面处理→砌浆拌和运至现场→铺底浆→选放块石→灌砂浆及插捣密实→勾缝→养护。

（二）原材料技术要求

块石：块石选用石质密实坚固、强度高、耐风化、自由面较为平整且没有明显层次纹痕的石料。砌石所用块石应以使用大、中块石为主。大块石：石块的上下两面大致平行、平整，无尖角薄边，块厚一般不小于 20 厘米；中块石：单块重应大于 25 公斤，中部厚度一般不小于 15 厘米；小块石：其用量不得超过该处砌石用量的 10%。

（三）砌石施工

护坡砌筑需在已削好或回填夯实的建基面上进行，并严格按照施工测量放线的要求砌筑，砌筑面保持湿润。护坡浆砌块石的施工要领是："平、稳、满、紧"四个字。平—坡面要大致砌平；稳—石料大面要向下座稳避免晃动；满—胶结材料砂浆要填满捣实；紧—石块间缝隙要用小石头及砂浆嵌紧。

①砂浆的配合比通过试验确定后，用磅计量拌和，砂、水泥、水误差与砼相同。

②砌筑块石砂浆应拌和均匀，稠度以用手能将砂浆捏成小团，松手后既不松散、又不由灰铲上流下为度。

③砂浆应随拌随用，保质适宜的稠度，一般宜在 3 ～ 4 小时内使用完毕，气温超过30℃时，宜在 2 ～ 3 小时内使用完毕。在运输过程和在贮存器中发生离析、泌水的砂浆，砌筑前应重新拌和，已凝结的砂浆不得使用。

④砌体所用块石应质地坚硬，无风化剥落和裂纹，块石每块重量不宜小于 35kg，砌筑前应将块石的表面泥垢洗刷干净，洒水湿润，以免影响砂浆强度。

⑤砌体应采用铺浆法砌筑，一般先铺浆（坐浆），后安放块石，砂浆稠度 3 ～ 5cm，并根据气候条件适当调整。砌体灰缝厚度宜 2 ～ 3cm，砂浆应饱满，要选好角石及角石的位置，角石砌好后，把样线挂在角石上，面石可选用长短不等的块石，便于同腹石交错搭接。砌面石要试放修凿，铺浆，将石翻回坐浆，并使灰浆挤紧。腹石须大面朝下放稳，尽量使石块间的缝隙最小，再用砂浆填满空隙的 1/3 ～ 1/2，并放入合适的石块嵌实，用扁铁插捣密实，不得采用灌浆法砌筑。

⑥砌体灰缝相互错开，避免形成通缝，坡面砌石要丁砌，或丁顺砌相间，并力求整个坡面同时上升。

⑦安排砌石进度时，最好是连续不断地逐层砌筑上去，否则，在砂浆或砼终凝前应将砌体表面清理干净，以免时间过长清理困难。对停砌已久的砌体，表面要作特殊处理后（如凿毛、清理松动块石，冲洗等），才能继续砌筑。

⑧坡面砌石层面尽量砌成微向上游倾斜的坡面，即迎水面比背水面略低。分段砌筑和高度不易过大，一般控制在 1 ~ 1.5cm 以下，段面相接除设计有施工缝外，以斜面为好。

⑨坡面在砌筑过程中应及时作好防暑、防冻、防雨、防冲等工作，经常收听、收看天气预报，对"四防"要有充分的思想准备和物资准备。

⑩新砌体的防震、保温、保湿等养护工作可参照砼的要求办理，养护期一般不少于一周。

（四）浆砌石施工保证措施

①砌筑所用块石厚度不小于20cm，每块重不应小于30kg，砂料径为 0.15 ~ 5mm，细度模数为 2.5 ~ 3.0。

②砌筑所用砂浆需经过试验确定，配料拌和时多种材料称量误差应符合规定：水泥为 ±2%，砂为 ±3%，水外加剂为 ±1%。砂浆机械拌和时间不少于 2 ~ 3min。局部少量的人工拌和，至少干拌三遍，再湿拌至色泽均匀，方可使用。

③砂浆应随拌随用，其允许间歇时间不超过规范要求。发生离析、析水的砂浆，砌筑前应重新拌和。初凝的砂浆不得使用。

④砌筑前，应在砌体外将石料上的泥垢冲洗干净，砌筑时保持块石表面湿润。

⑤采用铺浆法砌筑，砌第一皮石块应坐浆，且大面向下。砌石体转角处和交接处应用时砌筑，对不能同时砌筑的面，必须留置临时间断处，并应砌成斜槎。

⑥应分皮卧砌，并上下错缝，内外搭砌，不得采用外面侧立砌，中间填心的砌法。灰缝应为 2 ~ 3cm，砂浆应饱满，石块间较大的空隙应先填塞砂浆，后用碎块或片石嵌实，不得先摆碎石块后填砂浆或干填碎石块的砌筑方法，石块间不应相互接触。砌体外露面，应平整美观，外露面上的砌缝应预留约 4cm 深的空隙，以备勾缝处理。上下层砌石应错缝砌筑。

⑦墙体砌筑时必须设置拉结石。拉结石应均匀分布相互错开，一般每 $0.7cm^2$ 墙面至少应设置一块，且同皮内的中距不应大于2m。拉结石的长度，若其墙厚等于或小于40cm时，应等于墙厚。若其墙厚大于40cm时，可用两块拉结石由外搭接，搭接长度不小于15cm，且其中一块长度不应小于墙厚的2/3。

⑧每砌 3 ~ 4 皮为一个分层高度，应找平一次，块石砌体每日砌筑高度不应超过1.2m。砌筑因故停顿，砂浆已超过初凝时间，应待砂浆强度达到2.5MPa后才可继续施工，在继续砌筑前，应将原砌体表面的浮渣清除，砌筑应避免振动下层砌体。

⑨水泥砂浆砌体在砌筑后 12 ~ 18h 之间应及时养护，养护采取覆盖洒水的办法，养

护时间不少于 14 天。

（五）混凝土工程施工

1. 原材料技术要求

水泥：本工程施工必须使用具有产品质量合格证的普通硅酸盐水泥。同时有国家认证质资的试验部门出具的试验合格报告单，现场应做试块进行强度试验。水泥运至工地后应妥善保管，严防水泥受潮变质、失效。严禁使用次品和过期失效水泥。

碎石：选用强度高、比重大、颗粒密实坚固的碎石。严禁使用沉积岩、片麻岩及风化岩类碎石。碎石在堆放时，一定要按碎石大小级别分别堆放。严禁使用河卵石代替碎石。

河砂：河砂必须使用中粗砂，砂子含杂量控制在 0.5% 以内，使用前要过筛。除用于勾缝外，不得使用"面砂"。

水：凡适合饮用的地下水和洁净的地表水，均可作为工程施工用水。未经处理的工业污水和沼泽水，不得使用。

2. 混凝土的拌和

本项目工程混凝土应使用 PO.32.5MPa 或 PO.42.5MPa 普通硅酸盐水泥，骨料三级配。施工时严格控制水灰比、混凝土配合比和坍落度。混凝土宜采用机械拌和，拌和时间从投料完毕算起不得少于 2.5 分钟；人工拌和时，先将砂和水泥拌和均匀，再和碎石一起干拌三遍，然后适度加水拌和四遍，达到稠度和色泽均匀。拌和好的混凝土要及时浇筑，以免放置时间过长而凝固。

混凝土运输

为保证砼浇筑质量，要尽量缩短砼运输的时间，防止砼入仓前产生初凝。本工程砼水平运输采用人力斗车运送熟料至现场，然后用铁皮制作的溜槽下料入仓。

3. 混凝土的浇筑

混凝土入仓前，应测试入仓温度。一般控制温度范围：板为 5 — 25℃，墙体为 5 — 15℃。本工程为冬季施工，当外界气温低于 -5℃时，应停止浇筑，否则要采取保温防冻措施，方能施工。

基础的标高、尺寸、承载能力等达到设计要求时，方可进行混凝土浇筑。

凝土应随拌随运随用。混凝土因故发生分离、漏浆、严重浸水和坍落度降低等问题时，应在浇筑地点重新拌和。若混凝土初凝应按废料处理。

混凝土的收面：现场混凝土浇筑完后，应及时收面。收面后混凝土表面达到应密实、平整、光滑。

防冻措施：当冬季施工气温较低时，混凝土拌和时应适当掺入防冻剂，施工中氯盐等的掺配量控制在 2% 以内。

混凝土养护：混凝土浇筑完后，养护时间一般不少于 15 天。

4. 钢筋工程施工

钢筋作业中，必须严格按照图纸设计及有关规范要求施工，注意分别钢筋型号，做到合理下料，保证几何尺寸，并掌握好钢筋接头搭配。钢筋焊接，焊工人员要持证上岗，按要求施焊。钢筋绑扎，间距要均匀，扎丝要拧紧，横要平、竖要直、严格控制保护层，必要时，预制标准的砼垫块和砂浆垫块控制。本工程钢筋施工主要是控制室、泄洪闸、坝底板、铺盖板及消力池，在底板作业中，墙体钢筋即已预埋其中。所以，要结合立模、砼浇筑等搭设合理的脚手架，使其钢筋在墙体模板没有站立之前即能够架设牢固，以免钢筋倾斜，影响保护层和下道工序的施工。

第二节　水上桥梁基础施工技术

随着国内交通设施建设的迅猛发展，大跨径桥梁也越来越多地呈现在人们面前。在大跨度桥梁施工过程中大型深水基础成为桥梁施工的重点和难点。目前，公路桥梁深水基础以高桩承台或低桩承台结构为主。施工方法的选择要根据桥梁基础结构、桥梁附近水域情况、墩位离岸远近，墩位处水下地形、覆盖层厚度和土层性质、基岩埋深及表面状况，水深及水位变幅、水流速度和流态、施工期通航要求等方面来选择确定。

一、平台设计及搭设

1. 平台设计

桥梁深水桩基础所处的深水环境对其设计和施工方面都有影响。在设计过程中无论是基础类型选择、基础埋深确定、外荷载或作用力计算等方面都要考虑是环境的特性。由于在深水环境中桥梁深水基础所受的水平力比陆上或浅水环境中要大得多，同时，深水基础属于水下隐蔽工程，其设计与施工时，必须将水的流速、深度等方面因素综合考虑，并采取相应的技术措施。

2. 平台基槽开挖

深水桩基础所需平台一般要保证施工水深达数十米要求，一次一般采用双壁钢围堰止水工艺。在搭设施工平台前必须将钢围堰范围内河床面清平至水面以下一定深度，之后根据当地河床岩层情况，采用特定的施工机械进行开槽作业，施工过程中要尽量减少爆破作业以免对周围环境造成破坏。采用该种方法同时能节省开槽作业时间、施工费用。

3. 平台搭设

平台搭设一般采用浮吊及驳船、平板船配合施工。浮吊上设钢管桩简易导向装置，一般按照从上游侧至下游侧顺序打入钢管桩，钢管桩插打完后，再用水平两层型钢和竖面剪刀撑型钢将钢管桩连接，形成固定插打钢护筒平台。平台搭设完成后利用钢护筒导向架精确定位上游钢护筒，利用浮吊和振动锤振动下沉护筒，然后利用浮吊上的钢管桩简易定位导向架定位并插打下一排钢管桩，并将其与上一排钢管桩采用水平两层型钢和竖面剪刀撑型钢连接，又形成固定插打钢护筒的平台。依次类推，按照从上游至下游的顺序进行施工。

二、钢围堰施工

钢围堰一般为双壁型，其平面形状多为圆形，近年来也有将围堰平面形状做成非圆形状的。为了方便施工，常常将围堰在长度方向分成若干节，每节在水平方向又分为若干个互不联通的独立隔舱。

首节围堰的下水方法一般采用在近岸处的浮式拼装平台上组拼首节围堰，然后用大型起重船将其吊运至墩位处的导向船组中，然后将其下放入水中，或者采用在岸边组拼好首节围堰，以简易滑道下水自浮，再牵引送入导向船组之中。其余各节的下水接高，一般采用大型起重船将在浮式拼装平台上组拼好的分节整体吊运至墩位，与已入水自浮的下节围堰对接的方法。采用该种方法实行对接工效高、质量好、更安全、劳动强度较小，但需要大型起重机械。

由于钢围堰在着床前必须处于自浮状态，因而其水密性必须保证。钢围堰在着床前逐节接高下沉过程中会导致墩位处河床产生明显的冲淤变化。面对此现象一般采用防止或抑制河床的过度冲刷或是考虑河床冲淤变化的实况以及水流等因素，使围堰"预偏着床"以便控制和减小下沉的最终偏位等措施进行预防补救。围堰着床以后，一般采用空气吸泥机等设备在不排水状态下除土下沉，并且在施工过程中常常填充一定高度的混凝土，以增加围堰的强度、刚度和下沉重力。

围堰施工的最关键的施工工序是对围堰进行封底，封底的质量直接关系到承台施工的成败。往往大型深水围堰的围护面积可达千余平方米，封底厚可达近十米，封底所用混凝土可达数千方。在围堰封底施工过程中首先应确保施工材料采取选用低热水泥，可以采用掺加粉煤灰、高效外加剂来降低其的绝热温升，防止温度应力裂缝的产生。其次，施工过程中保证混凝土能够连续浇筑，并采用多导管浇注方法，使混凝土面均匀上升。

三、钻孔灌注桩施工

1. 钻孔

在钻孔施工前在钻孔平台的顺桥向布置机具垫梁和钻机走道，并进行试钻，同时取得钻进的各施工参数。在施工场所适当位置设置泥浆池，最好选用优质膨润土进行造浆，在造浆前应提前试验并记录泥浆性能指标，以便施工中参考。在刚开孔时，钻机应轻压慢转，在正常钻进时要密切注意泥浆指标和钻进速度，根据泥浆指标来保证用制备的泥浆能够将钻进中形成的劣质泥浆置换出来。钻孔过程中如果发现偏斜现象应及时采取措施给予纠正。

2. 捞渣及清孔

钻孔结束后将钻头提至孔外，然后采用气举反循环钻对孔内进行清渣，其工作方法是将高压风通至导管内，在导管上部形成气水混合物负压区，由于上部负压导致孔底泥浆及石碴沿着导管随负压区上升，最终排出孔外，排出孔外的泥浆经泥浆分离器进行分离后，纯泥浆回流到孔内，因该方法施工原理是从孔底直接抽渣，所以能在很短时间内将孔底石碴及浓浆等沉淀物吸附出来。清孔完成后需向孔内补充清水以保证孔内水头，之后便可拆除钻机，准备下道工序施工。

3. 钢筋笼制作与吊装

在对钻孔清孔完成后，应立即进行钢筋笼安放工作。钢筋笼钢筋的连接方式以往多采用现场电焊，该方法不仅进度慢，而且质量不易保证，近年来多数深水桩工程使用冷挤压套筒连接或直螺纹连接等连接方式。由于钢筋笼一般为在岸上通过单独施工方制作，然后再用自制简易钢筋运输车运送，到达水域后再经驳船运输至施工平台，所以为保证钢筋笼在运输途中遇阻时可随起随落和正反旋转，在制作时一般在笼内对称布置声测管，该管一般采用焊接方式连接，以保证足够的密封长度，并且一般在接头处缠绕塑料胶带做辅助保护，并在管体上预留卡环，卡环之间用铁丝连接以抵抗混凝土上升过程中对管壁的摩擦力，并用铁丝将声侧管与钢筋笼连接，防止管体上浮。钢筋笼吊装要保证笼体与桩孔垂直，吊装要慢速、匀速，以确保钢筋笼与孔壁减少摩擦。

4. 混凝土浇筑

水下混凝土浇筑前应做好机械设备检查工作，机修人员要做好应急准备工作。并应协调好搅拌站、实验室、生产调度、技术等部门之间的协调工作，确保混凝土从搅拌到运输到浇筑层层都有部门把关，保证施工过程中不出现任何事故导致影响施工质量或施工工期。一般水下混凝土性能要求为初凝时间不少于 18h，坍落度不小于 20cm，无离析、泌水现象。浇筑过程中首盘混凝土放量应控制在 10m³ 左右，引流导管的悬空高度为 50cm 左右，在首盘浇筑完成后导管埋深一般不小于 100cm，并在以后施工中每次拆管前都必须确认导管埋深。混凝土浇筑要快速连续，混凝土配合比要严格控制，应首选低热水泥外掺粉煤灰和高效复合外加剂，施工时要分层浇筑，甚至采用在内部预埋水管以便通水降温。同时要防止在施工过程中发生堵管、卡管等现象，混凝土的搅拌、运输、浇筑速度要配合好，以防混凝土浇筑不连接或混凝土在现场堆积现象发生。混凝土灌注结束时，混凝土表面要高于设计桩顶标 1 ~ 1.5m 左右，以防止桩顶出现夹层或砼不密实。浇筑完成后在拔最后一节导管时，速度要慢，以防止桩顶沉淀的杂质挤入导管下形成夹心现象。

第三节　预应力砼桥梁施工工艺

预应力混凝土连续梁桥，因为地形适应性强，设计、施工技术成熟，跨越能力大，造价合理，近年来被广泛采用。它具有结构受力性能好、变形小、伸缩缝少、行车平稳舒适、养护简易、造型简洁美观等优点。预应力混凝土连续梁桥是一种经典的梁式结构体系，在50年代前，预应力混凝土连续梁虽是一种常被采用的结构体系，但跨度均在百米以下，当时主要采用满堂支架施工，费工费时，限制了它的发展。50年代后期，由于应用了传统的钢桥悬臂施工拼装方法，并加以改进与发展，及逐跨架设法与顶推法的应用，使连续梁桥废弃了昂贵的满堂支架施工方法，代之以经济有效的高度机械化施工方法，从而使连续梁桥方案获得新的竞争力。二十世纪八十年代，特别是九十年代以来，随着高速公路交通的迅速发展，连续梁桥在行车平稳舒适及跨越能力大上获得了新的竞争力，在桥梁界得到了迅速的推广。

一、后张法预应力施工

预应力混凝土T梁制作在预制场内完成，台座制作时考虑梁板的预拱度，按设计要求在跨中设置2.4cm的反拱值（下拱度）。

二、模板的拼拆

预应力T梁内外模均为专门生产的定型钢模板，模板到场后先进行试拼，发现问题及时联系模板厂家进行处理。预应力T梁的长度及局部地方用小尺寸的调整板调整。浇筑之前内外模均应安装校正好，内模的底模暂不安装，边浇边封底模。人工进行模板的安装和拆除，龙门吊辅助吊装，装拆时应注意以下事项：

1. 在整个施工过程中要始终保持模板的完好状态，认真做好维修保养工作，及时刷脱模剂。

2. 模板在吊运过程中，注意避免碰撞。

3. 装拆时，要注意检查接缝的严密情况，必要时采用石膏粉或原子灰等材料填缝，以保证接缝不漏浆。预制前应对钢模板进行预拼，对与砼接触的钢模表面应打磨除锈，达到视觉上无锈迹；

为保证T梁内模位置准确，在两侧腹板内对应每段内模应设置两根内模定位钢筋，该定位钢筋应与腹板内钢筋点焊。内模底板上面的垫块应在钢筋绑扎后一次布置。

4. 在安装过程中，要及时对各部分模板进行精度控制，安装完毕后应进行全面检查，若超出容许偏差，则及时纠正。

三、钢筋骨架的制作与安装

钢筋骨架的制作在加工厂进行，钢筋下料尺寸严格按照设计图纸进行，由于两侧钢筋直径较细，注意保持钢筋的平直度，底板主筋采用焊接头，并保证规范规定的焊缝长度。在同一搭接长度段内的接头数量不得超过钢筋总截面积的 50%，其加工安装必须符合公路桥涵施工技术规范规定。

当钢筋和预应力管道在空间发生干扰时，移动钢筋以保证钢束管道位置准确。

钢筋绑扎好后，校正内外模，在监理工程师检查合格后进行混凝土浇筑。进行预制 T 梁的技术干部和钢筋班组、模板施工班组必须固定，不准随意调换主要技术人员，以保证钢筋、模板施工有条不紊地进行，增进熟练程度，加快速度，节约时间。

当在安装有预应力筋的构造附近进行电焊时，对全部预应力筋和金属件均进行保护，防止溅上焊渣或造成其他损坏。

四、波纹管及锚具预埋

预留孔道的制作为预埋波纹管。预留孔道的位置应准确，注意管道轴线在垫板处必须与锚垫板垂直，管道与管道间、管道与喇叭管的连接要密封，每块管道沿长度方向每隔一米设井字形定位钢筋并焊在主筋上，管道位置的容许偏差纵向不得大于 10mm，横向不得大于 5mm。

混凝土浇筑前按施工需要设置压浆孔、排气孔、检查孔，其中排气孔应设在孔道最高位置，孔径 8~10mm，灌浆孔宜设在下方，孔径 25mm。

五、预应力钢绞线的下料

钢绞线运到现场后，下料长度由孔道长度和工作长度决定：

钢绞线的下料长度：$L=L_1+2L_2$

式中 L_1——构件混凝土孔道长度

L_2——张拉端所需要的钢绞线工作长度，视具体所采用的锚具和张拉千斤顶类型确定。

六、穿钢绞线

穿钢绞线前，可用空压机吹风等方法清理孔道内的污水和积水，以确保孔道畅通。穿线工作一般采用人工直接穿束，或借助一根 φ5 的长钢丝作为引线，用卷扬机牵引较长的束筋进行穿束。

七、混凝土浇筑

预应力 T 梁混凝土的浇筑整体施工顺序为：底板→腹板→顶板，为确保 T 梁混凝土浇筑质量现场浇筑预应力 T 梁时分两次进行浇筑即第一次进行底板、腹板浇筑，第二次进行顶板混凝土浇筑施工。

顶板混凝土必须在腹板混凝土初凝前完成，为此混凝土应具备足够的初凝时间。底板混凝土振捣只能使用振捣棒在底板上顺板跨方向顺拖。为避免振捣棒碰坏波纹管，必要时可先用铁丝标线，规定振捣范围。

为使桥面铺装与 T 梁紧密地结合为整体，预制梁板时先清除顶板浮浆，在顶面砼初凝前对板顶横桥方向拉毛。

钢筋、模板和预埋件安装完毕，经监理工程师检查、验收并签认后方可进行混凝土的浇筑施工。梁体混凝土一般应水平分段、分层，一次整体浇筑成型。

混凝土在拌和站集中拌制，水平运输采用混凝土运输车，门机配吊罐直接入模。

浇筑混凝土时，侧模采用附着式振动器联合振动为主，以插入式振捣器振捣为辅，振捣器布置时按照间距 2m 呈梅花形布置，具体布置参数根据实际情况进行调整。预应力 T 梁腹板、预应力钢材锚固端以及其他钢筋密集部位，宜特别注意振捣，应避免碰撞预埋管道及预埋件等，以保证其位置及尺寸符合要求。

每片板除留足标准养护试件外，还应制作随梁同条件养护的试件 3 组，作为拆模、张拉等工序强度控制依据。

根据施工工期及进度安排，T 梁的预制需要在冬季进行，T 梁除覆盖草席洒水养护外，必要时采用蒸汽养护。

八、后张法工艺

1. 预应力锚具及锚垫板

桥梁设计的预应力锚具型号为 M15-5 扁锚、BM15-4 扁锚、BM15-5 扁锚。浇筑混凝土前按照设计图纸要求布置锚垫板，浇筑混凝土时必须对锚板后的部分进行充分捣固，以避免发生蜂窝。

2. 张拉工艺

梁板混凝土强度达到设计标号的 90% 以上（龄期 7 天以后），方可进行张拉，采用两端张拉。施加预应力采用张拉力与引申量双控，单根钢绞线控制张拉力为 195.3kN，伸长量误差为 ±6% 以内。每束钢绞线断丝和滑丝不应超过 1 丝，每断面断丝之和不超过该断面钢绞线总数的 1%。每次张拉应有完整的原始张拉记录，且应在监理在场的情况下进行。

张拉前，应就实测的弹性模量和截面积对计算引申量作修正。

引申量修正公式为：$\triangle' = EA/E'A' \times \triangle$

式中：E'、A' 为实测弹性模量及截面积；

E、A 为计算弹性模量及截面积；

$\triangle$ 为设计计算引申量值。

△′ 修正引申量值。

张拉前还需做好千斤顶和压力表的校验，与张拉吨位相应的油压表读数和钢绞线伸长量的计算、张拉顺序的确定和清孔、穿束等工作。对千斤顶和油泵进行标定，以保证各部分不漏油并能正常工作。画出油压表读数和实际拉力的标定曲线，确定预应力钢绞线中应力值和油压读数间的直接关系。

初应力宜为张拉控制应力 σcom 的 10% ~ 15%。引申量的量测应测定钢绞线的直接伸长值，不宜测千斤顶油缸变位。若伸长量误差超过 ±6%，应查明原因并采取措施解决后，方可继续张拉。

各钢绞线的张拉顺序，对称于构件截面的竖直轴线，同时考虑不使构件的上下缘砼应力超过容许值。

钢绞线运抵工地后放置在室内并防止锈蚀。钢绞线切割不准采用电焊或气焊切割，使用砂轮锯切割，严禁钢绞线作电焊机导线用，且钢绞线的放置应远离电焊地区。

千斤顶和油泵必须配套标定后配套使用，且采用后卡式千斤顶，不允许使用前卡式千斤顶；张拉前应检查千斤顶内摩阻是否符合有关规定要求，否则停止使用。张拉施工过程中要注意梁板的变化，若发现梁板开裂立即停止张拉施工，查明原因后再进行处理。

3. 孔道压浆和封锚

压浆的目的是防护构件内的预应力钢绞线免于锈蚀，并使它们与构件相黏结而形成整体。预应力钢束张拉完毕压浆封锚应在 24 小时内完成。

压浆是用压浆机将水泥浆压入孔道，务必使孔道从一端到另一端充满水泥浆，并且不使水泥浆在凝结前漏掉。为此需在两端锚头上或锚头附近的构件上设置连接带阀压浆嘴的接口和排气孔。

水泥浆配合比需做实验确定最优配合比，水灰比不大于 0.4，不得掺入各种氯盐。根据试验结果掺入一定量的铝粉或膨胀剂，能使水泥浆凝固时的膨胀稍大于体积收缩，因而使孔道能充分填满。水泥浆强度等级不得低于结构自身的混凝土强度等级。

压浆前先压水冲洗孔道，然后从压浆嘴慢慢压入水泥浆，这时另一端的排气孔有空气排出，直至有水泥浆流出为止。流出浓浆后，关闭压浆和出浆口的阀门，静置一段时间后（在水泥浆初凝前）补压一次。

压浆前需将预应力钢绞线露于锚头外的部分（张拉时的工作长度）截除。压浆后将所有锚头用混凝土封闭，最后完成梁的预制工作。

（1）压浆的压力以保证压入孔内的水泥浆密实为准。开始压力要小，逐步增加，一般为 0.5MPa~0.7MPa，每个孔道压浆至最大压力后，有一定的稳定时间。压浆应达到孔道另一端饱满出浆，并应达到排气孔排出与规定稠度相同的水泥浆为止。

（2）孔道压浆顺序是先下后上，要将集中在一处的孔一次压完。若中间因故停歇时，立即将孔道内的水泥浆冲洗干净，以便重新压浆时，孔道畅通无阻。

（3）压浆过程中及压浆后 48 小时内，结构混凝土的温度不得低于 5℃，否则采取保温措施。当气温高于 32℃时，停止压浆施工。

（4）为检查孔道内水泥浆的实际密度，压浆后从检查孔抽查压浆的密实情况，如有不实，及时处理和纠正。要在拌制水泥浆同时，制作标准试块，经与构件同等条件养护到 30MPa 后可撤销养护，方可进行移运和吊装。

孔道压浆后立即将梁端水泥浆冲洗干净，同时清除支承垫板，锚具及端面混凝土的污垢，并将端面混凝土凿毛，以备浇筑封端混凝土，封端混凝土程序如下：

（1）设置顶端钢筋网。为固定钢筋网的位置，可将部分箍筋点焊在支承垫板上。

（2）妥善固定封端模版，以免在浇筑混凝土时模版走动而影响梁长。

（3）封端混凝土强度，应符合设计规定，若无设计规定时，不宜低于梁体混凝土强度标准值的 80%。

（4）浇筑封端混凝土时，要仔细操作并认真插捣。务必使锚具处的混凝土密实。

（5）封端混凝土浇筑后，静置 1h-2h，带模浇水养护。

九、预应力 T 梁存放

采用捆绑吊装，将 T 梁吊至堆放场地集中堆放，梁板堆放均采用四点支承堆放，支承中心顺桥向距梁端 28 厘米左右，横桥向距腹板外缘 15cm，支承垫板宽平面尺寸为 20×20cm。当受场地限制需采用多层堆放时，最多可叠放三层，各层之间用垫木（在吊点处）隔开，且板与板之间的支撑垫块高度宜为 30cm。

第四节　斜拉桁架体系桥梁施工技术

一、斜拉桁架桥梁概述

在桥梁结构形式中，斜拉桁架桥梁是比较新颖的，它的上部结构就是由三种杆组成的，包括上弦杆、下弦杆、以及腹杆。它们的节点之间就是一种刚性的连接，该种桥梁的特点主要是有以下几点：

第一，对于斜拉桁架桥梁来说，其结构主要是由局部的杆件组成，组成为一个整体性的体系，局部的杆件强度较小，组成之后的杆件强度就会变大，它的受力主要是以轴力为主，其构造也比较简单，能够在一定程度上对于抗扭产生有效作用，而且也便于悬臂的施工；

第二，为了更好地保护预应力筋，用桁杆将斜拉索予以取代，混凝土包裹预应力索，对于整个桁杆来说，其与一般的预应力混凝土能够基本的一致，这就从根本上将斜拉索的腐烂问题予以解决；

第三，造型比较优美，这种桥梁与自然环境能够达到一种良好的协调性；

第四，对于结构的整体受力情况更加的合理化，更进一步的将材料的特性予以发挥出来；

第五，成本比较低，而且耗材比较省；

第六，对于一些活载大但是挠度限制比较严格的一些桥梁，使用桁杆将减小活载的挠度，使得跨度与梁高之间的比值能够进一步的降低。

此外，在施工的过程中，就应该主要做到以下几点：要注意桥梁设计的美观性、施工的难度、上弦杆的相关工作效率、以及斜拉的桁架桥的高度，不能过于高也不能过于低。

二、施工技术

（一）斜拉桁架桥梁其体系桥梁的施工技术

对于斜拉桁架桥梁的施工方法而言，主要有两种：一种是自架设的方法，一种是非自架设的方法。相关技术都是来自于连续性桥梁的悬浇以及悬拼工艺，不用大型的挂篮以及大型的浮运设备，而且也不用拘泥于一种较为单一的悬拼或者是悬浇，在这个过程中，可以将这两种同时性使用，这种桥梁的技术特点就是其施工较快，也经济，它的工艺简单而且吊装也比较方便。

对于斜拉桁架桥的主桁架来说，其采用的就是悬臂拼装、有支架拼装、有支架浇筑等相结合的一种施工方案。在大浮吊的工作中，其半径内部的主孔以及边孔的构件采用的是悬臂的拼装法，岸上边的孔构件的部分有两种，拼装与有支架的浇筑，还有部分采用的是汽车的吊悬拼。应该根据相应的起重能力、设备条件，主桁架除了主塔之外，对于悬臂的拼装就可以将其分为单根、单元、以及桁架片这三种相关构件的组拼法。具体的体现：

第一，单根杆的悬拼。包括以下几种：吊装上弦杆，进行穿束张拉；吊装带上的节点进行受压腹杆；吊装带下的节点其下弦杆；吊装的受拉腹杆，进行穿束张拉，然后再安装桥梁，再然后就是要安装桥面桥；

第二，单元的构件悬拼，包括以下几点：吊装带以上的节点、受压的腹杆、以及上弦杆的相关单元构件，进行穿束张拉的上弦杆；吊装带以下的节点、受拉腹杆以及下弦杆的单元构件、穿束张拉的受拉腹杆，然后安装桥面桥以及横梁；

第三，桁架片悬拼的穿束、腹杆张拉、起模装船将其运至桥位、吊装、张拉上弦的杆通长束，然后是安装受压的腹杆，最后是安装桥面板以及横梁，这个工序是比较简单的。

（二）施工技术的关键

桥梁施工的过程中，其时间尽管是很短，但是在施工过程中，其结构行为并不是那么简单的。对于桥梁技术的关键就是桥梁的施工技术。比如说，自架设法以及非自架设法。

首先是自架设法。在施工的过程中，能够将上部的结构分为具有独立成分的几个组成部分，应该按照多个施工阶段进行拼装或者是现浇。而这些组成部分在已经完成之后，又可以为后续的施工阶段提供一个支撑体系，一直到起来的施工过程全部完成。

　　其次就是非自架设法的方法。就是采用一种临时的施工设施来对桥梁进行架设，在平常中能够涉及这种方法的主要有以下几种：吊装法、支架法以及转体法。对于非自架设的相关成本是很难控制的，它的优势也会受到一定的限制。所以说，在大跨径的桥梁施工中，经常采用的方法就是自架设法。这种方法的特点主要有以下几点：

　　第一，在架设的过程中，其受力的状况与在成桥之后的受力状况如果是越接近，对于施工中的辅助设备或者是一些其他材料的相关要求就会减少；

　　第二，对于自架设体系的桥梁，其先架设的部分就会先受力，而后架设的部分就会后受力。所以说，其结构就具有一种能力，能自动地去调整一些受力的状态，也可以借助于一种外力来对内力进行调整；

　　第三，对于先架设的部分应该要保证其质量较轻，以及具有较高的强度，这样才能够为后续的施工结构部分来提供一个比较强有力的支撑。

第八章 公路隧道工程

隧道是修建在地下或水下并铺设铁路供机车动车辆通行的建筑物。根据其所在位置可分为山岭隧道、水下隧道和城市隧道三大类。为缩短距离和避免大坡道而从山岭或丘陵下穿越的称为山岭隧道；为穿越河流或海峡而从河下或海底通过的称为水下隧道；为适应铁路通过大城市的需要而在城市地下穿越的称为城市隧道。这三类隧道中修建最多的是山岭隧道。

第一节 隧道结构与分类

隧道结构是地下建筑结构的重要组成部分，它的结构形式可根据地层的类别、使用功能和施工技术水平等进行选择。其结构形式主要有半衬砌结构、厚拱薄墙衬砌结构、直墙拱形衬砌结构、曲墙结构、复合衬砌结构和连拱隧道结构等形式。

一、结构形式、受力特点和适用条件

1. 半衬砌结构

在坚硬岩层中，若侧壁无坍塌危险，仅顶部岩石可能有局部滑落时，可仅施作顶部衬砌，不作边墙，只喷一层不小于 20mm 厚的水泥砂浆护面，即半衬砌结构。

2. 厚拱薄墙衬砌结构

在中硬岩层中，拱顶所受的力可通过拱脚大部分传给岩体，充分利用岩石的强度，这种结构适宜用在水平压力较小，且稳定性较差的围岩中。对于稳定或基本稳定的围岩中的大跨度、高边墙洞室，如采用喷锚结构施工装备条件存在困难，或喷锚结构防水达不到要求时，也可考虑使用。

3. 直墙拱形衬砌结构

在一般或较差岩层中的隧道结构，通常是拱顶与边墙浇在一起，形成一个整体结构，即直墙拱形衬砌结构，广泛应用的隧道结构形式。

4. 曲墙衬砌结

在很差的岩层中，岩体松散破碎且易于坍塌，衬砌结构一般由拱圈、曲线形侧墙和仰拱底板组成，形成曲墙衬砌结构。该种衬砌结构的受力性能相对较好，但对施工技术要求较高，这也是一种被广泛应用的隧道结构形式。

5. 复合衬砌结构

复合支护结构一般认为围岩具有自支承能力，支护的作用首先是加固和稳定围岩，使围岩的自承能力可充分发挥，从而可允许围岩发生一定的变形和由此减薄支护结构的厚度。工程施工时，一般先向洞壁施作柔性薄层喷射混凝土，必要时同时设置锚杆，并通过重复喷射增厚喷层，以及在喷层中增设网筋稳定围岩。围岩变形趋于稳定后，再施作内衬永久支护。复合衬砌结构常由初期支护和二次支护组成，防水要求较高时须在初期支护和二次支护间增设防水层。

6. 连拱隧道结构

隧道设计中除考察工程地质、水文地质等相关条件外，同时受线路要求以及其他条件的制约，还需要考虑安全、经济、技术等方面的综合比较。因此，对于长度不是特别长的公路隧道（100~500m），尤其是处于地质、地形条件复杂及征地严格限制地区的中小隧道，常采用连拱隧道的形式。

二、一般技术要求

1. 衬砌截面类型和几何尺寸的确定

隧道衬砌结构类型应根据隧道围岩地质条件、施工条件和使用要求确定。

高速、一级、二级公路的隧道应采用复合式衬砌；

汽车横道、三级及三级以下公路隧道，在Ⅰ、Ⅱ、Ⅲ级围岩条件下，除洞口段外衬砌结构类型和尺寸，应根据使用要求、围岩级别、围岩地质条件和水文地质条件、隧道埋置位置、结构受力特点，并结合工程施工条件、环境条件，通过工程类比和结构计算综合分析确定。

在施工阶段，还应根据现场围岩监控量测和现场地质跟踪调查调整支护参数，必要时可通过试验分析确定。为了便于使用标准拱架模板和设备，确定衬砌的方案时，类型要尽量少，且同一跨度的拱圈内轮廓应相同。一般采取调整厚度和局部加筋等措施来适应不同的地质条件。

2. 衬砌材料的选择

衬砌结构材料应具有足够的强度、耐久性和防水性。在特殊条件下，还要求具有抗侵蚀性和抗冻性等。从经济角度考虑,衬砌结构材料还要满足成本低、易于机械化施工等条件。

3. 衬砌结构的一般构造要求

（1）混凝土的保护层

钢筋混凝土衬砌结构，受力钢筋的混凝土保护层最小厚度一般装配式衬砌为 20mm，现浇衬砌内层为 25mm，外层为 30mm。若有侵蚀性介质作用时可增大到 50mm，钢筋网喷射混凝土一般为 20mm。随截面厚度的增加，保护层厚度也应适当增加。

（2）衬砌的超挖或欠挖

隧道结构施工中，洞室的开挖尺寸不可能与衬砌所设计的毛洞尺寸完全符合，这就产生了衬砌的超挖或欠挖问题。超挖通常会增加回填的工作量，而欠挖则不能保证衬砌截面尺寸，故对超、欠挖有一定的限制。衬砌的允许超欠挖均按设计毛洞计算。

现浇混凝土衬砌一般不允许欠挖，如出现个别点欠挖，欠挖部分进入衬砌截面的深度，不得超过衬砌截面厚度的 1/4，并不得大于 15cm，面积不大于 $1m^2$。通常隧道衬砌结构，平均超挖允许值不得超过 10~15cm，对于洞室的某些关键部位，如穹顶的环梁岩台，厚拱薄墙衬砌（及半衬砌）的拱座岩台，岔洞的周边等，超挖允许值更应该严格控制，一般不宜超过 15cm。

（3）变形缝的设置

变形缝一般是指沉降缝和伸缩缝。沉降缝是为了防止结构因局部不均匀下沉引起变形断裂而设置的，伸缩缝是为了防止结构因热胀冷缩，或湿胀干缩产生裂缝而设置的。因此，沉降缝是满足结构在垂直与水平方向上的变形要求而设置的，伸缩缝是满足结构在轴线方向上的变形要求而设置的。沉降缝、伸缩缝的宽度大于 20mm，应垂直于隧道轴线竖向设置。

三、分类

1. 按照隧道所处的地质条件分类：分为土质隧道和石质隧道。

2. 按照隧道的长度分类：分为短隧道（铁路隧道规定：L≤500m；公路隧道规定：L≤500m）、中长隧道（铁路隧道规定：500 < L≤3000m；公路隧道规定 500 < L < 1000m）、长隧道（铁路隧道规定：3000 < L≤10000m；公路隧道规定 1000≤L≤3000m）和特长隧道（铁路隧道规定：L > 10000m；公路隧道规定：L > 3000m）。

3. 按照国际隧道协会（ITA）定义的隧道的横断面积的大小划分标准分类：分为极小断面隧道（2 ~ 3m²）、小断面隧道（3 ~ 10m²）、中等断面隧道（10 ~ 50m²）、大断面隧道（50 ~ 100m²）和特大断面隧道（大于 100m²）。

4. 按照隧道所在的位置分类：分为山岭隧道、水底隧道和城市隧道。

5. 按照隧道埋置的深度分类：分为浅埋隧道和深埋隧道。

6. 按照隧道的用途分类：分为交通隧道、水工隧道、市政隧道和矿山隧道。

第二节　隧道围岩分级与围岩压力

围岩是指隧道开挖后其周围产生应力重分布范围内的岩体，或指隧道开挖后对其稳定性产生影响的那部分岩体（这里所指的岩体是土体与岩体的总称）。应该指出，这里所定义的围岩并不具有尺寸大小的限制。它所包括的范围是相对的，视研究对象而定，从力学分析的角度来看，围岩的边界应划在因开挖隧道而引起的应力变化可以忽略不计的地方，或者说在围岩的边界上因开挖隧道而产生的位移应该为零，这个范围在横断面上约为 6～10 倍的洞径。当然，若从区域地质构造的观点来研究围岩，其范围要比上述数字大得多。

围岩的工程性质，一般包括三个方面：物理性质、水理性质和力学性质。而对围岩稳定性最有影响的则是力学性质，即围岩抵抗变形和破坏的性能。围岩既可以是岩体、也可以是土体。

岩体是在漫长的地质历史中，经过岩石建造、构造形变和次生蜕变而形成的地质体。它被许许多多不同方向、不同规模的断层面、层理面、节理面和裂隙面等各种地质界面切割为大小不等，形状各异的各种块体。工程地质学中将这些地质界面称之为结构面或不连续面，将这些块体称之为结构体，并将岩体看作是由结构面和结构体组合而成的具有结构特征的地质体。所以，岩体的力学性质主要取决于岩体的结构特征、结构体岩石的特征以及结构面的特性。环境因素尤其是地下水和地温对岩体的力学性质影响也很大。在众多的因素中，哪个起主导作用需视具体条件而定。

在软弱围岩中，节理和裂隙比较发育，岩体被切割得很破碎，结构面对岩体的变形和破坏都不起什么作用。所以，岩体的特性与结构体岩石的特性并无本质区别。当然，在完整而连续的岩体中也是如此。反之，在坚硬的块状岩体中，由于受软弱结构面切割，使块体之间的联系减弱，此时，岩体的力学性质主要受结构面的性质及其在空间的位置所控制。

由此可见，岩体的力学性质必然是诸因素综合作用的结果，只不过有些岩体是岩石的力学性质起控制作用，而有些岩体则是结构面的力学性质占主导地位。

岩体与岩石相比，两者有着很大的区别，和工程问题的尺度相比，岩石几乎可以被认为是均质、连续和各向同性的介质。而岩体则具有明显的非均质性，不连续性和各向异性。关于岩体的力学性质，包括变形破坏特性和强度，一般都需要在现场进行原位试验才能获得较为真实的结果。但现场原位试验需要花费大量资金和时间，而且随着测点位置和加载方式不同，试验结果的离散性也很大。因此，常常用取样在试验室内进行试验来代替。但室内试验较难模拟岩体真正的力学作用条件，更重要的是对于较破碎和软弱不均质的岩体，不易取得供试验用的试样。究竟采用何种试验方法，应视岩体的结构特征而定。一般来说，破裂岩体以现场试验为主，较完整的岩体以做室内试验为宜。

一、岩体的变形特性

岩体的抗拉变形能力很低，或者根本就没有。因此，岩体受拉后立即沿结构面发生断裂，一般没有必要专门来研究岩体的受拉变形特性。

1. 受压变形

岩体的受压变形特性，可以用它在受压时的应力—应变曲线，亦称本构关系来说明。我们知道，岩石的应力—应变曲线线性关系比较明显，说明它是以弹性变形为主。软弱结构面的应力—应变曲线呈现出非线性特征，说明了它是以塑性变形为主。而岩体的应力—应变曲线则要复杂得多了，图 4-1 中分别绘出了典型的岩石、软弱结构面和岩体的单轴受压时的全应力—应变曲线。

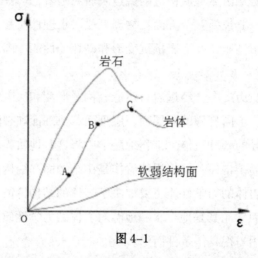

图 4-1

从图中可以看出：典型的岩体全应力—应变曲线可以分解为四个阶段：

（1）压密阶段（OA）：主要是由于岩体中结构面的闭合和充填物的压缩而产生的，形成了非线性凹状曲线，变形模量小，总的压缩量取决了结构面的性态。

（2）弹性阶段（AB）：岩体充分压密后便进入弹性阶段。所出现的弹性变形是岩体的结构面和结构体共同产生的，应力—应变关系呈直线型。

（3）塑性阶段（BC）：岩体继续受力、变形发展到弹性极限后便进入塑性阶段，此时岩体的变形特性受结构面和结构体的变形特性共同制约。整体性好的岩体延性小、塑性变形不明显，达到强度极限后迅速破坏，破裂岩体塑性变形大，甚至有的从压密阶段直接发展到塑性阶段，而不经过弹性阶段。

（4）破裂和破坏阶段（CD）：应力达到峰值后，岩体即开始破裂和破坏。破坏开始时，应力下降比较缓慢，说明破裂面上仍具有一定摩擦力，岩体还能承受一定的荷载。而后，应力急剧下降，岩体全面崩溃。

从岩体的全应力—应变曲线的分析中可以看出，岩体既不是简单的弹性体，也不是简单的塑性体，而是较为复杂的弹塑性体。整体性好的岩体接近弹性体，破裂岩体和松散岩体则偏向于塑性体。

2. 剪切变形

岩体受剪时的剪切变形特性主要受结构面控制。根据结构体和结构面的具体性态，岩体的剪切变形可能有三种方式：

（1）沿结构面滑动，所以，结构面的变形特性即为岩体的变形特性。

（2）结构面不参与作用，沿结构体岩石断裂。所以，岩石的变形特性即起主导作用。

（3）在结构面影响下，沿岩石剪断。此时，岩体的变形特性介乎上述二者之间。

试验和实践还发现，无论岩体是受压或受剪切，它们所产生的变形都不是瞬时完成的，而是随着时间的增长逐渐达到最终值的。岩体变形的这种时间效应，我们称之为岩体的流变特性。严格来说，流变包括两方面：一种是指作用的应力不变，而应变随时间而增长，即所谓蠕变；另一种则是作用的应变不变，而应力随时间而衰减，即所谓松弛。

对于那些具有较强的流变性的岩体，在隧道工程的设计和施工中必须加以考虑。例如，成渝复线上的金家岩隧道，埋深120m，围岩为泥岩，开挖后围岩基本上是稳定的，并及时进行了初次支护。但初次支护250天后拱顶下沉达40.2cm，侵入建筑限界，只好挖掉重做。属于这类的岩体大概有两类：一类是软弱的层状岩体，如薄层状岩体、含有大量软弱层的互层或间层岩体；另一类是含有大量泥质物的，受软弱结构面切割的破裂岩体。整体状、块状、坚硬的层状等类岩体，其流变性不明显。但是，在这些岩体中为数不多的软弱结构面，具有相当强的流变性，有时将对岩体的变形和破坏起控制作用。

二、岩体的强度

从上述可知，岩体和岩石的变形、破坏机理是很不相同的，前者主要受宏观的结构面所控制，而后者则受岩石的微裂隙所制约。因而岩体的强度要比岩石的强度低得多，并具有明显的各向异性。例如，志留纪泥岩的单轴抗压试验结果将能很好地说明这个问题。当层面倾角大于50°时，以层间剪切形式破坏；32°～45°时，为轴向劈裂和层间剪切混合形式破坏；小于32°时，为轴向劈裂形式破坏。由此可见，岩体的抗压强度不仅因层面倾角增大而减小，同时其破坏形式也发生变化，如图4—3所示。只有当岩体中结构面的规模较小，结合力很强时，岩体的强度才能与岩石的强度相接近。一般情况下，岩体的抗压强度只有岩石的70～80%，结构面发育的岩体，仅有5～10%。

和抗压强度一样，岩体的抗剪强度主要也是取决于岩体内结构面的性态，包括它的力学性质、充填状况、产状、分布和规模等，同时还受剪切破坏方式所制约。当岩体沿结构面滑移时，多属于塑性破坏。峰值剪切强度较低，其强度参数（内摩擦角）一般变化于10°～45°之间；（粘结力）变化于0～0.3MPa之间，残余强度和峰值强度比较接近。沿岩石剪断属脆性破坏，剪断的峰值剪切强度较上述的高得多，其值约在30°～60°之间，值有高达几十MPa的，残余强度与峰值强度之比随峰值强度的增大而减小，变化于0.3～0.8之间。受结构面影响而沿岩石剪断，其强度介于上述两者之间。在 τ—σ 平面上画出岩体、岩石和结构面的抗剪强度包络线就能看出这三者之间的关系。

三、隧道围岩分级

隧道围岩分级就是评定围岩性质、判断隧道围岩稳定性，作为选择隧道位置、支护类型的依据和指导安全施工。

国内外现在的围岩分级方法有定性、定量、定性与定量相结合 3 种方法，且多以前两种方法为主。定性分级的做法是，在现场对影响岩体质量的诸因素进行定性描述、鉴别、判断，或对主要因素做出评判、打分，有的还引入分量化指标进行综合分级。以定性为主的分级方法，如现行的公路、铁路隧道围岩分级等方法经验的成分较大，有一定人为因素和不确定性，在使用中，往往存在不一致，随勘察人员的认识和经验的差别，对同一围岩做出级别不同的判断。采用定性分级的围岩级别，常常出现与实际差别 1 ～ 2 级的情况。定量分级的做法是根据对岩体性质进行测试的数据或对各参数打分，经计算获得岩体质量指标，并以该指标值进行分级。如国外 N.Barton 的 Q 分级，Z.T.Bieniawsks 的地质力学（MRM）分级、Dree 的 RQD 值分级等方法。但由于岩体性质和赋存条件十分复杂，分级时仅用少数参数和某个数学公式难以全面准确地概括所有情况，而且参数测试数量有限，数据的代表性和抽样的代表性均存在一定的局限，实施时难度较大。

影响围岩稳定的因素多种多样，主要是岩石的物理力学性质、构造发育情况、承受的荷载（工程荷载和初始应力）、应力变形状态、几何边界条件、水的赋存状态等。这些因素中，岩体的物理力学性质和构造发育情况是独立于各种工作类型的，反映出了岩体的基本特性，在岩体的各项物理力学性质中，对稳定性关系最大的是岩石坚硬程度，岩体的构造发育状态、岩体的不连续性、节理化程度所反映的岩体完整性是地质体的又一基本属性。国内外多数围岩分级都将岩石坚硬程度和岩体的完整程度作为岩体基本质量分级的两个基本因素。

1. 国标《锚杆喷射混凝土支护技术规范》围岩分级

（1）围岩分级

围岩级别的划分应根据岩石坚硬性岩体完整性结构面特征地下水和地应力状况等因素综合确定并应符合表 8-2-1 规定。

表 8-2-1 围岩分级

围岩级别	主要工程地质特征							毛洞稳定情况
	岩体结构	构造影响程度，结构面发育情况和组合状态	岩石强度指标		岩体声波指标		岩体强度应力比	
			单轴饱和抗压强度度（MPa）	点荷载强度（MPa）	岩体纵波速度（km/s）	岩体完整性指标		
I	整体状及层间结合良好的厚层状结构	构造影响轻微，偶有小断层结构面不发育，仅有 2~3 组，平均间距大于 0.8m，以原生和构造节理为主，多数闭合，无泥质充填，不贯通。层间结合良好，一般不出现不稳定块体	>60	>2.5	>5	>0.75	——	毛洞跨度 5~10m 时长期稳定，无碎块掉落
II	同 I 级围岩结构	同 I 级围岩特征	30~60	1.25~2.5	3.7~5.2	>0.75		毛洞跨度 5~10m 时，围岩能较长时间（数月至数年）维持稳定，仅出现局部小块掉落
	块状结构和层间结合较好的中厚层或厚层状结构	构造影响较重，有少量断层，结构面发育，一般为 3 组，平均间距 0.4~0.8m，以原生和构造节理为主，多数闭合，偶有泥质充填，贯通性较差，有少量软弱结构面。层间结合较好，偶有层间错动和层面张开现象	>60	>2.5	3.7~5.2	>0.5	——	

围岩级别	主要工程地质特征						毛洞稳定情况
	岩体结构	构造影响程度，结构面发育情况和组合状态	岩石强度指标		岩体声波指标		
			单轴饱和抗压强度（MPa）	点荷载强度（MPa）	岩体纵波速度（km/s）	岩体完整性指标	岩体强度应力比	
Ⅲ	同Ⅰ级围岩结构	同Ⅰ级围岩特征	20~30	0.85~1.25	3.0~4.5	>0.75	>2	毛洞跨度5~10m时围岩能维持一个月以上的稳定主要出现局部掉块塌落
	同Ⅱ级围岩块状结构和层间结合较好的中厚层或厚层状结构	同Ⅱ级围岩块状结构和层间结合较好的中厚层或厚层状结构特征	30~60	1.25~2.50	3.0~4.5	0.5~0.75	>2	
	碎裂镶嵌结构	构造影响较重结构面发育一般为3组以上平均间距0.2~0.4m以构造节理为主节理面多数闭合少数有泥质充填块体间牢固咬合	>60	>250	30~45	030~050	>2	

Ⅳ	同Ⅱ级围岩块状结构和层间结合较好的中厚层或厚层状结构	同Ⅱ级围岩块状结构和层间结合较好的中厚层或厚层状结构特征	10~30	042~125	20~35	050~075	>1	毛洞跨度5m时围岩能维持数日到一个月的稳定主要失稳形式为冒落或片帮
	散块状结构	构造影响严重一般为风化卸荷带结构面发育一般为3组平均间距0.4~0.8m以构造节理卸荷风化裂隙为主贯通性好多数张开夹泥夹泥厚度一般大于结构面的起伏高度咬合力弱构成较多的不稳定块体	>30	>125	>20	>015	>1	
	层间结合不良的薄层中厚层和软硬岩互层结构	构造影响严重结构面发育一般为3组以上平均间距0.2~0.4m以构造风化节理为主大部分微张（05~10mm）部分张开（10mm）有泥质充填层间结合不良多数夹泥层间错动明显	>30（软岩>10）	>125	20~35	020~040	>1	
	碎裂状结构	构造影响严重多数为断层影响带或强风化带结构面发育一般为3组以上平均间距0.2~0.4m大部分微张（05~10mm）部分张开（10mm）有泥质充填形成许多碎块体	>30	>125	20~35	020~040	>1	

| V | 散体状结构 | 构造影响很严重多数为破碎带全强风化带破碎带交汇部位构造及风化节理密集节理面及其组合杂乱形成大量碎块体块体间多数为泥质充填甚至呈石夹土状或土夹石状 | —— | —— | <20 | —— | —— | 毛洞跨度5时围岩稳定时间很短约数小时至数日 |

注：

1 围岩按定性分级与定量指标分级有差别时一般应以低者为准。

2 本表声波指标以孔测法测试值为准如果用其他方法测试时可通过对比试验进行换算。

3 层状岩体按单层厚度可划分为：

厚层大于 0.5m。

中厚层 0.1~0.5m。

薄层小于 0.1m。

4 一般条件下确定围岩级别时应以岩石单轴湿饱和抗压强度为准当洞跨小于5m，服务年限小于10年的工程确定围岩级别时可采用点荷载强度指标代替岩块单轴饱和抗压强度指标可不做岩体声波指标测试。

5 测定岩石强度做单轴抗压强度测定后可不做点荷载强度测定。

（2）围岩分级的主要影响因素

1）岩体完整性指标

用岩体完整性系数 K_v 表示，K_v 可按下式计算：

$$K_v = (V_{pm} / V_{pr})^2 \qquad (1.2\text{-}1)$$

式中：

V_{pm}——岩体弹性纵波速度（km/s）

V_{pr}——岩石弹性纵波速度（km/s）

当无条件进行声波实测时也可用岩体体积节理数 J_v 按表 1.2 定 K_v 值。

表 1.2 J_v 与 K_v 对照表

J_v（条/m³）	<3	3 ~ 10	10 ~ 20	20 ~ 35	> 35
K_v	> 0.75	0.75 ~ 0.55	0.55 ~ 0.35	0.35 ~ 0.15	< 0.15

2）岩体强度应力比

岩体强度应力比的计算应符合下列规定：

①当有地应力实测数据时

$$S_m = K_v f_r / \sigma_1 \qquad (1.2-2)$$

式中：

S_m -- 岩体强度应力比；

f_r -- 岩石单轴饱和抗压强度（MPa）；

K_v -- 岩体完整性系数；

σ_1 -- 垂直洞轴线的较大主应力（kN/m²）。

②当无地应力实测数据时

$$\sigma_1 = \gamma H \qquad (3.2-3)$$

式中：

γ -- 岩体重力密度（kN/m³）；

H-- 隧洞顶覆盖层厚度（m）。

3）地下水

对Ⅲ、Ⅳ级围岩当地下水发育时应根据地下水类型水量大小软弱结构面多少及其危害程度适当降级。

4）断层带

对Ⅱ、Ⅲ、Ⅳ级围岩当洞轴线与主要断层或软弱夹层的夹角小于30时应降一级。

四、铁路隧道围岩分级

1. 铁路隧道围岩分级及其适用条件

目前，我国铁路隧道采用的围岩分级如表8-2-2所示。当用物探法测有弹性纵波速度时，可参照围岩弹性纵波速度测定值确定围岩级别。本分级适用于一般地质情况的隧道，对特殊地质条件的围岩，如膨胀岩、盐岩、多年冻土等需另行考虑。关于隧道围岩分级的基本因素和围岩基本分级及其修正，可参照 2.3 内容确定。

表 8-2-2　铁路隧道围岩分级

围岩级别	围岩主要工程地质条件		围岩开挖后的稳定状态（单线）	围岩弹性纵波速度 vp（km/s）
	主要工程地质特征	结构特征和完整状态		
I	极硬岩（单轴饱和抗压强度Rc>60MPa）：受地质构造影响轻微，节理不发育，无软弱面（或夹层）；层状岩层为巨厚层或厚层，层间结合良好，岩体完整	呈巨块状整体结构	围岩稳定，无坍塌，可能产生岩爆	>4.5
II	硬质岩（Rc>30MPa）：受地质构造影响较重，节理较发育，有少量软弱面（或夹层）和贯通微张节理，但其产状及组合关系不致产生滑动；层状岩层为中厚层或厚层，层间结合一般，很少有分离现象，或为硬质岩石偶夹软质岩石	呈巨块或大块状结构	暴露时间长，可能会出现局部小坍塌；侧壁稳定；层间结合差的平缓岩层，顶板易塌落	3.5 ~ 4.5
III	硬质岩（Rc>30MPa）：受地质构造影响严重，节理发育，有层状软弱面（或夹层），但其产状及组合关系尚不致产生滑动；层状岩层为薄层或中层，层间结合差，多有分离现象；硬、软质岩石互层	呈块（石）碎（石）状镶嵌结构	拱部无支护时可产生小坍塌，侧壁基本稳定，爆破震动过大易坍	2.5 ~ 4.0
	较软岩（Rc≈15 ~ 30MPa）：受地质构造影响较重，节理较发育；层状岩层为薄层、中厚层或厚层，层间一般	呈大块状结构		
IV	硬质岩（Rc>30MPa）：受地质构造影响极严重，节理很发育；层状软弱面（或夹层）已基本破坏	呈碎石状压碎结构	拱部无支护时，可产生较大的坍塌，侧壁有时失去稳定	1.5 ~ 3.0
	软质岩（Rc≈5® ~ 30MPa）：受地质构造影响严重，节理发育	呈块（石）碎（石）状镶嵌结构		
	土体：1.具压密或成岩作用的黏性土、粉土及砂类土 2.黄土（Q1、Q2） 3.一般钙质、铁质胶结的碎石土、卵石土、大块石土	1 和 2 呈大块状压密结构，3 呈巨块状整体结构		
V	岩体：软岩，岩体破碎至极破碎；全部极软岩及全部极破碎岩（包括受构造影响严重的破碎带）	呈角砾碎石状松散结构	围岩易坍塌，处理不当会出现大坍塌，侧壁经常小坍塌；浅埋时易出现地表下沉（陷）或塌至地表	1.0 ~ 2.0
	土体：一般第四系坚硬、硬塑黏性土，稍密及以上、稍湿或潮湿的碎石土著人、卵石土、圆砾土、角砾土、粉土及黄土（Q3、Q4）	非黏性土呈松散结构，黏性土及黄土呈松软结构		
VI	岩体：受构造影响严重呈碎石、角砾及粉末、泥土状的断层带	黏性土呈易蠕动的松软结构，砂性土呈潮湿松散结构	围岩极易坍塌变形，有水时土砂常与水一齐涌出；浅埋时易塌至地表	<1.0（饱和状态的土 <1.5）
	土体：软塑状黏性土、饱和的粉土、砂类土等			

注：层状岩层的层厚划分：

巨厚层：厚度大于1.0m；

厚层：厚度大于0.5m，且小于等于1.0m；

中厚层：厚度大于0.1m，且小于等于0.5m；

薄层：厚度小于或等于0.1m。

2. 各级围岩的物理力学指标

各级围岩的物理力学指标标准值应按试验资料确定，无试验资料时可按表8-2-3选用。

表8-2-3 各级围岩的物理力学指标

围岩级别	重度 γ（kN/m3）	弹性反力系数K（MPa/m）	变形模量E（GPa）	泊松比 υ	内摩擦角 φ（°）	黏聚力 C（MPa）	计算摩擦角 φ（°）
I	26~28	1800~2800	>33	<0.2	>60	>2.1	>78
II	25~27	1200~1800	20~33	0.2~0.25	50~60	1.5~2.1	70~78
III	23~25	500~1200	6~20	0.25~0.3	39~50	0.7~1.5	60~70
IV	20~23	200~500	1.3~6	0.3~0.35	27~39	0.2~0.7	50~60
V	17~20	100~200	1~2	0.35~0.45	20~27	0.05~0.2	40~50
VI	15~17	<100	<1	0.4~0.5	<22	<0.1	30~40

注：

1.本表数值不包括黄土地层；

2.选用计算摩擦角时，不再计内摩擦角和黏聚力。

3. 围岩分级的主要因素

（1）围岩基本分级

围岩基本分级应由岩石坚硬程度和岩体完整程度两个因素确定；

岩石坚硬程度和岩体完整程度，应采用定性划分和定量指标两种方法综合确定。岩石坚硬程度可按表8-2-3-1划分。岩体完整程度可按表8-2-3-2划分。围岩基本分级可按表8-2-3-3确定。

表8-2-3-1 岩石坚硬程度划分

岩石类别		单轴饱和抗压强度 Rc（MPa）	代表性岩石
硬质岩	极硬岩	Rc>60	未风化可微风化的花岗岩、片麻岩、闪长岩、石英岩、硅质灰岩、钙质胶结的砂岩或砾岩等
	硬岩	30<Rc≤60	弱风化的极硬岩；未风化或微风化的熔结凝灰岩、大理岩、板岩、白云岩、灰岩、钙质胶结的砂岩、结晶颗粒较粗的岩浆岩等

岩石类别		单轴饱和抗压强度 Rc（MPa）	代表性岩石
软质岩	较软岩	15<Rc≤30	强风化的极硬岩；弱风化的硬岩；未风化或微风化的云母片岩、千枚岩、砂质泥岩、钙泥质胶结的粉砂岩和砾岩、泥灰岩、泥岩、凝灰岩等
	软岩	5<Rc≤15	强风化的极硬岩；弱风化至强风化的硬岩；弱风化的较软岩和未风化或微风化的泥质岩类；泥岩、煤、泥质胶结的砂岩和砾岩等
	极软岩	Rc≤5	全风化的各类岩石和成岩作用差的岩石

表 8-2-3-2　岩体完整程度

完整程度	结构面特征	结构类型	岩体完整性指数（Kv）
完整	结构面 1～2 组，以构造型节理或层面为主，密闭型	巨块状整体结构	Kv>0.75
较完整	结构面 2～3 组，以构造型节理、层面为主，裂隙多呈密闭型，部分为微张型，少有充填物	块状结构	0.75≥Kv>0.55
较破碎	结构面一般为 3 组，节理及以风化裂隙为主，在断层附近受构造影响较大，裂隙以微张型和张开型为主，多有充填物	层状结构、块石、碎石状结构	0.55≥Kv>0.35
破碎	结构面大于 3 组，多以风化型裂隙为主，在断层附近受构造作用影响较大，裂隙宽度以张开型为主，多有充填物	碎石角砾状结构	0.35≥Kv>0.15
极破碎	结构面杂乱无序，在断层附近受断层作用影响大，宽张裂隙全为泥质或泥夹岩屑充填，充填物厚度大	散体状结构	Kv≤0.15

表 8-2-3-3　围岩基本分级

级别	岩体特征	土体特征	围岩弹性纵波速度（km/s）
I	极硬岩，岩体完整	——	>4.5
II	极硬岩，岩体较完整；硬岩，岩体完整	——	3.5～4.5
III	极硬岩，岩体较破碎；硬岩或软硬岩互层，岩体较完整；较软岩，岩体完整	——	2.5～4.0
IV	极硬岩，岩体破碎；硬岩，岩体较破碎至极破碎；较软岩或软硬岩互层，且以软岩为主，岩体较完整或较破碎；软岩，岩体完整或较完整	具压密或成岩作用的黏性土、粉土及砂类土，一般钙质、铁质胶结的粗角砾土、粗圆砾土、碎石土、卵石土、大块石土、黄土（Q1、Q2）	1.5～3.0

续 表

级别	岩体特征	土体特征	围岩弹性纵波速度（km/s）
V	软岩，岩体破碎至极破碎；全部极软岩及全部极破碎岩（包括受构造影响严重的破碎带）	一般第四系坚硬、硬塑黏性土，稍密及以上、稍湿、潮湿的碎（卵）石土、粗圆砾土、细圆砾土、粗角砾土、细角砾土、粉土及黄土（Q3、Q4）	1.0 ~ 2.0
VI	受构造影响很严重呈碎石、角砾及粉末、泥土状的断层带	软塑状黏性土、饱和的粉土、砂类土等	<1.0（饱和状态的土 <1.5）

（2）隧道围岩分级修正

隧道围岩级别应在围岩基本分级的基础上，结合隧道工程的特点，考虑地下水状态、初始地应力状态等必要的因素进行修正。

1）地下水状态的分级宜按表 8-2-4-1 确定。地下水对围岩级别的修正，宜按表 8-2-4-2 进行。

表 8-2-4-1 地下水状态的分级

级别	状态	渗水量 [L/（min · 10n）]
I	干燥或湿润	<10
II	偶有渗水	10 ~ 25
III	经常渗水	25 ~ 125

表 8-2-4-2 地下水影响的修正

围岩基本分级 地下水状态分级	I	II	III	IV	V	VI
I	I	II	III	IV	V	——
II	I	II	IV	V	VI	——
III	II	III	IV	V	VI	——

2）围岩初始地应力状态，当无实测资料的，可根据隧道工程埋深、地貌、地形、地质、构造运动史、主要构造线与开挖过程中出现的岩爆、岩芯饼化等特殊地质现象，按表 8-2-4-3 评估。初始地应力对围岩级别的修正宜按表 8-2-4-4 进行。

表 8-2-4-3 初始地应力场评估基准

初始地应力状态	主要现象	评估基准（Rc/σmax）
极高应力	1. 硬质岩：开挖过程中时有岩爆发生，有岩块弹出，洞壁岩体发生剥离，新生裂缝多，成洞性差 2. 软质岩：岩芯常有饼化现象，开挖过程中洞壁岩体有剥离，位移极为显著，甚至发生大位移，持续时间长，不易成洞	<4
高应力	1. 硬质岩：开挖过程中可能出现岩爆，洞壁岩体有剥离和掉块现象，新生裂缝较多，成洞性较差 2. 软质岩：岩芯时有饼化现象，开挖过程中洞壁岩体位移显著，持续时间较长，成洞性差	4 ~ 7

注：Rc 为岩石单轴饱和抗压强度（MPa）；σmax 为最大地应力值（MPa）。

表8-2-4-4　初始地应力影响的修正

围岩基本分级 修正级别 初始地应力状态	Ⅰ	Ⅱ	Ⅲ	Ⅳ	Ⅴ
极高应力	Ⅰ	Ⅱ	Ⅲ或Ⅳ	Ⅴ	Ⅵ
高应力	Ⅰ	Ⅱ	Ⅲ	Ⅳ或Ⅴ	Ⅵ

注：

①围岩岩体为较破碎的极硬岩、较完整的硬岩时定为Ⅲ级；围岩岩体为完整的较软岩、较完整的软硬互层时定为Ⅳ级；

②围岩岩体为有些地方的极硬岩、较破碎及破碎的硬岩时定为Ⅳ级；围岩岩体为完整及较完整软岩、较完整及较破碎的较软岩时定为Ⅴ级。

3）隧道洞身埋藏较浅，应根据围岩受地表的影响情况进行围岩级别修正。当围岩为风化层时，应按风化层的围岩基本分级考虑；围岩仅受地表影响时，应较相应围岩降低1～2级。

4）施工阶段隧道围岩级别的判定宜按表8-2-4-5的判定卡进行。

表8-2-4-5　施工阶段围岩级别判定卡

工程名称				位置		里程			评定
						距洞口距离（m）			
岩性指标	岩石类型（名称）					黏聚力 c=　　MPa；φ=			极硬岩 硬岩 较软岩 软岩 极软岩 土
	单轴饱和抗压强度 Rc=　　MPa					点荷载强度极限 Ix=　　MPa			
	变形模量 E=　　GPa					泊松比 υ =			
	天然重度 γ=　　kN/m3					其他			
岩体完整状态		地质构造影响程度			轻微	较重	严重	极严重	完整 较完整 较破碎 破碎 极破碎
	地质结构面	间距（m）	>1.5	1.5～0.6	0.6～0.2	0.2～0.06	<0.06		
		延伸性	极差	差	中等	好	极好		
		粗糙度	明显 台阶状		粗糙 波纹状	平整光滑 有擦痕	平整光滑		
		张开性 （mm）	密闭 <0.1	部分张开 0.1～0.5	张开 0.5～1.0	无充填张开 >1.0	黏土 充填		
	风化程度		未风化	轻微风化	颇重风化	严重风化	极严重 风化		
	简要说明								
地下水状态	渗水量[L/ （min·10m）]		<10 干燥或湿润		10～25 偶有渗水		25～125 经常渗水		干燥或 湿润 偶有渗 水 经常渗 水

初始地应	埋深 H=　　m					
力状态	地质构造应力状态		其他			
围岩级别	I	II	III	IV	V	VI
备注						
记录者		复核者		日期		

五、公路隧道围岩分级

1. 公路隧道围岩分级

围岩级别可根据调查、勘探、试验等资料、岩石隧道的围岩定性特征、围岩基本质量指标（BQ）或修正的围岩质量指标 [BQ] 值、土体隧道中的土体类型、密实状态等定性特征，按表 8-2-5 确定。当根据岩体基本质量定性划分与（BQ）值确定的级别不一致时，应重新审查定性特征和定量指标计算参数的可靠性，并对它们重新观察、测试。在工程可行性研究和初勘阶段，可采用定性划分的方法或工程类比方法进行围岩级别划分。

表 8-2-5 公路隧道围岩分级

围岩级别	围岩或土体主要定性特征	围岩基本质量指标（BQ）或修正的围岩基本质量指标 [BQ]
I	坚硬岩，岩体完整，巨整体状或巨厚层状结构	>550
II	坚硬岩，岩体较完整，块状或厚层状结构 较坚硬岩，岩体完整，块状整体结构	550 ~ 451
III	坚硬岩，岩体较破碎，巨块（石）碎（石）状镶嵌结构 较坚硬岩或较软硬岩层，岩体较完整，块状体或中厚层结构	450 ~ 351
IV	坚硬岩，岩体破碎，碎裂结构 较坚硬岩，岩体较破碎 ~ 破碎，镶嵌碎裂结构 较软岩或软硬岩互层，且以软岩为主，岩体较完整 ~ 较破碎，中薄层状结构 土体：1. 压密或成岩作用的粘性土及砂性土 2. 黄土（Q1、Q2） 3. 一般钙质、铁质胶结的碎石土、卵石土、大块石土	350 ~ 251
V	较软岩，岩体破碎；软岩，岩体较破碎 ~ 破碎；极破碎各类岩体。碎、裂状、松散结构 一般第四系的半干硬至硬塑的黏性土及稍湿至潮湿的碎石土，卵石土、圆砾、角砾土及黄土（Q3、Q4）。非粘性土呈松散结构、黏性土及黄土呈松软结构	≤250
VI	软塑状粘性土及潮湿、饱和粉细砂层、软土等	

注：本表不适用于特殊条件的围岩分级，如膨胀性围岩、多年冻土等。

2. 围岩分级的主要因素

公路隧道围岩分级的综合评判方法采用两步分级，并按以下顺序进行：

（1）根据岩石的坚硬程度和岩体完整程度两个基本因素的定性特征和定量的岩体基

本质量指标（BQ），综合进行初步分级。（2）对围岩进行详细定级时，应在岩体基本质量分级基础上，考虑修正因素的影响修正岩体基本质量指标值。（3）按修正后的岩体基本质量指标 [BQ]，结合岩体的定性特征综合评判，确定围岩的详细分级。

（1）岩石坚硬程度

1）岩石坚硬程度可按表 8-2-5-1 定性划分。

表 8-2-5-1　岩石坚硬程度的定性划分

名称		定性鉴定	代表性岩石
硬质岩	坚硬岩	锤击声清脆，有回弹，震手，难击碎；浸水后，大多无吸水反应	未风化～微风化的花岗岩、正长岩、闪长岩、辉绿岩、玄武岩、安山岩、片麻岩、石英片岩、硅质板岩、石英岩、硅质胶结的砾岩、石英砂岩、硅质石灰岩等
	较坚硬岩	锤击声较清脆，有轻微回弹，稍震手，较难击碎；浸水后，有轻微吸水反应	1 弱风化的坚硬岩； 2 未风化～微风化的熔结凝灰岩、大理岩、板岩、白云岩、石灰岩、钙质胶结的砂页岩等
软质岩	较软岩	锤击声不清脆，无回弹，较易击碎；浸水后，指甲可刻出印痕	1 强风化的坚硬岩； 2 弱风化的较坚硬岩； 3 未风化～微风化的凝灰岩、千枚岩、砂质泥岩、泥灰岩、泥质砂岩、粉砂岩、页岩等
	软岩	锤击声哑，无回弹，有凹痕，易击碎；浸水后，手可掰开	1 强风化的坚硬岩； 2 弱风化～强风化的较坚硬岩； 3 弱风化的较软岩； 4 未风化的泥岩等
	极软岩	锤击声哑，无回弹，有较深凹痕，手可捏碎；浸水后，可捏成团	1 全风化的各种岩石； 2 各种半成岩

岩石坚硬程度定量指标用岩石单轴饱和抗压强度（Rc）表达。Rc 一般采用实测值，若无实测值时，可采用实测的岩石点荷载强度指数 Is（50）的换算值。

Rc 与岩石坚硬程度定性划分的关系，可按表 8-2-5-2 确定。

表 8-2-5-2　Rc 与岩石坚硬程度定性划分的关系

Rc（MPa）	>60	60～30	30～15	15～5	<5
坚硬程度	坚硬岩	较坚硬岩	较软岩	软岩	极软岩

（2）岩体完整程度

1）岩石完整程度可按表 8-2-6-1 定性划分。

表 8-2-6-1　岩体完整程度的定性划分

名称	结构面发育程度		主要结构面的结合程度	主要结构面类型	相应结构类型
	组数	平均间距（m）			
完整	1～2	>1.0	好或一般	节理、裂隙、层面	整体状或巨厚层结构
较完整	1～2	>1.0	差	节理、裂隙、层面	块状或厚层状结构
	2～3	1.0～0.4	好或一般		块状结构

续　表

名称	结构面发育程度		主要结构面的结合程度	主要结构面类型	相应结构类型
	组数	平均间距（m）			
较破碎	2 ~ 3	1.0 ~ 0.4	差	节理、裂隙、层面、小断层	裂隙块状或中厚层结构
	>3	0.4 ~ 0.2	好		镶嵌碎裂结构
			一般		中、薄层状结构
破碎	>3	0.4 ~ 0.2	差	各种类型结构面	裂隙块状结构
		<0.2	一般或差		碎裂状结构
极破碎	无序		很差		散体状结构

注：平均间距指主要结构面（1 ~ 2组）间距的平均值。

2）岩体完整程度的定量指标用岩体完整性系数（K_v）表达，K_v一般用弹性波探测值，若无探测值时，可用岩体体积节理数（J_v）按表8-2-6-2确定对应的K_v值。

表8-2-6-2　Jv与Kv对照表

Jv（条/m3）	<3	3 ~ 10	10 ~ 20	20 ~ 35	> 35
Kv	> 0.75	0.75 ~ 0.55	0.55 ~ 0.35	0.35 ~ 0.15	< 0.15

3）Kv与定性划分的岩体完整程度的对应关系，可按表8-2-6-3确定。

表8-2-6-3　Kv与定性划分的岩体完整程度的对应关系

Kv	>0.75	0.75 ~ 0.55	0.55 ~ 0.35	0.35 ~ 0.15	<0.15
完整程度	完整	较完整	较破碎	破碎	极破碎

4）岩体完整程度的定量指标K_v、J_v的测试和计算方法

岩体完整性指标K_v，应针对不同的工程地质岩组或岩性段，选择有体表性的点、段，测试岩体弹性纵波速度，速度应在同一岩体取样测定岩石纵波速度。按下式计算：

$$K_v = (V_{pm} / V_{pr})^2$$

式中：V_{pm}——岩体弹性纵波速度（km/s）

　　　V_{pr}——岩石弹性纵波速度（km/s）

岩体体积节理数Jv（条/m³），应针对不同的工程地质岩组或岩性段，选择有代表性的露头或开挖壁面进行节理（结构面）统计。除成组节理外，对延伸长度大于1m的分散节理亦应予以统计。已为硅质、铁质、钙质充填再胶结的节理不予统计。

每一测点的统计面积不应小于2m×5m。岩体值Jv应根据节理统计结果按下式计算

$$Jv = S1 + S2 + \cdots\cdots + Sn + Sk$$

式中：Sn——第n组节理每米长测线上的条数；

　　　Sk——每立方米岩体非成组节理条数（条/m³）。

（3）围岩基本质量指标（BQ）

应根据分级因素的定量指标Rc值和Kv值，计算：

BQ=90+3Rc+250Kv

使用时，应遵守下列限制条件：

1）当 Rc>90Kv+30 时，应以 Rc=90Kv+30 和 Kv 代入计算 BQ 值。

2）当 Kv>0.04Rc+0.4 时，应以 Kv=0.04Rc+0.4 和 Rc 代入计算 BQ 值。

围岩详细定级时，如遇下列情况之一，应对岩体基本质量指标（BQ）进行修正：

1）有地下水；

2）围岩稳定性受软弱结构面影响，且由一组起控制作用；

3）存在高初始应力。

围岩基本质量指标修正值 [BQ]，可计算：

$$[BQ]=BQ-100（K1+K2+K3）$$

式中：

[BQ]——围岩基本质量指标修正值；

BQ——围岩基本质量指标；

K1——地下水影响修正系数；

K2——主要软弱结构面产状影响修正系数；

K3——初始应力状态影响修正系数。

K1、K2、K3 值，可分别按表 8-2-6-1、表 8-2-6-2、表 8-2-6-3 确定。无表中所示情况时，修正系数取零。

表 8-2-6-1　地下水影响修正系数 K1

BQ / 地下水出水状态	>450	450 ~ 351	350 ~ 251	<250
潮湿或点滴状出水	0	0.1	0.2 ~ 0.3	0.4 ~ 0.6
淋雨状或涌流状出水，水压 <0.1Mpa 或单位出水量 <10L/min•m	0.1	0.2 ~ 0.3	0.4 ~ 0.6	0.7 ~ 0.9
淋雨状或涌流状出水，水压 >0.1Mpa 或单位出水量 >10L/min•m	0.2	0.4 ~ 0.6	0.7 ~ 0.9	1.0

表 8-2-6-2　主要软弱结构面产状影响修正系数 K2

结构面产状及其与洞轴线的组合关系	结构面走向与洞轴线夹角 <30°，结构面倾角 30° ~ 75°	结构面走向与洞轴线夹角 >60°，结构面倾角 >75°	其他组合
K2	0.4 ~ 0.6	0 ~ 0.2	0.2 ~ 0.4

表 8-2-6-3 初始应力状态影响系数 K3

BQ / 初始应力状态	>550	550 ~ 451	450 ~ 351	350 ~ 251	<250
极高应力区	1.0	1.0	1.0 ~ 1.5	1.0 ~ 1.5	1.0
高应力区	0.5	0.5	0.5	0.5 ~ 1.0	0.5 ~ 1.0

围岩极高及高初始应力状态的评估，可按表 8-2-6-4 规定进行。

表8-2-6-4 高初始应力地区围岩在开挖过程中出现的主要现象

应力情况	主要现象	Rc/σmax
极高应力	1. 硬质岩：开挖过程中时有岩爆发生，有岩块弹出，洞壁岩体发生剥离，新生裂缝多，成洞性差 2. 软质岩：岩芯常有饼化现象，开挖过程中洞壁岩体有剥离，位移极为显著，甚至发生大位移，持续时间长，不易成洞	<4
高应力	1. 硬质岩：开挖过程中可能出现岩爆，洞壁岩体有剥离和掉块现象，新生裂缝较多，成洞性较差 2. 软质岩：岩芯时有饼化现象，开挖过程中洞壁岩体位移显著，持续时间较长，成洞性差	4 ~ 7

注：σmax 为垂直洞轴线方向的最大初始应力。

（4）各级围岩的物理力学参数

宜通过室内或现场试验获取，无试验数据和初步分级时，可按表8-2-1选用（同铁路隧道）；岩体结构面抗剪断峰值强度参数，可按表8-2-7选用。

表8-2-7 岩体结构面抗剪断峰值强度

序号	两侧岩体的坚硬程度及结构面的结合程度	内摩擦角 φ（°）	粘聚力 C（MPa）
1	坚硬岩，结合好	>37	>0.22
2	坚硬 ~ 较坚硬岩，结合一般； 较软岩，结合好	37 ~ 29	0.22 ~ 0.12
3	坚硬 ~ 较坚硬岩，结合差； 较软岩 ~ 软岩，结合一般	29 ~ 19	0.12 ~ 0.08
4	较坚硬 ~ 较软岩，结核差 ~ 结合很差； 软岩，结合差；软质岩的泥化面	19 ~ 13	0.08 ~ 0.05
5	较坚硬岩及全部软质岩，结合很差； 软质岩泥化层本身	<13	<0.05

（5）各级围岩的自稳能力

宜根据围岩变形量测和理论计算分析来评定，也可按表8-2-8做出大致的评判。

表8-2-8 隧道各级围岩自稳能力判断

围岩级别	自稳能力
I	跨度20m，可长期稳定，偶有掉块，无塌方
II	跨度10m ~ 20m，可基本稳定，局部可发生掉块或小塌方 跨度10m，可长期稳定，偶有掉块
III	跨度10m ~ 20m，可稳定数日 ~ 1个月，可发生小 ~ 中塌方 跨度5m ~ 20m，可稳定数月，可发生局部块体位移及小 ~ 中塌方 跨度5m，可基本稳定

续　表

围岩级别	自稳能力
Ⅳ	跨度5m，一般无自稳能力，数日~数月内可发生松动变形位移、小塌方，进而发展为及中~大塌方 埋深小时，以拱部松动破坏为主，埋深大时，有明显塑性流动变形和挤压破坏； 跨度小于5m，可稳定数日~1个月
Ⅴ	无自稳能力，跨度5m或更小时，可稳定数日
Ⅵ	无自稳能力

注：

①小塌方：塌方高度<3m，或塌方体积<30m³。

②中塌方：塌方高度3~6m，或塌方体积30~100m³。

③大塌方：塌方高度>6m，或塌方体积>100m³。

六、水工隧洞围岩分级

1. 围岩工程地质总评分

表8-2-9　围岩工程地质分类表

围岩类别	围岩稳定性	围岩总评分 T	围岩强度应力比S （S=Rb·Kv/σm）
Ⅰ	稳定。 围岩可长期稳定，一般无不稳定块体	T > 85	> 4
Ⅱ	基本稳定。 围岩整体稳定，不会产生塑性变形，局部可能产生掉块	85≥T > 65	> 4
Ⅲ	局部稳定性差。 围岩强度不足局部会产生塑性变形，不支护可能产生塌方和变形破坏。完整的较软岩，可能暂时稳定	65≥T > 45	> 2
Ⅳ	不稳定。 围岩自稳时间很短，规模较大的各种变形和破坏都可能发生	45≥T > 25	> 2
Ⅴ	极不稳定。 围岩不能自稳，变形破坏严重	T≤25	

注：

（1）Ⅱ、Ⅲ、Ⅳ类围岩，当其强度应力比S小于本表规定时，围岩类别宜相应降低一级。

（2）表中：Rb—岩石饱和单轴抗压强度（MPa），Kv—岩体完整性系数，σm—围岩最大主应力（MPa）。

2. 围岩工程地质分类各项因素的评分标准

岩石强度评分，见下表8-2-10。

表 8-2-10 岩石强度评分

岩质类别	硬质岩		软质岩	
	坚硬岩	中硬岩	较软岩	软岩
饱和单轴抗压强度 Rb（MPa）	Rb > 60	60≥Rb > 30	30≥Rb > 15	15≥Rb > 5
岩石强度评分 A	30 ~ 20	20 ~ 10	10 ~ 5	5 ~ 0

注：

1）岩石饱和单轴抗压强度大于 100Mpa 时，岩石强度评分为 30；

2）当岩体完整程度与结构面状态评分之和小于 5 时，岩石强度评分大于 20 的，按 20 评分。

（1）岩体完整程度评分，见下表 8-2-11。

表 8-2-11 岩体完整程度评分

岩体完整程度		完整	较完整	完整性差	较破碎	破碎
岩体完整性系数 Kv		Kv > 0.75	0.75≥Kv > 0.55	0.55≥Kv > 0.35	0.35≥Kv > 0.15	Kv≤0.15
岩体完整性评分 B	硬质岩	40 ~ 30	30 ~ 22	22 ~ 14	14 ~ 6	< 6
	软质岩	25 ~ 19	19 ~ 14	14 ~ 9	9 ~ 4	< 4

注：

1）当 60MPa ≥ Rb > 30MPa，岩体完整程度与结构面状态评分之和大于 65 时，按 65 评分；

2）当 30MPa ≥ Rb > 15MPa，岩体完整程度与结构面状态评分之和大于 55 时，按 55 评分；

3）当 15MPa ≥ Rb > 5MPa，岩体完整程度与结构面状态评分之和大于 40 时，按 40 评分；

4）当 Rb ≤ 5MPa，属特软岩，岩体完整程度与结构面状态不参加评分；

（2）结构面状态评分，见下表 8-2-12。

表 8-2-12 结构面状态评分

结构面状态		张开度 W（mm）	闭合 W < 0.5		微张 0.5≤W < 5.0							张开 W≥5.0	
		充填物	—		无充填			岩屑		泥质		岩屑	泥质
		起伏粗糙状况	起伏粗糙	平直光滑	起伏光滑或平直粗糙	平直光滑	起伏粗糙	起伏光滑或平直粗糙	平直光滑	起伏粗糙	起伏光滑或平直粗糙	平直光滑	起伏粗糙	—	—
结构面状态评分	硬质岩		27	21	24	21	15	21	17	12	15	12	9	12	6
	较软岩		27	21	24	21	15	21	17	12	15	12	9	12	6
	软岩		18	14	17	14	8	14	11	8	10	8	6	8	4

注：

1）结构面的延伸长度小于3m时，硬质岩、较软岩的结构面状态评分增加3分，软岩增加2分；结构面的延伸长度大于10m时，硬质岩、较软岩的结构面状态评分减3分，软岩减2分；

2）当结构面张开宽度10mm，无充填时，结构面状态评分为0。

（3）地下水状态评分，见下表8-2-13。

表8-2-13　地下水状态评分

活动状态		干燥、渗水、滴水	线状流水	涌水
水量 q（L/min·10m 洞长）或压力水头 H（m）		q≤25 或 H≤10	25 < Q≤125 或 10 < H≤100	Q > 125 或 H > 100
基本因素评分 T′	T′ > 85	地下水评分 D	0	0 ~ -2	-2 ~ -6
	65<T′ ≤85		0 ~ -2	-2 ~ -6	-6 ~ -10
	45<T′ ≤65		-2 ~ -6	-6 ~ -10	-10 ~ -14
	25<T′ ≤45		-6 ~ -10	-10 ~ -14	-14 ~ -18
	T′ ≤25		-10 ~ -14	-14 ~ -18	-18 ~ -20

注：基本因素评分 T′ 系前述岩石强度评分A、岩体完整性评分B和结构面状态评分C之和。

（4）要结构面产状评分，见下表8-2-14。

表8-2-14　主要结构面产状评分

结构面走向与洞轴线夹角	结构面倾角	结构面产状评分 E	
		洞顶	边墙
90° ~ 60°	> 70°	0	-2
	70° ~ 45°	-2	-5
	45° ~ 20°	-5	-2
	< 20°	-10	0
60° ~ 30°	> 70°	-2	-5
	70° ~ 45°	-5	-10
	45° ~ 20°	-10	-2
	< 20°	-12	0
< 30°	> 70°	-5	-10
	70° ~ 45°	-10	-12
	45° ~ 20°	-12	-5
	< 20°	-12	0

注：按岩体完整程度分级为完整性差、较破碎和破碎的围岩不进行主要结构面产状评分的修正。

七、Q 系统分类（挪威法）

1.Q 系统发展历程

Q 系统是挪威岩土所 Barton 等人在 1971 ~ 1974 年根据 249 条隧道工程的实践总结，研究得出的一种将围岩分类与支护设计集于一体的方法。迄今为止已有 3 个版本的 Q 分类与支护建议的图表问世，其中的第三个版本（2004版）是总结世界上2000多条隧道工程实践并以此经验将1992年版本不断完善而得到的，这种方法可以应用于隧道工程的勘察、规划和设计阶段，也可用于隧道施工阶段，它可以通过现场观测，也可以通过对地质岩芯取样的描述计算得到对应的Q值，借此来评价围岩质量的指标。

1974年，挪威地质所N.Barton等人在249条隧道工程实践的基础上第一次提出隧道围岩分类与支护关系的图表，该表内容相对较少，结构也较为简单，当时的支护手段主要采用网喷混凝土。

1992年，N.Barton等人根据近1500个永久地下结构物的施工记录整理结果结出了经验设计方法该方法是通过一张综合考虑因素的图来选择隧道支护参数的。由于在20世纪70年代末，纤维增强喷射混凝土得到大量的应用，并基于这些工程支护的经验，N.Barton等人对分类与支护图表也作了大量的修改和细化，此时的主要支护手段为纤维增强喷射混凝土。

2004年出版的《挪威隧道和地下2004年度报告》中给出了第三张分类与支护图表（基于2000条隧道统计结果）。

2.Q系统简要用法介绍

Q分类法主要考察围岩结构、完整性和应力情况及其对应的6个参数，通过公式（5.2-1）计算得到Q值，每一个Q值都反映所在掌子面处的围岩情况，为了更具有代表性，Q值可以是一个范围。

但Q分类法中参数取值也是通过给定性描述赋权值的方法进行，所以在实施中也难免带有人为因素，同时Q系统建议的比较经济的隧道支护方法，由于种种原因在我国还没有得到有效和推广应用。尽管如此，Q系统的分类方法能给围岩的好坏赋予一个数值，它可以作为我国隧道分类方法的一个有益补充，使围岩分类的结果更贴近实际地质情况。

$$Q = \frac{RQD}{Jn} \cdot \frac{Jr}{Ja} \cdot \frac{Jw}{SRF}$$

式中：

Q——N.Barton岩质评定系数；

RQD——岩体质量指标；

Jn——岩体组数；

Jr——节理粗糙度；

Ja——节理蚀变系数；

Jw——节理折减系数；

SRF——应力折减系数。

式中，第一个商数（$\frac{RQD}{Jn}$）表示岩体的完整性；第二个商数（$\frac{Jr}{Ja}$）表示结构面形态，充填物特征及次生变化程度;第三个商数($\frac{Jw}{SRF}$)表示水与应力存在时对岩体质量的影响。

下面简述各个系数所代表的意义和取值方法。

(1) RQD 值,岩体质量指标。RQD 是 Deree 推荐了一种在钻进时统计岩体质量指标 (Rock Quality Designation)进行岩体分类的方法。RQD 值的定义是:采用 NX 标准钻头钻进,每一回次进尺中,长度大于 10cm 的完整岩芯段所占的百分比,即:

$$RQD = \frac{\sum l \geq 10cm}{L} \times 100\%$$

式中:

l——岩芯单节长,≥10cm;

L——钻孔长度。

在统计时沿岩芯中心量测,明显在钻进中产生的裂隙不计。取值如表 8-2-15。

表 8-2-15 岩石质量指标(RQD,%)

A 极差	0 ~ 25
B 差	25 ~ 50
C 一般	50 ~ 75
D 好	75 ~ 90
E 极好	90 ~ 100

注:

①当 RQD<10 时,取 10;

RQD 最小间隔为 5。

(2)Jn,岩体组数。常常受到节理、片理、板岩劈现或层理等的影响。如果这类平行的"节理"很发育,显然可视之为一个节理组,但如果可见的"节理"很稀疏,并没有固定的产状,可以称之为随机节理。如表 8-2-16。

表 8-2-16 节理组数(Jn)

A 整体没有或几乎没有节理	0.5 ~ 1
B 一组节理	2
C 一组节理加随机裂隙	3
D 二组节理	4
E 二组节理加随机裂隙	6
F 三组节理	9
G 三组节理加随机裂隙	12
H 四组或四组以上节理,随机裂隙,严重节理化,呈糖块状等	15
I 组节理挤压破碎岩石、土状岩石	20

注:

①对于巷洞交叉点,用 3*Jn;

②对于洞口,用 2*Jn。

（3）Jr，节理粗糙度。用来表示节理壁的粗糙度，一般能过手指就可以触摸，结合描述表就可确定，如表 8-2-17。

表 8-2-17　节理粗糙度（Jr）

a）节理面接触		
b）节理面在剪切变形 10cm 前仍接触	A 不连续节理	4
	B 粗糙或不规则，起伏	3
	C 光滑，起伏	2
	D 表面光滑，起伏	1.5
	E 粗糙或不规则，平面	1.5
	F 光滑，平面	1
	G 表面光滑，平面	0.5
	注： ①以上描述适用于小规模特征和中规模特征； ②剪切时节理面不接触	
	H 节理面间含有黏土矿物厚度足以阻止节理面接触	1.0
	J 砂质、砾石或破碎带的厚度足以阻止节理面接触	1.0

注：

①如果相应节理组的平均间距大于 3m 时，加 10；

②如果线理方向对强度影响很小，则对有线理的平面磨光节理可取 Jr=0.5。

（4）Ja，节理的蚀变程度。与 Jr 相比，节理的蚀变程度是进一步来确定节理填充物对节理稳定性的作用，一般通过填充物的厚度和成分，特别是在填充物中含有黏土成分时应给予足够的重视。如表表 8-2-18。

表 8-2-18　节理蚀为系数（Ja）

		Ja	Φr（°）
a）节理面接触	A 紧密结合，坚硬，非软化，不透水；充填物，如石英、绿帘石	0.75	——
	B 节理壁未蚀变，仅表面稍有污染	1.0	25～35
	C 节理壁轻度蚀变，非软化矿物被覆层，有砂质颗粒和无黏土的碎裂岩石等	2.0	25～30
	D 粉砂或砂质黏土被覆层，小部分黏土（非软化）	3.0	20～25
	E 软化或低摩擦阻力黏土矿物被覆层，即高岭石或云母，也有绿帘石、滑石、石膏、石墨等，以及少量膨胀性黏土	4.0	8～16
b）节理面在剪切变形 10cm 前仍接触	F 砂质颗粒，无黏土碎裂岩石等	4.0	25～30
	G 高超固结非软化黏土矿物充填物（连续，但厚度<5mm）	6.0	16～24
	H 中等或低超固结，软化，黏土矿物充填物（连续，厚度<5mm）	8.0	12～16
	J 膨胀黏土充填物，即蒙脱石（连续，但厚度<5mm），Ja 值取决于膨胀黏土颗粒的百分率和浸水程度等	8～12	6～2

c）剪切变形时节理面不接触	K.L.M. 碎裂带或碎裂层，或破碎岩石和黏土（见 G.H.J 的黏土条件描述）	6, 8 或 8 ~ 12	6 ~ 24
	N 粉砂，或砂质黏土带或层，小部分黏土（非软化）	5.0	——
	O.P.R. 厚的、连续的黏土带或黏土层（见 G.H.J 的黏土条件描述）	10, 13 或 13 ~ 20	6 ~ 24

（5）Jw，节理水折减系数。节理水可能会软化节理的填充物从而降低节理间摩擦力，较大的节理水会冲出填充物，使岩体稳定性大大降低。其取值如表 8-2-19 所示。

表 8-2-19　节理水的折减系数（Jw）

	Jw	水压 MN·m^{-2}
A 开挖时干燥或有微量渗水，即局部 <5L/min	1.0	<0.1
B 中等渗水或中等水压，偶尔有节理充填物被水冲刷出	0.66	0.1 ~ 0.25
C 无充填节理岩石中大涌水或高水压	0.5	0.25 ~ 1.0
D 大涌水或高水压，大量节理充填物被水冲刷出	0.33	0.25 ~ 1.0
E 异常的大量涌水或高水压，呈爆发状，并随时间而衰减	0.2 ~ 0.1	>1.0
F 无明显衰减的持续异常大涌水或高水压	0.1 ~ 0.05	>1.0

注：

①因素 C 到 F 是粗略估计，如果装有排水设施应增大 Jw；

②由于冰冻引起的特殊问题未加考虑。

（6）SRF。一般来说，SRF 是表述应力与围岩强度关系的一个参数，在隧道工程施工之前可以通过早期的地质调查大致上确定该地区的 SRF 值；隧道掘进开始后，可以通过现场的应力测量和围岩稳定性的观测来修正 SRF 值；围岩的应力状态可以大致分为以下 4 类。（见表 8-2-20）

表 8-2-20　应力折减系数（SRF）

a）软弱带与开挖的巷道相交，开挖时可能造成岩体松脱	A 含黏土的软弱带可化学分解的岩石频繁出现，围岩非常松散（处于任何深度）		10
	B 单个含黏土软弱带，或化学分解的岩石（巷道深度 <50m）		5
	C 单个含黏土软弱带，或化学分解的岩石（巷道深度 >50m）		2.5
	D 坚固岩石中多个剪切带（无黏土），松散围岩（处于任何深度）		7.5
	E 坚固岩石中含单一剪切带（无黏土，巷道深度 <50m）		5.0
	F 坚固岩石中含单一剪切带（无黏土，巷道深度 >50m）		2.5
	G 松散张开裂隙，严重节理化或呈"糖块"状等（处于任何深度）		5.0

注：如果剪切带仅仅影响巷道而没有与之相交，SRF 值应降低 25% ~ 50%。

		σcf/σ1	σTf/σ1	SRF
b）坚固岩石，岩石应力问题	H 低应力，接近地表	>200	>13	2.5
	J 中等应力	200 ~ 10	13 ~ 0.66	1.0
	K 高应力，结构非常紧密（通常有利于稳定，但可能对岩帮的稳定不利）	10 ~ 5	0.66 ~ 0.33	0.5 ~ 2
	L 轻微的岩裂（整体岩石）	5 ~ 2.5	0.33 ~ 0.16	5 ~ 10
	M 严重的岩裂（整体岩石）	<2.5	<0.16	10 ~ 20

注：①如果（测得）原岩应力场明显各向异性，当 $5 \leqslant \sigma 1/\sigma 3 \leqslant 10$ 时，σcf 和 σTf 分别降到 0.8σcf 和 0.8σTf；当 σ1/σ3>10 时，σcf 和 σTf 分别降到 0.6σcf 和 0.6σTf。当 σcf 为无测压抗压强度，σTf 为抗拉强度（点荷载）时，σ1 和 σ3 就是最大和最小主应力；

②当拱顶距地表的距离小于拱的跨度时，可参考的记录相当少。对于这种情况建议将 SRF 从 2.5 增加到 5。

c）岩石在高压力下受挤压，不坚硬岩石塑性流动	N 不大的岩石挤压力	5 ~ 10
	O 强烈的岩石挤压力	10 ~ 20
d）与水压有关的膨胀岩石，化学膨胀活动	P 不大的岩石膨胀力	5 ~ 10
	R 强烈的岩石膨胀力	10 ~ 15

Q 分类法将围岩分为从 Exceptionally poor（异常坏）到 Exceptionally good（异常好）9 个级别，对应 Q 值的范围为 0.001 ~ 1000、岩体变形系数分为 3 级（0.05 ~ 50GPa）、抗剪强度分为 2 级（0.1 ~ 20MPa）。根据计算得到的掌子面的 Q 值和工程的跨度、高度以及安全要求等指标结合一起就可以在 Q 系统的支护图表中查到该处的支护设计建议。由此，通过现场的围岩分类可以将施工、调查、设计优化有机地结合在一起。

二、围岩压力

（一）岩体初始应力状态

岩体初始应力状态，是指隧道开挖前未扰动的岩体应力状态，任何物体受着地心引力的作用都处于自重力作用状态。对于地壳岩体来说，它还经历了长期的地质构造运动，岩体处于更为复杂的受力状态，这种受力状态我们称之为岩体的初始应力（也称原始应力、地应力或一次应力）。

瑞士地质学家海姆通过对大型越岭隧道围岩的工作状态观察，首先提出地应力的概念。

1905 年至 1912 年，海姆假定岩体中有一个垂直应力和水平应力，并认为垂直应力与上覆岩层重量有关，水平应力与垂直应力相等。

1915 年瑞典人哈斯特首先在斯堪的纳维亚半岛开创了地应力的量测工作，通过量测与理论分析证明，地应力是个非稳定的应力场，它是时间与空间的函数。但对人类工程活动所涉及的那一部分地壳岩体，在工程活动期限内除少数构造活动带外，时间上的变化可不予考虑。

地应力着重考虑重力和构造应力，但由于地下工程所处范围内情况十分复杂，对构造应力目前尚难完全搞清楚，因此目前主要研究岩体重力所形成的应力场。对于需要确切了解包含有构造应力的地应力，一般宜通过实地量测加以确定。

对于自重形成的应力场，是建立在假定岩体是均匀连续介质这一基础上的，可运用连续介质理论进行分析。

设岩体为半无限体，地面为水平，距地表深度处取一个单元体，其上作用有应力、、。该单元体处于受力的平衡状态，变形运动相对为静止状态、在上覆岩体自重作用下，其垂直应力为：

$$\sigma_1 = \gamma h \tag{4-3}$$

式中

γ —— 岩体容重；

h —— 单元体所处的深度。

若岩体由多种不同的水平岩层所组成，每一岩层的厚度为 h_i，容重为 γ_i，则岩体的垂直应力为

$$\sigma_i = \sum_{i=1}^{n} \gamma_i h_i$$

式中 —— 水平岩层的层数。

由于单元体的侧向变形受到周围地层的限制，从而产生了侧向应力和，其数值由上覆岩体的自重和地层的物理力学性质所决定。如把岩体看作各向同性的弹性体，则

$$\sigma_2 = \sigma_3 = \lambda \sigma_1 = \lambda \gamma h$$

或

$$\sigma_2 = \sigma_3 = \lambda \sum_{i=1}^{n} \gamma_i h$$

式中 λ - 侧压力系数。

根据例向变形（ε_2，ε_3）为零的条件，由物理方程有

则

$$\sigma_2 = \frac{\mu}{1-\mu} \sigma_1$$

$$\lambda = \frac{\mu}{1-\mu}$$

式中 μ —— 岩体的泊松比。

显然，当垂直应力已知时，侧向应力的大小，决定于岩体的泊松比。大多数岩体的泊松比变化在 0.15 ~ 0.35 的范围内。则计算所得的 λ 值在 0.18 ~ 0.54 之间。因此在自重应力场中，通常侧向应力小于垂直应力。

深度对初始应力状态有着重大的影响，随着深度的增加，σ_1 和 σ_2（σ_3）也在增大。但岩体本身的强度是有限的，当 σ_1 和 σ_2 增加到一定值后，其物性值（E 和 μ）及 λ 值开始发生变化，并随着深度的增加 λ 值将趋于 1，此时与静水压力相似，岩体接近流动状态。

由此可见，岩体自重应力场中的垂直应力和侧向应力随深度而变化，岩体的应力状态可能是处于弹性、隐塑性或流动状态。根据量测资料分析，在通常隧道的埋深情况下，岩体可近似认为处于弹性状态。

（二）围岩压力及其分类

1. 围岩压力

围岩压力是指引起地下开挖空间周围岩体和支护变形或破坏的作用力，它包括由地应力引起的围岩应力及围岩变形受阻而作用在支护结构上的作用力。因此，从广义来理解，围岩压力既包括围岩有支护的情况，也包括围岩无支护的情况；既包括作用在普通的传统支护如架设的支撑或施作的衬砌上所显示的力学性态，也包括在锚喷和压力灌浆等现代支护的方法中所显示的力学性态。从狭义来理解，围岩压力是围岩作用在支护结构上的压力。在工程中一般研究狭义围岩压力。

2. 围岩压力分类

围岩压力按作用力发生的形态分类，一般可分为如下几种类型。

（1）松动压力

由于开挖而松动或坍塌的岩体以重力形式直接作用在支护结构上的压力称松动（散）压力，松动压力按作用在支护上的位置不同分为竖向压力、侧向压力和底压力。松动压力通常在下列三种情况下发生：

1）在整体稳定的岩体中，可能出现个别松动掉块的岩石；

2）在松散软弱的岩体中，坑道顶部和两侧边帮冒落；

3）在节理发育的裂隙岩体中，围岩某些部位沿软弱面发生剪切破坏或拉坏等局部塌落。

（2）形变压力

它是由于围岩变形受到与之密贴的支护如锚喷等的抑制，而使围岩与支护结构共同变形过程中，围岩对支护结构施加的接触压力。所以形变压力除与围岩应力状态有关外，还与支护时间和支护刚度有关。

（3）膨胀压力

当岩体具有吸水膨胀崩解的特征时，由于围岩吸水而膨胀崩解所引起的压力称为膨胀压力，它与形变压力的基本区别在于它是由吸水膨胀引起的。

（4）冲击压力

它通常是由"岩爆"引起的。当围岩中积累了大量的弹性变形能之后，在开挖时，隧道由于围岩的约束被解除，被积累的弹性变形能会突然释放，引起岩块抛射所产生的压力。

由于冲击压力是岩体能量的积累和释放问题，所以它与弹性模量直接相关。弹性模量大的岩体，在高地应力作用下，易于积累大量的弹性变形能，一旦遇到适宜条件，它就会突然猛烈地大量释放。

（三）影响围岩压力的因素

影响围岩压力的因素很多，通常可分为两大类。一类是地质因素，它包括原始应力状态、岩石力学性质、岩体结构面等；另一类是工程因素，它包括施工方法、支护设置时间、支护本身刚度、坑道形状等。

在隧道开挖过程中，由于受到开挖面的约束，使其附近的围岩不能立即释放全部瞬时弹性位移，这种现象称为开挖面的"空间效应"。如在"空间效应"范围（一般为 1～1.5 倍洞跨）内，设置支护就可减少支护前的围岩位移值。所以采用紧跟开挖面支护的施工方法，可提高围岩的稳定性。

（四）围岩松动压力的形成和确定方法

1. 围岩松动压力的形成

开挖隧道所引起的围岩松动和破坏范围有大有小，如有的可达地表，有的则影响较小。对于一般裂隙岩体中的深埋隧道，其波及范围仅涉及隧道周围一定深度。所以作用在支护结构上的围岩松动压力远远小于其上覆地层自重所造成的压力。这可以用围岩的"成拱作用"来解释，以水平岩层中开挖一个矩形坑道，来说明坑道开挖后围岩由变形到坍塌成拱的整个变形过程。

（1）坑道开挖后，在围岩重分布过程中，顶板开始沉陷，并出现拉断裂纹。

（2）顶板中间部分的裂纹发展并张开，逐渐变松动，石块开始掉落，支护所受的垂直压力急剧增加。

（3）顶板向上继续坍落，石块与围岩母体分离，其界面多为拱形。此时垂直压力稳定在一定的数值内，但侧向压力增加，即地层中原存应力沿两侧传递。

（4）顶板停止塌落，垂直压力和侧向压力都趋于稳定。

将坑道上方所形成的相对稳定的拱形范围称为自然拱，其过程也称为"成拱作用"。支护只承受其上部坍落岩石的重量，即自然拱范围内破碎岩体的重量，这也就是作用在支护结构上的围岩松动压力。

2. 确定围岩松动压力的方法

确定围岩的松动压力的方法有：现场实地测量法；理论公式计算法；统计法。应该说，实地测量是今后的努力方向，但按目前的量测手段和技术水平来看，量测的结果尚不能充分反映真实情况。理论计算则由于围岩地质条件的千变万化，使所引用的计算参数难以确切取值，因此目前也还没有一种能适合于各种客观实际情况的统一理论。在大量施工坍方事件的统计基础上建立起来的统计方法，在一定程度上能反映围岩压力的真实情况。在目前，采用几种方法相互验证参照取值是确定围岩压力较通用的方法。

（1）深埋隧道围岩松动压力的确定方法

当隧道的埋置深度超过一定限值后，按围岩的"成拱作用"计算松动压力时，仅是隧道周边某一破坏范围（自然拱）内岩体的重量，而与隧道埋置深度无关，故解决这一破坏范围的大小就成为问题的关键。从上述分析说明，围岩的松动压力是和围岩分类成反比的

（和围岩分级成正比）。在同样的围岩条件下，隧道的跨度越大，围岩的稳定性也越差，围岩松动压力就越大，这说明围岩的松动压力是和隧道的跨度成正比的。

1）我国隧道设计规范所推荐的方法

确定围岩松动压力的关键是找出其破坏范围的规律性，而这种规律性只有通过大量的实际破坏性态的统计分析才能发现围岩破坏的直接表现形式是施工中产生的坍方。因此，可根据大量铁路隧道坍方资料的统计分析，找出适用铁路隧道的围岩破坏范围形状和大小的规律性，从而得出计算围岩松动压力的统计公式。由于所统计的坍方资料是有限的，加上资料的可靠性也是相对的，所以这种统计公式也只能在一定程度上反映围岩松动压力的真实情况。现行我国《铁路隧道设计规范》中推荐的计算围岩垂直匀布松动压力的计算公式，就是根据西南地区127座单线铁路隧道357个坍方点的资料进行统计分析而拟定的，根据隧道结构按破损阶段法或概率极限状态法设计的不同而采用不同的公式。

Ⅰ. 采用破损阶段法设计隧道结构

公路隧道：

$$q = 0.45 \times 2^{6-s} \times \gamma\omega$$

式中 s——围岩类别，如Ⅲ类围岩，则 $= 3$；

γ——围岩容重，kN / m^3；

ω——宽度影响系数，且

B——坑道的宽度，m；

i——以 $= 5m$ 为基准，每增减 1 m 时的围岩压力增减率，当 < 5 m 时，取 $= 0.2$，> 5 m 时，取 $= 0.1$。

对于铁路隧道，采用围岩分级时，以上公式改为：

$$q = 0.45 \times 2^{s-1} \times \gamma\omega$$

式中 s——围岩级别，如Ⅲ级围岩，则 $s = 3$；

其他符号意义同上。

以上两个公式是在坍方统计的基础上，考虑地质条件及坑道宽度建立的。两个公式的适用条件为：

① $H_t / B < 1.7$，坑道净高度，m；

②深埋隧道；

②不产生显著的偏压力及膨胀压力的一般围岩；

④采用传统的矿山法施工。

随着现代隧道施工技术的发展，隧道开挖引起的破坏范围将会被控制在最小限度内，所以围岩松动压力的发展也将受到控制。

在上述产生竖向压力的同时，隧道也会有侧向压力出现，即围岩水平匀布松动压力。

[例] 某隧道穿越Ⅲ类围岩，其开挖尺寸：净宽 7.4m，净高 8.8m，围岩的天然容重＝

21.0kN/m^3，试确定围岩的松动压力值。

解：（1）验算坑道的高度与跨度之比：

$$H_t / B = 8.8 / 7.4 = 1.2 < 1.7$$

（2）围岩垂直匀布压力值：

因 $B = 7.4 > 5.0 \text{m}$，故 $i = 0.1$，

$\omega = 1 + 0.1 \times （7.4 - 5.0）= 1.24$，

则 $q = 0.45 \times 26 - 3 \times 21 \times 1.24 = 93.7 \text{kPa} = 0.094 \text{MPa}$

（3）围岩水平匀布压力：

查表 4—7 得：$e = （1/6 \sim 1/3）\times 0.094 = 0.016 \sim 0.031 \text{Mpa}$

Ⅱ. 采用概率极限状态法设计隧道结构

$$q = \gamma \times 0.41 \times 1.79^s$$

式中 s——围岩级别；其它符号意义同上。

除了确定压力的数值外，还要考虑压力的分布状态。根据我国隧道垂直围岩压力的一些量测资料表明，作用在支护结构上的荷载是很不均匀的。这是因为在Ⅵ类及Ⅴ类围岩中，局部坍方是主要的，而在其他类别的围岩中，岩体破坏范围的大小和形状，受岩体结构、施工方法等因素的控制，是极不规则的。

根据统计资料，围岩垂直松动压力的分布图大致可概括为四种：用等效荷载，即非匀布压力的总和应与匀布压力的总和相等的方法来确定各荷载图形的高度值。

另外，还应考虑围岩水平松动压力非均匀分布的情况。

上述压力分布图形只概括了一般情况，当地质、地形或其他原因可能产生特殊荷载时，围岩松动压力的大小和分布应根据实际情况分析确定。

2）普氏理论

普氏（普洛托季雅柯诺夫）认为，所有的岩体都不同程度地被节理、裂隙所切割，因此可视为散粒体。但岩体又不同于一般的散粒体，其结构面上仍存在着不同程度的黏结力。基于这种认识，普氏提出了岩体的"坚固性系数"（又称似摩擦系数）的概念。

岩体的抗剪强度 $\tau = \sigma tg\varphi + c$，现将岩体视为散粒体，但又要保证其抗剪强度不变，即 $\tau = \sigma f$，则

$$f = \frac{\tau}{\sigma} = \frac{\sigma tg\varphi + c}{\sigma} = tg\varphi + \frac{c}{\sigma} = tg\varphi_0$$

式中 φ, φ_0——岩体的内摩擦角和似摩擦角；

τ, σ——岩体的抗剪强度和剪切破坏时的正应力。

c——岩体的粘结力。

由此也可以看出岩体的"坚固性系数 f"如上节所述是一个说明岩体物性的综合指标。

为了确定围岩的松动压力，普氏进一步提出了基于"自然拱"概念的计算理论，他认

为在具有一定黏结力的松散介质中开挖坑道后，其上方会形成一个抛物线形的自然拱，作用在支护结构上的围岩压力就是自然拱内松散岩体的重力。而自然拱的形状和尺寸（即它的高度和跨度）与岩体的坚固性系数有关。具体表达式为

$$h_k = \frac{b}{f}$$

式中 h_k——自然拱高度；

b——自然拱的半跨度。

在坚硬的岩体中，坑道侧壁较稳定，自然拱的跨度即为坑道的跨度。在松散和破碎岩体中，坑道的侧壁受到扰动而产生滑移，自然拱的跨度也相应加大。

此时的 B 值为

$$B = B_t + 2H_t \cdot tg(45° - \frac{\varphi_0}{2})$$

式中 B——自然拱的跨度；

H_t——坑道的净高；

B_t——坑道的净宽；

φ_0——岩体的似摩擦角，$\varphi_0 = arctg\, f_0$

围岩垂直匀布松动压力为：

$$q = \gamma h$$

围岩水平匀布松动压力可按朗金公式计算，即：

$$e = (q + \frac{1}{2}\gamma H_t) tg^2(45° - \frac{\varphi_0}{2})$$

按普氏理论算得的围岩松动压力，对软质围岩来说比实际情况偏小。对坚硬围岩则偏大，一般在松散、破碎围岩中较为适用。

3）泰沙基理论

泰沙基也将岩体视为散粒体。他认为坑道开挖后，其上方的岩体因坑道开挖而变形下沉，并产生错动面 OAB，假定作用在任何水平面上的竖向压应力是匀布的，相应的水平力 $\sigma_H = k\sigma_v$（k 为侧压力系数）。在离地面深度为 h 处取出一厚度为 dh 的水平条带，考虑其平衡条件：

$$\sum V = 0$$

得出

$$2b(\sigma_v + d\sigma_v) - 2b\sigma_v + 2k\sigma_v tg\varphi_0 dh - 2b\gamma dh = 0$$

展开后得 $\dfrac{d\sigma_v}{\gamma - \dfrac{k\sigma_v tg\varphi_0}{b}} - d_h = 0$

解上述微分方程，并引进边界条件：$h = 0$ 时 $\sigma_v = 0$，可得

$$\sigma_v = \frac{\gamma b}{tg\varphi_0 \cdot k}\left(1 - e^{-ktg\varphi_0 \cdot \frac{h}{b}}\right)$$

随坑道埋深 h 加大，$e^{-ktg\varphi_0 \cdot \frac{h}{b}}$ 趋近于零，则 σ_v 趋于某一个固定值，即

$$\sigma_v = \frac{\gamma b}{tg\varphi_0 \cdot k}$$

泰沙基根据实验结果得出 $k = 1 \sim 1.5$，取 $k = 1$ 则

$$\sigma_v = \frac{\gamma b}{tg\varphi_0}$$

如以 $tg\varphi_0 = f$ 代入，则

$$\sigma_v = \frac{\gamma b}{f} = \gamma h$$

式中 b、φ_0 同前，此时便与普氏理论计算公式相同。泰沙基认为当 $H \geq 5b$ 时为深埋隧道。至于侧向均布压力则仍按朗金公式计算，即

$$e = \left(\sigma_v + \frac{1}{2}\gamma H_t\right)tg^2\left(45° - \frac{\varphi_0}{2}\right) \tag{4-18}$$

（2）浅埋隧道围岩松动压力的确定方法

对铁路隧道来说，浅埋地段一般都出现在洞口附近。有时隧道洞口地段处于慢坡进洞或在某一较长区段处于天然台地之下，因隧道接近地表，围岩多为松散堆积物，"自然拱"无法形成，此时的围岩压力计算即不能再引用上述深埋情况的计算公式，而需另外按浅埋情况进行分析计算。

1）深、浅埋隧道的判定原则。如上所述，隧道埋深不同，确定围岩压力的计算方法也不同，因此有必要来分清深埋与浅埋隧道的界线。一般情况下应以隧道顶部覆盖层能否形成"自然拱"为原则，但要确定出界线是困难的，因为它与许多因素有关，因此只能按经验做出估算。从深埋隧道围岩松动压力值是根据施工坍方平均高度（等效荷载高度）出发，为了能形成此高度值，隧道上覆岩体就应有一定的厚度，否则坍方会扩展到地面。为此，深、浅埋隧道分界深度至少应大于坍方的平均高度，且具有一定余量。根据经验，这个深度通常为 2 ~ 2.5 倍的坍方平均高度值，即

$$H_p = (2 \sim 2.5)h_q$$

式中 H_p ——深、浅埋隧道分界的深度；

h_q ——坍方平均高度，$h_q = 0.45 \times 2^{6-s}\omega$

当隧道覆盖层厚度 $H \geq H_p$ 时为深埋，$H < H_p$ 时为浅埋。一般在松软的围岩中取高限，在较坚硬围岩中取低限，对于其他情况，则应作具体分析后确定。

2）浅埋隧道围岩松动压力的确定方法。上述计算深埋隧道围岩松动压力的公式对于浅埋隧道已不再适用，而需要从分析浅埋隧道围岩体运动规律入手，来建立新的计算公式。

前已述及，当隧道埋深不大时，开挖的影响将波及地表而不能形成"自然拱"。从施工过程中岩体（包括土体）的运动情况可以看到隧道开挖后如不及时支撑，岩体即会大量坍落或移动，这种移动会影响到地表并形成一个坍陷区域，此时岩体将会出现两个滑动面。

对于这种情况，可以采用松散介质极限平衡理论进行分析。当滑动岩体下滑时，受到两种阻力作用：一是滑面上阻止滑动岩体下滑的摩擦阻力；二是支护结构的反作用力，这种反作用力的数值应等于滑动岩体对支护结构施加的压力，也就是我们所要确定的围岩松动压力。根据受力的极限平衡条件有：

滑动岩体重力＝滑面上的阻力＋支护结构的反作用力（围岩松动压力）。则：

围岩松动压力＝滑动岩体重力 - 滑面上的阻力。

计算浅埋隧道围岩松动压力分两种情况：

一种是隧道埋深小于或等于等效荷载高度 h_q（即 $h \leq h_q$）。因上覆岩体很薄，滑动面上的阻力很小，为安全起见，计算时可省略滑面上的摩擦阻力，则围岩垂直匀布压力为

$$q = \gamma h$$

式中 γ ——围岩容重，kN/m^3；

h ——隧道埋置深度，m。

围岩水平匀布压力按朗金公式（4-14）计算。

另一种是隧道埋置深度大于等效荷载高度 h_q（即 $h > h_q$）。隧道随着埋深的增加，上覆岩体逐渐增厚，滑面上的阻力也增大。因此，在计算围岩压力时，必须考虑滑面上阻力的影响。

施工中，上覆岩体的下沉和位移与许多因素有关。如支护是否及时、岩体的性质、坑道的尺寸及埋置深度的大小，施工方法是否合理等等。为方便计算，根据实践经验作如下简化假定。

①岩体中所形成的破裂面是一个与水平面成角的斜直面。

②当洞顶上的覆盖岩体 EFHG 下沉时，受到两侧岩体的挟制，应当强调它反过来又带动了两侧三棱岩体 ACE 和 BDF 的下滑。而当整个下滑岩体 ABDHGC 下滑时，又受阻于未扰动岩体。据此所形成的作用力有：洞顶上覆盖岩体 EFHG 的重力 W_1；两侧三棱体 ACE，BDF 的重力 W_2；两三棱体给予下沉岩体 EFDC 的阻力 T（对整个下滑岩体来说为内力，$T = T_1 + T_2$）；整个下滑岩体滑动时，两侧未扰动岩体给予的阻力。

③斜直面 AC、BD 是一个假定破裂滑面，该滑面的抗剪强度决定于滑面的摩擦角 φ 及 c 黏结力，为简化计算，采用岩体的似摩擦角。注意的是洞顶岩体 EFHG 与两侧三棱体之间的摩擦角 θ 与 φ_0 是不同的，因为 EG、FH 面上并没有发生破裂面，所以它介于零与 φ_0 之间即 $0 < \theta < \varphi_0$。显然值与岩体的物理力学性质有着密切的关系，在计算时可以取一个经验数字；此处假定 θ 与 φ_0 有关（见表 8-2-21）。表中所推荐的数值，是根据隧道的埋深情况和地质、地形资料，经检算一些发生地表沉陷和衬砌开裂的隧道以后提出的，可供

实际工作时使用。另外，将各类围岩具体的 θ 与 φ_0 计算值列于表8-2-22。

表8-2-21 θ 与 φ_0 值间的关系

岩体似摩擦角 φ_0	θ	岩体似摩擦角 φ_0	θ
<20°	（0 ~ 0.1）ϕ_0	45° ~ 50°	（0.5 ~ 0.6）ϕ_0
20° ~ 30°	（0.1 ~ 0.2）ϕ_0	50° ~ 55°	（0.6 ~ 0.7）ϕ_0
30° ~ 35°	（0.2 ~ 0.3）ϕ_0	55° ~ 60°	（0.7 ~ 0.8）ϕ_0
35° ~ 40°	（0.3 ~ 0.4）ϕ_0	60° ~ 65°	（0.8 ~ 0.9）ϕ_0
40° ~ 45°	（0.4 ~ 0.5）ϕ_0	>65°	0.9ϕ_0

表8-2-22 θ 及 φ_0 计算值

围岩类别（围岩级别）	Ⅵ（Ⅰ）	Ⅴ（Ⅱ）	Ⅳ（Ⅲ）	Ⅲ（Ⅳ）	Ⅱ（Ⅴ）	Ⅰ（Ⅵ）
θ 角（°）	73	60	43	23	12.5	7.5
φ_0 角（°）	>78	67 ~ 78	55 ~ 66	43 ~ 54	31 ~ 42	≤30

基于上述假定，按力的平衡条件，可求出作用在隧道支护结构上的围岩松动压力值。作用在支护结构上总的垂直压力为

$$P = W_1 - 2T_1 \sin\theta$$

式中：W_1 为已知的 EFHG 的岩体重力，$T_1 \sin\theta$ 为 EFHG 岩体下滑时受两侧岩体挟制的摩擦力。其中 θ 已知，而 T_1 是未知的，故必须先算出值后才能求出 P。其步骤为：

①求两侧三棱体对洞顶岩体的挟制力 T_1。取三棱体 BDF（或 ACE）作为脱离体分析，可知作用在其上的力有 W_2、T、N。其中为 BDF 的岩体重力，T 为隧道与上覆岩体下沉而带动三棱体 BDF 下滑时在 FD 面上产生的带动下滑力，为 BD 面上的摩擦阻力。知 $T = T_1 + T_2$，T_1、T_2 分别为上覆岩体部分和衬砌部分带动 FD 面下滑时的带动力，其方向如图中所示，因此要求出 T_1 必须先求 T。根据静力平衡条件，可绘出力的多边形，以便求出 T 值。

三棱体重力为

$$W_2 = \frac{1}{2}\gamma \times \overline{BF} \times \overline{DF} = \frac{1}{2}\gamma h^2 \frac{1}{tg\beta}$$

式中 h、β

由正弦定理得

$$\frac{T}{\sin(\beta - \varphi_0)} = \frac{W_2}{\sin\left[90° - (\beta - \varphi_0 + \theta)\right]}$$

将式（4-22）代入，化简后得

$$T = \frac{1}{2}\gamma h^2 \frac{tg\beta - tg\varphi_0}{tg\beta\left[1 + tg\beta(tg\varphi_0 - tg\theta) + tg\varphi_0 tg\theta\right]} \cdot \frac{1}{\cos\theta}$$

令 $\lambda = \dfrac{tg\beta - tg\varphi_0}{tg\beta\left[1 + tg\beta(tg\varphi_0 - tg\theta) + tg\varphi_0 tg\theta\right]}$

则 $T = \dfrac{1}{2}\gamma h^2 \dfrac{\lambda}{\cos\theta}$

从散体极限平衡理论可知，T 为 FD 面上的带动下滑力，为 T_1 和 T_2 之和，而 λ 即为 FD 面上侧压力系数。衬砌上覆岩体下沉时受到两侧摩阻力为 T_1，根据上述概念可直接写出

$$T_1 = \frac{1}{2}\gamma h_1^{\;2}\frac{\lambda}{\cos\theta}$$

欲求得 T_1 必须先求出 λ，但从式（4-24）知，λ 为 β、φ_0、θ 的函数。前已说明 φ_0、θ 为已知，而 β 为 BD 与 AC 滑面与隧道底部水平面的夹角，由于 BD 和 AC 滑面并非极限状态下的自然破裂面，它是假定与岩体 EFHG 下滑带动力有关的，而其最可能的滑动面位置必然是 T 力为最大值时带动两侧岩体 BFD 和 ECA 的位置。基于这一概念，应当利用求 T 极值来求得 β 值。

②求破裂面 BD 的倾角 β。令 $\dfrac{d\lambda}{d\beta} = 0$，经化简得

$$tg\beta = tg\varphi_0 + \sqrt{\frac{(tg\varphi_0^{\;2} + 1)tg\varphi_0}{tg\varphi_0 - tg\theta}}$$

由式（4-27）知，在 T 极值条件下的 β 值仅与 φ_0 和 θ 值有关，而 φ_0 和 θ 是随围岩类别而定的已知值，在求得 β 后，T_1 值亦可求得，于是整个问题得以解决。

③求围岩总的垂直压力 P，将求得的 T_1 值代入式得

$$P = W_1 - 2 \times \frac{1}{2}\gamma h_1^{\;2}\frac{\lambda}{\cos\theta}\cdot\sin\theta$$

而 $W_1 = Bh_1\gamma$，则 $P = Bh_1\gamma - \gamma h_1^2 \lambda tg\theta$

所以 $P = \gamma h_1(B - h_1\lambda tg\theta)$

④围岩垂直匀布松动压力 q。

$$q = \frac{P}{B} = \gamma h_1(1 - \frac{h_1\lambda tg\theta}{B}) = \gamma h_1 K$$

式中 K ——压力缩减系数，且 $K = 1 - \dfrac{h_1\lambda tg\theta}{B}$

B ——隧道开挖宽度；

h_1 ——洞顶岩体高度。

⑤求围岩水平匀布松动压力。若水平压力按梯形分布，则作用在隧道顶部和底部的水平压力可直接写为

$$e_1 = \gamma h_1 \lambda$$

$$e_2 = \gamma h \lambda$$

式中 λ——侧压力系数，由式（4-25）求得。

若为匀布压力时则

$$e = \frac{1}{2}(e_1 + e_2)$$

对于傍山隧道，由于受有偏压，更易发生山体变形及滑动。当山体基岩稳定时，开挖隧道不至于发生滑动或坐坍，但会引起山体的沉陷变形。对于地面坡度陡斜的浅埋隧道，在围岩松动压力的计算公式中，应考虑地形的影响，公式推导方法与地面水平时的原则相同。在此简略，只将其结果写出，但应当注意：由于地面的倾斜，隧道两侧岩体破裂面倾角将为 β' 和 β，与之相应的 λ' 和 λ、T'' T 和值也分别不同。直接写出的围岩垂直松动压力为

$$q_i = \left[1 - \frac{\frac{1}{2}\gamma tg\theta (h_i^2 \lambda + h_i'^2 \lambda')}{W_1} \right] \gamma h_i$$

式中 q_i——所讨论点的围岩垂直压力；

h_i——所讨论点的隧道洞顶高度；

W_1——纵向每延米隧道洞顶岩体重力；

$$\lambda = \frac{1}{tg\beta - tg\alpha} \cdot \frac{tg\beta - tg\phi_0}{1 + tg\beta(tg\phi_0 - tg\theta) + tg\phi_0 tg\theta}$$

$$\lambda' = \frac{1}{tg\beta' - tg\alpha} \cdot \frac{tg\beta' - tg\phi_0}{1 + tg\beta'(tg\phi_0 - tg\theta) + tg\phi_0 tg\theta}$$

$$tg\beta = tg\phi_0 + \sqrt{\frac{(tg^2\phi_0 + 1)(tg\phi_0 - tg\alpha)}{tg\phi_0 - tg\theta}}$$

$$tg\beta' = tg\phi_0 + \sqrt{\frac{(tg^2\phi_0 + 1)(tg\phi_0 - tg\alpha)}{tg\phi_0 - tg\theta}}$$

隧道水平压力为

$$e_1 = \gamma h_1 \lambda; e_2 = \gamma h \lambda$$

$$e_1' = \gamma h_1' \lambda; e_2' = \gamma h' \lambda$$

（五）明洞压力的计算

设计明洞时，其设计荷载按下述方法计算确定。

1. 拱圈回填土垂直压力

$$q_i = \gamma_1 h_i$$

式中：q_i——明洞结构上任意点 i 的回填土石垂直压力值（kN/m²）；

γ_1——拱背回填土石重度（kN/m²）；

h_i——明洞结构上任意点 i 的土柱高度（m）。

2. 拱圈回填土石侧压力

$$e_i = \gamma_1 h_i \lambda$$

式中：e_i——任意点 i 的侧压力（KN/m²）；

γ_1、h_i——符号意义同前；

λ——侧压力系数，计算公式为：

（1）填土坡面向上倾斜按无限土体计算时，为

$$\lambda = \cos\alpha \frac{\cos\alpha - \sqrt{\cos^2\alpha - \cos^2\phi_1}}{\cos\alpha + \sqrt{\cos^2\alpha - \cos^2\phi_1}} \tag{4-40}$$

（2）填土坡面向上倾斜按有限土体计算时，则

$$\lambda = \frac{1 - \mu n}{(\mu + n)\cos\rho + (1 - \mu n)\sin\rho} \cdot \frac{mn}{m - n} \tag{4-41}$$

式中：α——设计填土面坡度角（°）；

ϕ_1——拱背回填土石计算摩擦角（°）；

ρ——侧压力作用方向与水平线的夹角（°）；

n——开挖边坡坡度；

m——回填土石面坡度；

μ——回填土石与开挖边坡面间的摩擦系数。

3. 边墙回填土石侧压力

$$e_i = \gamma_2 h_i' \lambda$$

式中：γ_2——拱背回填土石重度（kN/m²）；

h_i'——边墙计算点换算高度（m），$h_i' = h_i'' + \dfrac{\gamma_1}{\gamma_2} \cdot h_1$；

h_i''——墙顶至计算位置的高度（m）；

h_1——填土坡面至墙顶的垂直高度（m）；

γ——侧压力系数，计算公式为：

（1）填土坡面向上倾斜时

$$\lambda = \frac{\cos^2 \phi_2}{\left[1 + \sqrt{\dfrac{\sin \phi_2 \cdot \sin(\phi_2 - \alpha')}{\cos \alpha}}\right]^2}$$

（2）填土坡面向下倾斜时

$$\lambda = \frac{\tan \theta}{\tan(\theta + \phi_2)(1 + \tan \alpha' \tan \theta_0)}$$

式中：$\alpha' = \arctan(\dfrac{\gamma_1}{\gamma_2} \tan \alpha)$;

ϕ_2 ——拱背回填土石计算摩擦角；

$$\tan \theta_0 = \frac{-\tan \phi_2 + \sqrt{(1 + \tan^2 \phi_2)(1 + \tan \alpha' / \tan \phi_2)}}{1 + (1 + \tan^2 \phi_2) \tan \alpha' / \tan \phi_2}$$

（3）填土坡面水平时

$$\lambda = \tan^2(\frac{\pi}{4} - \frac{\phi_2}{2})$$

（六）围岩压力的现场量测

量测作用于支护结构上围岩压力的方法有很多，归纳起来可分为两类：直接量测和间接量测。

直接量测支护结构上的围岩压力，主要是采用在支护结构背后埋设压力盒的方法。诚然，用这种方法所测得的围岩压力实际上是围岩与支护结构之间的接触应力，它可能是围岩的松动压力，也可能是一种既包含松动压力又包括因支护结构变形而引起的围岩抗力。同时，这种接触应力的量值与分布形态除了与围岩特性有关外，在很大程度上还取决于支护结构与围岩之间的接触条件（如回填等）。

目前，国内最常用的土压盒是钢弦式的，它由外壳、薄膜、钢弦、线圈等主要元件组成。当压力盒的薄膜上受有压力时，薄膜将发生挠曲，使其上的两个钢弦支架张开，引起钢弦伸长。根据物理学可知，当钢弦被拉紧时，其自振频率与其长度成反比，与其应力的平方根成正比，与其材料的密度平方根成反比，其关系式为：

$$f = \frac{1}{2l} \sqrt{\frac{\sigma}{\rho}} \quad (\text{Hz})$$

式中 l ——钢弦的长度；

σ ——钢弦的应力；

ρ ——钢弦的密度。

当电磁线圈内有电流通过（定期送入电脉冲）时，使铁芯带磁性，因而激起钢弦振动。

电源中断时（脉冲间歇），电磁线圈的铁芯上留有剩磁，钢弦的振动使得线圈中磁通发生变化，因而感应出电动势，电动势的频率取决于钢弦振动频率，用频率计测出感应电动势的频率，就可以反推出钢弦振动频率。知道了受压前后钢弦振动频率的变化，就可以定出围岩压力值。

为了确定钢弦的振动频率与作用在薄膜上的压力之间的关系，需要对压力盒进行标定。为此，可以在实验室内用油泵装置对压力盒施加压力，并且用接收器（频率计）量测出对应于不同压力的压力盒钢弦的振动频率，这样就可以绘出每个压力盒的标定曲线。当现场实地量测围岩压力时，通过接收器量测钢弦的振动频率，然后根据标定曲线就可以查出该压力盒此时所受的围岩压力大小。压力盒的灵敏度和极限工作压力都与压力盒薄膜的厚度直接相关，膜愈薄灵敏度愈高，但极限工作压力则要降低。

压力盒的优点是作用稳定可靠，但它与围岩接触面积较小，容易引起局部压力，给量测结果带来误差。为避免这种情况的发生，可以采用沥青囊（$100 \times 50 \times 15cm^3$）作为传压手段，或在压力盒周围用砂子填充密实。

近年来，还采用一种油腔压力盒来直接量测围岩压力。这种压力盒直接通过量测一个扁平的油腔中的油压大小来了解接触应力的量值。压力盒埋设后，有一根与压力盒油腔相连通的紫铜管伸出支护结构外，油腔出口有一逆止阀，防止油外溢。量测时将外伸的紫铜管与油泵相连，通过油泵向紫铜管内泵入压力油，当油压升至同压力盒油腔的油压相等时，逆止阀开启回油，系统油压不再上升，此时，读得的油泵压力即为油腔压力，而油腔压力又直接与作用在油腔上的围岩压力有关。与钢弦式压力盒相比，油腔压力盒有以下一些优点：结构简单，外形扁平埋设容易，有利于改善传感性能，减少局部应力集中对量测结果的影响，且直接在泵站测读油压，数据比较可靠。

靠量测支护结构的应变，从而推算出作用在其上的围岩压力的方法，是一种间接量测方法。为此，需要在支护结构内埋设各种应变量测元件，例如：钢弦式应变计、差动电阻式应变计、混凝土应变砖等。第一种量测元件是通过钢弦频率的变化来了解应力的大小，后两种都是基于电阻的变化来量测应变的。

第三节　隧道工程施工组织设计

一、施工总布置

（一）施工组织机构

根据施工任务需要，为方便和有效地进行施工管理，组建工程施工项目部，经理部由项目经理和项目总工程师组成。下设工程质检科、计划财务科、物资装备科、安全科、实验室和办公室等六个职能部门。

（二）施工动员

中标后，将进行充分的施工前动员，将利用自身优势，组织高素质的施工管理人才、精良的施工队伍。对合同段实施全过程的施工组织管理，全面履行计划、组织、协调和监督的职能，实施统一计划、统一管理、统一调度，严格履行合同条款，优质高速地完成本合同全部工程内容。

（三）设备、材料、人力动员周期

根据工程进度安排和建设单位、监理工程师要求，设备、材料、人员分期分批进入现场，并根据变化随时加以调整。

根据本合同段工程的工程量和工程特点，要求选拔精明强干的项目经理，选聘懂技术、懂业务、懂管理的各类业务、技术人员，选择精干的施工队伍，建立有效的施工组织机构，保质保量地完成本合同段工程的施工任务。

业务管理人员的选配本着业务系统化管理的原则和程序，优先选配懂技术、懂业务、懂管理的技术人员。

施工力量的选择根据本工程的质量和进度要求，结合施工队伍的技术装备情况、技术熟悉程度和施工能力来确定施工队伍。根据预算算出全部工程用工工日数、平均日出工人数、施工高峰期日出工数以及技术工种、机械操作工种、普通工种等用工人数。

第一批施工人员和部分先期使用的机械设备，在接到中标通知书后的3天内进驻现场，施工队伍和机械设备主要从就近工点调入。首批机械设备主要有指挥车、载重汽车、推土机、挖掘机、装载机、发电机及测试仪器。进场后主要工作包括：详细了解、调查施工现场、清理场地、修建临时房屋、选择材料供应商、办理有关证件手续、征求建设单位、监理工程师意见及进行工程咨询。

第二批施工人员及设备在接到中标通知书后7天内进驻工地，机械设备有装载机、挖掘机、自卸汽车、空压机、压路机及先期开工应配备的其他大型机械设备，尽快形成规模施工能力，主要工作是修建工地临时设施，备足先期施工的各项要素，进行机械设备测试及试运转、设立各种施工作业标志，进行试验室建设，试配各种配比，安装电力电线、通信设施等工作，为主体工程开工做好一切准备。

第三批施工人员和设备根据实际需要在工程全面展开之前及时进入施工现场，并将工程施工步步推向高潮。

（四）设备、人员及材料运至施工现场的方法

自接到中标通知书之日起，公司机械设备部负责已有设备的调配及运输到场，一切施工设备均在监理工程师下发开工令前到场，准备正式开工，施工队的机械设备由原公路进场，施工设备进场均采用大型平板车运至工地或在工地附近处卸车后，自行进入工地。

其他材料由料源地用汽车直接运输至工地。

（五）施工主要机械设备及主要检测仪器

主要机械设备根据生产能力大于进度指标要求，设备功能全面满足工程需要的原则，合理进行配置。具体机型投入参照附表：

1. 拟投入本标段的主要施工设备表详见相关表格。

2. 拟配备本标段的试验检测仪器设备表详见相关附表。

（六）施工总平面布置及说明

项目经理部驻地及预制拌和场均设在本合同段施工路线内，租用当地民房或自建板房。

1. 本工程施工总平面布置，将直接关系到施工总进度计划的实施及安全文明管理水平的高低，为保证现场施工顺序进行，将按以下原则进行平面布置：

①在满足施工要求的前提下，尽量节约施工用地，减少临建设施的布置。

②在保证场内交通运输畅通和满足施工对原材料和半成品堆放要求的前提下，尽量减少场内运输，特别是减少二次倒运。

③在平面交通上，要尽量避免工序之间和单位之间的相互干扰。

④施工总平面布置应符合现场卫生及安全技术要求，并满足施工防火和用电要求。

⑤具体布置分区明确，便于文明施工布置。

2. 施工总平面管理

①施工总平面管理原则

本合同段临时工程用地本着尽量利用既有建筑及临时道路，压缩临时用地面积的原则，编制施工场地和施工驻地临时占地计划。施工驻地在建设之前，向有关部门和单位报送驻地建设平面布置图、便道设计图，并注明其使用功能和使用期限。

根据施工总平面设计及各分阶段布置，以充分保障阶段性施工重点，保证进度计划的顺利实施为目的。在工程实施前，制定详细的大型机具使用、进退场计划，水泥、钢材、砂石料、塑料管等材料的生产、加工、堆放、运输计划，以及各工种施工队伍进退场的调整计划，对施工平面实行科学、文明管理。

②施工总平面管理体系

由项目经理负责总平面的使用管理，并派专人对现场平面进行分区管理。

现场实施总平面使用调度会制度，根据工程进度及施工需要对总平面的使用进行协调与调整。施工布置详见"施工总平面布置图"。

③施工总平面管理计划的制定

施工平面科学管理的关键是科学的规划和周密详细的具体计划。在工程进度计划的基础上形成主材。机械、劳动力的进退场，以确保工程进度。

充分均衡利用平面为目标，制订出符合实际情况的平面管理实施计划，同时将该计划输入电脑，进行动态调控管理。

④施工平面管理计划的实施

根据工程计划的实施调整情况，分阶段发布平面管理实施计划，包含采用周期计划表、责任人、执行标准、奖罚标准等。

3. 临时用地计划

临时用地位置详见平面布置示意图。具体数量详见"临时用地表"。

二、资源配备计划

接到中标通知书后，与业主进行合同签订的同时，开始施工现场准备工作，施工现场主要应做好以下几项准备工作：

（一）进场准备

1. 复查和了解现场

复查和了解现场的地形、地质、文化、气象、电源、料源或料场、交通运输、通信联络以及城镇建设规划、农田水利设施、环境保护等有关情况。

2. 确定用地范围

根据施工图纸和施工临时需要确定施工用地位置，及各个用地位置，分别占用多少土地，并与地方有关人员到现场——核实（是荒地或是良田、果园等），绘出临时用地图纸，并在用地位置设立标志。

3. 清除现场障碍

对施工现场范围内发现的障碍如建筑物、坟墓、暗穴、水井、各种管线、道路、灌溉渠道、民房等必须及时同业主及地方政府联系，争取及时解决，以利施工的全面展开。

4. 办妥有关手续

上述临时占地，移民和障碍物的拆迁等都必须事先与有关部门协商，办妥一切手续后方可进行。

5. 作好现场规划

按照施工总平面图建设基础上部，工地实验室，搭设工棚、仓库，建设拌和场，安装供水管线，架设供电和通信线路，设置料场、车场、搅拌站，修筑临时道路和临时排水设施等。防洪设施应在汛期前完成。

（二）劳力、机具设备和材料准备

1. 劳力

施工需要大量劳动力，而且时间相对集中，因此，开工前落实劳力来源，按计划适时组织进（退）场，是顺利开展施工，按期完成任务，避免停工或窝工浪费的重要条件之一。

2. 机具设备

合同段施工需要大量的机械设备和运输车辆，其中大中型机械设备和运输车辆更是施工的主力。在以往施工时，常因某一关键机械（或设备车辆）跟不上而严重影响施工，造成很大浪费，这种现象多为准备工作不充分或计划不落实所致。因此，本合同段根据现有装备的数量、质量情况和周密的计划，分期分批地组织进场，其中需要维修、租赁和购置的，应按计划落实，并要适当留有备份，以保证施工的需要。

3. 材料

合同段施工需要大量材料，除水泥、沥青、木材、钢材等主要外购材料外，还有砂碎（砾）石、片、块石等大宗的地方材料，材料费占到工程总费用的三分之二左右。因此，其费用高低直接关系到工程造价。同时，材料的品质、数量，以及能否及时供应也是决定工程质量和工期的重要环节。材料准备工作的要点是：品质合格、数量充足、价格低廉、运输方便、不误使用。在保证材料品质的前提下，本着就地取材的原则，广泛调查料源、价格、运输道路、工具和费用等，做好技术经济比较，择优选用，同时根据使用计划组织进场，力争节省投资。

（三）技术准备

1. 测量准备

项目部进场后要同业主及设计代表联系，进行交点工作，交点后项目部测量人员要进行闭复核并增设支导线点和水准点，以用于控制整个工程的施工。增设支导线点及水准点后还应对道路中、边桩进行复核，对路基横断面进行测量、对结构物进行详细测量及放样。

2. 熟悉有关文件和复核设计图纸

项目部接受工程任务后，应全面熟悉施工图纸、资料和有关文件，参加业主工程主管部门组织的设计交底和图纸会审并做好记录。

①设计图纸是施工的依据，项目部全体施工人员必须按图施工，未经业主和监理工程师同意，施工单位和施工人员无权修正设计图纸，更不能没设计图纸就擅自施工。

②项目部应组织有关人员对施工图纸和资料进行学习和自审，做到心中有数，如有疑问或发现差错应在设计交底和图纸会审中提出，请上级给予解答。

（四）建立工地试验检测室

施工前还有一个重要工作就是建立工地试验室，项目部试验室人员要按照投标时的试验仪器进行准备，并根据实际情况增加部分仪器。并要安排对这些仪器进行定检，已定检过的要进行校核；并经质检站和总监办验收合格，确保在工程开工前实验室能够正常运转，并取得临时资质。

根据施工进度计划，在监理工程师的支持下，做好水泥标号、砼、原材料的检验。砼的配合比的选定试验，配合物资部门对即将进场各种原材料进行严格的质量检验，协助专业工程师做好各种实验段的试验工作。

三、总体施工安排

总体施工安排的原则：精心组织，抓住关键，突出重点，确保工期、质量。各作业队按工序进行平行作业兼流水施工。

队伍一进场就抓紧实验室建设和运转，积极筹集工程施工用的各种材料，尤其是粗骨料和水电资源，组织充足的劳动力和机械设备，进行施工驻地建设和施工准备。

项目经理部实验室负责各类原材料试验，各种配合比设计和试件试压工作，以及土工各指标试验和道路施工质量控制。下属各队设试验员，负责配合监理工程师对各种配合比的随机取样，制作、养护试件，测坍落度，调整施工配合比，并配合中心试验室进行原材料送样和各土层土工试验等。

项目经理部测量队，配备全站仪等先进仪器，负责全合同段主要结构物设计位置的施工放样和抽检工作，各工程队配经纬仪和水平仪负责本工程队的测量放样工作。在测量过程中要认真细致，不出任何差错，满足精度要求。

四、施工总体目标

根据本工程的特点、招标文件及有关技术规范的要求，制定本项目的施工总体目标如下：

1. 施工工期目标

围绕给定的工期目标，抓住施工关键线路，统筹兼顾组织好其他项目的施工，制定切实有效的工程保障措施，合理安排施工程序，抓好工序衔接。采用配套的机械化施工，提高工效，加快施工进度，严格按照招标文件规定的节点工期与总工期，确保工程按期竣工。

2. 施工安全文明生产目标

建立严格的安全经济责任制，运用系统工程的思想，坚持"以人为本、教育为先、预防为主、管理从严"的原则，做好安全事故的超前防范工作，做到机构健全、措施具体、落实到位、奖罚分明，确保实现安全管理目标："四无—杜绝—创建"（即无工伤死亡事故、无重大机械设备事故、无重大交通事故、无火灾和洪灾事故、杜绝重伤事故、创建安全文明工程）。

3. 环保目标

以"均衡生产、文明施工、科学管理"为宗旨指导工程建设。在合同实施的同时，实施相应的环保措施，使施工现场各项环保指标达到国标和地方标准，满足合同要求。施工作业人员一律挂牌上岗，工地做到整洁清爽、有序，施工标志齐全、美观，施工工艺科学合理，推进程序化、标准化作业，创建安全文明工程。

五、施工方案

（一）路基挖方施工

项目的路基挖方工程包括：挖土方、挖石方等施工。

路基挖土方：

1. 施工前准备

对全线的土按开挖方法进行分类，合理布置施工机械，并对路堑边线、中线进行测设。挖除地表植物及腐殖土，施工截水沟并做好临时排水设施。

（1）施工前仔细查明地上、地下有无管线，对施工有影响的相关单位，对其进行保护或改移，还需注意开挖边界以外的建筑物是否安全。

（2）开挖前，首先测量放线，依据设计挖深及边坡坡率推算测出开挖边界，并及早完成堑顶截水沟的修建。由高到低，从上而下，由外向里逐层开挖，最后刷坡至边坡线，严禁掏底开挖。

（3）施工最好避开雨季，及时做好排水工作。剥除开挖区地表植被、腐殖土及其他不宜作填料的土层，弃运于指定地点。

（4）在路堑施工前，根据现场收集到的情况，核实的工程数量，工期要求，施工难易程度和人员、设备、材料编制实施性施工组织设计，报监理工程师审批。

（5）根据测设路线中桩，设计图表定出路堑堑顶边线、边沟位置桩。在距路线中心一定安全距离设置控制桩。

（6）挖方路基施工工艺流程

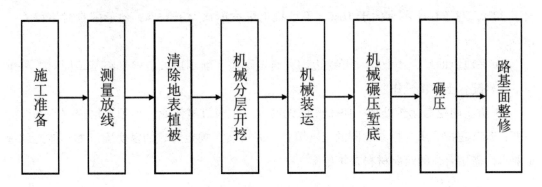

挖方路基施工工艺流程图

2. 开挖施工

根据路堑的深度、长度和开挖方的运输距离选择施工机械及开挖方法：

（1）短而深的地段采用分层横向开挖法（如分层横向开挖法示意图）：每层3～4米。若以挖作填，运距较近时（20～80米），用推土机进行，运距较远时用推土机堆积，采用装载机配合自卸汽车运土，边开挖边修边坡、边填土边摊铺碾压。

（2）长而深的路堑采用纵挖法（如纵向开挖法示意图）：先沿路堑纵向挖掘通道，然后将通道向两侧拓宽，上层通道拓宽至路堑边坡后，再开挖下层通道，如此纵向开挖至路基标高。

（3）单层横向全宽掘进方法：路堑开挖较浅时，对路堑整个宽度，沿路线纵向一端或两端向前开挖。图中所示单层的掘进深度，即等于路基设计高度，所以向前掘进一段，就完成该路堑路基的一段。

（4）双层二次横向全宽掘进方法：采用挖掘机配合自卸车进行开挖运输，当路堑较深，同时也为了扩大施工操作面时，横向全宽掘进亦可分为两个或两个以上的阶梯，同时分层进行开挖。每层阶梯留有运土路线，并注意临时排水，及防止上下层干扰。

（5）双层纵向通道掘进方法：对于土方量比较集中的深路堑，可采取双层纵向通道掘进法。即先沿路堑纵向挖掘出一条通道，然后再沿此通道两侧进行拓宽，既可避免单层深度过大，又可扩大作业面，同时对施工临时排水可用作导沟。

（6）机械化作业要点：

1）推土机推铲作业：当采用分层纵挖法挖掘路堑长度不大于50m，掘深不大于3m，地面坡度较陡时宜采用推土机作业，其适当运距可为30～50m，最远在70m左右。如地面横坡平缓，表面宜横向铲土，下层的土宜纵向推运。当路堑横向宽度较大时，宜采用两台或多台推土机横向联合作业；当路堑系傍陡峻山坡时宜用斜铲推土。

2）推土机铲挖坡道：推土机作业每一铲挖地段的长度须能满足一次铲切达到满载的要求，一般为5～10m，铲挖宜在下坡道进行，对普通土为10%～18%，下坡最大不得大于30%，对于松土不宜大于10%，下坡推土纵坡不宜大于15%，地形困难时不得大于18%。

3）平地机的配合作业：在开挖边沟、修筑路拱、削刮边坡、整平路基顶面时，可采用平地机配合土方机械作业。

4）防止超挖与超挖处理：路堑开挖无论为人工或机械作业，均须严格控制路基设计高度，若有超挖需用与挖方相同的土壤填补，并压实至规定要求的密实度。如不能达到规定要求，需用合适的筑路材料补填压实。

3. 挖石方施工

比较松软的岩石采用大马力推土机、挖掘机并辅以人工施工；比较坚硬的岩石分梯段采用松动爆破进行开挖，边坡（靠近边坡2m范围内）采用光面爆破，路床面整修采用小排炮光面爆破。

根据工程特点，结合进度要求和资源配置等因素，采取按台阶高度分层分段多作业面同时开挖的施工方案，施工中采用深孔微差爆破技术，先拉通路堑主槽，两侧边坡预留的 1 ~ 2m 宽的岩体不爆，作为中部主爆体的隔墙，以减少大爆破对边坡的损伤。同时预留的岩体光面爆破时，可以根据主爆体的爆破情况和岩石性质更准确地选择爆破参数，提高边坡的光面爆破效果。

（1）主爆区控制爆破参数

采用潜孔钻机垂直钻孔，钻孔直径 d = 100mm。

1）底盘抵抗线 $W_底$ = 2.7m。

2）炮孔间距 a = $mW_底$ = 1 × 2.7 = 2.7m。

3）炮孔排距 b = 0.9a ~ 1.0a，取 2.7m。

4）钻孔深度 L = H + h = 10.5m。

5）单位体积耗药量 q：考虑路堑上、下部石质坚硬程度不等，一般路堑上部石质较软取 0.25kg/m³ ~ 0.32kg/m³，路堑下部取 0.30kg/m³ ~ 0.39kg/m³，每个炮孔装药量 Q = q × a × W × H（kg），最大孔装药量为 28.5kg。

6）装药结构：施工中选用直径 Φ32mm 的 2 号岩石铵梯炸药，采用连续装药结构。装药时把 5 支药卷捆成一组连续装药，使药量均匀分布在炮孔长度上，炮孔底部 1m 左右为加强段。起爆药包用 2 个同段的毫秒雷管，反向捆在炸药药卷上，放在距孔底 30cm 处。

7）堵塞长度：2.5m，最小堵塞长度不得小于 2.0m，采用黏土和细砂的混合物堵塞。

8）起爆方式：采用排间微差顺序起爆。

（2）边坡光面爆破参数

1）最小抵抗线 W 根据边坡预留岩体的情况取值 1.0 ~ 2.0m，边坡顶留层不宜过大，否则正常的药量无法克服岩石阻力，容易造成欠挖。

2）炮眼直径 d_0 = 100mm，光爆炮眼间距取 100 ~ 120cm。

3）光面爆破单位体积耗药量 q = 0.3kg/m³，每个炮孔装药量 Q_0 = q' × a × W × H（kg），最大每孔装药量为 6.3kg，线装药密度为 0.5kg/m，线装药密度应该进行严格控制，以防药量过大而损伤边坡。

4）装药结构采用不耦合间隔装药法。施工中选用直径 Φ32mm 的 2 号岩石铵梯炸药，不耦系数为 3.13，装药时将炸药间隔捆装在竹片上，再装入炮孔，炮孔堵塞长度 1.5m。

5）光爆炮孔采用同段毫秒雷管传爆，保证各药包同时起爆，以减少飞石和爆破震动。为减少飞石，施工中采用草袋装土覆盖炮孔。

（3）施工工艺的控制

爆破施工一般顺序为：施工测量→标定炮孔位置→钻孔→炮孔检查→爆破器材准备→装药→联结爆破网络→布设安全岗哨→炮孔堵塞→爆破覆盖→起爆信号→起爆→消除瞎炮、处理危石→解除警戒→爆破效果分析及资料记录。

（4）布孔

炮孔标定必须按照设计好的爆破参数准确地在爆破体上进行标识，不能随意变动设计位置。布孔前应先清除爆破体表面积土和破碎层，根据施工测量确定的边坡线，从边坡光爆孔开始标定，然后进行其他孔位的布置。布孔完成后，应认真进行校核，实际的最小抵抗线应与设计的最小抵抗线基本相符。

（5）钻孔

在钻孔过程中，应严格控制钻孔的方向、角度和深度，特别是边坡光面爆孔的倾斜度应严格符合设计要求。孔眼钻进时应留意地质的变化情况，并做好记录，遇到夹层或与表面石质有明显差异时，应及时同技术人员进行研究处理，调整孔位及孔网参数。钻孔完成后，及时清理孔口的浮碴，清孔直接采用胶管向孔内吹气，吹净后，应检查炮孔有无堵孔、卡孔现象，以及炮孔的间距、眼深、倾斜度是否与设计相符。若和设计相差较多，应对参数适当调整，如果可能影响爆破效果或危及安全生产，应重新钻孔。先行钻好的炮孔，用编织袋将孔口塞紧，防止杂物堵塞炮孔。

（6）装药

装药前，要仔细检查炮孔情况，清除孔内积水、杂物。装药过程中应严格控制药量，把炸药按每孔的设计药量分好，边装药边测量，以确保线装药密度符合要求。为确保能完全起爆，起爆体应置于炮孔底部并反向装药。

（7）堵塞

堵塞物用黏土和细砂拌和，其粒度不大于 30mm，含水量 15%～20%（一般以手握紧能使之成型，松手后不散开，且手上不沾水迹为准）。药卷安放后应即进行堵塞，首先塞入纸团或塑料泡沫，以控制堵塞段长度（光爆孔口预留 1～1.5m，主爆孔口预留 2～2.5m），然后用木炮棍分层压紧捣实，每层以 10cm 左右为宜，堵塞中应注意保护好导爆索 3.5 爆破覆盖它是控制飞石的重要手段，施工中采用两层草袋覆盖，先在草袋内装入砂土，覆盖后将排间的草袋用绳子连成一片，草袋覆盖时要注意保护好起爆网络。

（8）安全防护

1）爆破器材的存放地点远离居民区和施工临时驻地 500m 以上，炸药和雷管库存放距离 ≥ 50m，并且用浆砌片石或混凝土建筑，外围铁丝网，设专人看守，火工品运输、领取和使用严格按照国家公安部颁发的《爆破器材管理办法》及《爆破安全规程》执行，爆破员和安全员检查爆区和警戒范围，确认无误后起爆。

2）施工前划定爆破危险区，在危险区的边界设置警戒标志，显示爆破时间和警戒信号，爆破时，无关人员撤离危险区，在危险区的四周入口或附近道路设置标志和安全员，相邻两安全员之间能够对视，防止人员和牲畜进入警戒线以内。

3）抽调专业爆破工程师和长期从事爆破施工的队伍，并在开工前，结合当地施工环境和地质情况进行专题培训，使施工操作人员进一步熟悉作业环境。参与爆破施工的人员，必须通过培训考试，持证上岗。每次爆破设计前，认真进行地形测量和地质观察，依据测量结果进行爆破设计。施工中严格按照设计方案进行钻孔施工，在爆破工程师检查验收后装药。爆破结束后对爆破效果做出评价，总结经验，以便指导下一步施工。

（三）路基填筑施工

本合同段路堤填筑采用：利用路堑土石方进行填筑施工，路堤种类根据设计要求，主要为：土方填筑。路堤填筑以机械作业为主，采用重载自卸车运输、推土机和平地机整平、羊角碾、振动压路机、小型冲击夯压实。为保证施工质量，加快工程进度，提高施工效率，按"三阶段、四区段、八流程"的作业程序组织施工。

三阶段：准备阶段—施工阶段—竣工验收阶段

四区段：填筑区段—平整区段—碾压区段—检验区段

八流程：施工准备—填料试验—基底处理—分层填筑—摊铺整平—机械碾压—检验鉴定—路基整修

1. 施工准备

（1）熟悉设计文件、施工图纸、测量资料，根据设计院提供的测量资料和控制桩进行中线复测和路基横断面复核，复测无误后在开工之前进行施工放样，现场放出路基中线和边线、坡口、坡脚、边沟、弃土场等具体位置，标明轮廓，提请监理工程师审查批准。

（2）根据征地线，配合业主和当地政府一起进行征地拆迁。施工范围内的坟墓、灌溉系统、机耕道路、电力线等需要迁改的进行统一迁改。

（3）路基施工前，路堤做好防排水系统，将路线两侧施工范围内的地面水排干，做到永久与临时结合。

（4）清除或移植施工范围内的树木、草皮、耕植土等，耕植土外移集中堆放，用于植草时铺土。

（5）基底表面处理

填方基底视地形、土质、地下水位、填方高边坡高度等不同，按施工规范及设计要求进行相应处理，每 200 米左右划分一个作业区段，以保证施工中互不干扰，防止跨区段作业，处理程序为：挖除树根、排除地表水→清除表土（淤泥）、杂草→推土机、平地机整平→压路机压实→检查签证。

1）清理场地后的地面，达到原基底横向坡度≥1：5 时开始填筑路堤。在稳定的斜坡上，横坡在 1：5～1：2.5 时原地面应挖台阶，台阶宽度不小于 2m，并挖成 4% 的向内倾斜坡度，然后再进行填筑。

2）路槽底面以下填筑小于 80cm 的路段（包括零填零挖地段），按照设计返挖、回填、压实度按照设计及规范要求进行控制。

3）地基有地下水时，采用暗沟或泉眼处填筑片石做成盲沟，把路基内的水引至路基以外，并将其出水位置、出水量和处理情况做出详细记录，经检验符合要求后进行填筑。

（6）路堤填筑试验：

用于路基填筑的各种填料在使用前选择地质条件、断面形式均具代表性的地段进行试验，且试验长度≥200米，宽度为路基设计宽度。现场进行压实试验，直到能有效地使该种填料达到规定的压实度为止。在试验的同时，对压实设备类型、最佳组合方式、碾压遍数及碾压速度、工序、每层填料的松铺厚度、含水量、路基整平方法等进行确定并记录。

路堤填方材料最小强度和最大粒径要求如下表。

项目分类	路面底面以下深（m）	填料最小强度（CBR）（%）	粒料最大粒径（mm）
填方路基	0～0.8	8.0	100
	0.8～1.5	4.0	150
	1.5以下	3.0	150
零填及路堑路床	0～0.3	8.0	100
	0.3～0.8	5.0	100

2. 土方路基填筑

在路堤填筑前首先对原有地面进行清理，对于存在的不平之处应首先整平，然后进行碾压（填前碾压）达到规范要求的压实度。对于需要填筑的地段坡度较大时应首先从低处填起分层填筑，并应在原有坡面上修筑台阶以利新旧土的结合，台阶宽度应在1米左右，厚度应根据分层填筑的厚度确定。

（1）测量放线：

1）恢复线路中心控制点（中线）。

2）测设中心桩，按每20～25米整桩号和曲线起止点等控制路基中心的各点测设中心桩，桩面用红漆写明里程桩号。木桩的习惯用法是：方桩用于控制中心准确位置而且还要架设仪器对中，可以在木桩顶面钉钉，钉顶的标高与路面设计标高齐平，顶面涂红漆以辨认。在中心线垂直方向一米外钉一标志桩，并写上里程，桩背与地面成45度，写有里程一面朝上，面向中心方木桩，字号露出地面。

（2）按规定厚度进行摊铺，一般情况如果用推土机进行摊铺虚铺系数一般1.2～1.3，如果用平地机进行摊铺虚铺系数一般为1.1～1.2。由于土质不同应根据实际情况确定虚铺系数。

（3）平地机整平。当一段落（50米以上）由推土机摊平并经复测符合要求时就可用平地机进行工作。平地机整平方法是由路中开始向道路两侧推进，如此往返三次，一般就可以达到平整度的要求。在平整时注意路基的纵坡和横坡，尤其是在雨季施工时，横坡应该适当加大以利路基排水，一般情况路基横坡要求2%，为利于排水可加大到3%～4%。

3. 石方路基填筑

填石路堤是利用开采的石料填筑路堤，它与一般填土路堤不同，主要是石料粒径大、强度高，填筑和压实都有特殊要求。

施工方法

1）恢复路基中线，并加密中桩，测标高，放出坡脚桩，桩上注明桩号，标上填筑高度。

2）清除填方范围内的草皮、树根、淤泥、积水，并平整压实经监理工程师认可，实测填前标高后，方可进行填石路基施工。

3）填石路堤的石料强度不应小于 15Mpa（用于护坡的不应小于 20Mpa）。填石路堤石料径最大不宜超过层厚的 2/3。

4）本工程的填石路堤均分层填筑，分层压实。

4. 弃土石方

对挖除的路面结构层应统一堆放，防止污染环境，弃土堆位置应结合环境保护、防排水确定。

（1）承包人在有弃方的路段开工前至少 28 天，应提出开挖、调运施工方案报工程师批准。该方案包括挖方及弃方的数量、调运方案、弃方位置及其堆放形式、坡脚加固处理、排水系统的布置以及有关的计划安排等。

（2）当弃土场的位置、堆放形式或施工方案等有更改时，必须在更改前不少于 14 天将更改方案报工程师批准。

（3）弃土堆应堆置整齐、稳定，排水畅通，避免对土堆周围的建筑物、排水及其他任何设施产生干扰或损坏，避免对环境造成污染。

（四）排水工程

本项目路基（排水）工程主要有：

M7.5 浆砌片石边沟、排水沟、截水沟

具体工程量及施工内容详见工程量清单及施工图纸。

M10 浆砌片石边沟、排水沟、截水沟：

（1）范围

包括边沟、排水沟、急流槽、截水沟等结构物的施工及有关的作业。

（2）一般要求

1）各种水沟边坡必须平整、稳定，严禁贴坡。纵坡应按图纸施工，沟底平整，排水畅通，无阻水现象，并应按图纸所示将水引入排水系统。

2）各种水沟浆砌片石应咬扣紧密，嵌缝饱满、密实，勾缝平顺无脱落，缝宽大体一致。

3）各种水沟的位置、断面、尺寸、坡度、标高均应符合图纸要求并经业主验收合格。

（3）施工

1）边沟施工：

a.挖方地段和填方地段应按图纸规定设置边沟。路堤靠山一侧应设置不渗水的边沟。

b.边沟应按图纸规定施工，边沟和涵洞接合处应与涵洞洞口建筑配合，以便水流通畅进入涵洞。

c.平曲线处边沟施工时，沟底纵坡应与曲线前后沟底纵坡平顺衔接，不允许曲线内侧有积水或外溢现象发生。曲线外侧边沟应适当加深，其增加值等于超高值，但曲线在坡顶时可不加深边沟。

d.边沟的加固：土质地段当沟底纵坡大于3%时应采取加固措施。采用浆砌片石铺砌时，砌缝砂浆应饱满，沟身不漏水。若沟底采用抹面时，抹面应平整压光。

2）截水沟施工：

a.截水沟的位置：按设计要求截水沟的边缘离开挖方路基坡顶的距离至少应5m。截水沟挖出的土，可在路堑与截水沟之间修成土台并夯实，台顶应筑成2%倾向截水沟的横坡。

b.截水沟的出水口必须与其他排水设施平顺衔接。

c.为防止水流下渗和冲刷，截水沟应进行严密的防渗和加固，地质不良地段和土质松软、透水性较大或裂隙较多的岩石路段，对沟底纵坡较大的土质截水沟及截水沟的出水口，均应采用加固措施防止渗漏和冲刷沟底及沟壁。

3）排水沟施工：

a.排水沟的线形要求平顺，尽可能采用直线形，转弯处宜做成弧形，其半径不宜小于10m，排水沟长度根据实际需要而定，通常不宜超过500m。

b.排水沟沿路线布设时，应离路基尽可能远一些，距路基坡脚不宜小于3～4m。

c.当排水沟、截水沟、边沟因纵坡过大产生水流速度大于沟底、沟壁土的容许冲刷流速时，应采用边沟表面加固措施。

（五）防护工程

项目路基（防护）工程主要有：

挂网锚喷混凝土锚杆边坡防护

具体工程量及施工内容详见工程量清单及施工图纸。

挂网喷混凝土边坡的施工程序是：搭设脚手—整修边坡—制作安装设施排水孔—第一次喷射混凝土—锚杆钻孔、注浆—钢筋网制作：挂网（第二次喷射混凝土—养护—拆除脚手架。现把各工序的施工方法及技术措施简述如下：

1.搭设脚手架

脚手架搭设前必须对现有边坡的稳定情况进行观察，确定安全后再搭设脚手架。钢管支架立柱应置于坚硬稳定的岩石上，不得置于浮渣上，立柱间距1.5m，架子宽度1.2～1.5m，横杆高度1.8m，以满足施工操作。搭设管扣要牢固和稳定，钢架与壁面之间必须楔紧，相邻钢架之间应连接牢靠，以确保施工安全。

2. 坡面整修

由于现有的岩石边坡破碎松散且不平整，故必须将松散的浮石和岩渣清除干净。处理好光滑岩面，拆除障碍物，用石块补砌空洞，用高压水冲洗受喷面。对边坡局部不稳定处进行清刷或支补加固，对较大的裂缝进行灌浆或勾缝处理。在边坡松散空洞处和坡脚处设置一定数量的泄水孔，预留的长度根据现场确定布设。

3. 喷射混凝土作业

（1）喷射作业前必须对机械设备，风、水管路和电线等进行全面检查及试运转。

（2）喷射混凝土之前，用清水将坡面冲刷干净，湿润岩层表面，以确保一层后才进行定位，采用气腿式凿岩机钻孔，孔径 50mm，根据现场的情况确定锚杆深度一般为 1.0 ~ 1.5m，钻孔要垂直边坡面。锚杆采用 22mm 钢筋，间排距 200cm，梅花形布置。

（3）挂网

1）先将圆盘钢筋（直径 ~ 6）调直，按边坡形状尺寸取料加工，按网孔 20cm × 20cm 的规格编织好钢筋网，分布要均匀，绑扎要牢固。

2）编好钢筋网后，与锚杆交接处必须进行焊接，以保证喷射混凝土时钢筋不晃动。

3）钢筋网必须紧贴混凝土表面，以保证钢筋网保护层厚度。

（4）养护

1）当最后一次喷射的混凝土终凝 2h 后，立即喷水养护，每天至少喷水四次。养护时间一般不得少于 28d。在终凝后第一次喷水养护时，压力不宜过大，以防止冲坏喷射混凝土防护层表面。

2）气温低于 +5℃时，不得喷水养、护。

3）在养护过程中如果发现剥落、外鼓、裂纹、局部潮湿、色泽不均等不良现象，应分析原因、采取措施进行修补，以防后患。

（5）结束

1）挂网喷混凝土边坡可提高高陡边坡岩土的结构强度和抗变形刚度，增强边坡的整体稳定性。

2）应根据边坡岩土体现状，合理选择喷射混凝土的支护措施、结构设计方案。

3）合理选择施工程序、工艺和技术措施是保证喷锚网支护工程质量的关键。

4）制订行之有效的现场质量管理措施非常必要。对喷锚网支护要对喷射混凝土强度厚度、锚杆间排距、抗拔力、外观感等方面进行检测，严把质量关。

（六）隧道工程施工方案

隧道主要工序施工方案和配置的主要机械设备见下表。

主要工序施工方案和配置的主要机械设备表

主要工序名称	主要施工方案简述	主要设备配置
开挖	1. 明洞段采用分层明挖法施工； 2. 采用正台阶法施工； 开挖均采用光面爆破技术，凿岩台车和人工风动凿岩机钻眼相结合，人工装药，微差爆破。	投入机械详见附表一：
出碴及运碴	装碴以装载机为主，挖掘机配合，自卸汽车运输。	投入机械详见附表一：
初期支护	锚杆采用凿岩台车打眼，注浆机注浆，喷混凝土采用湿喷技术，集中拌制混凝土，混凝土搅拌输送车运送。	投入机械详见附表一：
二次衬砌	采用仰拱填充与二次衬砌紧跟施作，自制轨行式作业台车铺设防水层（采用无钉铺设技术）、人工绑扎钢筋，轨行式液压整体衬砌台车（长12m）模筑衬砌，混凝土集中拌制，搅拌输送车运输，混凝土输送泵泵送混凝土，插入式振动棒振捣。	投入机械详见附表一：
隧道路面	采用分块整幅浇注形式，机械摊铺，人工配合机械振动。	投入机械详见附表一：

1. 隧道工程施工方法

（1）洞口工程

1）洞口土石方

洞口土方开挖采用明挖法由上到下分层开挖。

施工前根据设计图及洞口的具体地质情况确定洞口加固处理方案，然后进行刷坡。边、仰坡开挖自上而下采用人工配合挖掘机进行开挖，装载机配合，自卸汽车运碴至弃碴场。开挖时要确保边坡的平顺和稳定，尽量避免超、欠挖和对边坡的过大扰动。如遇石质需爆破开挖，则采用微松动控制爆破，严格控制炸药用量，加强防护和安全警戒工作，确保不影响周边群众的生活。松软地层开挖边坡、仰坡时，做到随挖随支护，随时监测，检查山坡稳定情况，加强防护。

2）洞口防排水工程

仰坡环形截水沟于洞口土石方开挖前完成，尽早起排水作用，使洞口及仰坡稳定。

（2）明洞及洞门工程

流程：测量放线→明洞开挖→仰拱衬砌→衬砌台车就位→绑扎钢筋→浇注混凝土。

施工方法：明洞开挖施工同洞口开挖，明洞基础要落在稳固地基上，如在土层上，须挖至基岩，用浆砌片石或素砼回填找平。明洞衬砌采用液压钢模衬砌台车全断面一次衬砌，外模及外支撑采用定制木模和钢管支撑，整体式灌注。砼采用现场拌和站拌制，砼运输车运到工作面，砼输送泵泵送入模。其具体施工方法同暗洞洞身衬砌，并加强各部位的内外支撑，防止移位。明洞防水层按设计要求施做，可根据实际情况在外铺一厚 3cm 的水泥砂浆保护层，防水层在明洞外模拆除后采用人工进行。墙背填充采用浆砌片石，墙背回填两侧同时进行，拱背回填对称分层夯实，由于回填量不大，采用人工配合小型机具进行回填，在回填土石上设黏土隔水层。明洞仰拱、铺底、水沟、路面施工同暗洞施工。

施工技术要求：

①灌注砼前复测中线和高程，衬砌不得侵入设计净空线。

②按断面要求制作定型挡头板、外模和骨架，并采取防止跑模的措施。

③浇注砼达到设计强度 70% 以上时，方可拆除内外支模架。

④在外模拆除后立即做好防水层。

⑤明洞回填每层厚度不得大于 0.3m，其两侧回填时的土面高差不得大于 0.5m。夯实度不小于 93%，洞顶以上最大填土高度不超过 3.5 米，回填至拱顶齐平后，立即分层满铺填筑至要求高度。

⑥明洞回填在衬砌强度达到 70% 后进行。

⑦拱背回填作黏土隔水层时，隔水层与边、仰坡搭接良好，封闭紧密，防止地表水下渗影响回填体的稳定。

（3）超前支护

1）超前小导管施工

小导管注浆施工流程为：钻孔→清孔→顶入加工好的钢管→注浆→检查。

①测量放线，确定小导管位置。

②钻孔台车就位打孔，小导管采用 φ75 的导孔，打孔辐射角度、间距、长度要符合设计要求。钻孔完毕经清孔、检查合格后，利用钻机的冲击和推力将小导管沿引导孔顶入，逐节接长钢管至孔底。

③小导管前端 3.5m 范围内按梅花形布置钻 6mm 左右的小孔，顶端做成锥形，以便顶进。打设完毕后，注水泥水玻璃浆液，其配合比严格按设计图纸执行，并经试验确定，注浆压力控制在 0.6 ～ 1Mpa 之间，注浆结束用水泥砂浆封口。

④小导管应注意两次循环之间的搭接不宜小于 1.2m。

⑤顶进过程应随时注意防止堵孔、坍孔。

⑥注浆时注意注浆压力的变化，压力达到设计值且不再吞浆后，即可停止注浆。

⑦注浆结束后，检查注浆效果是否达到设计要求，如未达到应进行补孔注浆。

2）超前锚杆施工

①钻进：采用台车或手持式凿岩机将安装好钻头的锚杆钻进至设计深度。（锚杆如需加长，可用联结套进行联结，然后通过钻机钻进）。

②卸下钻机，安装止浆塞，将其安装在锚子 L 内离孔口 25cm 处。特殊情况如注浆压力较大或围岩太破碎，也可用锚固剂封孔。

③通过快速注浆接头将锚杆尾端与注浆泵相连。

④开动机器注浆，待注浆饱满且压力达到设计值时停机。注浆压力根据设计参数和注浆机性能确定。灰砂比参考值：1∶0—1∶1，水灰比参考值：0.45—0.5∶1。

⑤根据设计需要，及时安装垫板和螺母。

（4）洞身开挖

1）钻爆设计

炸药选用 2# 岩石硝胺炸药（遇有水时选用乳化炸药），塑料非电毫秒雷管起爆，V级围岩控制在 100 ~ 150cm 之间，具体应视围岩情况确定。

炮眼由掏槽眼、辅助眼、周边眼组成，其设计主要参数如下：

①掏槽眼：掏槽眼采用楔型掏槽形式。

为提高爆破效果，在 1 号眼上下各打一个中空孔，中空孔采用水平钻机打眼，孔径=10cm，打眼深度一次可达 10 余米，既是中空眼也作为地质超前探孔。

②辅助眼

辅助眼布置参数为：钻孔直径 d=42mm；

炮孔间距 a=70 ~ 90cm；

最小抵抗线 W=70cm；

孔深 = 进尺长度 +10cm；

药卷直径采用 φ32mm。

为提高爆破效果，减少粉尘，掏槽眼、辅助眼采用水压爆破新工艺，水压爆破装药结构。

开挖前进行测量放样，采用全站仪和水准仪，标出开挖中线和标高，画出炮眼位置。

在钻爆施工中，针对不同的围岩并结合施工现场情况要不断地进行优化。每一循环爆破后，对爆破效果评估，包括炮眼利用率、残留率、药量大小、装药结构、爆破深度、抛碴距离及碴块大小等，通过统计、评估优化爆破设计，从而提高爆破效果，减少对围岩的扰动，充分发挥爆破后围岩的自稳能力，确保施工安全，提高施工生产率。参考以上爆破参数，在爆破作业前进行专项爆破试验，结合实际情况进一步调整爆破参数及爆破方案。

（5）出碴

出碴是影响进度的主要工序，合理地配备机械设备是提高效率的关键。

出碴作业流程：爆破后进行通风排烟、排险、洒水降尘→装载机、自卸汽车就位→装碴→运碴→在专人指挥下进行卸碴。

爆破后，及时进行通风排烟和洒水降尘，炮响至少 15min 后，且掌子面的能见度达到要求时，方可安排人员进入排险。

降尘采用洒水降尘的方法，在距掌子面约 20m 和 30m 各设 1 道水幕降尘器，当点炮后人员撤离时打开阀门，炮响 15min 后关闭，以清除爆破等作业所产生的粉尘和溶解部分有害气体。

当通风排烟、洒水除尘及排险结束，安排装载机、自卸汽车、挖掘机就位，进行出碴作业。

（6）初期支护

隧道开挖后，初期支护必须紧跟，以便及时形成支护作用，充分发挥围岩的自稳能力。本隧道设计初期支护主要有：φ22 药卷锚杆、中空注浆锚杆、型钢支撑、格栅钢架支撑和网喷混凝土，施工中有单独支护形式，也有复合支护形式。

1）初喷混凝土

当出碴结束后（当地质很差，应在出渣前），立即进行初喷混凝土，尽快封闭岩面，有效控制围岩松动变形。喷射采用湿喷法。初喷前，清除岩面松石和杂物。初喷时，因岩面不平往往不易与喷射混凝土粘贴，应适当减小灰骨比，以利于黏结和减少回弹。

2）喷射混凝土

喷射混凝土作业采用分段、分片、分层依次进行，喷射时先将低洼处大致喷平，再按自下而上顺序、分层、往复喷射，后一层应压在前一层的一半处。

喷射混凝土施工流程见下图。

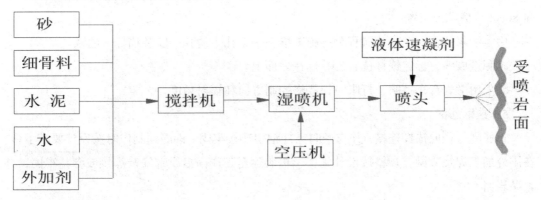

3）药卷锚杆施工

药卷锚杆施工采用先注浆后插锚杆的方法，施工工艺流程为：材料准备→钻孔→清孔→注浆→安装锚杆。

①材料准备

锚杆：选用符合设计要求的Ⅱ级高强度的螺纹钢筋，下料前仔细核对图纸，下料的长度等应满足要求。

②钻孔

锚杆孔的位置、角度、深度都要满足设计图纸要求，并按梅花形布置，孔的直径应大于锚杆直径的 1.5cm 以上。

③清孔

锚杆孔钻孔完毕进行清孔，清孔采用高压风进行，确保孔内无松碴、积水。

④注浆

注浆采用压浆机注浆，水泥砂浆的浆液配制由设计并经试验确定，一般为：水泥∶砂∶水 =1∶1 ~ 1.5∶（0.45 ~ 0.5）（质量比），砂浆宜采用机械拌和均匀，随拌随用，一次拌和的砂浆应在初凝前用完，水泥砂浆的强度等级不应低于 20MPa。

⑤安插锚杆

注浆管应插至距孔底 5 ~ 10cm 处，随水泥砂浆的注入缓慢匀速拔出，随即迅速将杆体插入，锚杆杆体插入孔内的长度不得短于设计长度的 95%。若孔口无砂浆流出，应将杆体拔重新注浆。

锚杆注浆后，在砂浆凝固前不得敲击、碰撞和拉拔锚杆，端部 3d 内不得悬挂重物。

⑥锚杆拉拔力检验

当锚杆注浆完成 28d 后，进行杆体的拉拔力检验，检验采用抽检的方式。当锚杆拉拔力达到规定值时，停止加载；当锚杆拉断或被拔出时，应分析原因，并补打锚杆。

锚杆施工的全过程要详细地做好现场施工记录，包括锚杆长度、注浆压力、注浆数量、起止时间、预应力、抗拉力等。

4）中空注浆锚杆施工

系统锚杆采用中空注浆锚杆，锚杆打设以隧道断面呈辐射状分布，以纵向 100cm、横向 80cm 呈梅花形布置。

中空注浆锚杆施工工艺流程为：施工准备→钻孔→清孔→安装锚杆→注浆。

①测量放线，标定锚杆位置，并标在岩面上。

②采用凿岩台车打眼，打眼时，严格控制方向和辐射角度。

5）挂钢筋网

钢筋网与径向锚杆连接，并与径向锚杆钢架连接牢固。钢筋网制作时按设计要求下料，在洞外加工焊接成网，规格按设计施作，再装运至工作面沿拱部安装焊接或绑扎牢固，并紧贴岩面。

①施工方法

针对开挖断面的形状，确定场外制作或现场制作网片。若断面形状较规则，平整，采用场外制作网片，然后现场拼接；若断面形状不规则，起伏较大，则采用现场制作网片，现场拼接，与岩壁紧贴安装。挂网利用简易台车进行。

②工艺流程

③施工要求

按图纸标定的位置挂钢筋网，钢筋网使用前清除锈蚀，钢筋网制作时其末端各方向定型的间距不少于 100mm。钢筋网绑扎固定于先期施工的锚杆上，并用混凝土块衬垫在钢筋和岩石之间，以保证钢筋和岩面之间保持 30 ~ 50mm 的间隙。

制作网片：有钢格栅的地段，网片的宽度按钢支撑的间距预制，其他地段宽度根据径向锚杆布置情况确定。用在墙部的网片上侧带钩，便于挂设。

（7）钢架支撑或钢筋格栅安装

1）施工方法

在洞外加工棚分节加工，钢架用弯轨机分节弯制，格栅拱架分节放样焊接成型。汽车运至安装点利用简易工作平台和上台阶人工分节安装，并尽量与先期施工好的锚杆点焊连接。钢架间用纵向连接筋焊连。

2）施工工艺流程

3）施工工艺要求

①钢架加工制作工艺要求

a. 钢架在洞外加工厂用弯轨机制作。按设计图放大样，放样时根据工艺要求预留焊接收缩余量及切割、刨边的加工余量。将主钢筋、U 形钢冷弯成形，要求尺寸准确，弧形圆顺。格栅拱架按设计图配置加强筋与主筋焊接，焊接时，沿钢架两边对称焊接，防止变形。

b. 严格焊前及焊缝检查。焊接材料附有质量证明书，并符合设计文件的要求和国家标准规定。钢筋及工字钢按照钢材质量证明书进行现场复检。有锈蚀的钢材禁止使用，对轻微浮锈油污等清除干净并对焊点进行防锈处理。焊制前进行焊工摸底试焊。施焊前焊工复查组装质量及焊缝区的处理情况，如不符合要求，修整合格后才能施焊。焊接完毕后清除熔碴及金属飞溅物，按钢结构工程验收规范要求检查焊接质量，不允许出现漏焊和假焊等现象。

c. 钢架加工后要进行试拼，其允许误差为：沿隧道周边轮廓误差不大于 3cm，钢架由拱部、边墙各单元钢构件拼装而成，用专用 U 形钢连接件连接，钢架平放时，平面翘曲小于 ±2cm。

②钢架架设工艺要求

a. 为保证钢架置于稳固的地基上，施工中在钢架基脚部位预留 0.15 ～ 0.2m 原地基，架立钢架时挖槽就位，并在钢架基脚处设槽钢以增加基底承载力。

b. 钢架平面垂直于隧道中线，其倾斜度不大于 2 度。钢架的任何部位偏离铅垂面不大于 5cm。

4）作业组织

劳动力：钢筋工 8 人，汽车司机 1 人，其他人员 6 人。共 15 人。

主要机械设备：电焊机 1 台，弯轨机 1 台，钢筋切断机 1 台，钢筋调直机、钢筋弯曲机各 1 台。

（8）管棚支护

管棚施工前先做好施工准备，将洞口土方挖至套拱拱脚标高，在套拱前 10 米范围内预留核心土，以备后期安设钻机。

为保证钻孔方向，在明洞衬砌外设 25# 钢拱架砼套拱，长 2.0m。套拱内设 3 榀 18 号工字钢，间距 0.8m，工字钢与管棚孔口管焊成整体。长管棚钢管直径为 108mm，套拱内孔口管直径为 127mm，用 Φ16 钢筋固定于钢拱架上。在施作套拱砼前，对孔口管的间距精确调整。在套拱内轮廓线每一孔位预埋一根 Φ25 末端弯成圆环状钢筋，以备后期悬挂钻杆。

套拱施工完毕，达到强度后即可开始进行钻孔施工。钻机平台搭设要稳固可靠，以免钻进过程中由于平台振动而造成偏位。

为使钢管接头错开，达到管棚受力要求，编号为奇数的第一节管采用 3m 钢管，编号为偶数的第一节钢管采用 6m 钢管，以后每节均采用 6m 钢管。

当前一根钢管推进孔内，孔外剩余 30 ~ 40cm 时，开动钻机反转，使顶进连接套管与钢管脱离，钻机退回原位，人工装上一节钢管后，钻机低速前进，对准前一节钢管端部，人工用管钳进行钢管连接。

为了加强管棚的刚度和强度，按设计将管棚钢管全部顶入，注浆结束后，清除管内残渣，进行管内充填，增加管棚整体刚度。

按设计水泥浆水灰比施工，必要时掺速凝剂。注浆初压控制在 0.5 ~ 1.0Mpa，终压2.0Mpa。

为在注浆过程中及时将孔内空气排出，达到注浆饱满目的，在每根钢管内全长加设 1根 Φ20mm 塑料排气管。

2. 洞身防排水工程施工

（1）排水设施施工

1）环向排水管、横向引水管和纵向排水管的布置间距、制作及连接方式按设计图纸施作。

2）环向排水管沿岩面布设，采用 5cm 长钢钉固定，拱部钉距 0.8m，墙部钉距 1.2m。

（2）防水层铺设

隧洞采用复合防水层，为确保防水效果，二次衬砌衔接部采用铺设双层防水层。

施工要点如下：

①施作程序：初期支护表面检查处理→材质检验→裁剪→吊带检查→地面焊接→铺挂→再焊接→焊缝自检→（补焊）→专检。

②施工工艺：防水板的拼焊及铺挂采用热合焊接吊环铺挂工艺。

③施工方法：采用热合焊接吊环铺设法。防水板拼接采用 ZPR-210V 型自动行走式热合机双焊缝焊接，在洞外地面上用热合机将 3 幅 2m 幅面较窄的防水板平铺在拼焊平台上进行拼焊，搭接宽度不小于 10cm，控制好热合机的温度和速度，避免漏焊或过焊。在初支喷砼上钻孔楔入膨胀管，将预先焊接在防水板上的吊环用木螺钉固在膨胀管上。吊环固定点间距拱部 ≤ 70cm，边墙及以下部位 ≤ 100cm。防水板的铺设一次到位，先从拱顶向下铺起，最后与矮边墙防水板合拢。在洞内焊接的环接缝及与矮边墙接缝均为薄弱环节，需加强检查，环接缝漏焊处用电烙铁补焊，丁字缝焊接困难易漏焊或焊缝强度不足，采取

用焊胶打补丁的方法补强处理。

④质量保证

a. 材质检验：防水板材质必须经驻地监理和项目部试验工程师共同现场取样，外委有资质的检验机构检测。

b. 焊缝检查：焊缝宽度尺量检查。焊缝强度应不低于母材，通过抽样试验检测。防水板焊缝采用"气密性检验法"检查，检查方法：用 5 号针头与压力表相接，脚踏式打气筒充气，充气时焊接检查孔会鼓起来，当压力达到 0.15Mp 并保持恒压力不少于 2min，说明焊接良好；如压力下降，证明还有未焊接好之处，用肥皂水涂在焊缝上，产生气泡的地方即为焊接欠佳之处，可用电烙铁补焊，再次充气检查，直至不漏气时为合格。

c. 固定间距的控制：尺量检查，固定点间距拱部 0.5 ~ 0.7m，侧墙 1.0 ~ 1.2m，布置均匀。防水板吊环间距需根据其铺挂松弛率要求来确定。

d. 直观检查：铺挂后目测防水板大面平顺，固定点处防水板和初支表面密贴。

⑤防水板铺挂过程中的几点注意事项

a. 防水板铺设施工是一项严格细致的工作，要有专业防水工班工作，并建立专业检查制度，施工前编制详细的作业指导书，并对操作人员进行严格的操作技术培训。

b. 基面处理：防水板铺挂前，应切除初支表面外露的锚杆头，初支表面砼棱角打平，凸凹不平处，用砂浆抹平处理，使跨深比不大于 1/6；断面变化的阴角要圆顺过渡，以免扎破防水板。

c. 防水层施工时，基面不得有明水。若有明水，沿初期支护表面环向布设软式透水盲管引排。

3. 仰拱、填充与二次衬砌施工

待初期支护完成，形成初期支护闭合环并通过围岩监控量测初期支护变形已趋于稳定后，仰拱、填充与二次衬砌必须紧跟施工。当围岩地质条件差，岩体破碎时，应随挖随衬，确保洞内施工安全。

（1）仰拱、填充与中心排水管沟作业

为了及早封闭岩面，增强衬砌的整体受力，仰拱及填充施工超前于墙拱衬砌。仰拱采用分左右两幅先后错开浇筑的办法，以免影响洞内其他工序施工，左右幅仰拱错开距离控制在 20m 左右，便于左右换边施工时，车辆通行前混凝土达到足够的承载能力。仰拱施工时应与中心排水管沟同步进行。施工如下：

测量放线，确定底部标高，并清理底部的杂物与松石等，必要时用高压水冲洗。

（2）墙拱二次衬砌

墙拱二次衬砌采用自行式液压衬砌台车整体衬砌，该台车衬砌有效长度 12m。

1）施工前准备

①复核隧道中线、高程和断面尺寸及净空大小。

②做好地下水的封堵、引排工作，将矮边墙顶部清理干净。

③拱墙部防水层铺设与钢筋绑扎作业已结束，各种预埋件、预留孔洞已设置完成。

2）衬砌台车就位

衬砌台车就位前，对台车进行整修、护理，除掉外模上的混凝土块，涂抹脱模剂。衬砌台车就位后，利用液压系统先调中线，使其与隧道中线重合，再调整台车各部标高至设计位置，最后调整左、右方液压系统，使其满足净空要求。台车与上一段二次衬砌搭接长度控制在 10 ~ 15cm。

3）立挡头模板，设置橡胶止水带

挡头板要固定，不能出现跑模现象，做到模缝严密，表面光滑平整，避免出现水泥浆漏失现象。橡胶止水带或遇水膨胀止水条设置按照设计施作。

4）混凝土的拌和与运输

混凝土由拌和站集中拌制，输送车运送至工作面，输送泵泵送入模。

5）混凝土的灌注

混凝土泵送入模时，应对称、均匀入模，混凝土振捣一般采用附着式和插入式两种振捣器。

6）拱顶特殊部位混凝土灌注

拱顶混凝土灌注，往往会产生拱顶混凝土不密实、不满灌、漏振、易收缩现象。为达到拱顶混凝土满贯、密实的要求，对此部位的混凝土施工除在混凝土性能上降低其收缩率以外，还需对其灌注工艺作特殊要求。根据以往的施工经验，拱顶混凝土的灌注宜采用加强堵板泵送挤压混凝土施工工艺。施工如下：

①加强固定挡头模板，采用纵向钢筋作为拉杆加固挡头板，钢筋与模板连接采用楔形螺杆支撑。

②灌注混凝土时先从新旧混凝土接面处开始挤压泵送灌注，并根据挤压情况缓缓退至台车中部，再继续挤压泵送灌注至挡头板有浆溢出，稳压持续几分钟，检查混凝土是否灌满，否则应继续挤压直至灌满为止。

③拱顶衬砌时，可在拱顶部埋设注浆管，待衬砌后进行补偿压浆，以补偿混凝土因收缩或局部未灌满而造成的拱部空隙。

7）沉降缝设置

每隔 50m 左右或衬砌类型变化处设沉降缝一道，沉降缝间设置橡胶止水带，并采用浸沥青木丝板填塞，施工缝每 10m 设置一道，施工缝间采用遇水膨胀止水条。

8）混凝土的养护

混凝土灌注完毕，待终凝后应及时养生，结构养生期不少于 14d，以防止在硬化期间产生干裂。养生采用喷洒水养生的办法，保持混凝土表面湿润。

9）防水砼质量控制

①二衬防水砼原材料质量控制：使用反击破碎石机组生产碎石，通过调整筛孔尺寸，

保证碎石的形状和级配。碎石按级配规格分仓堆放，分别进入拌和机料仓自动计量后再与其他材料一同拌和。

②砼坍落度控制：一般选 14 ~ 18cm，根据砼灌注部位的不同，墙部砼坍落宜小，拱部砼坍落度宜大。在保证砼可泵性的情况下，宜尽量减小砼的坍度，并提高砼的和易性、保水性，避免砼泌水。

③外掺剂（料）的选用：适量掺加高效缓凝型减水剂，可以改善砼的和易性，增加其流动性；在衬砌砼中掺加粉煤灰也有利于提高砼的和易性、保水性和密实度；防水剂选用 FS-P 型。

④按施工配合比准确计量：自动计量器具须具各资质的单位进行标定并定期校核，每次砼拌制前必须对计量器具进行检查，确保砼用料计量准确。

4. 紧急停车带、行车及行人横洞施工

（1）紧急停车带施工

紧急停车带隧道跨度较大，但紧急停车带一般设在地质相对稳定之处。开挖方法拟采用单侧壁导坑法施工，如遇地质条件差时则采用双侧壁导坑法施工，并加强初期支护和围岩量测，确保施工安全。

双侧壁导坑法施工程序：①先行导坑上部开挖。②先行导坑下部开挖。③先行导坑锚喷支护、设置临时钢支撑。④后行导坑上部开挖。⑤后行导坑下部开挖。⑥后行导坑锚喷支护、设置临时钢支撑。⑦中央部拱顶开挖。⑧中央部拱顶锚喷支护。⑨中央部中部开挖。⑩中央部下部开挖，灌注仰拱混凝土，拆除临时支撑，铺设防水层，浇注墙拱混凝土。

（2）行车、行人横洞施工

行车、行人横洞施工采用全断面法施工，地质较差时采用台阶法施工。混凝土衬砌采用钢拱架、钢模板模注衬砌。

5. 洞内风、水、电路布置及通风与排水

（1）施工用高压风

施工用高压风采用 2 台 20m³/min 电动压风机供给，供风管采用 φ150mm 钢管，以法兰盘接长。

为应对停电，配备发电机备用。

（2）施工用高压水

在隧道出口标高 130m 以上的位置修建 1 座约 100m³ 的高位水池，给水管采用 φ150 钢管，法兰盘接长。

（3）施工用电及照明

为确保安全用电，洞内必须采用绝缘性能可靠的胶皮线，并安设漏电保护器，洞内电源开关必须采用自动空气开关。电力线路沿边墙进入，高度应在 3.5m 以上，每 10m 用瓷

瓶固定，固定处并安装一盏200W的白炽灯用于照明。

作业段照明用电采用36V低压灯，并加设灯罩。

（4）施工通风

为改善劳动条件，保障作业人员身体健康，使隧道施工中有足够的新鲜空气和较好的施工环境，各施工区建立独立通风系统。正洞两个工作面采用两套通风系统长抽短压作混合式通风。

通风管均设于起拱线位置，各作业面的抽风管均设于线路左侧，压风管设于线路右侧。两个工作面的高压风水管及排水管设于线路右侧，动力线及照明线设于线路左侧。

根据风量、风压、风机功率、以往隧道施工经验选取各工区通风机类型：

各工区选用2台BKJ66-8A型轴流式通风机为主扇，设置于隧道进口位置进行抽风，选用2台SDF-N010型风机为局扇设于各工作面距掌子面距离30～50米，向掌子面进行压风。

风管：抽风管选用ϕ600硬质风管，压风管选用ϕ600软质风管。

保持通风系统良好的工作状况，必须加强对系统的维护管理，特别是长距离的风管，更需要经常检查、修补、接长、更换、移动局扇位置。设置专职通风人员负责此项工作。

（5）施工排水

根据设计，隧道施工为顺坡排水，顺坡排水采用挖边沟自流排出的方式。排至洞口后，在隧道口修建污水沉淀池，隧道施工废水经沉淀、净化处理达标后，排至指定区域内或再次利用。

（6）排水沟、电缆沟施工

1）测量放线，标出排水沟、电缆沟的位置与标高。

2）靠墙侧的沟壁应与边墙连接牢固，可采用在衬砌墙拱时预埋连接钢筋。

3）电缆沟采用人工立模、浇筑混凝土，插入式捣固棒捣固。

4）电缆沟、排水沟盖板采用集中预制，待路面混凝土施工完毕后，盖好盖板。

（7）洞内路面施工

洞内路面设计为水泥混凝土基层，基层施工待隧道开挖、衬砌完成后，分块由内向外逐段铺筑。混凝土采用集中拌和，自卸汽车运输，振动梁滑模机械摊铺，人工配合，振动梁振捣与真空吸水工艺施工。

施工工艺：施工放样→清理底板→集中拌和混凝土→混凝土输送车运送→人工配合机械摊铺→刮平、振捣、真空吸水、抹光→养护→刻纹→切缝→填缝。

1）材料：路面用水泥、碎石、砂、外掺剂、填缝板、填缝料和水质均应进行检验，并报监理工程师认可后方能使用。

2）水泥基层开工前做配合比试验，经试验合格且经监理工程师审批同意，并作混凝土试块试压合格后方可采用。

3）混凝土在拌和站集中拌和，因路面混凝土混合料水灰比较小，混凝土输送车无法卸料，故采用自卸翻斗车运输至工作面，运输距离较长时需加盖塑料薄膜，以防水分流失。

4）摊铺前清除填杂物，并用高压水冲洗基层表面，确保结合部的施工质量。按照设计图纸的要求预分块，加工制作拉杆和传力杆钢筋、角偶补强钢筋以及胀缝边缘钢筋，并立端模加固。

5）混合料运至工作面后由人工配合机械进行摊铺，摊铺时应缓慢、均匀地进行，保证连续操作。先采用插入式捣固棒捣固，再用振动梁进行均匀捣固，真空吸水，压光。在压光、抹面过程中严禁洒水、洒干水泥。摊铺时由技术人员负责检查模板下沉、变形和松动情况，并及时准确安放拉杆、传力杆和角偶补强钢筋、胀缝边缘钢筋。路面混凝土浇筑12h 后进行洒水养护，以防因水化热引起龟裂。

6）当基层混凝土强度达到 5 ～ 10Mpa 时，用切割机切割防滑缝，间距按要求设置，切割时导尺应准确固定。

7）横缝切割完后，随即用刻纹机在混凝土表面刻防滑槽，保证路面的抗滑要求。

8）路面混凝土强度未达到 100% 时，禁止任何车辆及行人通行。

（七）路面工程

本项目（路面工程）主要由：天然砂砾石底基层、水泥稳定碎石基层、水泥混凝土面板及现浇混凝土加固路肩施工组成。

1. 天然砂砾石底基层施工

（1）开工前准备工作

1）根据施工现场的具体情况，制定出合理的施工组织计划，确定施工负责人，组织施工人员认真学习技术规范。

2）选择合格的材料，做好各组成材料的原材料质量检验，并进行级配组成设计和其他各项试验，选择合格的料场及合理的配合比。

3）填写开工报告，报监理工程师审批。

4）清除原路的浮土或杂物，路床上的车辙、松软以及任何不符合规定要求的部位均应翻挖、清除，并以同类材料填补，重新整形、碾压，达到验收标准。重新检测后，用测量仪精确放出底基层位置，打好控制桩。在铺筑沙砾垫层前，应将底基层上的浮土、杂物全部清除，保持表面整洁并适当洒水湿润。底基层上的车辙、松软以及任何不符合规定要求的部位均应翻挖、清除，并以同类材料填补，其压实厚度不得小于 8cm，重新整形、碾压，并符合压实度的要求。

5）根据图纸设计、按技术规范要求，进行原材料的试验，并在施工前，报请业主或监理工程师试验和审批，并在监理工程师批准的线路上按试验所认可的试验方案。

（2）具体施工

沙砾中不应有黏土块、植物等有害物质，材质符合设计及技术规范要求。

1）运输

a. 运输混合料的车辆应根据需要配置并注意装载均匀，及时将混合料运至现场，集料装车时，应控制每车料的数量基本相等。

b. 在同一料场供料的路段内，宜由远到近卸置集料。根据试验路段的相关数据布料，尽量布置均匀，减少减料和补料数量。

2）摊铺和整形

a. 在铺筑段两侧先培土，以控制基层的宽度和厚度。

b. 应尽快将混合料，用自卸汽车运送到铺筑现场，装车时应控制每车料的数量基本相同。

c. 根据松铺系数（松铺系数约以试验路试验数据为准，一般在 1.30 左右），严格控制卸料距离。通常由专人指挥卸料，避免料多或不够。

d. 摊铺时天然砂砾石底基层的含水量宜高于最佳含水量 0.5% ~ 1.0%，以补偿摊铺及碾压过程中的水分损失。

3）碾压

a. 天然砂砾石底基层的碾压程序应按试验路段确认的方法施工。整形后，立即用 18t 振动压路机碾压。碾压时应控制车速，由近向中、由低向高碾压，直到达到所需的压实度。

在碾压过程中，基层表面应始终保持潮湿，如表层水蒸发较快，应及时补洒少量的水。如在碾压过程中有"弹簧"、松散、起皮等现象，应及时翻开重新拌和（加适量的水泥），或用其他方法处理，使其达到质量要求。

b. 碾压过程中，级配沙砾垫层的表面应始终保持潮湿。如表面水蒸发得快，应及时补洒少量的水。

c. 严禁压路机在已完成的或正在碾压的路段上"调头"和急刹车，以保证天然砂砾石底基层表面不受破坏。

d. 施工中，从加水拌和到碾压终了的延迟时间不得超过终凝时间，按试验路段确定的合适的延迟时间严格施工。

e. 混合料的最小压实厚度为 150mm。当压实层厚度超过 200mm 时，应分层摊铺，先摊铺的一层应经过整形和压实，在监理工程师验收合格后，将先摊铺的一层表面拉毛后再继续摊铺上层。

f. 雨季施工，应特别注意天气变化，勿使混合料受雨淋，降雨时应停止施工，但已摊铺的天然砂砾石底基层尽快碾压密实。

4）养生

a. 级配沙砾垫层每一段碾压完成并经压实度检查合格后应立即开始养生，不应延误。

b. 用洒水车经常洒水进行养生，每天洒水的次数应视气候而定。整个养生期间应始终保持天然砂砾石底基层表面潮湿，不应时干时湿。洒水后，应注意表层情况，必要时，用两轮压路机压实。

5）注意事项：

a. 在铺筑段两侧先培土，以控制基层的宽度和厚度。

b. 应尽快将天然砂砾石用自卸汽车运送到铺筑现场，装车时应控制每车料的数量基本相同。

c. 根据松铺系数（松铺系数约以试验路试验数据为准，一般在 1.30 左右），严格控制卸料距离。通常由专人指挥卸料，避免料多或不够。

d. 摊铺时的天然砂砾石含水量宜高于最佳含水量 0.5% ~ 1.0%，以补偿摊铺及碾压过程中的水分损失。

2. 水泥稳定碎石基层施工

水泥稳定碎石基层的一般要求：

水泥稳定碎石混合料采用厂拌法进行拌和，并用摊铺机摊铺混合料。

水泥稳定碎石做基层施工时水泥及混合料应检验合格，粒料级配符合要求，配合比、混合料拌和均匀。铺筑后的高程、厚度、横坡、压实度各项质量指标符合规定要求。

水泥稳定碎石做基层时，水泥剂量不宜超过 6%，压实厚度不应超过 20cm。

在雨季施工水泥稳定碎石基层时，应特别注意气候变化，勿使水泥和混合料受雨淋。降雨时应立即停工，已经摊铺的水泥稳定碎石混合应尽快碾压密实，并做好下承层的排水工作。

水泥稳定碎石基层宜在气温较高季节组织施工。施工期的日最低气温应在 50℃ 以上，在有冰冻的地区，并应第 1 次冰冻（-3~-50℃）到来之类前半个月到一个月完成。

施工中尽可能使拌和内加水拌和到碾压终了的延迟时间不应超过 2 小时。

洒水养生不宜少于 7 天，基层表面始终保持湿润。

（1）材料要求：

1）水泥

普通硅酸盐水泥、矿渣硅酸盐水泥、火山灰水泥都可以用于水泥稳定沙砾，但初凝时间较长以及受潮变质水泥不应使用。用标号 325 水泥。

水泥应符合规定的技术标准。

2）碎石

颗粒的最大粒径不应超过 31.5mm，对所用的碎石应预先筛分成 3 ~ 4 个不同粒。

碎石的压碎值应不大于 30%，硫酸盐含量应不超过 0.25%，有机质含量应不超过 2%，集料的泥土杂物含量（冲洗法）应小于 1%。

3）水

凡饮用水（含牲畜饮用水）均可使用。

a. 应取所定材料中代表性材料样品按《公路工程无机结合料稳定材料试验规程》（JTJ057-94）进行原材料试验：

水泥的强度等级测定，初终凝时间。碎石的颗粒分析，压碎值试验，泥土杂物含量测定，有机质含量（必要时做），硫酸盐含量（必要时做）。

b. 在中心拌和上安装水泥罐，并将部分水泥放入灰罐备用。

c. 将合格的碎石材料堆存在拌和站场地上存放备用。

4）混合料组成设计

a. 建立中心试验室，在试验室内制备同一种级配碎石，五种不同水泥剂量（3%、4%、5%、6%、7%）的混合料。

b. 确定各种混合料的最佳含水量和最大干密度。

c. 按规定的压实度（一般为98%）分别计算不同水泥剂量的试件数量。

d. 试件在规定的温度下保温养生6天，浸水6小时后，进行侧限抗压强度试验。

e. 计算试验结果的平均值和偏差系数。

f. 水泥稳定碎石7天浸水抗压强度应符合设计规定。

g. 根据强度标准，选定合适的水泥剂量，此剂量试件室内试验结果的平均抗压强度应符合公式的要求。

h. 实际采用的水泥剂量应比室内试验确定的剂量多0.5% ~ 1%。采用集中厂拌法施工时，可增加0.5%。

5）测量准备工作：

a. 在基层边缘以外30cm处，直线段每隔10m、平曲线段每隔5m钉基准铁桩，铁桩直径15~25mm，长600mm铁桩一端制成尖状。

b. 测量高程后用螺栓将横梁固定在铁桩上，横梁亦为铁制（直径12~15mm，长300mm），固定好的横梁呈水平状。

c. 在基准桩横梁上架设直径为3mm钢丝绳基准线。基准线的顶面高程与要铺筑的水泥稳定碎石基层面的垂直距离为10~30cm。

d. 基准线钢丝绳两端用紧线器拉直绷紧、其拉力应不小于800N。施工中做好基准村、线的看护工作。

6）现场准备工作：

a. 做好底基层的验收工作。当底基层完成后量测宽度、厚度、高程、横坡、压实度等各项实测结果要达到质量标准的规定值和允许偏差符合技术规范要求。

b. 路面底基层应坚实、平整无坑洼、松散、起皮、弹软现象。不合格要及时修理。在施工该基层前结底基层进行清扫和洒水使表面潮湿，如下承层是稳定细粒土，应先将下承层顶面拉毛，再摊铺混合料。

c. 在拌和站上按预定的位置安装稳定土集中厂拌设备，对连续式拌和机，应根据确定的混合料配合比，进行流量和拌和试验，据此对连续式拌和机所生产的混合料质量进行控制，使确定的混合料配合比级配、水泥含量、含水量均能得到准确的实施。

（2）施工工艺流程

1）准备下层。

　　按照交通部公路工程质量检证标准对下承层的各项工程技术，质量指标逐一检查，包括压实度、高程、横坡、宽度、厚度、强度、弯沉等，符合要求后申请下一道工序的施工，同时在基层铺筑前清除浮尘及浮石。

　　2）施工放样。

　　用经纬仪按 10m 间距放出路线中桩，在横断面方向上分别放出距中桩 1m、5m 的控制点。用水准仪测量各控制点实际高程，根据设计高程标出铺筑厚度及混合料用量，然后根据松铺系数，做好控制挡高的标记，基层施工前应用钢钎在控制标高的标记上挂线，以便摊铺机自动找平。

　　3）材料要求及试验。

　　材料符合设计文件要求，配合比以试验结果为准。符合规格的集料堆放在场中，含水量受季节影响施工前必须测定天然含水量，拟定施工配合比，然后修正各料斗电机转速，达到准确配料的目的。最后根据气候条件，加水量比最佳含水量大 1% ~ 2%。

　　4）拌制混合料。

　　控制室人员必须严格按修正后的电机转速进行配料，各料斗上必须有专人辅助，确保各料斗口出料不堵塞，做到各种材料下斗准确。拌制合格的混合料应是含水量合适，无离析现象。

　　5）混合料运输。

　　基层混合料运输选用机况良好，铁皮车厢吨位在 10t 以上的自卸车，以便与平地机配套和流水施工作业。

　　6）摊铺及整形。

　　采用平地机摊铺，根据该工程情况，要保证半幅通车，故基层采取左右幅半幅施工，配备振动压路机和平地机，均一层摊铺碾压成型。

　　a. 前一幅施工时，在靠中央的右侧用钢模板做支撑，钢模板的上口高度与稳定层压实厚度相同，在路基边缘设高程控制桩；

　　b. 根据试验路段测定的松铺系数进行摊铺布料，运输车辆定量运料，准确计算出每车料的摊铺面积；

　　c. 布料后平地机先初平一次，在直线段及不设超高的平曲线段，由两侧向路中心进行刮平，必要时再返回刮一遍；

　　d. 初平后用压路机快速静压 1 ~ 2 遍，以暴露潜在的不平整，再用平地机按上述步骤整平静压，整形过程中要及时消除粗细集料的离析现象。

　　e. 对局部低洼处，将表层 5cm 以上耙松，并用新拌混合料找补平整，再用平地机精平，每次整形都要按照规定的坡度和路拱进行，还要保证接缝的顺适平整。

　　7）碾压工作。

　　待精平完成后，即用 18t 以上重型振动压路机碾压 3 ~ 4 遍，碾压方法应先从低处向高处，由内弯向外弯，直线段由两侧向中间推进。碾压速度应控制在 2 ~ 2.5km/h 以内，每次碾压应重叠 1/2 后轮宽度。碾压完毕后用轻型压路机静压一遍，以清除轨迹。

8）接缝。

a. 同时施工的两工段的衔接处，应采用搭接。前一段拌和整形后，留 5 ~ 8m 不进行碾压，后一段施工时前段留下未压部分，应再加部分石灰和粉煤灰重新拌和，并与后一段一起碾压。

b. 纵向接缝必须垂直相接，在另半幅施工前，将前半幅养生结束后的支撑板拆去，新混合料摊铺碾压结束后，用人工将其纵向接缝修整平顺。

c. 每天最后一段末端缝（即工作缝）和局部基层宽的地段所设纵缝应设方木或钢模进行预留和处治，并按《公路路面基层施工技术规范》执行。

9）养生及交通管制

水泥稳定碎石基层的采取洒水养护，必要时撒少量湿砂，用轻型压路机静压。局部刚施工成型遇水时，应用彩色塑料布掩盖，以免被大雨冲坏。洒水养护初期应做到少洒、勤洒，以后可增大洒水量以不致冲坏表面为度，养生时间不得低于 7 天。

摊铺完成进入养生期后，立即封闭交通，除洒水车外，其他车辆不得通行。施工车辆必须通行时，限制载重车辆通行，通行车辆车速不得超过 20km/h，严禁急转弯或急刹车。

10）注意事项

a. 水泥稳定碎石基层碾压成型，压实度合格后，立即开始用洒水车洒水养生。洒水次数视气候而定，在养生期间始终保持基层表面潮湿。

b. 养生期不宜少于 7 天。

c. 对基层进行检测，使其高程、压实度、平整度等各项质量指标均处于允许误差之内，凡超出者一律整修至符合要求。

d. 养生结束将基层表面泥土杂物清扫干净，用沥青洒布车喷洒透层沥青（沥青用量按设计要求）。一般按 0.8 ~ 1.0kg/m² 选用，如果施工车辆必须通行时在已洒透层油乳液分裂撒布 3 ~ 8m² 的小碎石做下封层。并应限制重车通行，其他车辆通行车速度不应超过 25km/h。

3. 水泥混凝土面层施工

（1）施工工序

准备基层→施工放样→立模→砼的拌和→砼运输→摊铺→振捣、整平→真空吸水→磨光→压纹→切缝→养生→拆模。

（2）材料和选择

水泥选用强度高，收缩性小，而磨性强，抗冻性好，标号大于 R325 的普通硅酸盐水泥。注意事项：水泥的物理性能和化学成分应符合国家有关标准的规定。不同标号、厂牌、品种、出厂日期的水泥，不得混合堆放，严禁混合使用。

砂选择质地坚硬、耐磨、洁净，符合规定级配要求，细度模数宜在 2.5 以上。

碎石选择质地坚硬、耐磨、洁净，符合规定级配要求，且最大粒径不得超过 40mm。

在拌和场设蓄水池，以防水量不足时备用；电牵引动力电，并配备发电机组，以防停电能连续作业。

（3）基层检验

基层的宽度、路拱与标高、表面平整度、厚度和压实度等，均须检查其是否符合规范要求。如有不符之处，应予整修。在工程实践中，要求基层完成后，应加强养护，控制行车，使其不出现车槽。如有损坏应在浇筑混凝土板前采用相同材料修补压实，严禁用松散粒料填补。对所有旧混凝土路面的坑洞、松散等损坏，以及路拱横坡或宽度不符合要求之处，均应事先翻修、调整、压实。

（4）测量放样

测量放样是水泥混凝土面板施工的一项重要工作。首先应根据设计图纸放出中心线及边线，设置胀缝、缩缝、曲线起讫点和纵坡转折点等桩位，同时根据放好的中心线及边线，在现场核对施工图纸的混凝土分块线。放样时为了保证曲线地段中线内外侧车道混凝土块有较合理的划分，必须保持横向分块线与路中心线垂直。对测量放样必须经常进行复核，包括在浇捣混凝土过程中，要做到勤测、勤核、勤纠偏。

（5）混凝土拌和

砼混合料采用机械搅拌，搅拌站的位置应根据施工及运输工具选定。混合料采用翻斗车或自卸汽车运输，混合料从搅拌机出料后，运至铺筑施工现场进行摊铺、振捣、整平，直至铺筑结束的允许时间。装运混合料，应防止漏浆和离析，夏季应有遮盖或保温措施，卸料高不应大于 2.0m。为减少砼拌和时的用水量，改善和易性，节约水泥用量，提高砼的强度，可掺入减水剂。夏季施工需要延长施工作业时间时，可使用缓凝型。但外加剂的种类不得过多，中途不得随意变更品牌，否则必须经过配合比试验、按规定的程序确认，外加剂的质量应符合现行的国家标准《水泥混凝土外加剂》的规定。外加剂的使用应严格按照该种外加剂的使用说明进行操作。为不改变施工工艺，采用粉剂，掺入外加剂后的水泥用量应不低于有关规范规定的最低水泥限量。

施工配合比的设计应根据设计弯拉强度、抗压强度、耐久性、耐磨性及和易性等要求和经济合理的原则，选用原材料，通过计算、试验和必要的调整，确定砼单位体积中各种组成材料的用量。

（6）立模

1）模板的选用：

砼路面模板采用 35cm 钢模板，小弯道等非标准部位采用木模板，其厚度为 5cm（曲线处可减薄到 3cm）。

模板应无缺损，有足够的钢度，内侧和顶，底面均光洁、平整、顺直，局部变形不得大于 3mm。振捣时模板横向最大挠曲应小于 4mm，高度应与砼路面板厚度一致，误差不超过 2mm。纵缝模板平缝的拉杆穿孔眼位应准确。

模板周围使用前，应对前次拆下的模板进行检验，如有变形损坏，应整修至达到要求后才能使用。

2）立模施工要点：

立模前检测基层的顶面标高和路拱横坡以及基层表层有否磨损破坏等，否则应整修基层至符合要求才可立模铺筑砼。

立模的平面位置和高程要符合设计要求，基误差应小于砼路面质量验收的容许误差。

立模时应使钢模向外侧微倾，使钢模内边角支撑震动梁与滚筒，保证摊铺时路面的平整度。

模板应支立稳固，接头严密平顺。模板的接头以及与基层接触采用砂浆封堵或用塑料薄膜铺在钢模边，采用塑料薄膜防漏措施时应控制薄膜与混凝土形成夹层。

浇筑砼前，在模板内侧涂脱模剂（隔离剂）。

（7）砼的拌制和运输

砼的拌和采用强制搅拌机搅拌，以保证砼的拌和质量。

投入搅拌机的每拌原材料数量，严格按施工配合比搅拌机容量确定，并称量准确。

搅拌机装料顺序为砂、水泥、石子，进料后边搅拌边加水。

砼拌合物用自卸机动车运输至施工现场进行作业。

（8）摊铺

1）摊铺前的准备工作：

摊铺前先检查模板位置、高程、相邻模板接头处的高差、模板是否支设稳固，基层是否平整、润湿，模板内侧面是否涂脱模剂，水泥砼板壁是否涂沥青，以及钢筋的安设和传力杆、拉杆等设置情况，合格后方可摊铺砼。

检查、维修砼运输通道以及设置安全护栏，并派专职交通指挥人员指挥交通。

2）摊铺施工要点：

模板边及施工缝处混凝土铺筑应用铁锹（扣锹法）摊铺，禁止抛掷和耧耙。

每工作班砼的摊铺、振捣、整平、做面应连续进行，不得中断。如因故中断，应设计施工缝，并宜设在设计规定的接缝位置。

（9）振捣、整平

摊铺好的砼拌和物，随即用插入式和平板式振动器均匀振实。

插入式振动器功率宜采用1.5kW，其作用是振捣密实及起浆。

平板振动器采用2.2kW（采用真空吸水工艺时可用功率较小的平板振动器）。

振捣时插入式振动器先在模板（或砼板壁）边缘、角隅处初振或全面积顺序初振一次，同一位置振动时不宜少于20s。插入式振动器移动间距不大于其作用半径的1.5倍，其至模板的距离不大于作用半径的0.5倍，并避免碰撞模板和钢筋。然后，再用平板振动器全面往返振捣2遍，板与板之间宜重叠10～20cm。同一位置的振捣时间，当水灰比小于0.45时不少于30s，当水灰比大于0.45时不少于15s，以不再冒出气泡并泛出水泥浆为准。

砼拌和物全面振捣后，再用振动梁进一步拖拉振实并初步整平。振动梁往返拖拉2～3

遍，使表面泛浆，并赶出气泡。振动梁移动速度要缓慢均匀，不许中途停顿，前进速度以每分钟 1.2 ～ 1.5m 为宜。凡有不平之处，应及时铺以人工挖填补平，补填时宜用较细的拌合物，但严禁用纯砂浆填补。

最后用无缝钢管滚杠进一步滚揉表面，使表面进一步提浆调匀调平。

（10）真空吸水

1）基本特点：

真空吸水为非必要工序，但有特定优点，本工程水泥砼路面将采用真空吸水方法，以节约作业时间，提高工作效率。但在高温季节时白天施工不宜采用真空吸水作业，防止板面过干致使后续作业无法施工。

采用该工艺时，砼拌合物水灰比比常规增大 5% ～ 10%，可易于摊铺、振捣、减轻劳动强度，加快施工进度，并且还可缩短砼抹面工序的等待时间，降低成型砼的最终水灰比，从而增加了密实性，提高了强度，改善了抗缩性、抗渗性和抗冻性。

2）施工要求：

真空吸水深度不可超过 30cm。

真空吸水时间宜为砼路面板厚的 1.5 倍（吸水时间以（min）计，板厚以（cm）计。

吸垫铺设，特别是周边应紧贴密致。开泵吸水一般控制真空表 1min 内逐步升高到 400 ～ 500mm11g，最高值不宜大于 650 ～ 700mm11g，计量出水量至达到要求，并作记录。关泵亦逐渐减小真空度，并略提起吸垫四角，继续抽吸 10 ～ 15s，以脱尽作业表面及管路中残余水。

真空吸水后用磨光机进行磨平起浆，并用滚杠拉平，以保证表面平整和进一步增强板面的均匀性和强度。

（11）板面处理

抹面时严禁在砼表面洒水或撒水泥。

抹面一般分两次进行，第一次在整平后随即进行，驱除泌水并压下石子。第二次抹面须在砼泌水基本结束，处于初凝状态，但表面尚湿润时进行。

砼板面应平整密实，并用 3m 直尺检查平整度。

抹平台后沿横方向用压纹滚槽器压槽，使路面砼有粗糙的纹理表面。

（12）横向胀缝的施工：

设缝情况：胀缝应与中心线成 90°，缝壁必须竖直，缝隙宽度一致，缝中不得连浆。缝下部设胀缝板，上部灌封缝料。

胀缝施工要点：胀缝两侧的砼板，一般设滑动传力杆传递荷载。传力杆穿过胀缝板，并用钢筋支架固定就位。传力杆的一半长度稍多一些（5cm）涂沥青并套长 10cm 的塑料套筒，小套筒留 3cm 空隙，填以纱头。

胀缝封缝槽用切缝机在两侧切出封缝空间 2.5cm，后者胀缝两侧砼板平齐，平整度好。

胀缝板事先预制，采用 2.5cm 泡沫板。

预制胀缝板嵌入前，使缝壁洁净干燥，胀缝板与缝壁紧密结合，且胀缝板与基层表面紧密接触。

（13）横向施工缝施工

施工结束时设置施工缝：施工缝宜位于设计所规定的缩缝，各个车道的施工缝应注意避免设在同一个横断面上。施工缝如设于缩缝处，板的 1/2 厚度位置应增设传力杆。

横向缩缝施工要点：锯缝应及时，在砼硬结后尽早进行，特别是在夏季施工不可拖延，但也不能过早，否则砼强度不足会导致粗料从砂浆中脱落。

锯缝宜在砼强度达到 5 ～ 10Mpa 时进行，也可以由工地试锯确定锯缝时间。

（14）砼路面板养护

基本要求：砼板做面完毕应及时养护，使砼中结合料有良好的水化、水解强度发育条件以及防止收缩裂缝的产生。

养护方法和要点：

养护时间，一般在 14 ～ 21d 砼强度达到设计要求。

养护期间和封缝前，禁止车辆通行，并设置禁止通行标志及派专职交通指挥人员指挥交通。

黄砂袋覆盖养生是最常用的湿润方法，可保护砼少受剧烈的天气变化影响。在规定的养生期内要经常洒水，保持潮湿。

（15）模板拆除施工

拆模时间要注意掌握，拆模过早易损坏砼，过迟则又影响模板周转使用，一般以不出现损坏砼板的边角为宜。

拆模时间根据气温和砼强度增长情况确定，并符合设计及技术规范要求。

热季早期收缩裂缝的防止：

砼板在施工期间因收缩产生的裂缝，其裂缝的产生与行车荷载无关。

早期收缩裂缝有两种。产生于砼塑性状态时的常称作"塑裂"，其缝短而细浅，如及时发现进行再次抹面可以缓解。一般在硬结后终止，危害较小。另一种产生于硬结以后，通车之前，由剧烈的温度、湿度变化引起收缩裂缝，常称作"缩裂"，可导致砼板的断裂，危害甚大，成为不合格的砼板块。

防止早期收缩裂缝的技术措施：

1. 缩小湿度差，湿度差抑止收缩

2. 作业时间避午间气温高峰，起早落夜，例如中午 12：00 ～ 16：00 停止浇筑。

3. 作业紧凑，缩短在烈日或旱风下的施工时间。

4. 及时养生，增加洒水润湿次数，确实保证保湿养生，并且养生时间足够（养生还能增强砼抗裂强度）。

5. 地方材料应先调查料源，严格控制砂石料的含泥量及级配，并取样实验，试验合格并经监理认可进料。

6.现场设专人收料，不合格的材料拒收，施工过程中如发现不合格的材料及时清理出现场。

（八）绿化及环境保护

1. 取、弃土场

为确保弃渣时周边民房安全，在弃碴场前端设挡碴墙，挡碴墙最高为 2～6m。弃渣之前先浆砌挡墙。挡碴墙采用浆砌片石，浆砌之前先清除原地基上的浮土，并且夯实地基，浆砌过程中，片石之间的缝隙用混凝土浇筑，振捣密实。预埋泄水孔要固定，避免在浆砌过程中发生移位，泄水孔的内侧端头要采用棉絮等透水物堵塞。

（1）弃渣挡墙采用 M7.5 浆砌片石砌筑，砌体采用挤浆法分层、分段砌筑，两相邻砌筑高差不大于 120cm，各砌块的砌缝互相错开且砌缝砂浆要饱满。

（2）各砌层先砌外圈定位，并与里层砌块交错成一体，定位砌块选用表面较平整尺寸较大的石料，定位砌缝铺满砂浆。

（3）石料之间无砂浆接触。石料大小搭配大面为底，较宽的砌缝用小石块挤塞，挤浆时用小锤敲打石料，不留空隙。

（4）定位砌块表面砌缝宽度不大于 4cm，砌体表面与三块相邻石料相切的内切圆不大于 7cm，两层间的错缝不小于 8cm。

（5）外侧砌体勾缝，每隔6m设一沉降缝，宽度为3cm，每段为独立基础，每段留泄水孔，尺寸为 8cm×8cm。

2. 弃碴场便道

规划弃渣便道设计标高不低于五年一遇洪水位。便道底部统一采用压路机压实，路面采用 C25 混凝土硬化，便道较低一处设置排水沟，上坡位置设置防滑条。

3. 渣场周边排水

（1）永久性排水

规划渣场位于凹形沟内，汇水面积较大，因此弃渣完成后需要在渣场内设明渠和截水沟，明渠设计流水量不小于五十年一遇洪水量。结合现场设坡度，以保证涵管流水畅通，不积留淤泥。

（2）临时性排水

弃在渣场弃渣之前，先在沟底埋设涵管（涵管长度与挡墙宽度一致），再施作挡碴墙，距涵管端头 5m 处设混凝土墩柱，截挡体积较大的物体，防止阻塞涵管。挡墙根据渣场便道设计，弃碴场沿着山体逐步向山沟方向延伸，在弃渣过程中，如有降雨，雨水可顺着弃渣时形成的自然斜坡流向沟底涵管，最后通过涵管流走。

4. 渣场优化

为了固结和稳定渣场边坡，美化环境，根据当地的气候环境，渣场采用植物防护。弃渣完成后，修整渣场边坡，边坡坡度为 1：1.25，边坡种草防护，草皮就近培育，切成整齐块状，然后移铺在坡面上。碴场内复耕或植树。

5. 安全及其他保证措施

（1）弃碴场周围设防护网，并挂设安全警示牌，禁止非工作人员靠近。

（2）碴车设专人指挥，出碴车辆及其他机械服从管理员安排。

（3）渣场便道由专人负责清洁，定时洒水，确保灰尘不得超标。

（4）弃渣过程中确保渣场周边建筑物及植被不被损坏。

（5）确保渣场周围排水畅通无阻碍。

（6）选用低噪音机械，尽量将对周边居民的干扰降到最低。

（九）工程进度计划与保证措施

工程工作量相对较大，为保证如期完成，在资金落实到位的同时必须利用时间和空间，保证资源供应，加强管理和各专业间配合，严格按计划完成当天当月任务，以确保在合同工期内完工。

1. 时间和空间的合理利用

（1）各阶段均要合理地利用时间和空间，按照施工网络计划和施工布置，形成流水作业。

（2）充分利用时间，对不受技术规程影响的分项，组织两班作业。

2. 保证资源供应措施

（1）根据施工进度计划订出材料的需用计划，配置足够的原材料和周转材料。

（2）签订材料供需合同以保证不发生停工待料现象。

（3）与劳务公司组织竞标的优选劳务队伍签订劳务合同，确保劳动力按进度需要按时入场补充。

3. 加强管理

（1）建立与施工进度挂钩的经济责任制，严格按施工组织设计工期分阶段考核，不断提高工人施工技术水平，改进施工工艺和操作技巧，提高工效。

（2）确保一次达到质量要求，避免因质量问题影响工期。

（3）加强安全教育，采取切实可行的安全措施，防止因安全事故影响工期。

（4）广泛发动群众，开展劳动竞赛活动，调动广大职工的劳动积极性。

4. 加强各专业配合

定期召开生产联系会，做好各专业的协调工作，使各专业有序作业，防止互相阻挡而影响工期。严格执行施工合同，工程资金专款专用，采取各种措施保证工程顺利进行，为加快工期创造良好的工作环境。

（十）工程质量管理体系及保证措施

1. 工程质量体系

质量是生命，是生存、发展之本、更是全体员工在各自工作岗位上，始终坚守的信念，并在实施进程中落实，确保该合同的顺利实施，确保公路的高质量管理体系的实施。

（1）质量保证体系图

坚决杜绝不合格项目，不论是自检，还是业主、监理工程师的中检、抽检、终检，任何时间都要达到 100% 的合格率，必须都要达到国家或行业现行质量检验评定标准。

（2）总则

认真落实《公路工程施工企业质量自检体系管理暂行规定》，严格贯彻执行《公路建设工程优质优价实施办法》。

1）整个工程及分项、分部工程按施工规定施工，按《施工监理程序和实施细则》进行检查。

2）质检部配合驻地监理人员对分项、分部工程的检验和自检。

3）质量工程依据设计文件要求，交通部颁发的施工技术规程、规范，质量检查、验收标准，做到严格认真，准确及时，真实可靠，系统达标。

4）指标以数据考评来起到把关、指导作用，并实行奖罚制度。

（3）质量控制机构和创优规划

工程质量的优劣是关系到工程运营生产的百年大计的问题，也是关系到施工企业生死存亡，能否在市场竞争中取得胜利的根本问题，作为工程施工的承包商和项目经理，应该从领导和决策方面，以战略的眼光看待这一问题，为此特建立质量保证体系附后，实施项目经理负责制。

质量管理领导小组是整个工程质量管理的最高领导机构，由项目经理、技术负责人、质检部长、实验室主任、工程部部长组成，制定整个合同段工程质量创优规划、方针、措施。各施工队分别设质量管理现场领导组，由施工队长、质检科长、工程科长、主任工程师组成，质检科和试验室专职抓现场质量管理。施工队一级的质量管理机构在项目经理部质量管理小组领导下，制订本工段施工区段的创优措施，质量实施计划，并重在现场落实。施工队所属各施工班组根据自己的创优任务，拟定项目工程具体的分项实施计划，责任到人，严格要求，全员全过程质量管理控制，对各段的施工难点，关键工序进行分析，选定有关课题，成立 QC 小组，积极展开工作。

2. 质量保证措施

（1）组织保证

按照 ISO9001 质量体系要求，建立完善的质量管理和质量保证体系，成立质量管理领导小组，制定创优规划，使每道工序都在严格的质量监控之下进行，实行全面质量管理。

（2）工程工艺控制

开工前认真编制实施性施工组织设计，严格按监理工程师审批的施工组织设计施工。各分项工程开工前，编制详细的分项工程作业指导书，使各级人员清楚明白，并按此规范施工。

（3）工程材料的质量保证

工程材料是构成建筑工程的实体，保证工程材料按质、按量、按时的供应是提高和保证质量的前提。因此必须建立健全原材料的进货检验和进场前检查验收制度，杜绝不合格的材料进场。对工程材料实行三阶段控制，第一阶段是选择合格的供应商，对其所供应材料进行检验或取得合格证明文件；第二阶段是工程材料到现场后，进行全面检验和试验，确保材料符合设计要求；第三阶段是工程使用阶段，对持有怀疑或外形有缺陷的材料进行复检或停止使用。

（4）施工操作的质量保证

施工操作者，是工程质量的直接责任者，单就工序质量来说，施工操作者是关键，是决定因素，因此要做到：

1）施工操作中，坚持自检、互检、交接检制度，未经"三检"而施工的项目不计价。

2）明确质量责任制，各工序实行操作者挂牌制，增强操作者自控制施工质量意识。

3）在整个施工过程中，要贯穿工前有交底、工中有检查、工后有验收的操作管理办法。做到施工操作程序化、标准化、规范化，确保工程质量。

4）加强本合同工程的现场试验工作，试验人员将根据本工程的特点和内容，编制试验计划，并上报监理工程师批准。

（5）人员素质的质量保证

1）在工程管理中，"人、机、料、法、环"这五要素，人是决定因素。施工管理层的工程技术人员、专业管理人员、施工操作人员必须保持相对稳定，保证其工作的连续性及原有操作技能水平的提高。

2）坚持施工前岗位培训，进行全员质量教育，树立百年大计、质量第一的思想，强化全员质量意识。保证持证上岗并在施工中锻炼提高，确保工程质量稳步上升。

（6）正确处理进度和质量的关系

进度与质量是对立的统一，没有质量就没有进度。在施工和管理过程中，必须处理好质与量的关系。生产指标、进度（任务）完成后，必须检验质量是否合格。坚持好中求快，好中求胜。

（7）施工管理的质量保证

1）实行质量一票否决制，在项目经理和总工程师的领导下，由专职工程师组成质检组负责质量管理工作。各单项工程均实行项目负责制和岗位责任制，质量指标直接与施工人员利益挂钩，奖优罚劣。

2）定期进行质量大检查，召开工程质量分析例会，消除施工中的质量隐患，处理质量事故，完善质量保证措施，确保质量目标的实现。

（8）质量体系运行程序

已通过 ISO9001 质量体系认证，形成了一整套规范、标准、严格的质量管理体系。项目部将根据 ISO9001 质量体系和程序文件编制《工程项目质量计划》，用来指导本工程的质量保证工作，确保创优规划的实现。

（9）正确处理与监理工程师的关系

遵守监理工程师制度，积极配合现场监理工程师工作，为其提供必需的现场工作条件。服从监理，对其发出的指令做到认真处理，令行禁止。

（十一）安全管理体系

1. 安全目标

杜绝因工死亡和重伤事故发生，轻伤率控制在 0.4% 以下。

2. 安全生产保证组织机构（见后）。

（1）项目部成立安全领导小组，由项目经理担任组长，项目总工程师为副组长，组员由项目部各职能科室负责人组成。

（2）项目部安全领导小组办公室设在项目部安全质量科，主任由安全监察长担任。

（3）各施工队相应成立队安全检查小组，并在各工班设专职安全检查员，坚持经常性的施工安全检查及监督指导。

3. 安全保证体系附后

4. 安全检查流程图附后

（十二）安全保证措施

1. 安全生产措施

（1）严格执行和按照有关部门的现行安全技术规则进行施工生产，全体施工人员牢固树立"安全第一，预防为主"的指导思想，对职工进行岗位培训和安全生产教育，实行持证上岗。

（2）建立健全安全生产组织，认真贯彻以岗位责任制为中心的各项安全制度，现场指挥部成立安全领导小组，设专职巡守员、联络员、工地防护员、安全员等，各施工班组层层签订安全责任状。

（3）认真贯彻执行国务院颁发的安全五项规定，即安全生产责任、安全技术措施、安全生产教育、安全生产定期检查、伤亡事故调查制。

（4）加强通讯管理，坚持 24 小时调度值班，抓好施工用电、运输车辆的安全作业。

2. 安全管理措施

（1）建立健全安全生产组织和规章制度，把"安全生产"作为一项重要的管理工作来抓。制定各种安全措施，使"安全生产"深入人心，贯穿于整个施工过程。

（2）强化对职工安全生产和安全常识教育，牢固树立法制观念和安全第一的思想，对参加施工的人员进行技术安全培训，经考试合格后方能上岗。

（3）做好与施工安全有关的技术交底，狠抓事故苗头，把事故消灭在萌芽状态。

（4）实行安全生产包保责任制，奖罚分明。

（5）建立安全生产检查制度，做到班组日查，队周总结，项目部每月进行一次安全教育和检查评比，使警钟长鸣，常抓不懈。

（6）及时学习、推广安全生产先进经验，做好安全工作，保证施工生产顺利完成。

3. 安全技术措施

（1）各种机械设备的操作人员必须经过安全技术操作规程培训，考试合格后持有效证件上岗。工作前应对机械设备进行安全检查，离开机械设备时，必须按规定将机械平稳停放在安全位置，并将驾驶室锁好，或将电器设备的控制箱拉闸上锁。

（2）临时用电必须符合供电安全运行规程，并应定期检查和防护，对检查不合格的电器设备和线路，要及时维修或更换，严禁带故障运行或作业。

（3）安全防护人员和交通协调人员，要统一调度，统一指挥，不得各行其是，违章指挥。

（十三）环境保护

1. 建立健全管理组织机构，成立以项目经理为组长，环境保护科牵头，各业务科室和施工队为成员的环保管理组织机构。认真学习、宣传、贯彻、执行《中华人民共和国环境保护法》、《中华人民共和国环境噪声污染防治法》、《中华人民共和国水土保持法》等有关法律及当地政府的相关条例和规定。加强教育宣传工作，提高全体职工的环保意识。

2. 施工现场生产、生活房屋的修建，料库、石料堆放和材料加工场等一切临时生产、生活设施的布置，做到分布合理，整洁有序，满足有关规范和标准的要求。

3. 制定各项规章制度，并加强检查和监督。环境保护做到全面规划，合理布设公司，综合治理，化害为利。针对各项工程的特点制定详细具体的防护、治理措施等，做到技术上可行、经济上合理。坚持工程措施与生物措施相结合，在征地范围内植树造林，撒种草籽，适宜地段进行复耕还田，形成工程防护措施和生物措施相结合的综合防护体系。

4. 施工用废水、生活污水，利用临时、永久性排水设施排至污水坑内，经处理达到允许排放标准后再进行排放。废弃物采用车辆运输的方法，合理地堆放在图纸或监理工程师指定的地方深埋覆盖。

5. 工程用料根据具体情况，堆放在施工场地和征地线内，不影响农田耕种和污染环境。每道工序施工时做到工完料清，工程结束后清除并运出装备、剩余材料、垃圾和各种临时设施，保持整个现场及工程整洁，达到监理工程师认为合格的使用状态。

6. 施工时尽量减少噪音、粉尘、烟雾对居民日常生活的干扰，避免造成环境污染；不占或少占正常的运输通道；维持沿线的居民饮水、生产生活用电及通讯等管线的正常使用；避免对林区、耕地造成破坏，必要时依法办理征用临时占用手续，使用结束后及时恢复。

7. 施工场地范围内做好集水、排水工作，不阻塞地面径流自然通道，防止壅水和场地冲刷。沿河地段施工场地的布设尤应满足水土保持要求，并具备相应的防洪功能，采取合理的防护措施，防止施工中产生的碴、土流入江河，或汛期河水冲毁施工场地等。

（十四）水土保持

1. 配备一定数量的洒水车，对未铺筑的临时道路和灰土拌和站及路基填筑、取土场取土工作面进行洒水处理，以减轻扬尘。

2. 易洒落粉状物料的堆场，应采取防风遮盖措施，以减少扬尘。

3. 水泥、砂和石灰等易洒落散装物料的运输，应采取防风遮盖措施，尤其在干旱大风天气，以减少扬尘。

4. 对尾气超标的汽车限制在本工程中使用，加强交通管理，有力疏导，使车辆尽量用最低油耗车速运行，减少尾气排放。

5. 施工驻地和施工现场的生活垃圾，应集中堆放。

6. 施工和生活中的废弃物也可经当地环保部门同意后，运至指定地点。此外，工地设置能冲洗的厕所，派专门的人员清理打扫，并定期对周围喷药消毒。

7. 报废材料或施工中返工的挖除材料立即运出现场并进行掩埋等处理。对于施工中废弃的零碎配件、边角料、水泥袋、包装箱等及时收集清理并搞好现场卫生，以保护自然环境与景观不受破坏。

8. 汽车运输时，材料不得漏出。工程完工时，做到工完料清。

（十五）文明施工

1. 结合现场平面特点合理布置，以减少噪音的影响。

2. 在施工中尽量减轻扰民噪音。对产生振动噪声的木工机具、砼搅拌机、振动器等在白天使用，支拆模板、测量等必须在白天进行，除必须进行夜间连续施工的，同时通报建设单位，以获得谅解，方能夜间进行施工。

3. 施工时设专人指挥，避免大声呼叫，配备足够通信器材。

4. 材料运输等汽车进场应派专人指挥，不鸣笛。

5. 材料装卸采用人工传递，特别是钢模、钢支架等金属器材严禁抛掷或汽车一次性下料。

（十六）文物保护

1. 开工动员时，向施工人员讲明珍惜和保护历史文化遗址、地质遗迹和化石等文物的重要意义，使每个职工明白保护文物人人有责。

2. 组织全体员工认真学习《文物保护法》，切实增强文物保护意识。

3. 施工前了解当地文物古迹、地下遗迹分布范围，如在其邻近施工时，加强观察，谨慎作业。

4. 对沿途区域的地下文物，施工前委托文物部门做好详细的考古勘探工作，对发现的文物要进行必要的考古发掘。一般情况下，发掘清理完毕，提取文物和一切考古资料后，即可回填正常施工。如遇非常重要的古墓或重要遗址，必须进行原址保护的，则须上报上级部门解决。建设过程中加强对地上文物古迹的保护，特别是对街、巷、院、坊和重点文物保护单位，施工中避免造成损害。

5. 挖方区域按地下管线分布图人工挖探坑确定电缆埋置位置，地面设木桩拉尼龙绳并系红布条作为标识，然后旁边用人工挖管先探沟深，深度控制在上面设计标高下 60cm，移位深埋，挖埋管线指定专人负责。

6. 人工挖探坑确定管线位置后，设明显标识，两侧各 2 米范围内人工铲除草皮，严禁动用推土机等机械作业。

7. 土方开挖过程中，如发现不明的电缆管线和地下管网，先停止施工，及时报告指挥部和监理，经共同商定处理方案后，方可继续施工。不得挖断或损伤，以免造成安全事故。

8. 如遇无法搬迁但施工作业可能影响其正常使用的地上地下管线设施，应根据实际情况编制切实可行的实施方案，在施工作业开始前尽早报请设计单位、业主代表和监理工程师审批。施工时不折不扣地按审批意见实施。

第九章　隧道施工建设

第一节　隧道施工方法概述

一、施工方案概述

隧道按新奥法原理组织施工，均采用单口施工：从出口向进口方向施工。隧道施工采用大型机械快速施工，实行各工序的专业化、平行化施工。隧道工程施工开挖出碴、进料采用无轨运输方式，实施掘进（挖、装、运）、喷锚混凝土（拌、运、锚、喷）、衬砌（拌、运、灌、捣）等三条机械化作业线专业化、平行化施工。

隧道开挖采用台阶法或台阶分步法，在施工过程中严守"短进尺，弱爆破，强支护，早成环"的原则，彻底贯彻"新奥法"的设计思想，隧道开挖后立即施作初期支护，以封闭、保护围岩，控制围岩变形，使初期支护与围岩尽快形成"承载环"。根据现场监控量测结果及时修正设计参数、调整施工方案。

Ⅳ围岩的土质地段采用预留核心土台阶分步开挖法，人工配合机械开挖；Ⅱ级、Ⅲ级围岩的石质地段采用上下台阶法开挖，爆破采用光面爆破或预裂爆破技术，以降低爆破对围岩的扰动，喷砼采用湿喷技术。

隧道施工安排在雨季前完成洞门和明洞的开挖，并完成进洞施工。洞内施工开挖、出碴、初期支护、仰拱浇注、片石回填与二次衬砌模筑砼顺序平行作业。隧道路面待贯通后统一施工。

二、施工工艺流程

隧道施工的基本工艺流程为：布设施工测量控制网→测量放样→洞口明洞开挖、防护→仰坡防护施工→洞身开挖→通风、排烟→清帮、找顶→初喷5cm砼→监控量测→出渣→完成初期支护及辅助措施→仰拱→填充→边墙基础→初期支护变形量测稳定→防水层→二次衬砌→砼路面施工→复合式沥青路面面层施工→洞门及其他。

三、主要施工方法

（一）隧道开挖施工

1. 洞口及明洞段开挖防护施工

施工顺序：截水沟定位→截水沟开挖→砌筑截水沟→边、仰坡开挖线放样→打小导管和锚杆孔→安装小导管和锚杆→小导管注浆→挂网→喷射混凝土→边、仰坡开挖完成（如需要可预留一定高度不开挖）→台阶分步法开挖进洞。

施工前，布设满足规范要求的高等级测量控制网。施工时，根据定测的施工控制网，精确测设出洞门桩和进洞方向，并依据设计图纸放出边、仰坡开挖线和截水天沟位置，然后进行截水沟施工，并做好地面防排水设施。在洞口施工前，先做好边仰坡外的截水沟，避免地表水浸入围岩。

洞口明洞土石方施工采用大开挖，按自上而下顺序进行，随挖随护。洞口仰坡土石方分为两次开挖。第一次挖除隧道上下台阶分界线标高以上、成洞面以外部分，预留进洞台阶，并对坡面作锚喷支护；第二次开挖剩余部分，在上台阶进洞后进行。坡面的防护是隧道进洞阶段防止地表水浸入软化围岩，保证成洞面稳定的一个关键措施，要严格按设计要求施作锚杆加喷砼的防护。

洞口部分的喷砼、小导管、锚杆、挂钢筋网等防护的施工工艺参见洞身部分。

2. 洞身Ⅱ、Ⅲ级、Ⅳ级围岩开挖

当洞口仰坡防护施工完成后，即可进行暗洞的开挖施工。洞口部分的暗洞围岩均为Ⅱ、Ⅲ、Ⅳ级围岩，为了确保施工安全，采用人工配合机械开挖的方法，个别机械开挖不动需爆破的地段，严守"短进尺、弱爆破、强支护、早成环"的原则，采用微震或预裂爆破或开挖核心土施工。并在施工中加强监控量测，根据量测结果，及时调整开挖方式和修正支护参数。

（1）施工工艺流程

中线、水平测量→喷混凝土封闭开挖面→超前小导管（锚杆）施工→注浆固结→上部环形断面开挖（或爆破）→喷混凝土封闭岩面→出渣→初喷5cm厚砼→打系统锚杆→挂钢筋网→立拱部钢架→拱部二次喷砼至设计厚度→核心土开挖（或爆破）→下部台阶开挖→下部初期支护→铺设防水层→模筑二次衬砌→沟槽路面施工。

（2）主要施工方法

1）水平、中线放样，钻眼施作套拱和超前管棚大支护、注浆加固围岩；

2）开挖环形拱部，开挖时预留核心土，这样既安全又利于操作，每循环进尺1.5米，核心土纵向长5米；

3）对拱部进行初期支护（喷、锚、网、钢架连接）。在开挖左右两侧围岩前，拱部

初期支护基础一定要稳固，必要时打锁脚锚杆；

4）开挖核心土；

5）开挖下部围岩，边墙两侧必须错位开挖，错位距离 5 米，挖至边墙底部；

6）进行下部初期支护；

7）二次衬砌顺序为：先仰拱，后矮边墙，最后采用模板衬砌台车衬砌成形。

（3）III 级围岩开挖

隧道 III 级围岩采用正台阶法开挖，光面爆破，周边眼间隔装药。

1）施工工艺如下：中线水平测量→超前钻孔探测地质→喷砼封闭开挖面→拱部超前支护、注浆固结→上半断面钻眼→装药连线→爆破→排烟除尘清危石→初喷 5 ㎝厚砼→出渣→施工系统锚杆→上半断面二次喷砼→下半断面开挖→下半断面打径向锚杆→下半断面喷砼。

2）主要施工方法

①首先施作超前支护系统，并打检查孔检查注浆效果，检查围岩开挖轮廓以外的固结深度，当固结深度满足要求后，就可进行开挖。

②上部开挖至拱腰。开挖时不留核心土，开挖面采用光面爆破，以控制围岩超欠挖。周边眼间距不宜大于 40cm，深度 2.0 ～ 3.0m，每循环进尺不大于 2.5m。开挖出渣完毕，立即初喷 5cm 厚的砼以封闭新开挖岩面。

③下部边墙两侧同时开挖，一次可进尺 3 米。

④对局部松散破碎、富水地段，围岩自身稳定性较差，易发生围岩失稳，可采用 II 类围岩施工方法，短进尺、弱爆破、强支护，并及时施作二次衬砌。

（二）初期支护及超前支护施工

本标段隧道初期支护主要形式有：超前小导管、超前锚杆、C20 号喷射砼、φ8 钢筋网、D25 注浆锚杆、φ22 砂浆锚杆，格栅钢拱架、型钢钢架等。施工流程如下：

初喷砼 5cm →锚杆施工→挂钢筋网→支立型钢钢架→超前小导管（超前锚杆）施工→复喷砼至设计厚度。具体施工方法如下。

1. 喷射混凝土施工

喷射砼施工采用湿喷技术，喷射机采用湿式砼喷射机。施工前首先用高压风自上而下吹净岩面，埋设控制喷射混凝土厚度的标志钉。混凝土由洞外拌和站集中拌料，混凝土运输车运到工作面。

在每循环开挖施工后，立即进行初喷砼，初喷厚度约 5cm。喷射作业先从拱脚或墙脚自下而上分段分片进行，以防止上部喷射回弹料虚掩拱脚而不密实。先将坑凹部分找平，然后喷射混凝土，使其平顺连续。喷射操作应设水平方向以螺旋形划圈移动，并使喷头尽量保持与受喷面垂直，喷嘴口至受喷面距离 0.6 ～ 1.0m，当所支护结构施工完成后分层复喷混凝土喷射至设计厚度，每层 5 ~ 6cm。对于支撑钢架，应做到其背面喷射密实，粘接紧密、牢固。

2. 施工系统锚杆和超前锚杆、挂设钢筋网

在初喷混凝土后及时进行锚杆安装作业，锚杆钻孔方向尽量与岩层主要结构面垂直。在台阶法开挖时，初期支护连接处左右均需设不小于两根锁脚锚杆，确保初期支护不失稳。锚杆安设后及时进行挂网作业，人工铺网片时注意网片搭接宽度。钢筋网随受喷面的起伏铺设，间隙不小于 3cm，钢筋网连接牢固，保证喷射混凝土时钢筋网不晃动。

3. 钢架加工和安装

隧道设计的钢架有两种：格栅钢架和型钢钢架。施工时在洞外测设隧道钢架整体大样，依照整体大样并根据所采用的施工方法分片加工，逐段加工各单元，以保证各单元顺接。可分为共部和边墙来加工，以便于施工安装。

（1）拱部单元：首先进行施工放样，确定钢拱架基脚位置，施作定位系筋，然后架设钢拱架，设纵向连接筋。墙部单元施工时在墙角部位铺设槽钢垫板，施作定位系筋，对应拱部单元钢拱架位置架设墙部单元钢拱架，拴接牢固，设纵向连接筋。

（2）墙部单元：在墙角部位铺设槽钢垫板，施作定位系筋，对应拱部单元钢架位置架设墙部单元钢架，拴接牢固，设纵向连接筋。

（3）施工注意事项：

1）保证钢架置于稳固的地基上。若地基较软弱，应在钢架施工前浇注混凝土基础。

2）钢架平面应垂直于隧道中线，其倾斜度不小于 2°，钢架的任何部位偏离铅垂面不小于 5cm。

3）为增强钢架的整体稳定性，应将钢架与纵向连接筋、结构锚杆、定位系筋和锁脚锚杆焊接牢固。

4）拱脚部位易发生塑性剪切破坏，该部位钢拱架除用螺栓连接外，还应四面绑焊，确保接头的刚度和强度。

5）开挖初喷后应尽快架立拱架，一般架立时间不得超过 2 小时。

（4）超前小导管施工

施工步骤：

1）小导管制作

超前小导管采用 φ42 无缝钢管，壁厚 3.5mm，管节长度 4.1m。钢管四周梅花形钻 φ10mm 出浆孔眼，孔间距 10cm，孔口部 1m 不钻孔。管体头部 10cm 长做成锥形，钢管尾部焊上 φ6 钢筋箍。

2）小导管钻孔：首先严格按图纸要求定出孔位。小导管钻孔采用专门的小导管钻机，钻孔深度为 5m、钻孔直径为 60mm、钻孔夹角 a=5 ~ 7 度。

3）小导管安设：导管沿周边按设计布设，导管在钢拱架之间穿过，导管安设后，用速凝胶封堵孔口间隙，并在导管附近及工作面喷射砼，作为止浆墙。待喷射砼强度达到要求时再进行注浆。

4）小导管注浆

小导管设计采用注水泥浆进行围岩加固，并掺入外加剂。在注浆管预定的位置，用沾有胶泥的麻丝缠绕成不小于钻孔直径的纺锤形柱塞，把管子插入孔内，再用台车把管顶入孔内，距孔底 5 ～ 10cm，使麻丝柱塞与孔壁充分挤压紧，然后在麻丝与孔口空余部分填充胶泥，确保密实，防止跑浆。

（5）复喷混凝土至设计厚度

当锚杆、钢筋网和钢拱架全部施工完毕后，立即进行复喷砼。施工时分层喷射混凝土到设计厚度，每层 5 ～ 6cm 厚，钢架保护层不小于2cm。整个喷射混凝土表面要平整、平顺。

（三）防水层施工

为保证防水层施工质量，拟采用无射钉悬托施工工艺，采用专用自行走式作业台架、可调式防水层作业台架施工，防水板接缝采用热粘法。防水层施工质量的好坏直接影响到隧道防水效果。

1.考虑10% ～ 15%富余量，对防水卷材进行预粘接。粘接前，防水板接缝处应擦拭干净，搭接长度为10cm，粘缝宽不小于5cm，黏结剂涂刷均匀、充足。粘好后，接缝不得有气泡、褶皱及空隙。

2.检查处理好岩面。喷射混凝土表面不得有锚杆头或钢筋断头外露，以防刺破防水板；对凹凸不平部位应修凿喷补，使混凝土表面平顺；喷层表面漏水时，应及时引排。

3.在模筑段前端岩面上按环向间距1.0m固定膨胀螺栓。作为托起防水卷材铁丝的固定点，另一端与已模筑段预留出的铁丝接牢。拉紧并固定铁丝，托起防水卷材，为保证防水层与岩面密贴，架立四道环向承托钢筋（φ22），托起顶紧防水卷材。

4.降缝采用中埋式橡胶止水带，施工缝处采用缓膨胀型橡胶止水条止水。

5.橡胶止水带的安装：采用 φ8 钢筋卡和定位钢筋固定在定型挡头板上，必须保证橡胶止水带质量，不扎孔，居中安装不偏不倒，准确定位，搭接良好。

缓膨型止水条安设程序为：清洗砼表面→涂刷氯丁黏结剂→粘贴止水条→砼钉固定→灌注新砼。可在挡头模板中部环向钉1×2cm方木条，使挡头混凝土表面预留出止水条凹槽，再按上述程序施作将其固定在凹槽内。

（四）二次衬砌施工

1. 仰拱、边墙基础施工

二次衬砌施工前首先进行仰拱和衬砌矮边墙的施工。边墙基础模板采用钢、木组合模板，仰拱采用仰拱大样模板，加密测点，保证仰拱的设计拱度。

2. 二次衬砌采用衬砌台车整体施工

隧道二次衬砌采用全液压自行式衬砌台车，混凝土灌注采用混凝土输送泵泵送，输送使用搅拌式混凝土输送车，洞外设自动计量混凝土拌和站。在组装大模板衬砌台车时要注意横向支撑的强度和刚度，控制混凝土灌注过程中模板的变形，保证净空要求，要求台车本身结构强度足够大。

（1）工艺流程

测量放线→铺设轨道→防水层作业台架就位→净空检查→铺设无纺布及防水板→涂刷脱模剂→模板台车就位→调整并锁定→安装止水条、止水带及端模→混凝土入模→振捣→养生→脱模→养生。

（2）施工方法

1）每次施工前都要先对防水层进行检查，合格后才开始衬砌施工。在施工过程中，对模板及时校正、整修，铲除表面混凝土碎屑和污物并均匀涂刷脱模剂。

2）灌注混凝土按规范操作，特别是封顶混凝土，从内向端模方向灌注，排除空气，保证拱顶灌注密实。

3）衬砌作业时注意预埋件、洞室的施作。隧道内电话、消防、照明、通风等预埋件、预埋盒、预埋管道很多，为使其按设计位置准确施工，稳妥牢固，且在衬砌台车设计时亦给予相应考虑。

4）混凝土输送时间不得超过混凝土初凝时间的一半，以防堵泵。经常检测混凝土的坍落度、和易性。

5）对泵送混凝土加强振捣，保证混凝土的密实，防止与初期支护之间产生空洞现象。二次衬砌混凝土强度达到2.5Mpa以上或接到监理工程师指令后才可脱模，并注意加强混凝土的养生，确保混凝土强度。

（3）人行横洞衬砌施工

可采用型钢拱架、组合钢模板，混凝土人工或输送泵入模，插入式振动棒振捣密实。在人行横洞与隧道衔接处严格模板安装，确保衔接平滑。

（五）隧道监控量测和地质预报

隧道监控量测为隧道施工的重点工序，项目部将成立专门的量测小组实施量测工作。

1. 监控量测项目

根据招标文件要求按《公路隧道施工技术规范》（JTJ042-94）的有关规定实施监控量测，监控量测的方法和频率及测点布置严格按设计图纸和规范要求进行。

2. 监控量测程序

3. 数据处理及要求

（1）应及时对现场量测数据处理绘制位移—时间曲线和位移—空间关系曲线。

（2）当位移—时间曲线趋于平缓时，应进行数据处理或回归分析，以推算最终位移和掌握位移变化规律。

（3）当位移—时间曲线出现反弯点时，则表明围岩和支护已呈不稳定状态，此时应密切注意围岩动态，并加强支护，必要时暂停开挖。

（4）根据隧道周边实测位移值用回归分析推算其相对位移值。当位移速率无明显下降，而此时实测位移值已接近表列数值，或者喷层表面出现明显裂缝时，应立即采取补强措施，并调整原支护设计参数或施工方法。

（5）建立管理基准：当围岩的预计变形量确定后，即可按规范的要求建立管理基准，并根据管理基准，判断围岩的稳定状态，决定是否采取补强加固措施。

4.隧道地质超前预报

本合同段隧道在施工过程中需加强超前地质预报指导施工。主要采取以下超前地质预报方法：隧道开挖面的地质素描、岩体结构面调查、TSP203超前地质预报仪进行地质超前预报、超前钻孔预测等。

（六）隧道施工通风、排水

1.本合同段隧道的单口掘进长度为945米，经过计算得出最大需风量，施工采用单口压入式通风，采用1台55kW子午加速式隧道轴流通风机和直径φ1000mm风筒，能满足施工通风排烟的需要，风管采用带肋帆布管。

2.通风注意事项

（1）为避免"循环风"现象出现，通风机进风口距隧道出风口的距离不得小于15m，通风管靠近工作面的距离不大于15m。

（2）设立通风排烟作业班组，作业人员实行通风排烟值班。

3.施工排水：隧道施工均为上坡隧道，施工废水是顺坡排水，采用隧道两侧的临时排水沟自然排出洞外。若仰拱混凝土、二次衬砌填充已完成，则从侧埋排水沟排出洞外。

4.防尘措施：采用湿式凿岩机，经常进行机械通风和洒水，出渣前向爆破后的石渣上洒水，定期向隧道内车行路线上洒水。

第二节　城市隧道建设

城市隧道，是指为适应铁路通过大城市的需要而在城市地下穿越的修建在地下或水下并铺设铁路供机车车辆通行的建筑物。

根据国家有关规定设立的为铁路运输工具补充燃料的设施及办理危险货物运输的除外，第十八条规定：在铁路线路两侧路堤坡脚、路堑坡顶、铁路桥梁外侧起各1000米范围内，及在铁路隧道上方中心线两侧各1000米范围内，禁止从事采矿、采石及爆破作业。

一、城市隧道设计主要要点

1. 城市隧道作为城市当中的基础设施，承载着的是城市人民的生活和城市的发展，在城市隧道的设计上要有长远的打算，从全局和长久的角度来进行方案的设计。同时，也应预留适当的发展空间，有效地减小日后对隧道改造造成的一些不必要浪费。

2. 城市隧道普遍位于城市的主城区，交通线路、地下管线和周边的地理条件较复杂，诸多因素导致对城市隧道的设计有一定的局限性。

3. 城市隧道的修建主要是为了日后为人们提供更好的交通环境，在设计上一定要体现出"以人为本"的理念。在进行出入口设置和施工的方法等都应该有精心的设计，在不影响周围群众的前提下应尽量节约投资，同时也应考虑到景观的要求。

4. 对于城市隧道的设计来说，应采用与周边环境相结合的工法，尽量做到功效最大化、投资最小化。

5. 城市隧道的浅埋暗挖法要求初期支护和二次衬砌需要分别承担 100% 的荷载，以此来保障施工以及运营的安全。浅埋暗挖法在这一点上与新奥法有着本质的不同，也是城市隧道在设计中最容易被忽视的部分。

二、城市隧道施工方法的选择

在选择城市隧道的施工方法时，应根据工程范围内的土地质量、施工条件以及隧道长度等，将施工安全问题作为工程质量管理中的重点部分。此外，要与隧道的使用功能、机械设备以及施工的技术水平等因素进行综合考虑，以此得出施工应选择的方法，以避免隧道施工中造成不必要的浪费。

三、城市隧道的施工方法

城市隧道的施工方法主要有两种，一种是明挖法，另一种是暗挖法。明挖法主要有沉管法、盖挖法；暗挖法主要有顶管法、浅埋暗挖法等。

1. 明挖法中的施工方法

（1）沉管法

沉管法在隧道的施工一般用于穿越江河的浅埋隧道，但要确保施工现场能够满足条件，也会在其他的施工方法节约性较差的情况下采用沉管法。目前采用的较少，施工成本较高。

（2）盖挖法

盖挖法也是隧道施工的常用方法之一，在城市交通复杂、管线多次改迁或不能采用明挖法的条件下均可使用盖挖法。盖挖法主要有两个优势：第一，能够有效地提升维护结构的可靠性和安全性，使临时支护的费用有所降低，同时也为工程安全提供了一定的保障；第二，盖挖法中可以使用大型的机械进行施工，能够有效提高出土的速度，施工期得到加快，从而达到减小交通影响，使居民减小干扰的目的。

2. 暗挖法的施工方法

（1）顶管法

顶管法一般应用在工程无法采用明挖法进行施工时的城市浅埋隧道，例如，下穿铁路等一些特殊的场合。顶管法在岩石层或是土质地层中都能够进行使用，在施工现场无法满足顶管的条件时，可通过降水或预加固等措施创造顶管施工条件。

（2）盾构法

目前在城市地铁区间段隧道的施工中最常用的就是盾构法，比较适用于埋深较大的隧道施工。在岩层或土质地层均适用，但对线性曲率半径较小段和水位较大段不适用。

（3）浅埋暗挖法

浅埋暗挖法在城市隧道的施工中可以算得上是最基本的施工方法，采用浅埋暗挖法施工时要注意对地层加固和对城市的管线保护，这是浅埋暗挖法的施工成败关键所在。

第三节　山岭隧道建设

山岭隧道，是指为缩短距离和避免大坡道而从山岭或丘陵下穿越的修建在地下或水下并铺设铁路供机车车辆通行的建筑物。

隧道施工必须采用机械通风，通风方式应根据隧道长度、施工方法和设备条件等确定。长隧道应优先考虑混合通风方式。当主机通风不能保证隧道施工通风要求时，应设置局部通风系统、风机间隔串联或加设另一路风管增大风量。如有辅助坑道，应尽量利用坑道通风。隧道掘进施工，采用小导坑超前后全断面爆破跟进，在同一坑道内平导在前，全断面扩孔光爆围岩成拱形状好，再进行支护，衬砌，质量高，进度快，能确保衬砌内实外美、安装防水板切实起到防水作用，保证衬砌不渗不漏。

一、指导思想与遵循原则

隧道施工符合安全环保、工艺先进、质量优良、进度均衡、节能降耗的要求，隧道施工应本着"安全、有序、优质、高效"的指导思想，按照"保护围岩、内实外美、重视环境、动态施工"的原则组织施工。其施工方法的选择应遵循以下原则：

1. 确保施工安全，改善施工环境。

2. 应由设计文件、施工调研情况、地质围岩级别、结合隧道长度、断面大小、纵坡情况、衬砌方法、工期要求、装备水平、队伍素质等综合因素决定。

3. 地质变换频繁隧道应考虑其适应性，便于工序调整转换。

4. 应尽量采用新技术、新工艺、新设备、新材料。

5. 认真按照新奥法原理、掌握应用好光爆、喷锚、量测施工三要素。

二、施工方法基本要素

1. 施工条件

它包括一个施工队伍所具备的施工能力、素质以及管理水平。目前隧道施工队伍的素质和施工装备水平，有高有低，参差不齐。因此，在选择施工方法时，不能不考虑这个因素的影响。

2. 围岩条件

围岩条件也就是地质条件，其中包括围岩级别、地下水及不良地质现象等。围岩级别是对围岩工程性质的综合判定，对施工方法的选择起着重要的甚至决定性的作用。

3. 隧道断面积

隧道尺寸和形状，对施工方法选择也有一定的影响。目前隧道断面有向大断面方向发展的趋势，如公路隧道已开始修建 3 车道甚至 4 车道的大断面，水电工程中的大断面洞室，更是屡见不鲜。在这种情况下，施工方法必须适应其发展。在单线和双线的铁路隧道中，越来越多地采用了全断面法及台阶法。而在更大断面的隧道工程中，先采用各种方法修小断面的导坑，再扩大形成全断面的施工方法极为盛行。

4. 埋深

隧道埋深与围岩的初始应力场及多种因素有关，通常将埋深分为浅埋和深埋两类，有时将浅埋又分为超浅埋和浅埋两类。在同样地质条件下，埋深的不同，施工方法也将有很大差异。

5. 工期

作为设计条件之一的施工工期，在一定程度上会影响基本施工方法的选择。因为工期决定了在均衡生产的条件下，对开挖、运输等综合生产能力的基本要求，即对施工均衡速度、机械化水平和管理模式的要求。

6. 环境条件

当隧道施工对周围环境产生如爆破震动、地表下沉、噪声、地下水条件的变化等不良影响时，环境条件也应成为选择隧道施工方法的重要因素之一。在市区条件下，甚至会成为选择施工方法的决定性因素。

完善施工方法标准化、模式化的重要条件是建立适应各种条件下的隧道施工机械化配套技术的标准模式。

三、开挖方法

山岭隧道施工的过程和方法是多种多样的，但钻爆法仍然是我国目前应用最广、最成熟的隧道修建方法。山岭隧道开挖常用的方法为全断面法、台阶法、中隔壁法（cd 法）、交叉中隔壁法（crd 法）、单侧壁导坑法、双侧壁导坑法等。

在当前的施工实践中，从工程造价和施工速度考虑施工方法的选择顺序应为：全断面—正台阶—台阶设临时仰拱法—中隔壁法（cd）—交叉中隔壁法（crd）—双侧壁导坑法。从施工安全考虑，其选择顺序应反过来。如何正确地选择施工方法，应根据实际情况综合考虑，但必须符合安全、快速、质量和环境要求，达到规避风险，加快施工进度和节约投资的目的。

四、施工方法应用

1. 全断面法

全断面开挖法是按设计断面将整个隧道开挖断面一次钻孔，一次爆破成型、一次初期支护到位的隧道开挖方法。主要适用于非浅埋 i～iii 级硬岩地层。浅埋段、偏压段和洞口段不宜采用。如确实地质条件较好，也可采取先开挖小导坑，然后再扩大的施工方法，这对保持围岩稳定是有利的。

该法有较大的作业空间，有利于采用大型配套机械化作业，钻爆施工效率较高，可采用深眼爆破，提高施工速度，且工序少、便于施工组织和管理，较分部开挖法减少了对围岩的振动次数。

但由于开挖面积较大，围岩相对稳定性降低，且每循环工作量相对较大，深孔爆破用药量大，引起震动大，因此要求进行精心的钻爆设计和严格控制爆破作业。

施工要点

①配备钻孔台车或多功能台架及高效率装运机械设备，缩短循环作业时间，合理采用平行交叉作业工序，加快施工进度。

②利用钻孔台车深孔钻爆增加循环进尺，控制钻孔进度，改善光面爆破效果，减少超欠挖。

③及时对开挖轮廓围岩施做喷射混凝土封闭层。

④有条件时采用导洞超前的开挖方法，合理组织施工保证隧道施工安全。

⑤仰拱、铺底超前二次衬砌且一次全幅浇筑，i～ii 级围岩离掌子面距离 ≤ 120m，iii 级围岩 ≤ 90m。

2. 台阶法

台阶法施工是将隧道结构断面分成两个或几个部分，即分成上下两个断面或几个断面分部进行开挖的隧道开挖方法。该法适用于铁路双线隧道 iii、iv 级围岩，单线隧道 v 级围岩亦可采用，但支护条件应予以加强。该法具体可分为正台阶法、三台阶临时仰拱法、环形开挖预留核心土开挖法等。

该施工方法的优点是对地质变化的适应性较强，工序转换较容易，并能较早地使初期支护闭合，有利于控制沉降。台阶长度一般应控制在 1 ~ 1.5 倍洞径，为及早使初期支护封闭成环，也可适当缩短台阶长度。当围岩较稳定，短台阶能保持时，台阶长度亦可适当缩短至 3 ~ 5m，上下台阶同时钻眼爆破，以起到加快施工进度，减少设备配置的目的。

下部断面（中、下层台阶）是开挖作业的重要环节。近年来，在下部开挖中，因方法欠妥，作业不慎引起初期支护失稳造成的重大坍方事故已有多起，必须引起高度重视。在开挖顺序上，宜采用先挖侧槽、左右错开向前推进的做法，不宜采用拉中槽挖马口的方法。侧槽一次开挖不宜太长，靠近边墙范围应采用风钻、风镐手工开挖，人工清壁扒碴，严禁使用重型机械开挖和装碴，以免对围岩造成过大扰动，破坏围岩和初期支护系统的整体稳定性。

施工要点

①根据围岩条件合理确定台阶长度和台阶数量，台阶长度一般应不超过 1 倍开挖洞径，台阶高度根据地质情况、隧道断面大小和施工机械设备情况确定。

②上台阶施作钢架时，采用扩大拱脚或施作锁脚锚杆等措施，控制围岩和初期支护变形。

③下台阶在上台阶喷射混凝土达到设计强度 70% 以上时开挖，当岩体不稳定时需缩短进尺，必要时上下台阶分左、右两部错开开挖，并及时施做初期支护和仰拱。

④施工中应解决好上下台阶的施工干扰问题，下部施工应减少对上部围岩、支护的扰动。

⑤下台阶施工时要保证钢架顺接平直，螺栓连接牢靠。

⑥仰拱、铺底超前二次衬砌且一次全幅浇筑，ⅲ级围岩 ≤ 90m，ⅳ级围岩 ≤ 70m。

3. 中隔壁法（cd 法）

中隔壁法（cd 法）是将隧道断面左右一分为二，先挖一侧，并在隧道中部设立利用钢支撑及喷混凝土的临时支撑隔墙，当先开挖一侧超前一定距离后，再开挖另一侧的隧道开挖方法。

该法变大跨为小跨，使断面受力更合理，对减少沉降，保证隧道开挖安全、可靠具有良好效果。该法适用于较差地层，如采用人工或人工配合机械开挖的ⅳ ~ ⅴ级围岩和浅埋、偏压及洞口段。施工过程中，为保证初支稳定，除喷锚支护外，须增加型钢或钢格栅支撑，并采用超前大管棚、超前锚杆、超前注浆小导管、超前预注浆等一种或多种辅助措施进行超前加固。

由于地层软弱，断面较小，只能采用小型机械或人工开挖及运输作业，工序多，施工进度较慢。必须爆破时，应控制药量，避免损坏中隔墙。临时中隔墙型钢支撑规格应与初期支护所采用的一致，每步台阶长度可控制在 3 ~ 5m。

施工要点

①左右部的台阶开挖高度根据地质情况及隧道断面大小而定。

②左、右两侧洞体施工纵向拉开间距不大于15m。

③每台阶开挖长度不大于该分部断面直径，保持开挖面平顺，并及时初期支护。

④后一侧开挖形成全断面时，应及时完成全断面初期支护闭合。

⑤中隔壁设置为弧形临时支护，隧道左右开挖面初期支护连接平顺，保证钢架连接状态良好。

⑥根据监控量测信息，初期支护稳定后拆除中隔壁临时支护，一次拆除长度不超过15m，并加强监控量测。

⑦临时支护拆除后及时施做隧道仰拱和二次衬砌。

4. 交叉中隔壁法

当采用中隔壁法仍然无法保持围岩稳定和隧道施工安全时，可采用交叉中隔壁法开挖。该法的特点是各分部增设临时仰拱和两侧交叉开挖，每步封闭成环，且封闭时间短，以抑制围岩变形，达到围岩沉降可控，初期支护安全稳定的目的。

该法除喷锚支护及增设足够强度和刚度的型钢或钢格栅支撑外，还应采用多种辅助措施进行超前加固。

交叉中隔壁法适用于断层破碎带、碎石土、卵石土、圆砾土、湿陷性黄土、全风化的花岗岩地层的 v ~ vi 级围岩及较差围岩中的浅埋、偏压及洞口段等。

施工要点

①隧道按左右部分分块实施开挖，每块小断面开挖高度大致接近。

②每块小断面开挖长度 2 ~ 3m，或不大于该分块断面直径，及时设置临时仰拱封闭、步步成环，尽量缩短成环时间。

③中隔墙设置为弧形临时支护，隧道左右开挖小断面水平临时支护保持对接一致，螺栓连接牢固。

④及时进行底部左右小断面开挖封闭支护，并利用回填注浆加固底板。

⑤根据监控量测信息，初期支护稳定后拆除中隔壁临时支护，一次拆除长度不超过15m，并加强监控量测。

⑥临时支护拆除后及时施做隧道仰拱和二次衬砌。

5. 单侧壁导坑法

单侧壁导坑法施工与中隔壁法（cd 法）类似，但其导坑开挖断面相对较小。

6. 双侧壁导坑法

双侧壁导坑法是采用先开挖隧道两侧导坑，及时施作导坑四周初期支护及临时支护，必要时施作边墙衬砌，然后再根据地质条件、断面大小，对剩余部分采用二台阶或三台阶开挖的方法，其实质是将大跨度的隧道变为三个小跨度的隧道进行开挖。

该法施工进度较慢，成本较高，但其在施工安全尤其在控制地表下沉方面，优于其他施工方法。此外，由于两侧导坑先行，能提前排放隧道拱部和中部土体中的部分地下水，为后续施工创造条件。因此城市浅埋、软弱、大跨隧道和山岭软弱破碎、地下水发育的大跨隧道可优先选用双侧壁导坑法。在 v ~ vi 级围岩的浅埋、偏压及洞口段，也可采用此法施工。

操作要点

①侧壁导坑形状应近似椭圆形，导坑断面宽度宜为整个断面的 1／3。

②两侧侧壁导坑超前中部 10 ~ 20m，可独立同步开挖初支护，中部采用台阶法开发，保持平行作业。

③导坑开挖后应及时进行初期支护及临时支护，并尽早封闭成环。

④通过监控量测确定临时支护体系稳定后，拆除临时支护，一次拆除长度不超过 15m，拆除区间加强监控量测。

⑤临时支护拆除完成后，及时施作仰拱并进行二次衬砌。

总之，对于硬岩隧道宜采用全断面法与台阶法，分部开挖法适用于软岩隧道。采用台阶法施工时，不宜采用长台阶，因其不利于初期支护及早封闭成环。在采用分部开挖法的硬岩隧道中爆破作业将会严重破坏已成形的中隔壁，应采取一定的保护措施。根据以上总结，本隧道 ii 级围岩地质情况为，洞身围岩以弱风化晶屑凝灰岩为主，受断层影响，岩石较破碎，围岩多呈碎石状压碎结构或块碎状镶嵌结构。iii 级围岩地质情况为，断层破碎带，积压片理，节理裂隙发育，围岩呈碎石状压碎结构，稳定性差。iv、v 级围岩地质情况为，断层破碎带，积压片理，节理裂隙发育，围岩呈碎石状压碎结构，稳定性差。根据围岩状况与施工生产安全、施工进度、成本等多方面因素选择，ii 级围岩设计台阶法开挖。根据现场实际地址情况（掌子面围岩岩性为灰色、青灰色弱风化凝灰熔岩，节理裂隙局部较发育，整体性好）和施工进度要求开挖方法变更为全断面法施工，由原来每天进尺 4m 提升为每天进尺 6 ~ 8m，iii 级围岩设计台阶法开挖。根据现场实际地址情况（掌子面围岩岩性为灰色、深灰色弱风化凝灰熔岩，节理发育，稳定性较好）和施工进度要求部分iii级围岩变更为全断开挖，由原来每天进尺 4m 提升为每天进尺 6 ~ 8m，iv 级围岩设计为台阶法。根据现场实际围岩情况，符合设计围岩，我们采用台阶法开挖，每日进尺 2 ~ 4m。v级围岩设计为双侧壁导坑法开挖，在实施一段后由于此开挖方法安全系数高，但开挖速度慢，每日进尺 0.6m，对工程进度有所制约。在后续施工中我们和设计院共同探讨调节在保证安全的前提下调节开挖方法，由原设计双侧壁导坑法变更为三台阶预留核心土法，把每日进尺速度提升一倍，在原材料上也大大节省。

第四节　水下隧道建设

一、简史

公元前 2180—前 2160 年巴比伦修建了一条穿越幼发拉底河，从王宫到朱庇特庙的长约 900 米的人行隧道。近代水底隧道始建于英国，1807 年英国在伦敦动工修建连接泰晤士河两岸的人行隧道，开挖时因无法克服泥水涌入隧道而被迫停工。直到 1825 年在法国工程师 M.I. 布律内尔指导下，初次采用盾构法施工，才于 1843 年建成第一条泰晤士河水底隧道。此后，英国等国不断发展盾构工程技术，至 20 世纪 30 年代以后，水底隧道建设有了迅速发展。近 50 年间，世界上修建的水底隧道总数几乎是在此之前百余年间修建的总和。至 20 世纪 80 年代初，世界上已有 100 多条水底隧道，其中道路隧道有 60 余条，一公里以上的铁路隧道有 10 余条。日本于 20 世纪 70 年代至 80 年代中修建的青函海底隧道，是目前世界上最长的海底铁路隧道。上海黄浦江打浦路隧道为中国第一条水底道路隧道。台湾省高雄市的过港隧道已于 1984 年通车。

二、修建条件

根据水道断面、水流状况、水文地质条件、两岸地形及建筑情况、水陆交通要求、城市总体规划、经济效益及社会效益等诸因素，对桥隧两种方案进行综合比较。通常在下述条件下宜考虑修建水底隧道：①航运繁忙，通过巨型船只较多，而陆上车辆流量大，又不容间断；②水道较宽，两岸地面高出水面不多；③两岸建筑物密集，不宜建造高桥和长引桥；④城市总体规划上在该处没有修建桥梁的特殊要求（如通过易燃易爆危险品车辆），或要求铁路列车在地下运行以防止噪声；⑤工程费用和运营管理费用较低。

三、施工方法

修建水底隧道所采用的主要施工方法有：围堤明挖法、气压沉箱法、盾构法及沉管法。围堤明挖法比较经济，有条件时一般应首先考虑采用。气压沉箱法只适用于航运不多的较小河道中。由于需要修建水底隧道处的航运通常比较频繁，采用围堤明挖法及气压沉箱法对水上交通干扰较大，所以在 150 多年来的水底隧道建设中大多采用盾构法及沉管法。至 20 世纪 50 年代后，沉管法的水下接头及基础处理等重大关键技术相继突破，使施工工艺大为简化，并使隧道防水性大为提高，且能采用容纳四车道以上的矩形断面。在一定条件下，沉管法隧道覆土浅、线路短、照明和通风代价较小、工程和运营费用低、使用效果好。故自 1965 年以来，世界各国建成的 20 多条水底道路隧道，大多采用沉管法。

1. 明挖法

排水，挖深坑，然后施工，最后填埋。这种方法最简单，但是施工场地大，受周边建筑物的制约大。苏州独墅湖隧道、武汉东湖隧道就采取了这种办法。

2. 矿山法

源于矿山开采，采用爆破，用人工或者机器开挖。这种方法相对简单，但是受地质条件的影响比较大，在土体软弱处容易塌方，所以一般只在山体内使用。长沙地铁在河西有一段要穿越岳麓山山体，据说会采用这种矿山法。

3. 盾构法

隧道施工中最常用、最先进的方法。始于英国，兴于日本，已有 180 多年历史，最大的优点是适用于软土地质的隧道开挖。

4. 冻结法

将土体冻住，使其达到一定强度，增加自身的稳定性，满足开挖条件。工人们会在土体上钻很多孔，然后放进去冷冻管，利用冷冻机提供制冷液，冻住后把冷冻管拆除，土体也会保持很长时间不融化。不过冷冻管虽然拆除了，但是温度仍然还在零下十几度，工人们像是站在开门的冰箱前，是要穿大衣施工的。不过这个大冰箱的脾气不大好，需要小心控温。

沉管法施工，只要满足船舶的抛锚要求即可，约 1.5m。

5. 泥浆配置技术

在隧道盾构中，根据泥水盾构施工方法的基本原理和基本要求，要紧密结合底层特性、地下水特点、刀盘与刀具设计方案，针对泥浆配置和性能优化进行研究，为盾构掘进提供性能优良、有针对性的泥浆配置方案。

1）通过调整泥浆的配置方案，使泥浆的密度、浓度、黏度、屈服值、含砂率、粒度分布、过滤特性等满足泥膜形成时间、厚度和稳定性，以及刀具磨损等方面的要求。

2）通过调整泥水特性参数，实现对泥膜成膜时间、厚度、稳定性的有效控制。根据实验和施工期间获取的相关参数，对不同地层制定相应的泥水配比方案。

3）根据不同地层的特性，选择合适的泥浆相对密度和泥浆黏度。

6. 掘削面稳定控制技术

盾构工程地质条件复杂，掘进过程需要穿越不同地层，因而要采用不同的措施来确保掘进面的稳定。

1）根据不同的地层条件、不同埋深及外水压力通过计算和反复试验设定开挖舱压力。

2）根据不同的地质条件，选择适当推力、掘进速度、贯入度等掘进参数，控制掘削量，减小掘进时对掘削面地层的扰动。

3）及时调整泥浆的黏度、比重，控制泥水参数使其成膜时间短于刀盘转速对应的掘削时间间隔，不同的地层用不同的泥浆参数。

4）施工中详细记录实际掘削面压力波动范围并加以分析归纳，为后续施工提供借鉴和参考。

7. 高外水压力条件下的盾构施工防渗技术

盾构掘进需要穿越饱和含水砂层，水头压力高达 0.45MPa，在饱和砂层掘进时易引起突发性涌水和流沙，并存在大范围塌陷的风险。掘进过程中要通过盾构自身的防护、隧洞外衬防水、管片接缝防水、盾构始发与到达施工防渗等多项技术措施，有效地解决盾构防渗问题。

1）采用具有自动顺滑功能、自动密封功能、自动检测密封工作状态的功能以及磨损后可继续使用等功能的主驱动密封，并在掘进过程中及时补充密封及顺滑油脂。

2）在盾尾钢丝刷形成的空腔内注入足量的油脂，达到盾尾的密封效果并减小钢丝刷与管片间的摩擦，防止盾尾密封损坏。

3）在盾构掘进过程中控制好盾构机的姿态，同时根据盾构机的姿态正确地进行管片拼装，使管片与盾尾间隙均匀，从而保护盾尾密封。

4）严格控制管片的生产、养护、运输、止水条粘贴和管片拼装等各道工序的施工质量，避免因管片质量或人为损坏降低隧洞的防渗能力。

5）通过高喷、塑性混凝土墙、洞门周围注浆、冷冻等多项措施加固始发端和出口端地层，并调整泥浆性能、控制掘进速度，以利于地层的稳定。做好始发端及到达端的地基处理及浆水工作，确保洞门钢环及洞门密封的精确安装。

8. 大埋深、高外水压力下的带压进仓技术

虽然在设计时考虑了刀盘和刀具的耐久性，但受地质条件和线路长度的影响，掘进过程中仍需更换刀具。因而要建立合适的带压进仓换具的施工技术，确保施工的顺利。

1）刀具磨损检测与预报：通过刀具磨损监测系统监测刮刀的磨损情况，系统实现数据采集、数据分析、磨损情况判断、分析结果可视化等的集成。该系统为进仓换刀提供了前提条件。

2）带压进仓前的准备工作：主要包括工程地质稳定性评估、刀盘刀具检查和换刀工作计划的制定、人员准备、设备、工具检查与维修等工作。

3）施工工艺措施：主要包括泥浆护壁密封掌子面、降低开挖舱液位、泥水压力调整与设置、泥水仓密封效果检查、带压进仓作业的系列技术措施。

4）安全、质量与突发事件处理措施：进仓人员进行严格身体检查和系统培训；相关设备试运行，确保其功能正常；建立详尽的突发事件人员救助与工程处理体系。

9. 盾构掘进姿态控制技术

隧道线路长、地质类型多样，需要在掘进过程中严格控制盾构姿态，确保掘进方向按设计路线前进。施工中通过以下措施实现：

1）根据各段的地质情况对上仰角、掘进速度、刀盘转速、千斤顶各分区推力等掘进参数进行适时调整。

2）选择合理的管片类型，避免人为因素对盾构机姿态造成过大的影响，严格管片拼装质量，避免因此而引起的对盾构机姿态的调整。

3）偏差纠正时密切注意盾构机的姿态、管片的选型及盾尾的间隙等，保持盾尾与管片四周的间隙均匀。纠偏过程中放慢掘进速度，并注意避免纠偏时因单侧千斤顶受力过大对管片造成的破损。

4）当盾构机偏离设计轴线较大时，不能矫枉过正，避免往相反方向纠偏过大或盾尾与管片摩擦导致管片破裂。

四、防水方法

水底隧道的主要部分处于河、海床下的岩土层中。常年在地下水位以下，承受着自水面开始至隧道埋深的全水头压力，因此水底隧道自施工到运营均有一个防水问题。防水的主要措施有：

1. 采用防水混凝土

防水混凝土的制作，主要靠调整级配、增加水泥量和提高砂率，以便在粗骨料周围形成一定厚度的包裹层、切断毛细渗水沿粗骨料表面的通道，达到防水抗水的效果。

2. 壁后回填

壁后回填是对隧道与围岩之间的空隙进行充填灌浆，以使衬砌与围岩紧密结合，减少围岩变形，使衬砌均匀受压，提高衬砌的防水能力。

3. 围岩注浆

为使水底隧道围岩提高承载力、减少透水性，可以在围岩中进行预注浆。特别是采用钻眼爆破作业的隧道，通过注浆可以固结隧道周边的块状岩石，以形成一定厚度的止水带，并且填塞块状岩石的裂缝和裂隙，进而消除和减少水压力对衬砌的作用。

4. 双层衬砌

水下隧道采用双层衬砌可以达到两个目的。其一，防护上的需要，在爆炸载荷作用下，围岩可能开裂破坏，只要衬砌防水层完好，隧道内就不致大量涌水、影响交通。其二，防范高水压力，有时虽采用了防水混凝土回填注浆、在高水压下仍难免发生衬砌渗水。在此情况下，双层衬砌可作为水底隧道过河段的防水措施。

五、设计

水下隧道一般分水底段和河岸段，后者又有暗埋、敞开及出口部分。水底隧道的纵向坡度、纵向曲线和平面曲线半径、通道布置、车辆限界以及照明、通风、消防、交通监控等设备，按通过隧道的车辆类型和运量进行设计。

用盾构法建造的水底道路隧道，自两端至洞口，一般是槽形敞开式引道段。穿越水底的暗埋段，断面大多为圆形。修建的隧道除个别为单车道外，均为双车道。有些在车道一侧或两侧设高出路面的人行巡逻道。对交通繁忙的水底道路隧道，大多采用两条平行的隧道，每条隧道中有同向行驶的双车道，也有的在初期为一条双向行驶的双车道隧道，后期发展成两条同向行驶的双车道隧道。在圆形隧道中，一般在路面以下是送风道；在吊顶以上是排风道。送排风道与隧道两岸的通风机房连通，多采用横向通风。隧道的照明系统，应有适当亮度和均匀的照明装置，在进出口附近设光过渡设施，以便司机在通过隧道时能较好地适应亮度变化而使行车安全。为取得良好照明及防火效果，要合理选择隧道吊顶、侧墙饰面和道路路面的材料和颜色。在现代化的水底道路隧道中，设置自动或半自动控制的防火、灭火、排水、通风、照明、交通监控等运营设备，由中心控制室集中管理。

用沉管法建造的水底道路隧道，自两端至洞口大多是较长的槽形敞开式引道段。穿越水底的沉管大多是由几个通道组成的矩形管段，包括车行道、自行车道、人行或巡逻通道以及管线通道等，每个行车通道中有两个以上同向行驶的车道。由于沉管隧道的长度较短，且每个行车通道中的车辆为同向行驶，故大多采用纵向通风，无须设专用通风道及通风机房，其他设备和盾构法修建的道路隧道相同。

水底铁路隧道、地铁隧道及公用管线隧道，在构造及设备方面均较水底道路隧道简单，为典型的横断面布置。

六、施工风险辨识

1. 地质勘查风险

（1）不良地质体勘查遗漏

水底隧道的地质勘查难度要远大于山岭隧道，而且费用较高。因而，要做到详尽勘查全面了解工程地质情况是不太现实的，有时即使同时采用多种勘测手段，所取得的地质情况也未必完全可靠，如挪威的奥斯陆海底隧道，尽管采用了折射地震波和定向岩芯钻孔技术，并发现了一条明显的软弱带，但是一个充填有第四纪土的大劈裂仍未能探测出。

（2）勘查结果失真，地层特性变异

地层特性的不确定性主要来自三个方面：地层性质的天然可变性、实验数量不足引起的统计误差、试验方法与现场情况差异引起的不确定性等。因而，不可避免地会出现地质情况勘查结果失真、地层特性变异，在此基础上进行的水底隧道设计及施工必然存在较大的安全风险。

（3）超前地质预报不精确

在隧道施工中为了进一步查明前期没有探明的、隐伏的重大地质问题，降低隧道地质灾害发生的可能性，采用超前地质预报指导隧道施工顺利进行。但是超前地质预报也存在预报不准的风险。例如圆梁山隧道开挖勘测中用 TSP 和红外探测仪未发现掌子面前方有岩溶危险，隧道开挖过程中突遇岩溶，出现大涌水导致伤亡事故。

2. 不良地质风险

通常，水底隧道不良地质体的位置、性质等确定对于水底隧道工程建设至关重要，水底隧道的不良地质体通常是与海水有着直接的水力联系，一旦在不良地质体未知的情况下开挖，极易导致瞬间的大突水，对工程造成毁灭性的灾害。穿黄隧洞要穿越全砂层、上砂下土层、单一黏土层及局部卵石层、泥砾层等多种地层。底层分布长度不均匀，变化频繁，有时间隔几十米就会连续发生几次地层变化，给盾构掘进期间的参数控制带来困难。

3. 路线规划风险

（1）隧道平面线位的选取

隧道平面线位的确定基本上采取公路隧道的选线原则，但考虑到水底隧道的工程特点。尤其是当所穿越地层存在不良地质体时，由于规划决策者和设计者素质存在不确定性，导致隧道平面线位选取存在以下安全风险因素：隧道选址不当、洞距选取过小及隧道线路曲率过大等。其中，隧道选址不当又包括洞口穿越构筑物过多、穿越不良地质体宽度过大及洞外连接线与隧道线形协调性较差等因素。

（2）隧道纵断面的选取

隧道纵断面选取的风险主要包括以下两个方面：纵坡过大及顶板厚度选取不合理。

隧道纵坡选取直接影响着隧道的线路长度、穿越地质情况、隧道的通行能力、隧道内行车速度及隧道通风运营等多个方面。当坡度过大时，隧道线路长度增大，工程建设费用将会增大；另一方面，坡度过大将给隧道建设阶段及运营阶段的排水带来困难。

顶板厚度选取不合理包括两个方面：顶板厚度过大及顶板厚度过小。一方面，顶板厚度过小尽管能缩短隧道线路总长度，然而却增大了工程的施工难度，尤其当隧道必须穿越不良地质带时，将导致结构失稳和突水风险发生可能性增大。另一方面，当顶板厚度过于保守，就会增加隧道的长度，从而大大增加隧道的修建费用，同时会导致隧道建设期和运营期承担过大的渗水压力，给隧道的衬砌结构及防排水结构带来较大的挑战。

4. 隧道开挖风险

大型水下盾构法隧道需穿越海（河）床地层、两侧堤岸或水中人工岛，具有地质与水文地质条件复杂、周边环境限制条件多和施工变形控制要求高等特点，而且还需克服施工方法交叉变换、施工工期压力较大、盾构机长距离推进而增加的施工难度、高水压下盾构机和管片的水密性要求高、掌子面压力控制和高压状态下刀具更换、不确定因素多等工程困难，这些特点都集中表现为工程实施的高风险性。这些风险贯穿于工程的规划、设计、施工、运营的全过程。

5. 壁后注浆风险

盾构施工中壁后注浆的主要目的如下：

1）防止地层变形；

2）提高隧道抗渗性；

3）具备一定早期强度的浆液及时填充盾尾空隙，可确保管片衬砌的早期和后期稳定性。

为了实现上述目的，壁后注浆施工必须注意下列事项：

1）注浆地质条件；

2）壁后注浆浆液类型的选择；

3）注入压力和注入量；

4）壁后注浆设备；

5）施工管理。

《盾构法隧道施工与验收规范》（GB50446—2008）中规定，充填系数为 1.30~2.50。穿黄隧道工程主要为直线隧洞，超挖量小，在单一黏土地层中则更少。需要注浆压力大于外水压力和静止土压力之和，才能在一定的空腔内注入更多的压缩系数极小的填充材料。同时注浆压力过大也将损坏盾尾密封并由此引起一系列相关问题，并可能导致管片的变形或破坏。液浆的配置不当，也可能导致注浆管的堵塞，影响隧洞的稳定性和防渗性，对施工的进展与安全极为不利。

6. 防排水系统风险

对于隧道防水风险主要有：防水混凝土配合比差、使用性能差，混凝土密实度降低，混凝土开裂甚至贯通；施工缝、变形缝没有按照施工工艺进行操作，防水混凝土失去防水作用；管片密封失效致使管片接头处漏水漏浆，在承压水作用下，将导致隧道内突然涌水，及引起过大的地表沉陷。衬砌背后的注浆窜入环片外缝，砂浆硬化填塞外缝导致密封垫不能被压紧进而影响到止水效果。

在排水性隧道中必须做好衬砌背后的排水系统，使水流通畅地排出。衬砌背后的盲沟盲管以及暗沟即使一部分被土砂和混凝土堵塞，都会破坏导水功能，对衬砌和路基产生不利影响。

7. 监控测量风险

在大断面隧道的开挖中，保证施工安全的监测作业是必不可少的，这应在设计中予以反映。监控量测主要风险有：

（1）变形量测不准确；

（2）量测信息反馈不及时；

（3）决策失误。

8. 施工风险

施工是水底隧道工程具体实施的过程，该阶段的风险主要表现在以下几个方面：

（1）施工质量差，施工过程中减少工序、偷工减料；

（2）没能建立和完善安全风险管理体系；

（3）施工人员没有足够的安全意识；

（4）施工方案、施工组织及安全措施不合理；

（5）施工机械风险；

（6）临时工程不符合要求。

9. 其他特殊风险

如恶劣的气候条件（狂风、暴雨）、洪水、地震等。过去人们普遍认为地震对地下结构的影响很小，然而近几年世界范围内发生的一系列大地震中，不少地下结构遭受破坏，如2008年汶川地震，都江堰—汉川公路沿线11座隧道均有不同程度的破坏。发生强烈地震时，地下隧道结构周围地基变形很大，这可能使结构的一些薄弱环节遭受地震破坏从而给隧道结构的整体性能造成极大的影响。

水隧道从广义上讲是属于水体下施工的范畴，与陆地隧道相比，除了存在一般陆上隧道所遇到的共性问题之外，尚存在一些困难和自身的特点：

（1）地质勘查困难、造价更高、准确性降低。

（2）持续稳定的水压力，水源补给无限，水荷载不能因任何成拱作用而降低，衬砌结构长期承受高水压。

（3）高渗水压力可能导致水在有高渗透性或有扰动区域或与开阔水面有渠道相连的岩层中大量流入，特别是断层破碎带的突然涌水。

（4）单口掘进距离长。由于单口连续掘进距离很长导致工期很长，投资增大，对施工期间后勤和通风提出了更高的要求。

（5）河床变形和破坏控制要求高。水底隧道不允许任何由于河床变形和破坏而造成的突水事故，而很高的孔隙水压力会降低隧道围岩的有效应力，造成较低的成拱作用和地层的稳定性，因此施工过程中对变形控制要求严格。

（6）水底腐蚀环境下隧道围岩破坏与支护问题。由于水底隧道长期处于高外水压力和水域腐蚀环境中，其围岩的膨胀软化，支护结构的长期稳定便成为水底隧道的一大难题。

（7）水底隧道不能自然排水，防排水技术是关键技术。

（8）不良地质段的隧道安全施工是水底隧道建设中最核心的问题。水域的风化槽（囊）段、浅滩的全强风化段，围岩软弱，自稳能力弱且富水，容易引起大变形、坍塌甚至突涌水，如何保证地层加固的效果将成为关键。施工阶段的主要风险如下：

施工阶段		风险事故
明挖段		明挖基底砂土液化或软土震陷
工作井		工作井施工渗水塌方
盾构段	盾构机械事故	盾构进出洞漏水漏浆
		刀头磨损
		千斤顶推进故障
		注浆系统故障
		拼装系统故障
		盾尾密封失效
	施工操作风险	长距离施工换刀
		江中对接
		盾构轴线偏差
		盾构内火灾
		管片裂损
		盾构机位置不当
		施工人员伤害
		运输车脱轨、碰撞
	施工环境风险	盾构前方工作面失稳
		工作面前方出现地层空洞
		掌子面岩性软硬差距明显
		水底存在地下障碍物

结　语

　　交通建设在国家经济发展中起着十分重要的先行作用。在公路、铁路和城市交通建设中，为跨越江河、深谷和海峡或穿越山岭和水底都需要建造各种桥梁和隧道等结构构造物。公路桥梁与隧道工程，是集设计、施工与工程管理为一体的具有很强实践性的工程学科，涉及工民建、交通、水利、矿山、铁道及空港工程等基础设施建设领域。因此，在建设过程中，需要加大施工监控力度，严格管控施工的每个环节，注重施工原材料的采购环节，务必保证项目工程施工质量，保证施工项目的顺利实施和开展。